XINBIAN JINGJIFA

新编经济法

主　编◎杜鹏程　李　敏
副主编◎陆　明　陈　云

北京师范大学出版集团
BEIJING NORMAL UNIVERSITY PUBLISHING GROUP
安徽大学出版社

图书在版编目(CIP)数据

新编经济法/杜鹏程,李敏主编.—合肥:安徽大学出版社,2023.9(2024.8重印)
ISBN 978-7-5664-2672-7

Ⅰ.①新… Ⅱ.①杜… ②李… Ⅲ.①经济法－中国－高等学校－教材
Ⅳ.①D922.29

中国国家版本馆 CIP 数据核字(2023)第 152467 号

新编经济法
Xinbian Jingjifa

杜鹏程　李　敏　主编

出版发行:	北京师范大学出版集团 安 徽 大 学 出 版 社 (安徽省合肥市肥西路3号 邮编230039) www.bnupg.com www.ahupress.com.cn
印　　刷:	安徽利民印务有限公司
经　　销:	全国新华书店
开　　本:	787 mm×1092 mm　1/16
印　　张:	29
字　　数:	613 千字
版　　次:	2023 年 9 月第 1 版
印　　次:	2024 年 8 月第 2 次印刷
定　　价:	75.00 元

ISBN 978-7-5664-2672-7

策划编辑:姚　宁　方　青　　　　　装帧设计:李　军
责任编辑:姚　宁　　　　　　　　　美术编辑:李　军
责任校对:邱　昱　　　　　　　　　责任印制:陈　如

版权所有　侵权必究

反盗版、侵权举报电话:0551—65106311
外埠邮购电话:0551—65107716
本书如有印装质量问题,请与印制管理部联系调换。
印制管理部电话:0551—65106311

前 言

党的二十大对构建高水平社会主义市场经济体制作出战略部署。社会主义市场经济本质上是法治经济,构建高水平社会主义市场经济体制,需要运用法治思维和法治方式营造市场化、法治化的营商环境,保障经济发展在法治轨道上运行,推动形成高质量发展的内生动力。经济法作为一个独立的法律部门在我国法律体系中占有重要地位,特别是随着依法治国战略的深入实施,经济法在推动有效市场和有为政府更好结合,保障政府对经济的宏观调控,促进市场经济规范健康发展,维护各类市场主体合法权益等方面,能够提供有力的法律支持和强劲动力。

目前,学界对于经济法体系的内容众说纷纭、认识不一,但一般认为,经济法体系是由各经济法部门组成的有机联系的统一整体,门类齐全,内容丰富。经济法虽是一个庞大的体系,但并不是无所不包,而应是一个严密而有逻辑的体系。经济法体系具有层级结构,无论是"二分法"(包括市场规制法和宏观调控法)、"三分法"(包括市场规制法、宏观调控法、市场主体法),还是"四分法"(包括市场规制法、宏观调控法、市场主体法、社会保障法),都将市场规制法和宏观调控法作为经济法体系的核心内容。

经济法作为一门重要的课程,在我国高等院校广泛开设,并成为法学和工商管理类、经济类等专业的一门主干课程、核心课程或者必修课程。长期以来,我国工商管理类、经济类专业经济法课程的教学工作一直是按照法学专业的经济法课程的教学内容来安排设计的,但教学实践证明这难以适应工商管理类、经济类专业的总体教学需要和课程体系建设要求。因此,如何从完善教学内容入手,探讨适应工商管理类、经济类专业总体教学规律和课程体系建设要求的经济法课程建设和教学内容改革的新举措,是我们在长期的教学实践中经常思考的一个问题。我们也为此编写了几本经济法教材,先后在安徽大学出版社于1997年出版了《经济法学》、1999年出版了《经济法》、2015年出版了《经济法》(第2版),

在清华大学出版社于 2005 年出版了《经济法实务》、2008 年出版了《经济法》(第 2 版)、2015 年出版了《经济法》(第 3 版)。这些教材的出版,在很大程度上反映了我们在经济法课程教学内容改革中的一些基本思路。多年来,我们在经济法课程建设过程中也取得一些成绩,《经济法学》曾作为学校的主干课程之一进行重点建设(2000 年),先后被评为首批校级精品课程(2004 年)、省级精品课程(2006 年),教研成果"经济类及工商管理类专业《经济法学》课程规范化建设"曾获省级教学成果三等奖(2001 年)。

党的十八大以来,在以习近平同志为核心的党中央坚强领导下,我国深入把握社会主义市场经济运行基本规律,坚持在法治轨道上推动经济健康稳定发展,以高水平法治建设促进经济高质量发展,形成了以宪法为根本,经济法、民商法、刑法、社会法等多部门法律法规构成的社会主义市场经济法律体系,尤其是近些年来,我国立法部门对有关经济法律法规进行了修订、修正和制定,在经济立法、司法方面取得了一系列新成果。为了反映这些最新成果,我们编写了这本《新编经济法》教材,供工商管理类、经济类等专业在经济法课程教学中使用。

本教材具有以下几个特点。

1. 结构体例新颖。本教材反映了我国最新经济立法成果,在结构体例上具有一定的创新性,试图突破以往注重解释理论的框框,更多地以企业管理实践需要来诠释理论和法律问题,便于学生在理解理论的同时还能用理论解决实践中所存在的问题。

2. 注重能力培养。本教材内容的编排,有利于帮助学生了解相关专业和行业领域的国家战略、法律法规和相关政策,引导学生深入社会实践,关注现实问题,培养学生经世济民、诚实守信、德法兼修的职业素养。

3. 强化实践应用。本教材在每章的最后均详细地列出了学习本章内容的主要参考文献,包括相关的比较重要的法律、行政法规和其他规范性文件,既便于教师在教学中展开教学内容,也方便学生在课后查阅相关文献,了解和掌握更多的法条内容和信息,为实践应用提供索引工具。

4. 案例留白。由于篇幅的限制,本教材没有在各章给出参考案例。在采纳本教材教学的过程中,授课教师可根据讲授内容有选择性地讲授一些更有针对性的案例。与本教材配套的教学大纲、课程教案以及案例材料,读者若需要可联系本教材编写者获取。

本教材由安徽大学商学院杜鹏程教授、李敏副教授、陆明副教授和陈云博士合作编写,并由杜鹏程统一修改定稿。其中,第一章、第二章、第三章、第四章、第十二章由杜鹏程和陈云编写,第五章、第六章、第七章、第八章、第九章、第十章、第十一章由李敏和陆明编写。

本教材的编写和出版得到了安徽大学出版社的大力支持和帮助,在此深表谢意。

本教材在编写过程中参考和借鉴了我国近些年来经济法教学和研究的新成果,我们也作了一些有益的探索和思考,但由于水平有限,加之我国经济法制建设尚处在不断完善过程中,书中不妥之处在所难免,敬请同行与读者批评指正。

杜鹏程

2023 年 7 月

目 录

第一章 个人独资企业法和合伙企业法 … 1
第一节 个人独资企业法 … 2
第二节 合伙企业法 … 9
　　思考题 … 29
　　阅读文献 … 29

第二章 公司法 … 31
第一节 公司法概述 … 32
第二节 公司登记 … 34
第三节 有限责任公司 … 35
第四节 股份有限公司 … 43
第五节 国家出资公司组织机构的特别规定 … 60
第六节 公司董事、监事、高级管理人员的资格和义务 … 61
第七节 公司债券 … 64
第八节 公司财务、会计 … 67
第九节 公司合并、分立、增资、减资 … 69
第十节 公司解散和清算 … 72
第十一节 外国公司的分支机构 … 74
第十二节 违反公司法的法律责任 … 75
　　思考题 … 79
　　阅读文献 … 79

第三章 外商投资法 … 83
第一节 外商投资法概述 … 84
第二节 投资促进 … 87
第三节 投资保护 … 89
第四节 投资管理 … 91
第五节 法律责任 … 93
　　思考题 … 94

　　　阅读文献 ………………………………………………………… 94

第四章　企业破产法 … 95
- 第一节　企业破产法概述 ………………………………………… 96
- 第二节　申请和受理 ……………………………………………… 100
- 第三节　管理人 …………………………………………………… 104
- 第四节　债务人财产 ……………………………………………… 107
- 第五节　破产费用和共益债务 …………………………………… 109
- 第六节　债权申报 ………………………………………………… 111
- 第七节　债权人会议 ……………………………………………… 113
- 第八节　重　整 …………………………………………………… 117
- 第九节　和　解 …………………………………………………… 122
- 第十节　破产清算 ………………………………………………… 124
- 第十一节　法律责任 ……………………………………………… 128
  - 思考题 …………………………………………………………… 131
  - 阅读文献 ………………………………………………………… 131

第五章　合同法 … 133
- 第一节　合同和合同法概述 ……………………………………… 134
- 第二节　合同的订立 ……………………………………………… 139
- 第三节　合同的效力 ……………………………………………… 146
- 第四节　合同的履行 ……………………………………………… 149
- 第五节　合同的变更、转让及终止 ……………………………… 154
- 第六节　合同的担保 ……………………………………………… 158
- 第七节　违约责任 ………………………………………………… 166
  - 思考题 …………………………………………………………… 168
  - 阅读文献 ………………………………………………………… 169

第六章　商标法 … 171
- 第一节　商标及商标法概述 ……………………………………… 172
- 第二节　商标注册的原则、条件和程序 ………………………… 176
- 第三节　注册商标的无效宣告 …………………………………… 182
- 第四节　注册商标的续展、变更、转让和使用许可 …………… 186
- 第五节　商标使用的管理 ………………………………………… 188
- 第六节　注册商标专用权的保护 ………………………………… 191
  - 思考题 …………………………………………………………… 196
  - 阅读文献 ………………………………………………………… 197

第七章　专利法 … 199
第一节　专利及专利法概述 … 200
第二节　专利权的主体和客体 … 201
第三节　授予专利权的条件和程序 … 205
第四节　专利权的期限、终止和无效 … 210
第五节　专利实施的特别许可 … 212
第六节　专利权的保护 … 215
思考题 … 220
阅读文献 … 220

第八章　市场规制法 … 223
第一节　反不正当竞争法 … 224
第二节　反垄断法 … 233
第三节　产品质量法 … 243
第四节　消费者权益保护法 … 252
思考题 … 265
阅读文献 … 266

第九章　预算税收银行法 … 269
第一节　预算法 … 270
第二节　税　法 … 280
第三节　银行法 … 300
思考题 … 315
阅读文献 … 316

第十章　会计审计统计法 … 319
第一节　会计法 … 320
第二节　审计法 … 331
第三节　统计法 … 338
思考题 … 353
阅读文献 … 353

第十一章　证券票据法 … 355
第一节　证券法 … 356
第二节　票据法 … 399
思考题 … 419
阅读文献 … 420

第十二章　经济争议的解决方式 ……………………………………… 423
第一节　经济争议的主要解决方式 ………………………………… 424
第二节　经济争议的调解 …………………………………………… 433
第三节　经济争议的仲裁 …………………………………………… 435
第四节　经济争议的诉讼 …………………………………………… 443
思考题 ………………………………………………………………… 451
阅读文献 ……………………………………………………………… 451

第一章

个人独资企业法和合伙企业法

本章概要

个人独资企业的概念及特征,个人独资企业法的基本原则,个人独资企业的设立,个人独资企业的事务管理,个人独资企业的解散和清算;合伙企业的概念及种类,合伙企业法的基本原则,合伙企业的设立登记,关于普通合伙企业和有限合伙企业的设立、事务执行、财产出质与转让、债务清偿、入伙与退伙、解散与清算等方面的法律规定。

第一节 个人独资企业法

独资企业是一种最古老、最简单的企业形态,一般认为其产生于人类社会的第一次分工时期。独资企业具有设立程序比较简单、投资额不受限制、经营方式比较灵活等特点,它在吸收社会闲散资金发展生产,创造更多的就业机会,为社会提供丰富多样的产品和服务,促进市场竞争等方面,发挥了重要作用。这种企业形式在资本主义国家的企业中占有极大的比例。个人独资企业作为市场经济条件下企业的基本形态之一,比较适应我国现阶段生产力发展水平。为了规范个人独资企业的行为,保护个人独资企业的合法权益,我国建立了个人独资企业法律制度。

一、个人独资企业的概念及特征

个人独资企业是指依照法律规定在中国境内设立,由一个自然人投资,财产为投资人个人所有,投资人以其个人财产对企业债务承担无限责任的经营实体。

个人独资企业是我国私营经济的一种基本形式,具有以下基本特征。

第一,个人独资企业是由一个自然人投资兴办的企业。个人独资企业的设立人只能是一个自然人,国家机关、国家授权投资的机构或者国家授权的部门、企业、事业单位等都不能作为个人独资企业的设立人。这里讲的"自然人"应仅指中国公民。法律、行政法规禁止从事营利性活动的人,不得作为投资人申请设立个人独资企业。

第二,个人独资企业的投资人对企业的债务承担无限责任。即当企业的财产不足以清偿债务时,投资人应当以其个人财产继续进行清偿。如果投资人在申请企业设立登记时明确以其家庭共有财产作为个人出资的,则应当依法以家庭共有财产对企业债务承担无限责任。这实际上将企业的责任与投资人的责任连为一体。

第三,个人独资企业的内部机构设置简单,经营管理方式灵活。个人独资企业的投资人既是企业的所有者,又是企业的经营者。因此,法律对其内部机构的设置和经营管理方式的选择不像其他企业那样有严格的规定。

第四,个人独资企业是非法人企业。个人独资企业由一个自然人出资,投资人对企业的债务承担无限责任,在权利义务上,企业和个人是融为一体的,企业的责任即投资人个人的责任,企业的财产即投资人的财产。因此,个人独资企业不具有法人资格,没有以企业的财产独立承担民事责任的能力。个人独资企业虽然不具有法人资格,却是独立的民事主体,可以以自己的名义从事民事活动。

二、个人独资企业法的概念和基本原则

个人独资企业法是调整关于个人独资企业的设立、解散、终止和事务管理等方面关

系的法律规范的总称。为了规范个人独资企业的行为,保护个人独资企业投资人和债权人的合法权益,维护社会经济秩序,促进社会主义市场经济的发展,1999年8月30日九届全国人大常委会第十一次会议通过了《中华人民共和国个人独资企业法》(以下简称《个人独资企业法》)。此外,为了确认个人独资企业的经营资格,规范个人独资企业登记的行为,国家工商行政管理局依据《个人独资企业法》,于2000年1月13日公布了《个人独资企业登记管理办法》(现已废止)。

2021年7月27日,国务院颁布《中华人民共和国市场主体登记管理条例》(以下简称《登记管理条例》),自2022年3月1日起施行;2022年3月1日,市场监管总局发布《中华人民共和国市场主体登记管理条例实施细则》(以下简称《登记管理条例实施细则》),自公布之日起施行。

《个人独资企业法》遵循下列基本原则。

一是依法保护个人独资企业的财产和其他合法权益。《个人独资企业法》规定,国家依法保护个人独资企业的财产和其他合法权益。个人独资企业的财产是指个人独资企业的财产所有权,包括对财产的占有、使用、处分和收益的权利;其他合法权益是指财产所有权以外的有关权益,如有关名称权、自主经营权、平等竞争权、拒绝摊派权等。

二是个人独资企业从事经营活动必须遵守法律、行政法规,遵循诚实信用原则,不得损害社会公共利益。企业只有遵守法律、行政法规,才能保证生产经营活动的有序进行,才能促进社会经济秩序的良性运行。企业只有诚实守信,才能取得他人的信任,才能树立良好的企业形象。个人独资企业不得损害社会公共利益也是我国民法典规定的民事活动中必须遵循的基本原则之一。个人独资企业在经营活动中,必须遵守社会公德,不得损害他人利益和社会公共利益。

三是个人独资企业应当依法履行纳税义务。依法纳税是每个公民和企业应尽的义务。个人独资企业在经营活动中应当依照有关法律、法规规定缴纳各项税款。

四是个人独资企业应当依法招用职工。个人独资企业应当严格按照劳动法及有关规定招用职工,职工的合法权益受法律保护。企业招用职工应当与职工签订劳动合同,且签订劳动合同必须遵循平等自愿、协商一致的原则,并不得违反国家法律、行政法规和有关政策规定。

三、个人独资企业的设立

(一)个人独资企业的设立条件

根据《个人独资企业法》规定,设立个人独资企业应当具备下列条件:
(1)投资人为一个自然人;
(2)有合法的企业名称;
(3)有投资人申报的出资;

(4)有固定的生产经营场所和必要的生产经营条件;

(5)有必要的从业人员。

(二)个人独资企业的设立程序

1. 提出申请

设立个人独资企业,应当由投资人或者其委托的代理人向个人独资企业所在地的登记机关申请设立登记。根据《登记管理条例》规定,投资人申请设立登记,应当向登记机关提交下列文件:

(1)申请书;

(2)申请人资格文件、自然人身份证明;

(3)住所或者主要经营场所相关文件;

(4)法律、行政法规和国务院市场监督管理部门规定提交的其他材料。

法律、行政法规或者国务院规定设立市场主体须经批准的,应当在批准文件有效期内向登记机关申请登记。

2. 设立登记

登记机关应当对申请材料进行形式审查,对申请材料齐全、符合法定形式的予以确认并当场登记。不能当场登记的,应当在3个工作日内予以登记;情形复杂的,经登记机关负责人批准,可以再延长3个工作日。登记申请不符合法律、行政法规规定,或者可能危害国家安全、社会公共利益的,登记机关不予登记并说明理由。予以核准的,发给营业执照。个人独资企业营业执照的签发日期,为个人独资企业的成立日期。在领取个人独资企业营业执照前,投资人不得以个人独资企业名义从事经营活动。

四、个人独资企业的变更登记、公示和证照管理

(一)个人独资企业的变更登记

根据《登记管理条例》规定,个人独资企业变更企业名称、住所或者主要经营场所、经营范围、投资人姓名及居所等登记事项,应当在作出变更决议、决定或者法定变更事项发生之日起30日内向登记机关申请变更登记。

个人独资企业申请变更登记,应当向登记机关提交投资人签署的变更登记申请书及国家市场监督管理部门规定提交的其他文件。例如,根据《登记管理条例实施细则》,市场主体在办理涉及营业执照记载事项变更登记或者申请注销登记时,需要在提交申请时一并缴回纸质营业执照正、副本。对于市场主体营业执照拒不缴回或者无法缴回的,登记机关在完成变更登记或者注销登记后,通过国家企业信用信息公示系统公告营业执照作废。

个人独资企业等市场主体变更住所或者主要经营场所跨登记机关辖区的,应当在

迁入新的住所或者主要经营场所前,向迁入地登记机关申请变更登记。迁出地登记机关无正当理由不得拒绝移交市场主体档案等相关材料。

个人独资企业等市场主体变更登记涉及营业执照记载事项的,登记机关应当及时为市场主体换发营业执照。

(二)个人独资企业的公示和证照管理

登记机关应当将个人独资企业登记、备案信息通过企业信用信息公示系统向社会公示。个人独资企业应当于每年1月1日至6月30日,通过企业信用信息公示系统向登记机关报送上一年度年度报告,并向社会公示。

电子营业执照与纸质营业执照具有同等法律效力。营业执照样式、电子营业执照标准由国务院市场监督管理部门统一制定。个人独资企业应当将营业执照置于住所或者主要经营场所的醒目位置。任何单位和个人不得伪造、涂改、出租、转让营业执照。

五、个人独资企业的事务管理

个人独资企业投资人可以自行管理企业事务,也可以委托或者聘用其他具有民事行为能力的人负责企业的事务管理。投资人委托或者聘用他人管理个人独资企业事务,应当与委托人或者被聘用的人签订书面合同,明确委托的具体内容和授予的权利范围。受托人或者被聘用的人员应当履行诚信、勤勉义务,按照与投资人签订的合同负责个人独资企业的事务管理。

投资人对委托人或者被聘用的人员职权的限制,不得对抗善意第三人。所谓"第三人"是指除受托人或者被聘用的人员以外的与企业发生经济业务关系的人。所谓"善意第三人"是指第三人在有关经济业务交往中,没有从事与受托人或者被聘用的人员串通,故意损害投资人利益的行为的人。个人独资企业的投资人与受托人或者被聘用的人员之间有关权利义务的限制,只对受托人或者被聘用的人员有效,对第三人并无约束力,受托人或者被聘用的人员超出投资人的限制与善意第三人的有关业务交往,应当对个人独资企业有效。

根据《个人独资企业法》规定,投资人委托或者聘用的管理个人独资企业事务的人员不得从事下列行为:

(1)利用职务上的便利,索取或者收受贿赂;
(2)利用职务或者工作上的便利侵占企业财产;
(3)挪用企业的资金归个人使用或者借贷给他人;
(4)擅自将企业资金以个人名义或者以他人名义开立账户储存;
(5)擅自以企业财产提供担保;
(6)未经投资人同意,从事与本企业相竞争的业务;
(7)未经投资人同意,与本企业订立合同或者进行交易;

(8)未经投资人同意,擅自将企业商标或者其他知识产权转让给他人使用;
(9)泄露本企业的商业秘密;
(10)法律、行政法规禁止的其他行为。

个人独资企业应当依法设置会计账簿,进行会计核算。根据《中华人民共和国会计法》的规定,各单位应当按照国家统一的会计制度的规定和会计业务的需要设置会计账簿,根据实际发生的经济业务事项进行会计核算,填制会计凭证,登记会计账簿,编制财务会计报告。任何单位不得以虚假的经济业务事项或者资料进行会计核算。

个人独资企业应当严格按照《中华人民共和国劳动法》《中华人民共和国劳动合同法》及有关规定招用职工。个人独资企业招用职工的,应当依法与职工签订劳动合同,保障职工的劳动安全,按时、足额发放职工工资。

个人独资企业还应当按照国家规定参加社会保险,为职工缴纳社会保险费。社会保险是指职工在年老、患病、丧失劳动能力、失业、工伤、生育等情况下有权获得物质帮助,使其基本生活得到保障的一种制度。社会保险基金由国家、企业和职工三者共同负担。根据我国有关法律、法规规定,我国目前设有五种强制性的社会保险,即养老保险、工伤保险、医疗保险、失业保险和企业职工生育保险。

根据《个人独资企业法》规定,个人独资企业可以依法申请贷款,取得土地使用权,并享有法律、行政法规规定的其他权利。任何单位和个人不得违反法律、行政法规的规定,以任何方式强制个人独资企业提供财力、物力、人力;对于违法强制提供财力、物力、人力的行为,个人独资企业有权拒绝。

六、个人独资企业的解散和清算

(一)个人独资企业的解散

个人独资企业的解散是指个人独资企业终止活动使其民事主体资格消灭的行为。根据《个人独资企业法》规定,个人独资企业有下列情形之一时,应当解散:

(1)投资人决定解散;
(2)投资人死亡或者被宣告死亡,无继承人或者继承人决定放弃继承;
(3)被依法吊销营业执照;
(4)法律、行政法规规定的其他情形。

(二)个人独资企业的清算

个人独资企业解散时,应当进行清算。《个人独资企业法》对个人独资企业的清算作出如下规定。

1. 通知和公告债权人

个人独资企业解散,由投资人自行清算或者由债权人申请人民法院指定清算人进行清算。投资人自行清算的,应当在清算前15日内书面通知债权人,无法通知的,应当予以公告。债权人应当在接到通知之日起30日内,未接到通知的应当在公告之日起60日内,向投资人申报其债权。

2. 财产清偿顺序

个人独资企业解散的,财产应当按照下列顺序清偿:

(1)所欠职工工资和社会保险费用;

(2)所欠税款;

(3)其他债务。

个人独资企业财产不足以清偿债务的,投资人应当以其个人的其他财产予以清偿。

3. 清算期间对投资人的要求

清算期间,个人独资企业不得开展与清算目的无关的经营活动。在按照前述财产清偿顺序清偿债务前,投资人不得转移、隐匿财产。

4. 投资人的持续偿债责任

个人独资企业解散后,原投资人对个人独资企业存续期间的债务仍应承担偿还责任,但债权人在5年内未向债务人提出偿债请求的,该责任消灭。

5. 注销登记

个人独资企业清算结束后,投资人或者人民法院指定的清算人应当编制清算报告,并于清算结束之日起30日内向原登记机关申请办理注销登记。

根据《登记管理条例实施细则》规定,个人独资企业申请注销登记,应当向登记机关提交下列文件:

(1)申请书;

(2)依法作出解散、注销的决议或者决定,或者被行政机关吊销营业执照、责令关闭、撤销的文件;

(3)清算报告、负责清理债权债务的文件或者清理债务完结的证明;

(4)税务部门出具的清税证明。

此外,申请办理简易注销登记,应当提交申请书和全体投资人承诺书。申请办理简易注销登记,市场主体应当将承诺书及注销登记申请通过国家企业信用信息公示系统公示,公示期为20日。在公示期内无相关部门、债权人及其他利害关系人提出异议的,市场主体可以于公示期届满之日起20日内向登记机关申请注销登记。

七、违反《个人独资企业法》的法律责任

我国《个人独资企业法》第五章专章规定了违反《个人独资企业法》的法律责任。国务院发布的《登记管理条例》对市场主体违反《登记管理条例》的行为,也规定了相应的法律责任。

(一)个人独资企业和投资人的违法行为应当承担的法律责任

1. 提交虚假材料或者采取其他欺诈手段隐瞒重要事实取得市场主体登记的,由登

记机关责令改正,没收违法所得,并处5万元以上20万元以下的罚款;情节严重的,处20万元以上100万元以下的罚款,吊销营业执照。

2. 违反《个人独资企业法》规定,个人独资企业使用的名称与其在登记机关登记的名称不相符合的,责令限期改正,处以2000元以下的罚款。

3. 未将营业执照置于住所或者主要经营场所醒目位置的,由登记机关责令改正;拒不改正的,处3万元以下的罚款。伪造、涂改、出租、出借、转让营业执照的,由登记机关没收违法所得,处10万元以下的罚款;情节严重的,处10万元以上50万元以下的罚款,吊销营业执照。

4. 个人独资企业成立后无正当理由超过6个月未开业的,或者开业后自行停业连续6个月以上的,吊销营业执照。

5. 未经设立登记从事经营活动的,由登记机关责令改正,没收违法所得;拒不改正的,处1万元以上10万元以下的罚款;情节严重的,依法责令关闭停业,并处10万元以上50万元以下的罚款。个人独资企业登记事项发生变更的,未按有关规定办理变更登记的,由登记机关责令改正;拒不改正的,处1万元以上10万元以下的罚款;情节严重的,吊销营业执照。个人独资企业未依照《登记管理条例》办理备案的,由登记机关责令改正;拒不改正的,处5万元以下的罚款。

6. 个人独资企业违反《个人独资企业法》规定,侵犯职工合法权益,未保障职工劳动安全,不缴纳社会保险费用的,按照有关法律、行政法规予以处罚,并追究有关责任人员的责任。

7. 个人独资企业及其投资人在清算前或者清算期间隐匿或者转移财产,逃避债务的,依法追回其财产,并按照有关规定予以处罚;构成犯罪的,依法追究刑事责任。

投资人违反《个人独资企业法》规定,应当承担民事赔偿责任和缴纳罚款、罚金,其财产不足以支付的,或者被判处没收财产的,应当先承担民事赔偿责任。

(二)有关管理人员对投资人造成损害或者侵犯投资人合法权益应当承担的法律责任

1. 投资人委托或者聘用的人员管理个人独资企业事务时违反双方订立的合同,给投资人造成损害的,承担民事赔偿责任。

2. 投资人委托或者聘用的人员违反《个人独资企业法》规定,侵犯个人独资企业财产权益的,责令退还侵占的财产;给企业造成损失的,依法承担赔偿责任;有违法所得的,没收违法所得;构成犯罪的,依法追究刑事责任。

(三)企业登记机关及有关部门有关人员的违法行为应当承担的法律责任

1. 登记机关对不符合《个人独资企业法》规定条件的个人独资企业予以登记,或者对符合《个人独资企业法》规定条件的个人独资企业不予登记的,对直接责任人员依法给予行政处分;构成犯罪的,依法追究刑事责任。登记机关对符合法定条件的申请不予登记或者超过法定时限不予答复的,当事人可依法申请行政复议或者提起行政诉讼。

2. 登记机关的上级部门的有关主管人员强令登记机关对不符合《个人独资企业法》规定条件的个人独资企业予以登记,或者对符合《个人独资企业法》规定条件的个人独资企业不予登记的,或者对登记机关的违法登记行为进行包庇的,对直接责任人员依法给予行政处分;构成犯罪的,依法追究刑事责任。

3. 违反法律、行政法规的规定强制个人独资企业提供财力、物力、人力的,按照有关法律、行政法规予以处罚,并追究有关责任人员的责任。

4. 登记机关及其工作人员违反规定未履行职责或者履行职责不当的,对直接负责的主管人员和其他直接责任人员依法给予处分;构成犯罪的,依法追究刑事责任。

第二节 合伙企业法

合伙关系在中外历史上均有古老的渊源,在罗马法中就已有简易合伙和普通合伙的区分。单从合伙关系的构成来看,它是两个或者两个以上的自然人因完成一项共同追求的事业而共同工作所形成的一种合作关系,这种合作关系往往是以契约形式表现出来的。合伙企业是合伙关系中形式较为完备、具有一定的稳定性并以营利为目的的一种合伙形态。从严格意义上说,合伙企业制度并不是独资企业制度失去其统治地位以后才出现的,而是作为一种古老的企业制度形态而与独资企业制度并存的,迄今已有几百年的历史。它与独资企业制度相比较,具有合伙人共同投资因而扩大了资金来源、合伙人共同管理因而提高了决策和管理水平、合伙人共担风险因而提高了抵御风险的能力等特征,这些特征使其成为以后发展起来的股份公司的原始形式。实际上,合伙企业是独资企业向股份公司过渡的一种中间形态。但相对于股份公司而言,合伙企业又省去了组建和解散过程中的许多繁琐程序。只是当独资企业与合伙企业产生的历史条件发生重大变化时,它们便逐步退出主流企业的行列,而不得不让位于更能适应社会生产力发展要求的股份公司。虽然时过境迁,但合伙企业仍是各国流行的几种主要企业形态之一。

一、合伙企业和合伙企业法概述

(一)合伙企业的概念

一般来说,合伙是指两个以上的人为着共同目的,相互约定共同出资、共同经营、共享收益、共担风险的自愿联合,是一种以合同关系为基础的企业组织形式。这里所称的"合伙企业",是指自然人、法人和其他组织依法在中国境内设立的普通合伙企业和有限合伙企业。

由此概念可以看出，合伙企业包括普通合伙企业（含特殊的普通合伙企业）和有限合伙企业。普通合伙企业由普通合伙人组成，合伙人对合伙企业债务承担无限连带责任，但法律对普通合伙人承担责任的形式有特别规定的，从其规定。有限合伙企业由普通合伙人和有限合伙人组成。其中，普通合伙人对合伙企业债务承担无限连带责任，有限合伙人以其认缴的出资额为限对合伙企业债务承担责任。

（二）合伙企业法的概念

合伙企业法的概念有广义和狭义之分。狭义的合伙企业法是指调整合伙企业合伙关系的专门法律。为了规范合伙企业的行为，保护合伙企业及其合伙人、债权人的合法权益，维护社会经济秩序，促进社会主义市场经济的发展，1997年2月23日八届全国人大常委会第二十四次会议通过了《中华人民共和国合伙企业法》（以下简称《合伙企业法》），该法于2006年8月27日经十届全国人大常委会第二十三次会议修订。广义的合伙企业法是调整关于合伙企业合伙关系的各种法律规范的总称，它除了包括《合伙企业法》，还主要包括1997年11月19日国务院发布的，根据2007年5月9日《国务院关于修改〈中华人民共和国合伙企业登记管理办法〉的决定》第一次修订，根据2014年2月19日《国务院关于废止和修改部分行政法规的决定》第二次修订，根据2019年3月2日《国务院关于修改部分行政法规的决定》第三次修订的《中华人民共和国合伙企业登记管理办法》（现已废止）。国务院2021年7月27日颁布《中华人民共和国市场主体登记管理条例》（以下简称《登记管理条例》），自2022年3月1日起施行；2022年3月1日，市场监管总局发布《中华人民共和国市场主体登记管理条例实施细则》（以下简称《登记管理细则》），自公布之日起施行。

根据《合伙企业法》及有关规定，在理解《合伙企业法》的适用时，需要注意以下问题。

一是《合伙企业法》不适用于不具备企业形态的契约型合伙。合伙企业与契约型合伙的主要区别在于：合伙企业具有营利目的，而契约型合伙不一定具有营利目的；合伙企业的营业是长期稳定的，而契约型合伙的营业往往是临时性的；合伙企业必须有自己的名称，而契约型合伙不一定有名称；设立合伙企业必须向企业登记机关申请登记，而契约型合伙只要订立合伙协议即可。

二是关于采取合伙制的非企业专业服务机构的合伙人承担责任形式的法律适用。根据《合伙企业法》规定，非企业专业服务机构依据有关法律采取合伙制的，其合伙人承担责任的形式可以适用《合伙企业法》关于特殊的普通合伙企业合伙人承担责任的规定。非企业专业服务机构是指采取非企业形式成立的以自己专业知识提供特定咨询等方面服务的组织，如律师事务所、会计师事务所等。

三是关于外国企业或者个人在中国境内设立合伙企业的管理办法。根据《合伙企业法》规定，外国企业或者个人在中国境内设立合伙企业的管理办法由国务院规定。

(三)合伙企业法的基本原则

《合伙企业法》第4条至第8条规定了合伙企业法的基本原则。

1. 协商一致订立合伙协议的原则

合伙协议是合伙企业得以成立的基础。根据《合伙企业法》规定,合伙协议依法由全体合伙人协商一致以书面形式订立。合伙人通过订立合伙协议建立合伙关系,确立合伙人的权利和义务。如果没有合伙协议,合伙人之间未能形成合伙关系,合伙企业就不能成立。

2. 遵循自愿、平等、公平、诚实信用的原则

根据《合伙企业法》规定,订立合伙协议、设立合伙企业,应当遵循自愿、平等、公平、诚实信用原则。自愿原则是指全体合伙人根据自己的真实意愿作出签订合伙协议、设立合伙企业的意思表示。平等原则是指全体合伙人在签订合伙协议、设立合伙企业的过程中,具有平等的法律地位、享受平等的法律待遇。公平原则是指全体合伙人在签订合伙协议、设立合伙企业的过程中,应当本着公平的观念实施自己的行为。诚实信用原则是指全体合伙人应当诚实守信,以善意的方式处理签订合伙协议、设立合伙企业过程中的有关问题。只有在遵循自愿、平等、公平、诚实信用原则的基础上订立合伙协议、设立合伙企业,才能使合伙关系保持稳定,使合伙企业保持健康发展。

3. 依法纳税的原则

依法纳税是每个组织和公民应尽的义务,合伙企业也不例外。根据2007年3月16日十届全国人大第五次会议通过的《中华人民共和国企业所得税法》(以下简称《企业所得税法》)第1条规定,在中华人民共和国境内,企业和其他取得收入的组织为企业所得税的纳税人,依照《企业所得税法》的规定缴纳企业所得税,但个人独资企业、合伙企业不适用《企业所得税法》。因此,《合伙企业法》规定,合伙企业的生产经营所得和其他所得,按照国家有关税收规定,由合伙人分别缴纳所得税。

4. 遵守法律法规和社会公德、商业道德,承担社会责任的原则

根据《合伙企业法》规定,合伙企业及其合伙人必须遵守法律、行政法规,遵守社会公德、商业道德,承担社会责任。合伙企业及其合伙人只有遵守法律法规和社会公德、商业道德,承担其应当承担的社会责任,其合法权益才能受法律保护。

5. 依法保护合伙企业及其合伙人的合法财产及其权益的原则

根据《合伙企业法》规定,合伙企业及其合伙人的合法财产及其权益受法律保护。这就是说,对于合伙企业及其合伙人合法占有的财产和所享有的合法权益,依法予以保护,禁止任何单位和个人非法侵犯。

(四)合伙企业的设立登记

综合《合伙企业法》和《登记管理条例》的规定,合伙企业的设立登记应按如下程序进行。

1. 提出申请

设立合伙企业应当由全体合伙人指定的代表或者共同委托的代理人向企业登记机关申请设立登记,并向企业登记机关提交下列文件:

(1)申请书;

(2)申请人资格文件、自然人身份证明;

(3)住所或者主要经营场所相关文件;

(4)合伙协议;

(5)法律、行政法规和国务院市场监督管理部门规定提交的其他材料。

这里所说的"国务院市场监督管理部门规定提交的其他文件",主要是指以下情况:

(1)法律、行政法规或者国务院规定设立合伙企业须经批准的,还应当提交有关批准文件。

(2)合伙企业的经营范围中有属于法律、行政法规或者国务院规定在登记前须经批准的项目的,应当向企业登记机关提交批准文件。

(3)全体合伙人决定委托执行事务合伙人的,应当向企业登记机关提交全体合伙人的委托书。执行事务合伙人是法人或者其他组织的,还应当提交其委派代表的委托书和身份证明。

(4)法律、行政法规规定设立特殊的普通合伙企业,需要提交合伙人的职业资格证明的,应当向企业登记机关提交有关证明。

2. 办理登记

申请人提交的登记申请材料齐全、符合法定形式,企业登记机关能够当场登记的,应予当场登记,发给合伙企业营业执照。企业登记机关不能当场登记的,应当在3个工作日内予以登记;情形复杂的,经登记机关负责人批准,可以再延长3个工作日。登记申请不符合法律、行政法规规定,或者可能危害国家安全、社会公共利益的,登记机关不予登记并说明理由。合伙企业营业执照的签发之日,为合伙企业的成立日期。合伙企业领取营业执照前,合伙人不得以合伙企业名义从事合伙业务。

二、关于普通合伙企业的法律规定

(一)普通合伙企业的概念及特征

普通合伙企业是指由普通合伙人组成的,由合伙人对合伙企业债务承担无限连带责任的一种合伙企业。普通合伙企业具有以下特征。

第一,普通合伙企业是由普通合伙人组成的合伙企业。这里所称的"普通合伙人",是指对合伙企业的债务依法承担无限连带责任的自然人、法人和其他组织。根据《合伙企业法》的规定,国有独资公司、国有企业、上市公司以及公益性的事业单位、社会团体不得成为普通合伙人。

第二,合伙人对合伙企业的债务依法承担无限连带责任,但《合伙企业法》对普通合伙人承担责任的形式有特别规定的,从其规定。合伙企业是以合伙人个人财产为基础而成立起来的,合伙人的共同出资构成合伙企业的财产。合伙企业的财产虽然由合伙企业使用与管理,但它属于合伙人所共有,仍然与合伙人的个人财产有密切联系。当合伙企业的财产不足以清偿合伙企业的债务时,合伙人负有以自己的其他财产承担剩余债务的连带清偿责任,当某一合伙人偿还合伙企业的债务超过自己所应承担的数额时,有权向其他合伙人追偿。但是,《合伙企业法》对普通合伙人承担责任的形式有特别规定的,合伙人可以不承担无限连带责任。如根据《合伙企业法》关于"特殊普通合伙企业"的规定,以专业知识和专门技能为客户提供有偿服务的专业服务机构,可以设立为特殊的普通合伙企业。在这种特殊的普通合伙企业中,一个合伙人或者数个合伙人在执业活动中因故意或者重大过失造成合伙企业债务的,应当承担无限责任或者无限连带责任,其他合伙人以其在合伙企业中的财产份额为限承担责任;合伙人在执业活动中不是因故意或者重大过失造成的合伙企业债务以及合伙企业的其他债务,才由全体合伙人承担无限连带责任。

(二)合伙企业的设立条件

根据《合伙企业法》规定,设立合伙企业应当具备下列条件。

1. 有 2 个以上合伙人

合伙企业的开办不是个人行为,合伙企业是由多个合伙人根据合伙协议设立的。因此,合伙企业的合伙人为 2 人以上。至于合伙企业最多由多少合伙人组成,我国法律并没有作出明确的限制,主要由设立人根据所设立的合伙企业的具体情况决定。关于合伙人的资格,根据《合伙企业法》的规定,合伙人可以是自然人,但合伙人为自然人的,应当具有完全民事行为能力;也可以是法人或者其他组织,但国有独资公司、国有企业、上市公司以及公益性的事业单位、社会团体不得成为普通合伙人。

2. 有书面合伙协议

合伙协议是由全体合伙人就合伙企业的有关事项及合伙人相互之间的权利义务关系等,在协商一致的基础上达成的具有法律约束力的协议。合伙协议应当以书面形式依法订立,并载明下列事项:

(1)合伙企业的名称和主要经营场所的地点;
(2)合伙目的和合伙经营范围;
(3)合伙人的姓名或者名称、住所;
(4)合伙人的出资方式、数额和缴付期限;
(5)利润分配、亏损分担方式;
(6)合伙事务的执行;

(7)入伙与退伙;
(8)争议解决办法;
(9)合伙企业的解散与清算;
(10)违约责任。

合伙协议经全体合伙人签名、盖章后生效。合伙人按照合伙协议享有权利、履行义务。修改或者补充合伙协议,应当经全体合伙人一致同意,但合伙协议另有约定的除外。合伙协议未约定或者约定不明确的事项,由合伙人协商决定;协商不成的,依照《合伙企业法》和其他有关法律、行政法规的规定处理。

3. 有合伙人认缴或者实际缴付的出资

合伙人可以用货币、实物、知识产权、土地使用权或者其他财产权利出资,也可以用劳务出资。合伙人以实物、知识产权、土地使用权或者其他财产权利出资,需要评估作价的,可以由全体合伙人协商确定,也可以由全体合伙人委托法定评估机构评估。合伙人以劳务出资的,其评估办法由全体合伙人协商确定,并在合伙协议中载明。合伙人应当按照合伙协议约定的出资方式、数额和缴付期限,履行出资义务。以非货币财产出资的,依照法律、行政法规的规定,需要办理财产权转移手续的,应当依法办理。

4. 有合伙企业的名称和生产经营场所

普通合伙企业应当在其名称中标明"普通合伙"字样。其中,特殊的普通合伙企业应当在其名称中标明"特殊普通合伙"字样。

5. 法律、行政法规规定的其他条件

(三)合伙企业的财产

《合伙企业法》对合伙企业的财产作出如下规定。

1. 关于合伙企业财产的构成

根据《合伙企业法》规定,合伙人的出资、以合伙企业名义取得的收益和依法取得的其他财产,均为合伙企业的财产。这就是说,合伙企业财产由三个部分构成:一是合伙人的出资,既包括货币、实物、知识产权、土地使用权或者其他财产权利出资,也包括劳务出资;二是以合伙企业名义取得的收益,主要包括合伙企业的公共积累资金、未分配的盈余、合伙企业债权、合伙企业取得的工业产权和非专利技术以及合伙企业的名称、商誉等财产权利;三是依法取得的其他财产,如接受赠与的财产等。

合伙企业的财产具有共有财产性质,即由合伙人共同共有。合伙人向合伙企业出资以后,其出资即构成合伙企业的财产,合伙企业的财产由全体合伙人共同管理和使用。在合伙企业存续期间,除非有合伙人退伙等法定事由,合伙人不得请求分割合伙企业的财产。对合伙企业财产的占有、使用、收益和处分,应当基于全体合伙人的共同意志。根据《合伙企业法》的规定,合伙人在合伙企业清算前,不得请求分割合伙企业的财产;但是,法律另有规定的除外。合伙人在合伙企业清算前私自转移或者处分合伙企业财产的,合伙企业不得以此对抗善意第三人。

2. 关于合伙企业财产的转让

合伙企业财产的转让是指合伙人向他人转让自己在合伙企业中的全部或者部分财产份额的行为。由于合伙企业是由各合伙人共同出资、合伙经营、共享收益、共担风险,并对合伙企业债务承担无限连带责任的营利性组织,合伙企业财产的转让将会影响到合伙企业以及各合伙人的切身利益。因此,《合伙企业法》对合伙企业财产的转让作了以下限制性规定。

(1)除合伙协议另有约定外,合伙人向合伙人以外的人转让其在合伙企业中的全部或者部分财产份额时,须经其他合伙人一致同意。

(2)合伙人之间转让在合伙企业中的全部或者部分财产份额时,应当通知其他合伙人。合伙企业财产在合伙人之间的内部转让,由于不影响合伙企业的人合性质,不以其他合伙人同意为条件,只需通知其他合伙人即可。

(3)合伙人向合伙人以外的人转让其在合伙企业中的财产份额的,在同等条件下,其他合伙人有优先购买权;但是,合伙协议另有约定的除外。合伙人以外的人依法受让合伙人在合伙企业中的财产份额的,经修改合伙协议即成为合伙企业的合伙人,依照《合伙企业法》和修改后的合伙协议享有权利、履行义务。

3. 关于合伙人以其在合伙企业中的财产份额出质

由于合伙人以其在合伙企业中的财产份额出质可能导致该财产份额发生权利转移,《合伙企业法》规定,合伙人以其在合伙企业中的财产份额出质的,须经其他合伙人一致同意;未经其他合伙人一致同意,其行为无效,由此给善意第三人造成损失的,由行为人依法承担赔偿责任。

(四)合伙事务执行

1. 合伙事务执行的形式

根据《合伙企业法》规定,按照合伙协议的约定或者经全体合伙人决定,合伙企业可以委托一个或者数个合伙人对外代表合伙企业,执行合伙事务。作为合伙人的法人、其他组织执行合伙事务的,由其委派的代表执行。如委托一个或者数个合伙人执行合伙事务的,其他合伙人不再执行合伙事务。

2. 合伙人在执行合伙事务中享有的权利

(1)合伙人平等享有合伙事务的执行权。根据《合伙企业法》规定,合伙人对执行合伙事务享有同等的权利。合伙企业的重要特点之一就是合伙经营,各合伙人无论出资多少,都有权平等享有执行合伙事务的权利。

(2)执行合伙事务的合伙人有权对外代表合伙企业。根据《合伙企业法》规定,执行合伙事务的合伙人有权对外代表合伙企业。合伙人在代表合伙企业执行事务时,不是以个人的名义为一定的民事行为,而是以合伙事务执行人的身份组织实施企业的生产经营活动。

(3)不参加执行合伙事务的合伙人的监督权。根据《合伙企业法》规定,不执行合伙事务的合伙人有权监督执行事务合伙人执行合伙事务的情况。

(4)合伙人有权查阅合伙企业账簿等财务资料。根据《合伙企业法》规定,合伙人为了解合伙企业的经营状况和财务状况,有权查阅合伙企业会计账簿等财务资料。

(5)合伙人提出异议权和撤销委托执行事务权。根据《合伙企业法》规定,合伙人分别执行合伙事务的,执行事务合伙人可以对其他合伙人执行的事务提出异议。提出异议时,应当暂停该项事务的执行。受委托执行合伙事务的合伙人不按照合伙协议或者全体合伙人的决定执行事务的,其他合伙人可以决定撤销该委托。

3. 合伙人在执行合伙事务中应承担的义务

(1)合伙事务执行人有义务向不参加执行事务的合伙人报告企业经营状况和财务状况。根据《合伙企业法》规定,由一个或者数个合伙人执行合伙事务的,执行事务合伙人应当定期向其他合伙人报告事务执行情况以及合伙企业的经营和财务状况,其执行合伙事务所产生的收益归合伙企业,所产生的费用和亏损由合伙企业承担。

(2)合伙人不得自营或者同他人合作经营与本合伙企业相竞争的业务。各合伙人组建合伙企业是为了合伙经营、共享收益。如果合伙人自己从事或者与他人合作从事与本合伙企业相竞争的业务,则势必影响合伙企业的利益,还可能形成不正当竞争,使合伙企业处于不利地位,损害其他合伙人的利益。因此,《合伙企业法》规定,合伙人不得自营或者同他人合作经营与本合伙企业相竞争的业务。

(3)合伙人不得与本合伙企业进行交易。合伙企业中每一合伙人都是合伙企业的投资者。如果自己与合伙企业交易,就会损害合伙企业和其他合伙人的利益。因此,《合伙企业法》规定,除合伙协议另有约定或者经全体合伙人一致同意外,合伙人不得同本合伙企业进行交易。

(4)合伙人不得从事损害本合伙企业利益的活动。合伙人在执行合伙企业事务时,不得为了自己的私利损害其他合伙人的利益,也不得与其他人恶意串通,损害合伙企业的利益。

4. 合伙事务执行的决议办法

根据《合伙企业法》规定,合伙人对合伙企业有关事项作出决议,按照合伙协议约定的表决办法办理。合伙协议未约定或者约定不明确的,实行合伙人一人一票并经全体合伙人过半数通过的表决办法。《合伙企业法》对合伙企业的表决办法另有规定的,从其规定。

这里所说的"《合伙企业法》对合伙企业的表决办法另有规定的,从其规定",是指依照《合伙企业法》的规定作出决议。如根据《合伙企业法》规定,合伙人按照合伙协议的约定或者经全体合伙人决定,可以增加或者减少对合伙企业的出资。又如《合伙企业法》规定,除合伙协议另有约定外,合伙企业的下列事项应当经全体合伙人一致同意:

(1)改变合伙企业的名称;
(2)改变合伙企业的经营范围、主要经营场所的地点;
(3)处分合伙企业的不动产;
(4)转让或者处分合伙企业的知识产权和其他财产权利;
(5)以合伙企业名义为他人提供担保;
(6)聘任合伙人以外的人担任合伙企业的经营管理人员。

由《合伙企业法》的上述规定可以看出,经全体合伙人一致同意,合伙企业可以聘任合伙人以外的人担任合伙企业的经营管理人员,但被聘任的合伙企业的经营管理人员应当在合伙企业授权范围内履行职务。聘任的合伙企业的经营管理人员,超越合伙企业授权范围履行职务,或者在履行职务过程中因故意或者重大过失给合伙企业造成损失的,依法承担赔偿责任。

5. 合伙企业的损益分配

合伙企业是合伙人共同出资、合伙经营、共享收益、共担风险,并对合伙企业债务承担无限连带责任的营利性组织。其损益如何分配,是合伙企业至为重要的事项。

合伙企业损益分配包括合伙企业的利润分配与亏损分担两个方面。对合伙企业的损益分配,《合伙企业法》作了原则性的规定。合伙企业的利润分配、亏损分担,按照合伙协议的约定办理;合伙协议未约定或者约定不明确的,由合伙人协商决定;协商不成的,由合伙人按照实缴出资比例分配、分担;无法确定出资比例的,由合伙人平均分配、分担。合伙协议不得约定将全部利润分配给部分合伙人或者由部分合伙人承担全部亏损。

(五)合伙企业与第三人关系

合伙企业与第三人关系,实际上是指有关合伙企业的对外关系,涉及合伙企业对外代表权的效力、合伙企业和合伙人的债务清偿等问题。

1. 关于对外代表权问题

合伙企业在运作过程中,必然与第三人发生关系,这就会产生合伙企业的对外代表权问题。根据《合伙企业法》规定,可以取得合伙企业对外代表权的合伙人,主要有以下三种情况。

(1)如果由全体合伙人共同执行合伙事务的,则全体合伙人都有权对外代表合伙企业,即全体合伙人都取得了合伙企业的对外代表权。

(2)如果由合伙协议约定或者全体合伙人决定,委托一个或者数个合伙人执行合伙事务的,则只有受委托执行合伙事务的那一部分合伙人有权对外代表合伙企业,而不参加执行合伙事务的合伙人则不具有对外代表合伙企业的权利。

(3)由于特别授权在单项合伙事务上有执行权的合伙人,可以依照授权范围对外代表合伙企业。

执行合伙事务的合伙人在取得对外代表权后,即可以以合伙企业的名义进行经营活动,在授权范围内从事民事活动,由此产生的收益应当归合伙企业所有,成为合伙企业财产的来源;由此带来的风险,也应当由合伙人承担,构成合伙企业的债务。

合伙人执行合伙企业事务的权利和对外代表合伙企业的权利,往往会受到一定的内部限制。但这种内部限制如果对第三人发生效力,则必须以第三人知道这一情况为条件,否则该内部限制不对该第三人发生抗辩力。为此,《合伙企业法》规定,合伙企业对合伙人执行合伙事务以及对外代表合伙企业权利的限制,不得对抗善意第三人。

2. 合伙企业的债务清偿

合伙企业的债务清偿,可以从以下几个方面加以说明。

(1)优先用合伙企业的财产清偿债务。根据《合伙企业法》规定,合伙企业对其债务,应先以其全部财产进行清偿。这就是说,在合伙企业存有自己的财产时,对于合伙企业的债务,应当先由合伙企业的财产来承担,这既有利于理顺合伙企业与第三人的法律关系,明确合伙企业的偿债责任,也有利于保护债权人的债权实现。

(2)合伙人的无限连带清偿责任。根据《合伙企业法》规定,合伙企业不能清偿到期债务的,合伙人承担无限连带责任。这就是说,合伙企业对其债务,应先以其全部财产进行清偿;当合伙企业财产不足清偿到期债务的,则由各合伙人承担无限连带清偿责任。

(3)合伙人之间的债务分担和追偿。根据《合伙企业法》规定,合伙人由于承担无限连带责任,清偿数额超过其亏损分担比例的,有权向其他合伙人追偿。这就是说,合伙企业的债务分担,按照合伙协议的约定办理;合伙协议未约定或者约定不明确的,由合伙人协商决定;协商不成的,由合伙人按照实缴出资比例分担;无法确定出资比例的,由合伙人平均分担。如果合伙人实际支付的清偿数额超过了其亏损分担比例的,该合伙人有权就该超过部分向其他合伙人追偿。

合伙人之间的债务分担比例对债权人没有约束力。由于合伙人应承担连带责任,债权人可以根据自己的清偿利益,请求全体合伙人中的一人或者数人承担全部清偿责任,也可以按照自己确定的比例向各合伙人分别追索。

3. 合伙人的债务清偿

在合伙企业存续期间,可能发生个别合伙人因不能偿还其个人债务而被追索的情况。为了保护合伙企业、其他合伙人以及债权人的合法权益,《合伙企业法》作出如下规定。

(1)合伙人发生与合伙企业无关的债务,相关债权人不得以其债权抵销其对合伙企业的债务,也不得代位行使合伙人在合伙企业中的权利。这是因为,该债权人对合伙企业的负债,实际上是对全体合伙人的负债;而合伙企业某一合伙人对该债权人的负债,仅限于该合伙人个人。如果允许两者抵销,就等于强迫合伙企业其他合伙人对个别合伙人的个人债务承担责任,这对其他合伙人显然是不公平的。此外,合伙企业具有人合性质,合伙人之间相互了解和信任是合伙关系稳定的基础。如果允许个别合伙人的债权人代位行使该合伙人在合伙企业中的权利,则不利于合伙关系的稳定和合伙企业的正常运营。

(2)合伙人的自有财产不足清偿其与合伙企业无关的债务的,该合伙人可以以其从合伙企业中分取的收益用于清偿,债权人也可以依法请求人民法院强制执行该合伙人在合伙企业中的财产份额用于清偿。这是因为,在合伙人的自有财产不足清偿其与合伙企业无关的债务的情况下,将该合伙人从合伙企业中分取的收益用于清偿,该债权人并不参与合伙企业内部事务,也不妨碍该债务人作为合伙人正常行使其正当的权利,这既保护了债权人的清偿利益,也无损于全体合伙人的合法权益。但人民法院强制执行合伙人的财产份额时,应当通知全体合伙人,其他合伙人有优先购买权;其他合伙人未购买,又不同意将该财产份额转让给他人的,依照《合伙企业法》的有关规定为该合伙人办理退伙结算,或者办理削减该合伙人相应财产份额的结算。

(六)入伙与退伙

1. 入伙的概念和条件

入伙是指在合伙企业存续期间,合伙人以外的第三人加入合伙,从而取得合伙人资格的行为。

根据《合伙企业法》规定,新合伙人入伙,除合伙协议另有约定外,应当经全体合伙人一致同意,并依法订立书面入伙协议。订立入伙协议时,原合伙人应当向新合伙人如实告知原合伙企业的经营状况和财务状况。

2. 新合伙人的权利和责任

入伙的新合伙人与原合伙人享有同等权利,承担同等责任。入伙协议另有约定的,从其约定。这就是说,如果原合伙人愿意以更优越的条件吸引新合伙人入伙,或者新合伙人愿意以较为不利的条件入伙,则也可以在入伙协议中另行约定。关于新合伙人对入伙前合伙企业的债务承担问题,根据《合伙企业法》规定,新合伙人对入伙前合伙企业的债务承担无限连带责任。

3. 退伙的概念和原因

退伙是指合伙人退出合伙企业,从而丧失合伙人资格的行为。

合伙人退伙的原因一般有两种:一是自愿退伙,二是法定退伙。

自愿退伙是指合伙人基于自愿的意思表示而退伙。自愿退伙又可以分为协议退伙和通知退伙两种。

关于协议退伙,根据《合伙企业法》规定,合伙协议约定合伙期限的,在合伙企业存续期间,有下列情形之一的,合伙人可以退伙:

(1)合伙协议约定的退伙事由出现;
(2)经全体合伙人一致同意;
(3)发生合伙人难以继续参加合伙的事由;
(4)其他合伙人严重违反合伙协议约定的义务。

关于通知退伙,根据《合伙企业法》规定,合伙协议未约定合伙期限的,合伙人在不给合伙企业事务执行造成不利影响的情况下,可以退伙,但应当提前30日通知其他合伙人。

合伙人违反上述规定擅自退伙的,应当赔偿由此给合伙企业造成的损失。

法定退伙是指合伙人因出现法律规定的事由而退伙。法定退伙又可以分为当然退伙和除名两种。

关于当然退伙,根据《合伙企业法》规定,合伙人有下列情形之一的,当然退伙:

(1)作为合伙人的自然人死亡或者被依法宣告死亡;
(2)个人丧失偿债能力;
(3)作为合伙人的法人或者其他组织依法被吊销营业执照、责令关闭撤销,或者被宣告破产;
(4)法律规定或者合伙协议约定合伙人必须具有相关资格而丧失该资格;
(5)合伙人在合伙企业中的全部财产份额被人民法院强制执行。

此外,合伙人被依法认定为无民事行为能力人或者限制民事行为能力人的,经其他合伙人一致同意,可以依法转为有限合伙人,普通合伙企业依法转为有限合伙企业。其他合伙人未能一致同意的,该无民事行为能力或者限制民事行为能力的合伙人退伙。

退伙事由实际发生之日为退伙生效日。

关于除名,根据《合伙企业法》规定,合伙人有下列情形之一的,经其他合伙人一致同意,可以决议将其除名:

(1)未履行出资义务;
(2)因故意或者重大过失给合伙企业造成损失;
(3)执行合伙事务时有不正当行为;
(4)发生合伙协议约定的事由。

对合伙人的除名决议应当书面通知被除名人。被除名人接到除名通知之日,除名生效,被除名人退伙。被除名人对除名决议有异议的,可以自接到除名通知之日起30日内,向人民法院起诉。

4. 退伙的后果

退伙的后果是指退伙时退伙人在合伙企业中的财产份额和民事责任的归属变动。退伙的后果一般分为两种情况:一是财产继承,二是退伙结算。

关于财产继承,根据《合伙企业法》规定,合伙人死亡或者被依法宣告死亡的,对该合伙人在合伙企业中的财产份额享有合法继承权的继承人,按照合伙协议的约定或者经全体合伙人一致同意,从继承开始之日起,取得该合伙企业的合伙人资格。

有下列情形之一的,合伙企业应当向合伙人的继承人退还被继承合伙人的财产份额:

(1)继承人不愿意成为合伙人;

(2)法律规定或者合伙协议约定合伙人必须具有相关资格,而该继承人未取得该资格;

(3)合伙协议约定不能成为合伙人的其他情形。

合伙人的继承人为无民事行为能力人或者限制民事行为能力人的,经全体合伙人一致同意,可以依法成为有限合伙人,普通合伙企业依法转为有限合伙企业。全体合伙人未能一致同意的,合伙企业应当将被继承合伙人的财产份额退还该继承人。

关于退伙结算,除合伙人死亡或者被依法宣告死亡的情形外,《合伙企业法》对退伙结算作出如下规定。

(1)合伙人退伙时,其他合伙人应当与该退伙人按照退伙时的合伙企业财产状况进行结算,退还退伙人的财产份额。退伙人对给合伙企业造成的损失负有赔偿责任的,相应扣减其应当赔偿的数额。退伙时有未了结的合伙企业事务的,待该事务了结后进行结算。

(2)退伙人在合伙企业中财产份额的退还办法,由合伙协议约定或者由全体合伙人决定,可以退还货币,也可以退还实物。

(3)退伙人对基于其退伙前的原因发生的合伙企业债务,承担无限连带责任。

(4)合伙人退伙时,合伙企业财产少于合伙企业债务的,退伙人应当依照《合伙企业法》规定分担亏损,即合伙协议约定亏损分担比例的,按照合伙协议的约定办理;合伙协议未约定或者约定不明确的,由合伙人协商决定;协商不成的,由合伙人按照实缴出资比例分担;无法确定出资比例的,由合伙人平均分担。

(七)特殊的普通合伙企业

1. 特殊的普通合伙企业的责任形式

以专业知识和专门技能为客户提供有偿服务的专业服务机构,可以设立为特殊的普通合伙企业。特殊的普通合伙企业名称中应当标明"特殊普通合伙"字样。

除《合伙企业法》另有规定的以外,特殊的普通合伙企业适用《合伙企业法》关于普通合伙企业的有关规定。

根据《合伙企业法》规定,一个合伙人或者数个合伙人在执业活动中因故意或者重大过失造成合伙企业债务的,应当承担无限责任或者无限连带责任,其他合伙人以其在合伙企业中的财产份额为限承担责任。合伙人在执业活动中非因故意或者重大过失造成的合伙企业债务以及合伙企业的其他债务,由全体合伙人承担无限连带责任。根据这一法律规定,特殊的普通合伙企业的责任形式分为两种。第一种是承担无限责任或者无限连带责任和有限责任。这就是说,对于一个合伙人或者数个合伙人在执业活动中因故意或者重大过失造成合伙企业债务应当承担的责任,与其他合伙人应当承担的责任区别对待。如果不加区别地承担责任,则不但对其他合伙人不公平,而且债权人的利益也难以得到保障。第二种是承担无限连带责任。这就是说,对于合伙人在执业活动

中非因故意或者重大过失造成的合伙企业债务以及合伙企业的其他债务,全体合伙人均应承担无限连带责任,以最大限度地实现公平、正义和保障债权人的合法权益。

此外,根据《合伙企业法》规定,合伙人执业活动中因故意或者重大过失造成的合伙企业债务,以合伙企业财产对外承担责任后,该合伙人应当按照合伙协议的约定对给合伙企业造成的损失承担赔偿责任。

2. 特殊的普通合伙企业的执业风险防范

根据《合伙企业法》规定,特殊的普通合伙企业应当建立执业风险基金、办理职业保险。

执业风险基金主要是指为了化解经营风险,特殊的普通合伙企业从其经营收益中提取一定比例的资金留存或者根据相关规定上缴至指定机构所形成的资金。执业风险基金用于偿付合伙人执业活动造成的债务。执业风险基金应当单独立户管理,具体管理办法由国务院规定。

职业保险,又称"职业责任保险",是指承保各种专业技术人员因工作上的过失或者疏忽大意所造成的合同一方或者他人的人身伤害或者财产损失的经济赔偿责任的保险。

三、关于有限合伙企业的法律规定

2006年8月修订后的《合伙企业法》专设"有限合伙企业"一章,增加了对有限合伙企业的法律规定。在合伙企业中引入有限责任制度,这对于调动投资者的投资积极性,保护合伙企业及其合伙人、债权人的合法权益,促进市场经济的发展,具有重要意义。

《合伙企业法》规定了普通合伙企业和有限合伙企业,两者的主要差别在于:普通合伙企业的成员均为普通合伙人(特殊的普通合伙企业除外),而有限合伙企业的成员包括有限合伙人和普通合伙人。这两部分合伙人在主体资格、权利和义务、责任承担等方面存在着明显的差异。在法律适用上,有限合伙企业及其合伙人适用"有限合伙企业"一章关于有限合伙企业及其合伙人的特殊规定;该章未作特殊规定的,适用《合伙企业法》有关普通合伙企业及其合伙人的一般规定。这里主要介绍有关有限合伙企业的特殊规定。

(一)有限合伙企业的概念及特征

有限合伙企业是指由有限合伙人和普通合伙人共同组成,普通合伙人对合伙企业债务承担无限连带责任,有限合伙人以其认缴的出资额为限对合伙企业债务承担责任的合伙组织。

有限合伙企业与普通合伙企业相比较,具有以下显著特征。

一是在经营管理上,普通合伙企业的合伙人一般均可参与合伙企业的经营管理。而在有限合伙企业中,有限合伙人不执行合伙事务,而由普通合伙人从事具体的经营管理。

二是在风险承担上,普通合伙企业的合伙人之间对合伙债务承担无限连带责任。而在有限合伙企业中,不同类型的合伙人所承担的责任存在差异,其中有限合伙人以其各自的出资额为限承担有限责任,普通合伙人之间承担无限连带责任。

(二)有限合伙企业设立的特殊规定

1. 有限合伙企业的设立人

根据《合伙企业法》规定,有限合伙企业由2个以上50个以下合伙人设立;但是,法律另有规定的除外。按照规定,自然人、法人和其他组织可以依照法律规定在中国境内设立普通合伙企业和有限合伙企业,但国有独资公司、国有企业、上市公司以及公益性的事业单位、社会团体不得成为普通合伙人。有限合伙企业至少应当有1个普通合伙人。有限合伙企业仅剩有限合伙人的,应当解散;有限合伙企业仅剩普通合伙人的,转为普通合伙企业。

2. 有限合伙企业的名称

根据《合伙企业法》规定,有限合伙企业名称中应当标明"有限合伙"字样。作此规定,主要是为了便于社会公众以及交易相对人了解有限合伙企业。

3. 有限合伙企业的协议

根据《合伙企业法》规定,有限合伙企业的合伙协议除符合普通合伙企业合伙协议的规定外,还应当载明下列事项:

(1)普通合伙人和有限合伙人的姓名或者名称、住所;
(2)执行事务合伙人应具备的条件和选择程序;
(3)执行事务合伙人权限与违约处理办法;
(4)执行事务合伙人的除名条件和更换程序;
(5)有限合伙人入伙、退伙的条件、程序以及相关责任;
(6)有限合伙人和普通合伙人相互转变程序。

4. 有限合伙企业有限合伙人的出资方式

根据《合伙企业法》规定,有限合伙人可以用货币、实物、知识产权、土地使用权或者其他财产权利作价出资,但不得以劳务出资。有限合伙人应当按照合伙协议的约定按期足额缴纳出资;未按期足额缴纳的,应当承担补缴义务,并对其他合伙人承担违约责任。

5. 有限合伙企业的登记事项

根据《合伙企业法》规定,有限合伙企业登记事项中应当载明有限合伙人的姓名或者名称及认缴的出资数额。

(三)有限合伙企业合伙事务执行的特殊规定

根据《合伙企业法》规定,有限合伙企业由普通合伙人执行合伙事务。执行事务合伙人可以要求在合伙协议中确定执行事务的报酬及报酬提取方式。有限合伙人不执行合伙事务,不得对外代表有限合伙企业。

有限合伙人的下列行为,不视为执行合伙事务:

(1)参与决定普通合伙人入伙、退伙;

(2)对企业的经营管理提出建议;

(3)参与选择承办有限合伙企业审计业务的会计师事务所;

(4)获取经审计的有限合伙企业财务会计报告;

(5)对涉及自身利益的情况,查阅有限合伙企业财务会计账簿等财务资料;

(6)在有限合伙企业中的利益受到侵害时,向有责任的合伙人主张权利或者提起诉讼;

(7)执行事务合伙人怠于行使权利时,督促其行使权利或者为了本企业的利益以自己的名义提起诉讼;

(8)依法为本企业提供担保。

如果第三人有理由相信有限合伙人为普通合伙人并与其交易,则该有限合伙人对该笔交易承担与普通合伙人同样的责任。有限合伙人未经授权以有限合伙企业名义与他人进行交易,给有限合伙企业或者其他合伙人造成损失的,该有限合伙人应当承担赔偿责任。

关于有限合伙企业的利润分配,根据《合伙企业法》规定,有限合伙企业不得将全部利润分配给部分合伙人;但是,合伙协议另有约定的除外。

关于有限合伙人的权利,根据《合伙企业法》规定,有限合伙人可以与本有限合伙企业进行交易;但是,合伙协议另有约定的除外。这是因为有限合伙人并不参与有限合伙企业事务的执行,有限合伙人与本有限合伙企业进行交易时,一般不会损害本有限合伙企业的利益。但有限合伙协议可以对有限合伙人与有限合伙企业之间的交易进行限定,如果有限合伙协议另有约定的,则必须按照约定的要求进行。普通合伙人如果禁止有限合伙人同本有限合伙企业进行交易,则应当在合伙协议中作出约定。此外,根据《合伙企业法》规定,有限合伙人可以自营或者同他人合作经营与本有限合伙企业相竞争的业务;但是,合伙协议另有约定的除外。这与普通合伙人不同,有限合伙人一般不承担竞业禁止义务。普通合伙人如果禁止有限合伙人自营或者同他人合作经营与本有限合伙企业相竞争的业务,则应当在合伙协议中作出约定。

(四)有限合伙企业财产出质与转让的特殊规定

1. 关于有限合伙人财产份额的出质

《合伙企业法》规定,有限合伙人可以将其在有限合伙企业中的财产份额出质;但是,合伙协议另有约定的除外。这是因为,有限合伙人将其在有限合伙企业中的财产份额进行出质,产生的后果仅仅是有限合伙企业的有限合伙人存在变更的可能,这对有限合伙企业的财产基础并无根本的影响。但是,有限合伙企业的合伙协议可以对有限合伙人将其在有限合伙企业中的财产份额出质作出约定。如果合伙协议另有约定的,则必须按照约定执行。

2. 关于有限合伙人财产份额的转让

《合伙企业法》规定,有限合伙人可以按照合伙协议的约定向合伙人以外的人转让其在有限合伙企业中的财产份额,但应当提前30日通知其他合伙人。这是因为,有限合伙人向合伙人以外的其他人转让其在有限合伙企业中的财产份额,并不影响有限合伙企业债权人的利益。但是,有限合伙人向合伙人以外的人转让其在有限合伙企业中的财产份额应当按照合伙协议的约定进行,并提前30日通知其他合伙人。

(五)有限合伙人债务清偿的特殊规定

根据《合伙企业法》规定,有限合伙人的自有财产不足清偿其与合伙企业无关的债务的,该合伙人可以以其从有限合伙企业中分取的收益用于清偿;债权人也可以依法请求人民法院强制执行该合伙人在有限合伙企业中的财产份额用于清偿。人民法院强制执行有限合伙人的财产份额时,应当通知全体合伙人。在同等条件下,其他合伙人有优先购买权。

由此规定可以看出,有限合伙人清偿其债务时,首先应当以自有财产进行清偿。只有当自有财产不足清偿时,有限合伙人才可以以其在有限合伙企业中分取的收益进行清偿;也只有当有限合伙人的自有财产不足清偿其与合伙企业无关的债务时,人民法院才可以应债权人请求强制执行该合伙人在有限合伙企业中的财产份额用于清偿。

(六)有限合伙企业入伙与退伙的特殊规定

根据《合伙企业法》规定,新入伙的有限合伙人对入伙前有限合伙企业的债务,以其认缴的出资额为限承担责任。这与普通合伙企业中新入伙的合伙人对入伙前合伙企业的债务承担连带责任有所不同。

作为有限合伙人的自然人死亡、被依法宣告死亡或者作为有限合伙人的法人及其他组织终止时,其继承人或者权利承受人可以依法取得该有限合伙人在有限合伙企业中的资格。

根据《合伙企业法》规定,有限合伙人有下列情形之一的,当然退伙:
(1)作为合伙人的自然人死亡或者被依法宣告死亡;
(2)作为合伙人的法人或者其他组织依法被吊销营业执照、责令关闭、撤销,或者被宣告破产;
(3)法律规定或者合伙协议约定合伙人必须具有相关资格而丧失该资格;
(4)合伙人在合伙企业中的全部财产份额被人民法院强制执行。

作为有限合伙人的自然人在有限合伙企业存续期间丧失民事行为能力的,其他合伙人不得因此要求其退伙。有限合伙人退伙后,对基于其退伙前的原因发生的有限合伙企业债务,以其退伙时从有限合伙企业中取回的财产承担责任。

(七)合伙人身份变更的特殊规定

根据《合伙企业法》规定,除合伙协议另有约定外,普通合伙人转变为有限合伙人,或者有限合伙人转变为普通合伙人,应当经全体合伙人一致同意。有限合伙人转变为普通合伙人的,对其作为有限合伙人期间有限合伙企业发生的债务承担无限连带责任。普通合伙人转变为有限合伙人的,对其作为普通合伙人期间合伙企业发生的债务承担无限连带责任。

四、合伙企业的解散与清算

(一)合伙企业的解散

合伙企业的解散是指各合伙人解除合伙协议,合伙企业终止活动。根据《合伙企业法》规定,合伙企业有下列情形之一的,应当解散:

(1)合伙期限届满,合伙人决定不再经营;
(2)合伙协议约定的解散事由出现;
(3)全体合伙人决定解散;
(4)合伙人已不具备法定人数满30天;
(5)合伙协议约定的合伙目的已经实现或者无法实现;
(6)依法被吊销营业执照、责令关闭或者被撤销;
(7)法律、行政法规规定的其他原因。

(二)合伙企业的清算

合伙企业解散,应当由清算人进行清算。《合伙企业法》对合伙企业清算作出以下规定。

1. 确定清算人

清算人由全体合伙人担任;经全体合伙人过半数同意,可以自合伙企业解散事由出现后15日内指定一个或者数个合伙人,或者委托第三人担任清算人。自合伙企业解散事由出现之日起15日内未确定清算人的,合伙人或者其他利害关系人可以申请人民法院指定清算人。清算人在清算期间执行下列事务:

(1)清理合伙企业财产,分别编制资产负债表和财产清单;
(2)处理与清算有关的合伙企业未了结事务;
(3)清缴所欠税款;
(4)清理债权、债务;

(5)处理合伙企业清偿债务后的剩余财产;
(6)代表合伙企业参加诉讼或者仲裁活动。

2. 通知和公告债权人

清算人自被确定之日起10日内将合伙企业解散事项通知债权人,并于60日内在报纸上公告。债权人应当自接到通知书之日起30日内,未接到通知书的自公告之日起45日内,向清算人申报债权。债权人申报债权,应当说明债权的有关事项,并提供证明材料。清算人应当对债权进行登记。清算期间,合伙企业存续,但不得开展与清算无关的经营活动。

3. 财产清偿顺序

合伙企业财产在支付清算费用和职工工资、社会保险费用、法定补偿金以及缴纳所欠税款、清偿债务后的剩余财产,依照《合伙企业法》关于利润分配和亏损分担的规定进行分配。也就是说,对剩余财产的分配,按照合伙协议的约定办理;合伙协议未约定或者约定不明确的,由合伙人协商决定;协商不成的,由合伙人按照实缴出资比例分配;无法确定出资比例的,由合伙人平均分配。

4. 办理注销登记

清算结束,清算人应当编制清算报告,经全体合伙人签名、盖章后,在15日内向企业登记机关报送清算报告,申请办理合伙企业注销登记。合伙企业注销后,原普通合伙人对合伙企业存续期间的债务仍应承担无限连带责任。

合伙企业在清算时,其财产不能清偿到期债务的,债权人可以依法向人民法院提出破产清算申请,也可以要求普通合伙人清偿。合伙企业依法被宣告破产的,普通合伙人对合伙企业债务仍应承担无限连带责任。

五、违反合伙企业法的法律责任

《合伙企业法》第五章专章规定了违反《合伙企业法》的法律责任。国务院发布的《登记管理条例》对市场主体违反《登记管理条例》的行为,也规定了相应的法律责任。

《合伙企业法》和《登记管理条例》中规定的法律责任,主要包括民事责任和行政责任两种责任形式。此外,对于违反规定,构成犯罪的,依法追究刑事责任。对于违反规定,应当承担民事赔偿责任和缴纳罚款、罚金,其财产不足以同时支付的,先承担民事赔偿责任。

(一)合伙企业和合伙人的违法行为应承担的法律责任

《合伙企业法》对合伙企业和合伙人的违法行为及其应当承担的法律责任作出如下规定。

1. 提交虚假材料或者采取其他欺诈手段隐瞒重要事实取得市场主体登记的,由登记机关责令改正,没收违法所得,并处5万元以上20万元以下的罚款;情节严重的,处

20万元以上100万元以下的罚款,吊销营业执照。

2. 违反《合伙企业法》规定,合伙企业未在其名称中标明"普通合伙""特殊普通合伙"或者"有限合伙"字样的,由企业登记机关责令限期改正,处以2000元以上10000元以下的罚款。

3. 未经设立登记从事经营活动的,由登记机关责令改正,没收违法所得;拒不改正的,处1万元以上10万元以下的罚款;情节严重的,依法责令关闭停业,并处10万元以上50万元以下的罚款。

4. 合伙企业登记事项发生变更时,未按有关规定办理变更登记的,由登记机关责令改正;拒不改正的,处1万元以上10万元以下的罚款;情节严重的,吊销营业执照。

5. 合伙企业登记事项发生变更,执行合伙事务的合伙人未按期申请办理变更登记的,应当赔偿由此给合伙企业、其他合伙人或者善意第三人造成的损失。

6. 合伙企业未依照《登记管理条例》办理备案的,由登记机关责令改正;拒不改正的,处5万元以下的罚款。

7. 合伙企业未将营业执照置于住所或者主要经营场所醒目位置的,由登记机关责令改正;拒不改正的,处3万元以下的罚款。

8. 合伙企业伪造、涂改、出租、出借、转让营业执照的,由登记机关没收违法所得,处10万元以下的罚款;情节严重的,处10万元以上50万元以下的罚款,吊销营业执照。

9. 合伙人执行合伙事务,或者合伙企业从业人员利用职务上的便利,将应当归合伙企业的利益据为己有的,或者采取其他手段侵占合伙企业财产的,应当将该利益和财产退还合伙企业;给合伙企业或者其他合伙人造成损失的,依法承担赔偿责任。

10. 合伙人对《合伙企业法》规定或者合伙协议约定必须经全体合伙人一致同意始得执行的事务擅自处理,给合伙企业或者其他合伙人造成损失的,依法承担赔偿责任。

11. 不具有事务执行权的合伙人擅自执行合伙事务,给合伙企业或者其他合伙人造成损失的,依法承担赔偿责任。

12. 合伙人违反《合伙企业法》规定或者合伙协议的约定,从事与本合伙企业相竞争的业务或者与本合伙企业进行交易的,该收益归合伙企业所有;给合伙企业或者其他合伙人造成损失的,依法承担赔偿责任。

13. 合伙人违反合伙协议的,应当依法承担违约责任。合伙人履行合伙协议发生争议的,合伙人可以通过协商或者调解解决。不愿通过协商、调解解决或者协商、调解不成的,可以按照合伙协议约定的仲裁条款或者事后达成的书面仲裁协议,向仲裁机构申请仲裁。合伙协议中未订立仲裁条款,事后又没有达成书面仲裁协议的,可以向人民法院起诉。

(二)合伙企业清算人的违法行为应承担的法律责任

《合伙企业法》对合伙企业清算人的违法行为及其应当承担的法律责任作出如下

规定。

1. 清算人未依照《合伙企业法》规定向企业登记机关报送清算报告,或者报送清算报告隐瞒重要事实,或者有重大遗漏的,由企业登记机关责令改正。由此产生的费用和损失,由清算人承担和赔偿。

2. 清算人执行清算事务,牟取非法收入或者侵占合伙企业财产的,应当将该收入和侵占的财产退还合伙企业;给合伙企业或者其他合伙人造成损失的,依法承担赔偿责任。

3. 清算人违反《合伙企业法》规定,隐匿、转移合伙企业财产,对资产负债表或者财产清单作虚假记载,或者在未清偿债务前分配财产,损害债权人利益的,依法承担赔偿责任。

(三)行政管理机关工作人员的违法行为应承担的法律责任

登记机关及其工作人员违反《登记管理条例》规定未履行职责或者履行职责不当的,对直接负责的主管人员和其他直接责任人员依法给予处分。构成犯罪的,依法追究刑事责任。法律、行政法规对市场主体登记管理违法行为处罚另有规定的,从其规定。

思 考 题

1. 解释下列概念:
个人独资企业 合伙企业 普通合伙企业 有限合伙企业
2. 个人独资企业的设立应当具备哪些条件?
3. 试述个人独资企业事务管理制度的主要内容。
4. 个人独资企业解散的情形有哪些?
5. 普通合伙企业的设立应当具备哪些条件?
6. 合伙协议应当载明哪些事项?
7. 试述普通合伙企业合伙人在执行合伙事务中的权利和义务。
8. 简述普通合伙企业损益分配的原则。
9. 试述普通合伙企业和合伙人的债务清偿制度。
10. 试比较有限合伙企业与普通合伙企业的基本特征。
11. 合伙企业解散的情形有哪些?

阅读文献

1. 《中华人民共和国个人独资企业法》,1999年8月30日第九届全国人民代表大会常务委员会第十一次会议通过。
2. 《个人独资企业登记管理办法》,2000年1月13日国家工商行政管理局发布,根据2014年2月20日国家工商行政管理总局令第63号第一次修订,根据2019年8月8日国家市场监督管理总局令第14号第二次修订,现已废止。

3.《中华人民共和国合伙企业法》,1997年2月23日第八届全国人民代表大会常务委员会第二十四次会议通过,2006年8月27日第十届全国人民代表大会常务委员会第二十三次会议修订。

4.《中华人民共和国合伙企业登记管理办法》,1997年11月19日国务院发布,根据2007年5月9日《国务院关于修改〈中华人民共和国合伙企业登记管理办法〉的决定》第一次修订,根据2014年2月19日《国务院关于废止和修改部分行政法规的决定》第二次修订,根据2019年3月2日《国务院关于修改部分行政法规的决定》第三次修订,现已废止。

5.《中华人民共和国市场主体登记管理条例》,2021年4月14日国务院第131次常务会议通过,自2022年3月1日起施行。

6.《中华人民共和国市场主体登记管理条例实施细则》,2022年3月1日市场监管总局令第52号公布,自公布之日起施行。

第二章

公司法

本章概要

本章主要阐述：公司的概念和特征，公司法的概念和作用，公司登记的程序和注意事项，有关有限责任公司和股份有限公司的基本法律规定，有关国家出资公司组织机构的特别规定，有关公司债券和公司财务会计的法律规定，有关公司合并、分立和增资、减资的法律规定，有关公司解散及清算的法律规定，违反公司法的法律责任等。

第一节 公司法概述

公司是商品经济发展的产物,同时也是市场经济发达国家普遍采用的一种较为重要的、富有生命力的企业组织形式。随着我国社会主义市场经济体制的确立与完善,我国的公司组织大量涌现,它以其特有的适应市场经济发展和建立现代企业制度需要的财产组织机制和企业经营机制,在我国企业改革过程中发挥着极为重要的作用。为了规范公司的组织和行为,,保护公司、股东、职工和债权人的合法权益,完善中国特色现代企业制度,弘扬企业家精神,维护社会经济秩序,促进社会主义市场经济的发展,根据宪法,我国制定和颁布了一系列关于公司的基本法律和法规。

一、公司的概念和特征

所谓公司,是指依照公司法规定设立的、以营利为目的、并具有法人资格的经济组织。公司一般具有以下基本特征:

1. 公司是依法设立的经济组织,具有法定性。只有依照公司法规定的条件和程序设立的经济组织,才能称之为公司。公司的这个特征使得公司与其他经济组织有所不同。

2. 公司是以营利为目的的经济组织,具有营利性。公司是从事商品生产和经营活动的经济组织。公司的设立、运营都是为了谋取超出公司资本的利益,并对股东进行分配。公司的这个特征使得公司与国家机关、事业单位有所不同。

3. 公司是具有法人资格的经济组织,具有人格独立性。公司是具有独立的财产、组织机构并独立承担财产责任的经济实体,具有独立的民事主体资格,依法独立享有民事权利和承担民事义务。公司的这个特征,使得公司既不同于非企业法人,也不同于非法人企业。

《公司法》所称公司,是指依照《公司法》在中华人民共和国境内设立的有限责任公司和股份有限公司。

二、公司的种类

根据不同的标准可以对公司进行不同的分类。根据公司信用基础的不同,可将公司分为人合公司、资合公司和人合兼资合公司;根据公司国籍的不同,可将公司分为本国公司、外国公司和跨国公司;根据公司在管辖与被管辖关系中所处地位的不同,可将公司分为总公司和分公司;根据公司在控制与被控制关系中所处地位的不同,可将公司分为母公司和子公司。但在一般情况下,各国公司法规定的公司分类,主要是根据股东对公司所负责任的不同,将公司分为以下几种形式:

1. 无限责任公司,是由两个以上的股东组成,股东对公司的债务承担连带无限清偿责任的公司。

2.有限责任公司,是指由一定数量的股东组成,股东以其出资额为限对公司的债务承担责任的公司。

3.股份有限公司,是指由一定数量以上的股东组成,股东以其认购的股份为限对公司的债务承担责任的公司。

4.两合公司,是指由无限责任股东和有限责任股东组成的公司。无限责任股东对公司债务负连带无限清偿责任,有限责任股东以其出资额为限对公司债务承担责任。

5.股份两合公司,是指由无限责任股东和部分股份有限责任股东共同组成的公司。

三、公司法的概念

改革开放以来至《中华人民共和国公司法》颁布之前,我国制定和颁布了一系列有关公司方面的法律法规和规章。如国务院发布的《关于设立全民所有制公司审批权限的通知》(1990年12月12日公布,现已失效)、《关于进一步加强证券市场宏观管理的通知》(1992年12月17日公布)、《股票发行与交易管理暂行条例》(1993年4月22日公布)、《企业债券管理条例》(1993年8月2日公布,2011年1月8日修订),国家体改委发布以及和其他部门联合发布的《有限责任公司规范意见》(1992年5月15日公布,现已失效)、《股份有限公司规范意见》(1992年5月15日公布,现已失效)、《股份制企业试点办法》(1992年5月15日公布,现已失效)、《股份制试点企业国有资产管理暂行规定》(1992年7月27日公布,现已失效)等。与此同时,有关部门也加快了公司法的立法步伐。1993年12月29日,第八届全国人大常委会第五次会议审议通过了《中华人民共和国公司法》(以下简称《公司法》),并决定于1994年7月1日起施行。这是新中国成立以来我国颁布的第一部公司基本法。该法根据1999年12月25日第九届全国人大常委会第十三次会议《关于修改〈中华人民共和国公司法〉的决定》进行第一次修正;根据2004年8月28日第十届全国人大常委会第十一次会议《关于修改〈中华人民共和国公司法〉的决定》进行第二次修正;2005年10月27日第十届全国人大常委会第十八次会议对《公司法》进行了一次全面修订;根据2013年12月28日第十二届全国人大常委会第六次会议通过的《关于修改〈中华人民共和国海洋环境保护法〉等七部法律的决定》进行第三次修正;根据2018年10月26日第十三届全国人大常委会第六次会议《关于修改〈中华人民共和国公司法〉的决定》第四次修正;2023年12月29日第十四届全国人民代表大会常务委员会第七次会议进行第二次修订,并自2024年7月1日起施行。

从广义上理解,公司法是规定有关公司的设立、组织、活动和解散以及其他内外关系的法律规范的总称。它除了包括《公司法》和上述有关公司的法规和规章之外,还应包括国务院发布的《国务院关于股份有限公司境内上市外资股的规定》(1995年11月2日国务院第37次常务会议通过)、《企业信息公示暂行条例》(2014年8月7日公布,2024年3月10日修订)、《中华人民共和国市场登记管理条件(2021年7月27日公布)》、《中华人民共和国市场登记管理条例实施细则(2022年3月1日公布)》《上市公司独立董事制度改革的意见》(2024年4月7日公布)、《关于实施〈中华人民共和国公司法〉注册资本登记管理制度的规定》(2024年7月1日公布)等。最高人民法院自2006年起发布与修订的《关于适用〈中华人民共和国公司法〉若干问题的规定》系列司法解释(一)~(五),以及中国证券监督管理委员会发布的《中华人民共和国证券法》(2019年12月28日修订)、《上市公司章程指引》(2022年1月5日修订公布,根据2023年12月15日中国证券监督管理委员会《关于修改〈上市公司章程指引〉的决定》修正)、《上市公司独立董事管理办法》(2023年8月1日公布)、《上市公司治理准则》(2018年9月30日公布)等。

公司法是随着公司的产生和发展而制订并不断完善的。在我国国有企业实行公司制改组,是建立现代企业制度的有益探索,也是社会化大生产和市场经济发展的必然要求。通过公司法规范的公司,能够有效地实现出资者所有权与企业法人财产权的分离,有利于政企分开、转换企业经营机制,有利于筹集资金,分散风险。通过公司法规范公司的组织和行为,能够有效地保护公司、股东、职工和债权人的合法权益,有利于完善中国特色现代企业制度,弘扬企业家精神,维护社会经济秩序,有利于提高经济效益,推动国民经济的健康发展。我国公司法顺应了各国公司法实体内容互相渗透的国际发展趋势,明确了许多国际社会一致认同的规则,这就使公司法能够有效地适应市场经济国际化的发展趋势,有利于消除外商对同我国企业交往的疑虑,进一步扩大我国对外经济技术交流和合作,促进我国对外贸易的健康发展。

第二节 公司登记

一、公司登记的程序

1. 提出申请。设立公司,应当依法向公司登记机关申请设立登记。法律、行政法规规定设立公司必须报经批准的,应当在公司登记前依法办理批准手续。

2. 提交材料。申请设立公司,应当提交设立登记申请书、公司章程等文件,提交的相关材料应当真实、合法和有效。申请材料不齐全或者不符合法定形式的,公司登记机关应当一次性告知需要补正的材料。

公司登记事项包括:名称、住所、注册资本、经营范围、法定代表人的姓名、有限责任公司股东、股份有限公司发起人的姓名或者名称。公司登记机关应当将以上登记事项通过国家企业信用信息公示系统向社会公示。

3. 获取营业执照。依法设立的公司,由公司登记机关发给公司营业执照。公司营业执照签发日期为公司成立日期。公司营业执照应当载明公司的名称、住所、注册资本、经营范围、法定代表人姓名等事项。公司登记机关可以发给电子营业执照。电子营业执照与纸质营业执照具有同等法律效力。公司营业执照记载的事项发生变更的,公司办理变更登记后,由公司登记机关换发营业执照。

二、公司登记注意事项

1. 公司登记事项发生变更的,应当依法办理变更登记。公司申请变更登记,应当向公司登记机关提交公司法定代表人签署的变更登记申请书、依法作出的变更决议或者决定等文件。公司变更登记事项涉及修改公司章程的,应当提交修改后的公司章程。公司变更法定代表人的,变更登记申请书由变更后的法定代表人签署。公司登记事项未经登记或者未经变更登记,不得对抗善意相对人。

2. 公司因解散、被宣告破产或者其他法定事由需要终止的,应当依法向公司登记机关申请注销登记,由公司登记机关公告公司终止。

3. 公司设立分公司,应当向公司登记机关申请登记,领取营业执照。

4. 虚报注册资本、提交虚假材料或者采取其他欺诈手段隐瞒重要事实取得公司设立登记的,公司登记机关应当依照法律、行政法规的规定予以撤销。

5. 公司应当按照规定通过国家企业信用信息公示系统公示下列事项:

(1)有限责任公司股东认缴和实缴的出资额、出资方式和出资日期,股份有限公司发起人认购的股份数;

(2)有限责任公司股东、股份有限公司发起人的股权、股份变更信息;

(3)行政许可取得、变更、注销等信息;

(4)法律、行政法规规定的其他信息。

6. 公司登记机关应当优化公司登记办理流程,提高公司登记效率,加强信息化建设,推行网上办理等便捷方式,提升公司登记便利化水平。

国务院市场监督管理部门根据《公司法》和有关法律、行政法规的规定,制定公司登记注册的具体办法。

第三节　有限责任公司

有限责任公司是我国《公司法》中所规定的两种公司形式之一。从公司发展历史上考察,我们可以看出,虽然有限责任公司形式出现得比较晚,但其发展却非常迅速。这一方面是由于其在吸收了其他公司形式优点的同时,又克服了其他公司形式的缺陷;另一方面是由于有限责任公司的本身性质决定的,它的股东对公司债务以其认缴的出资额为限,负有限责任,股东人数又是法定的和有限的,这样就便于公司的经营管理,业务又相对保密,而且其设立程序较为简单,非常适合开办中小型企业。目前,在我国,有限责任公司是数量最多的一种公司,也是世界各国数量最多的一种公司。

有限责任公司的支柱要素是股东和资本。这两大要素决定了它既具有资合因素，又具有人合因素，是资合公司与人合公司的结合。

一、有限责任公司的概念和特征

有限责任公司又称有限公司，是指依照公司法规定设立的，股东以其认缴的出资额为限对公司承担责任，公司以其全部资产对公司的债务承担责任的公司。有限责任公司具有以下主要特征：

1. 有限责任公司的股东均负有限责任，股东以其认缴的出资额为限对公司承担责任。这是有限责任公司与无限公司、两合公司、股份两合公司最主要的区别。

2. 有限责任公司的资本不均分为等额股份，不能通过发行股份来募集资本，只能采取发起设立的方式设立。这是有限责任公司和股份有限公司最主要的区别。

3. 有限责任公司的股东在转让其出资时，特别是向股东以外的人转让其出资时，受到严格的限制。而在股份有限公司，股东转让股份比较自由。

4. 一般而言，有限责任公司的设立程序比股份有限公司的设立程序简单。

二、有限责任公司的设立

(一)有限责任公司设立的基本规定

1. 有限责任公司由一个以上五十个以下股东出资设立。

2. 有限责任公司设立时的股东可以签订设立协议，明确各自在公司设立过程中的权利和义务。

3. 有限责任公司设立时的股东为设立公司从事的民事活动，其法律后果由公司承受。

公司未成立的，其法律后果由公司设立时的股东承受；设立时的股东为二人以上的，享有连带债权，承担连带债务。设立时的股东为设立公司以自己的名义从事民事活动产生的民事责任，第三人有权选择请求公司或者公司设立时的股东承担。设立时的股东因履行公司设立职责造成他人损害的，公司或者无过错的股东承担赔偿责任后，可以向有过错的股东追偿。

4. 设立有限责任公司，应当由股东共同制定公司章程。有限责任公司章程应当载明下列事项：

(1)公司名称和住所；
(2)公司经营范围；
(3)公司注册资本；
(4)股东的姓名或者名称；
(5)股东的出资额、出资方式和出资日期；

(6)公司的机构及其产生办法、职权、议事规则;
(7)公司法定代表人的产生、变更办法;
(8)股东会认为需要规定的其他事项。
股东应当在公司章程上签名或者盖章。

(二)有限责任公司设立时出资的相关规定

1.有限责任公司的注册资本为在公司登记机关登记的全体股东认缴的出资额。全体股东认缴的出资额由股东按照公司章程的规定自公司成立之日起5年内缴足。法律、行政法规以及国务院决定对有限责任公司注册资本实缴、注册资本最低限额、股东出资期限另有规定的,从其规定。

2.股东可以用货币出资,也可以用实物、知识产权、土地使用权、股权、债权等可以用货币估价并可以依法转让的非货币财产作价出资;但是,法律、行政法规规定不得作为出资的财产除外。对作为出资的非货币财产应当评估作价,核实财产,不得高估或者低估作价。法律、行政法规对评估作价有规定的,从其规定。

3.股东应当按期足额缴纳公司章程规定的各自所认缴的出资额。股东以货币出资的,应当将货币出资足额存入有限责任公司在银行开设的账户;以非货币财产出资的,应当依法办理其财产权的转移手续。

4.股东未按照公司章程规定的出资日期缴纳出资,公司发出书面催缴书催缴出资的,可以载明缴纳出资的宽限期;宽限期自公司发出催缴书之日起,不得少于60日。

宽限期届满,股东仍未履行出资义务的,公司经董事会决议可以向该股东发出失权通知,通知应当以书面形式发出。自通知发出之日起,该股东丧失其未缴纳出资的股权。

依照规定丧失的股权应当依法转让,或者相应减少注册资本并注销该股权;6个月内未转让或者注销的,由公司其他股东按照其出资比例足额缴纳相应出资。

股东对失权有异议的,应当自接到失权通知之日起30日内,向人民法院提起诉讼。

5.公司不能清偿到期债务的,公司或者已到期债权的债权人有权要求已认缴出资但未届出资期限的股东提前缴纳出资。

6.有限责任公司成立后,应当向股东签发出资证明书,记载下列事项:(1)公司名称;(2)公司成立日期;(3)公司注册资本;(4)股东的姓名或者名称、认缴和实缴的出资额、出资方式和出资日期;(5)出资证明书的编号和核发日期。

出资证明书由法定代表人签名,并由公司盖章。

三、有限责任公司的股东权利

1.有限责任公司应当置备股东名册,记载下列事项:(1)股东的姓名或者名称及住所;(2)股东认缴和实缴的出资额、出资方式和出资日期;(3)出资证明书编号;(4)取得和丧失股东资格的日期。

记载于股东名册的股东,可以依股东名册主张行使股东权利。

2. 股东有权查阅、复制公司章程、股东名册、股东会会议记录、董事会会议决议、监事会会议决议和财务会计报告。

3. 股东可以要求查阅公司会计账簿、会计凭证。股东要求查阅公司会计账簿、会计凭证的,应当向公司提出书面请求,说明目的。公司有合理根据认为股东查阅会计账簿、会计凭证有不正当目的,可能损害公司合法利益的,可以拒绝提供查阅,并应当自股东提出书面请求之日起15日内书面答复股东并说明理由。公司拒绝提供查阅的,股东可以向人民法院提起诉讼。

4. 股东查阅以上材料,可以委托会计师事务所、律师事务所等中介机构进行。股东及其委托的会计师事务所、律师事务所等中介机构查阅、复制有关材料,应当遵守有关保护国家秘密、商业秘密、个人隐私、个人信息等法律、行政法规的规定。

5. 股东要求查阅、复制公司全资子公司相关材料的,适用以上规定。

四、有限责任公司的组织机构

(一)有限责任公司的股东会

1. 股东会的组成、性质和职权

有限责任公司股东会由全体股东组成。股东会是公司的权力机构,行使下列职权:

(1)选举和更换董事、监事,决定有关董事、监事的报酬事项;

(2)审议批准董事会的报告;

(3)审议批准监事会的报告;

(4)审议批准公司的利润分配方案和弥补亏损方案;

(5)对公司增加或者减少注册资本作出决议;

(6)对发行公司债券作出决议;

(7)对公司合并、分立、解散、清算或者变更公司形式作出决议;

(8)修改公司章程;

(9)公司章程规定的其他职权。

股东会可以授权董事会对发行公司债券作出决议。

对第(1)项职权股东以书面形式一致表示同意的,可以不召开股东会会议,直接作出决定,并由全体股东在决定文件上签名或者盖章。

只有一个股东的有限责任公司不设股东会。股东作出第(1)项职权的决定时,应当采用书面形式,并由股东签名或者盖章后置备于公司。

2. 股东会的形式、召开

股东会会议分为定期会议和临时会议。定期会议应当按照公司章程的规定按时召开。代表1/10以上表决权的股东、1/3以上的董事或者监事会提议召开临时会议的,应当召开临时会议。

股东会的首次会议由出资最多的股东召集和主持。除首次会议外,股东会会议由董事会召集,董事长主持;董事长不能履行职务或者不履行职务的,由副董事长主持;副董事长不能履行职务或者不履行职务的,由过半数的董事共同推举一名董事主持。

董事会不能履行或者不履行召集股东会会议职责的,由监事会召集和主持;监事会不召集和主持的,代表1/10以上表决权的股东可以自行召集和主持。

3. 股东会的决议

股东会会议由股东按照出资比例行使表决权;但是,公司章程另有规定的除外。

股东会作出决议应当经代表过半数表决权的股东通过。

股东会作出修改公司章程、增加或者减少注册资本的决议,以及公司合并、分立、解散或者变更公司形式的决议,应当经代表2/3以上表决权的股东通过。

股东会的议事方式和表决程序,除《公司法》有规定的以外,由公司章程规定。

(二)有限责任公司的董事会和经理

1. 董事会的组成、性质

有限责任公司的董事会由公司的全体董事组成,是公司股东会的常设业务执行机构。

有限责任公司董事会成员为3人以上,其成员中可以有公司职工代表。职工人数300人以上的有限责任公司,除依法设监事会并有公司职工代表的外,其董事会成员中应当有公司职工代表。董事会中的职工代表由公司职工通过职工代表大会、职工大会或者其他形式民主选举产生。

董事会设董事长1人,可以设副董事长。董事长、副董事长的产生办法由公司章程规定。有限责任公司可以按照公司章程的规定在董事会中设置由董事组成的审计委员会,行使《公司法》规定的监事会的职权,不设监事会或者监事。公司董事会成员中的职工代表可以成为审计委员会成员。

董事任期由公司章程规定,但每届任期不得超过3年。董事任期届满,连选可以连任。董事任期届满未及时改选,或者董事在任期内辞职导致董事会成员低于法定人数的,在改选出的董事就任前,原董事仍应当依照法律、行政法规和公司章程的规定,履行董事职务。董事辞任的,应当以书面形式通知公司,公司收到通知之日辞任生效。

股东会可以决议解任董事,决议作出之日解任生效。无正当理由,在任期届满前解任董事的,该董事可以要求公司予以赔偿。

有限责任公司可以设经理,由董事会决定聘任或者解聘。经理对董事会负责,根据公司章程的规定或者董事会的授权行使职权。经理列席董事会会议。

对于股东人数较少或者规模较小的有限责任公司,可以设一名董事,不设董事会。行使本法规定的董事会的职权。该董事可以兼任公司经理。

公司的法定代表人按照公司章程的规定,由代表公司执行事务的董事、或者经理担任。担任法定代表人的董事或者经理辞任的,视为同时辞去法定代表人。法定代表人辞任的,公司应当在法定代表人辞任之日起三十日内确定新的法定代表人。

2. 董事会的职权

有限责任公司董事会行使下列职权:

(1)召集股东会会议,并向股东会报告工作;

(2)执行股东会的决议;

(3)决定公司的经营计划和投资方案;

(4)制订公司的利润分配方案和弥补亏损方案;

(5)制订公司增加或者减少注册资本以及发行公司债券的方案;

(6)制订公司合并、分立、解散或者变更公司形式的方案;

(7)决定公司内部管理机构的设置;

(8)决定聘任或者解聘公司经理及其报酬事项,并根据经理的提名决定聘任或者解聘公司副经理、财务负责人及其报酬事项;

(9)制定公司的基本管理制度;

(10)公司章程规定或者股东会授予的其他职权。

公司章程对董事会职权的限制不得对抗善意相对人。

3. 董事会的召开和决议

董事会会议由董事长召集和主持;董事长不能履行职务或者不履行职务的,由副董事长召集和主持;副董事长不能履行职务或者不履行职务的,由过半数的董事共同推举一名董事召集和主持。

董事会的议事方式和表决程序,除《公司法》有规定的以外,由公司章程规定。

董事会会议应当有过半数的董事出席方可举行。董事会作出决议,应当经全体董事的过半数通过。

董事会决议的表决,应当一人一票。

董事会应当对所议事项的决定作成会议记录,出席会议的董事应当在会议记录上签名。

(三)有限责任公司的监事会、监事

1. 监事会的组成、性质

有限责任公司的监事会由股东代表和适当比例的公司职工代表组成,是公司的内部监督机构。

有限责任公司设监事会,《公司法》另有规定的除外。监事会成员为3人以上。规模较小或者股东人数较少的有限责任公司,可以不设监事会,设1名监事,行使《公司法》规定的监事会的职权;经全体股东一致同意,也可以不设监事。

监事会中职工代表的比例不得低于1/3,具体比例由公司章程规定。监事会中的职工代表由公司职工通过职工代表大会、职工大会或者其他形式民主选举产生。董事、高级管理人员不得兼任监事。

监事的任期每届为3年。监事任期届满,连选可以连任。监事任期届满未及时改选,或者监事在任期内辞职导致监事会成员低于法定人数的,在改选出的监事就任前,原监事仍应当依照法律、行政法规和公司章程的规定,履行监事职务。

2. 监事会的职权

监事会行使下列职权:

(1)检查公司财务;

(2)对董事、高级管理人员执行职务的行为进行监督,对违反法律、行政法规、公司章程或者股东会决议的董事、高级管理人员提出解任的建议;

(3)当董事、高级管理人员的行为损害公司的利益时,要求董事、高级管理人员予以纠正;

(4)提议召开临时股东会会议,在董事会不履行《公司法》法规定的召集和主持股东会会议职责时召集和主持股东会会议;

(5)向股东会会议提出提案;

(6)依照《公司法》的有关规定,对董事、高级管理人员提起诉讼;

(7)公司章程规定的其他职权。

监事可以列席董事会会议,并对董事会决议事项提出质询或者建议。

监会发现公司经营情况异常,可以进行调查;必要时,可以聘请会计师事务所等协助其工作,费用由公司承担监事会可以要求董事、高级管理人员提交执行职务的报告。董事、高级管理人员应当如实向监事会提供有关情况和资料,不得妨碍监事会或者监事行使职权。

3. 监事会的召开和决议

监事会设主席1人,由全体监事过半数选举产生。监事会主席召集和主持监事会会议;监事会主席不能履行职务或者不履行职务的,由过半数的监事共同推举1名监事召集和主持监事会会议。

监事会每年度至少召开1次会议,监事可以提议召开临时监事会会议。

监事会的议事方式和表决程序,除《公司法》有规定的以外,由公司章程规定。

监事会决议应当经全体监事的过半数通过。

监事会决议的表决,应当1人1票。

四、有限责任公司的股权转让

(一)有限责任公司股东转让股权的几种情形

有限责任公司股东转让股权,包括股东之间转让股权、股东向股东以外的人转让股权、人民法院强制转让股东股权等几种情形。

1. 股东之间转让股权

根据《公司法》规定,有限责任公司的股东之间可以相互转让其全部或者部分股权。

有限责任公司的股东之间转让股权,无论是转让全部股权还是转让部分股权,因不会有新股东的产生,其他股东之间原有的"人合"关系不会受到影响,因此,也就没有必要对这种股权转让进行限制。但公司章程对股权转让另有规定的,从其规定。

2. 股东向股东以外的人转让股权

有限责任公司的股东向股东以外的人转让股权,无论是转让全部股权还是转让部分股权,因有新股东的产生,其他股东之间原有的"人合"关系就可能会受到影响,因此,就有必要对这种股权转让进行限制。

根据《公司法》规定,股东向股东以外的人转让股权,应当将股权转让的数量、价格、支付方式和期限等事项书面通知其他股东,其他股东在同等条件下有优先购买权。股东自接到书面通知之日起满 30 日未答复的,视为放弃优先购买权。两个以上股东行使优先购买权的,协商确定各自的购买比例;协商不成的,按照转让时各自的出资比例行使优先购买权。公司章程对股权转让另有规定的,从其规定。

3. 人民法院强制转让股东股权

人民法院依照法律规定的强制执行程序转让股东的股权,是指人民法院依照民事诉讼法等法律规定的执行程序,强制执行已生效的法律文书时,以拍卖、变卖或者其他方式转让有限责任公司股东的股权。

根据《公司法》规定,人民法院依照法律规定的强制执行程序转让股东的股权时,应当通知公司及全体股东,其他股东在同等条件下有优先购买权。其他股东自人民法院通知之日起满 20 日不行使优先购买权的,视为放弃优先购买权。

(二)股东转让股权后有限责任公司需要履行的有关手续

股东转让股权的,应当书面通知公司,请求变更股东名册;需要办理变更登记的,并请求公司向公司登记机关办理变更登记。公司拒绝或者在合理期限内不予答复的,转让人、受让人可以依法向人民法院提起诉讼。股权转让的,受让人自记载于股东名册时起可以向公司主张行使股东权利。

有限责任公司的股东依照《公司法》转让股权后,公司应当及时注销原股东的出资证明书,向新股东签发出资证明书,并相应修改公司章程和股东名册中有关股东及其出资额的记载。对公司章程的该项修改不需再由股东会表决。

股东转让已认缴出资但未届出资期限的股权的,由受让人承担缴纳该出资的义务;受让人未按期足额缴纳出资的,转让人对受让人未按期缴纳的出资承担补充责任。

未按照公司章程规定的出资日期缴纳出资或者作为出资的非货币财产的实际价额显著低于所认缴的出资额的股东转让股权的,转让人与受让人在出资不足的范围内承担连带责任;受让人不知道且不应当知道存在上述情形的,由转让人承担责任。

(三)有限责任公司股东退出公司的条件

根据《公司法》规定,有下列情形之一的,对股东会该项决议投反对票的股东可以请求公司按照合理的价格收购其股权:

(1)公司连续5年不向股东分配利润,而公司该5年连续盈利,并且符合《公司法》规定的分配利润条件;

(2)公司合并、分立、转让主要财产;

(3)公司章程规定的营业期限届满或者章程规定的其他解散事由出现,股东会通过决议修改章程使公司存续的。

自股东会决议之日起60日内,股东与公司不能达成股权收购协议的,股东可以自股东会决议作出之日起90日内向人民法院提起诉讼。

公司的控股股东滥用股东权利,严重损害公司或者其他股东利益的,其他股东有权请求公司按照合理的价格收购其股权。

第四节 股份有限公司

股份有限公司是我国《公司法》中所规定的两种公司形式中的另外一种公司。从公司发展历史上考察,股份有限公司比有限责任公司早出现200多年。著名的荷兰东印度公司和英国东印度公司就是最早的一批股份有限公司,它们是殖民主义者推行侵略扩张政策的重要工具,也是集资经营、共担风险的法律形式逐渐得以完善的重要表现。到了现代社会,虽然就绝对数来说,股份有限公司在各种公司中并不占首位,但它由于资本雄厚、实力强大,仍成为西方资本主义国家占统治地位的公司形式。国民经济中的许多重要领域和部门,大都采取股份有限公司形式。与股份有限公司的蓬勃发展和统治地位相适应,各国的股份有限公司立法也日臻完善。

股份有限公司在我国曾是一个陌生的术语,但随着经济体制改革的不断深化,一大批按专业化协作和行业联合组建的企业联合公司和以出资方式组成的资金联合公司(即集资性公司)在全国各地纷纷出现。我国的股份有限公司就在这种活跃的经济形势下应运而生,并呈现出蓬勃发展的态势。

与无限公司(人合公司)不同,也与有限责任公司(资合兼人合公司)不完全相同,股份有限公司的信用基础在于资本,而不在于股东个人,因此,它是一种最典型的资合公司。

一、关于股份有限公司的经济评价

西欧资本主义国家是股份有限公司的发源地。早期的资本主义发展处于自由竞争的时代。为了在激烈的市场竞争中处于有利地位,打败竞争对手,防止和分担风险,要兴办一个单靠某一个资本家所无力开办的大工业企业,客观上就要求资本家联合起来,集资经营,而这正是日益发展的社会化大生产的要求,是自由竞争推动资本集中这一资本主义经济运动过程的必然结果。股份有限公司则是在这一过程中发展起来的最有效的经济组织形式,它的产生大大加速了社会资本的集中过程。股份有限公司产生之后,资本主义进入了巅峰时期,在不到100年的时间内,创造出了比以往一切时代的总和还要强大的生产力。正是因为如此,国外的一些经济学家和法学家把股份有限公司看作是这一时代的伟大发现,认为它的重要程度远远超过了蒸汽机和电力的发明,没有它,大规模的现代化生产是不可想象的。马克思也曾指出:"假如必须等待积累去使某些单个资本增长到能够修建铁路的程度,那么恐怕直到今天世界上还没有铁路。但是,集中通过股份公司转瞬间就把这件事完成了。"

虽然,作为殖民政策的工具,股份有限公司早期的形成和发展是一部血腥的掠夺史,但同时也应看到,作为社会化大生产的组织形式,股份有限公司又符合和适应了生产力发展的客观要求,是资本主义具有重大历史意义的创造。因此,对股份有限公司的历史地位进行全面而客观的评价,进行辩证的分析和研究,对我国社会主义市场经济条件下的股份有限公司的健康发展,具有重要意义。

作为公司重要形式之一的股份有限公司,在商事经营活动中,具有许多其他企业组织形式所无可比拟的优越性。这主要表现在:

1. 有利于集中分散资本。这不仅是由于它可以对外公开发行股票和债券,而且由于它的股份金额一般较小,小资产者也能投资,可以广泛地吸收社会上的小额分散资金,有利于募集巨资,经营大规模企业,促进生产力发展。

2. 有利于减少和分散投资者的风险。股份有限公司的股东人数较多,股东个人所拥有的股份只占公司总资本的很小一部分,而股东又只就其认购的股份金额对公司债务承担有限责任。这样,公司本身规模可能很大,经营风险也很大,但对于每个股东来说却只承担很小的风险。

3. 有利于提高公司的管理水平。股份有限公司的资本虽为全体股东所有,但经营权却不为全体股东所行使,因而更好地适应了所有权与经营权相分离的生产方式的需要。公司生产和经营的管理活动是由以董事和经理为中心的专门管理机构来进行的,大多数股东只是作为资本的单纯所有者领取股息和红利。这种两权分离的经营机制可以促进公司管理的专门化,从而提高管理水平。

4. 有利于维持公司的长久发展。股份有限公司是最典型的法人组织。股东一旦投资于公司后,其个人生死存亡对于公司并不产生重要影响。股东可以根据自己的意愿随时将股份转让,使股份有限公司完全脱离个人色彩,而成为一种独立的法人形态。这种公司形式十分适于须长期经营的企业采用。

然而,股份有限公司也有其缺陷。这主要表现在:设立程序严格而繁琐;股东承担有限责任不利于保护债权人利益;公司管理机构复杂而庞大,公司的活动也多受约束和限制,因此较之其他公司有不灵活或者不便之弊;因公司所有权与经营权分离,易于形成少数大股东对公司的垄断、控制和操纵,从而使小股东的权益得不到有效充分的保障;由于股票可以自由转让,股市价格起伏波动,从而使股票交易市场易于成为不法投资者的投机场所。

二、股份有限公司的概念和特征

股份有限公司是指依照公司法规定设立的,由一定数量以上的股东组成,公司的全部资本分为等额股份,股东以其认购的股份为限对公司承担责任,公司以其全部资产对公司的债务承担责任的公司。股份有限公司具有以下主要特征:

1.股份有限公司的股东均负有限责任,股东以其认购的股份为限对公司承担责任。这是股份有限公司与无限公司、两合公司、股份两合公司最主要的区别。

2.股份有限公司的全部资本均分为等额股份,股份采用股票的形式。这是股份有限公司与有限责任公司最主要的区别。

3.股份有限公司的股东可以自由转让股份,而有限责任公司的股东转让出资往往受到严格限制。

4.股份有限公司的设立程序比有限责任公司的设立程序要复杂而繁琐些。

三、股份有限公司的设立

(一)股份有限公司的设立方式、要求

1.股份有限公司的设立,可以采取发起设立或者募集设立的方式。发起设立,是指由发起人认购设立公司时应发行的全部股份而设立公司。募集设立,是指由发起人认购设立公司时应发行股份的一部分,其余股份向社会公开募集或者向特定对象募集而设立公司。

2.设立股份有限公司,应当有1人以上200人以下为发起人,其中应当有半数以上的发起人在中华人民共和国境内有住所。股份有限公司发起人承担公司筹办事务。发起人应当签订发起人协议,明确各自在公司设立过程中的权利和义务。

3.设立股份有限公司,应当由发起人共同制订公司章程。
股份有限公司章程应当载明下列事项:
(1)公司名称和住所;
(2)公司经营范围;
(3)公司设立方式;
(4)公司注册资本、已发行的股份数和设立时发行的股份数,面额股的每股金额;
(5)发行类别股的,每一类别股的股份数及其权利和义务;

(6)发起人的姓名或者名称、认购的股份数、出资方式;
(7)董事会的组成、职权和议事规则;
(8)公司法定代表人的产生、变更办法;
(9)监事会的组成、职权和议事规则;
(10)公司利润分配办法;
(11)公司的解散事由与清算办法;
(12)公司的通知和公告办法;
(13)股东会认为需要规定的其他事项。

4.股份有限公司的注册资本为在公司登记机关登记的已发行股份的股本总额。在发起人认购的股份缴足前,不得向他人募集股份。法律、行政法规以及国务院决定对股份有限公司注册资本实缴、注册资本最低限额另有规定的,从其规定。

(二)以发起方式设立股份有限公司的程序

以发起设立方式设立股份有限公司的,发起人应当认足公司章程规定的公司设立时应发行的股份。发起人应当在公司成立前按照其认购的股份全额缴纳股款。发起人不按照其认购的股份缴纳股款,或者作为设立公司出资的非货币财产的实际价额显著低于所认购的股份的,其他发起人与该发起人在出资不足的范围内承担连带责任。在此基础上,应当依法向公司登记机关申请设立登记。申请设立公司,符合《公司法》规定的设立条件的,由公司登记机关登记为有限责任公司。

(三)以募集方式设立股份有限公司的程序

1. 由发起人认购部分股份

以募集设立方式设立股份有限公司的,发起人认购的股份不得少于公司章程规定的公司设立时应发行股份总数的35%;但是,法律、行政法规另有规定的,从其规定。

2. 发起人募集股份

发起人向社会公开募集股份,应当公告招股说明书,并制作认股书。

招股说明书应当附有发起人制订的公司章程,并载明下列事项:
(1)发起人认购的股份数;
(2)每股的票面金额和发行价格;
(3)无记名股票的发行总数;
(4)募集资金的用途;
(5)认股人的权利、义务;
(6)本次募股的起止期限及逾期未募足时认股人可以撤回所认股份的说明。

认股书应当载明上述所列事项,由认股人填写认购的股份数、金额、住所,并签名或者盖章。认股人应当按照所认购的股份足额缴纳股款。股份有限公司的认股人未按期缴纳所认股份的股款,经公司发起人催缴后在合理期间内仍未缴纳,公司发起人对该股份另行募集的,人民法院应当认定该募集行为有效。认股人延期缴纳股款给公司造成损失,公司可以请求该认股人承担赔偿责任。

3. 验资

向社会公开募集股份的股款缴足后,应当经依法设立的验资机构验资并出具证明。

公司向社会公开募集股份,应当由依法设立的证券公司承销,签订承销协议。

公司向社会公开募集股份,应当同银行签订代收股款协议。代收股款的银行应当按照协议代收和保存股款,向缴纳股款的认股人出具收款单据,并负有向有关部门出具收款证明的义务。

公司发行股份募足后,应予公告。

4. 召开公司成立大会

募集设立股份有限公司的发起人应当自公司设立时应发行股份的股款缴足之日起30日内召开公司成立大会,成立大会应当有持有表决权过半数的认股人出席,方可举行。

公司设立时应发行的股份未募足,或者发行股份的股款缴足后,发起人在30日内未召开成立大会的,认股人可以按照所缴股款并加算银行同期存款利息,要求发起人返还。

发起人应当在创立大会召开15日前将会议日期通知各认股人或者予以公告。成立大会应有代表股份总数过半数的发起人、认股人出席,方可举行。公司成立大会行使下列职权:

(1)审议发起人关于公司筹办情况的报告;

(2)通过公司章程;

(3)选举董事、监事;

(4)对公司的设立费用进行审核;

(5)对发起人非货币财产出资的作价进行审核;

(6)发生不可抗力或者经营条件发生重大变化直接影响公司设立的,可以作出不设立公司的决议。

成立大会对上述所列事项作出决议,必须经出席会议的认股人所持表决权过半数通过。

发起人、认股人缴纳股款或者交付抵作股款的出资后,除未按期募足股份、发起人未按期召开创立大会或者创立大会决议不设立公司的情形外,不得抽回其股本。

5. 申请设立登记

董事会应当授权代表,于公司成立大会结束后30日内,向公司登记机申请设立登记。

四、股份有限公司的组织机构

根据《公司法》规定,股份有限公司的组织机构包括股东会、董事会、监事会。

(一)股份有限公司的股东会

1. 股东会的组成、性质和职权

股份有限公司的股东会由公司的全体股东组成,是公司的权力机构。《公司法》关于有限责任公司股东会职权的规定,适用于股份有限公司股东会。《公司法》关于只有一个股东的有限责任公司不设股东会的规定,适用于只有一个股东的股份有限公司。股份有限公司的股东会依法行使下列职权:

(1)选举和更换董事、监事,决定有关董事、监事的报酬事项;

(2)审议批准董事会的报告;

(3)审议批准监事会的报告;

(4)审议批准公司的利润分配方案和弥补亏损方案;

(5)对公司增加或者减少注册资本作出决议;

(6)对发行公司债券作出决议;

(7)对公司合并、分立、解散、清算或者变更公司形式作出决议;

(8)修改公司章程;

(9)公司章程规定的其他职权。

股东会可以授权董事会对发行公司债券作出决议。

根据《上市公司章程指引》规定,上市公司的股东会除行使上述职权外,还有权对公司聘用、解聘会计师事务所作出决议;审议公司在1年内购买、出售重大资产超过公司最近一期经审计总资产30%的事项;审议批准《上市公司章程指引》第42条规定的担保事项;审议批准变更募集资金用途事项;审议股权激励计划和员工持股计划;审议法律、法规和公司章程规定应当由股东大会决定的其他事项等。

2. 股东会会议的形式

股东会会议分为股东年会和临时会议。《公司法》规定,股东会应当每年召开一次年会。有下列情形之一的,应当在两个月内召开临时股东会会议:

(1)董事人数不足《公司法》规定人数或者公司章程所定人数的2/3时;

(2)公司未弥补的亏损达实收股本总额1/3时;

(3)单独或者合计持有公司10%以上股份的股东请求时;

(4)董事会认为必要时;

(5)监事会提议召开时;

(6)公司章程规定的其他情形。

3. 股东会的召开

股东会会议由董事会召集,董事长主持;董事长不能履行职务或者不履行职务的,由副董事长主持;副董事长不能履行职务或者不履行职务的,由半数以上董事共同推举一名董事主持。

董事会不能履行或者不履行召集股东大会会议职责的,监事会应当及时召集和主持;监事会不召集和主持的,连续90日以上单独或者合计持有公司10%以上股份的股东可以自行召集和主持。

单独或者合计持有公司百10%以上股份的股东请求召开临时股东会会议的,董事会、监事会应当在收到请求之日起10日内作出是否召开临时股东会会议的决定,并书面答复股东。

召开股东会会议,应当将会议召开的时间、地点和审议的事项于会议召开20日前通知各股东;临时股东会会议应当于会议召开15日前通知各股东。

单独或者合计持有公司1%以上股份的股东,可以在股东会会议召开10日前提出临时提案并书面提交董事会,临时提案应当有明确议题和具体决议事项。董事会应当在收到提案后2日内通知其他股东,并将该临时提案提交股东会审议。但临时提案违反法律、行政法规或者公司章程的规定,或者不属于股东会职权范围的除外。

公司不得提高提出临时提案股东的持股比例。公开发行股份的公司,应当以公告方式作出相关通知。股东会不得对通知中未列明的事项作出决议。

4. 股东会的决议

股东出席股东会会议,所持每一股份有一表决权,类别股股东除外。公司持有的本公司股份没有表决权。

股东会作出决议,应当经出席会议的股东所持表决权过半数通过。股东会作出修改公司章程、增加或者减少注册资本的决议,以及公司合并、分立、解散或者变更公司形式的决议,必须经出席会议的股东所持表决权的2/3以上通过。

股东会选举董事、监事,可以按照公司章程的规定或者股东会的决议,实行累积投票制。所谓累积投票制,是指股东会选举董事或者监事时,每一股份拥有与应选董事或者监事人数相同的表决权,股东拥有的表决权可以集中使用。

股东委托代理人出席股东会会议的,应当明确代理人代理的事项、权限和期限;代理人应当向公司提交股东授权委托书,并在授权范围内行使表决权。

股东会应当对所议事项的决定作成会议记录,主持人、出席会议的董事应当在会议记录上签名。会议记录应当与出席股东的签名册及代理出席的委托书一并保存。

(二)股份有限公司的董事会和经理

1. 董事会的组成、性质

股份有限公司设董事会,《公司法》另有规定的除外。规模较小或者股东人数较少的股份有限公司,可以不设董事会,设1名董事,行使《公司法》规定的董事会的职权。该董事可以兼任公司经理。董事会成员中可以有公司职工代表。董事会中的职工代表由公司职工通过职工代表大会、职工大会或者其他形式民主选举产生。

股份有限公司可以按照公司章程的规定在董事会中设置由董事组成的审计委员

会,行使《公司法》规定的监事会的职权,不设监事会或者监事。审计委员会成员为3名以上,过半数成员不得在公司担任除董事以外的其他职务,且不得与公司存在任何可能影响其独立客观判断的关系。公司董事会成员中的职工代表可以成为审计委员会成员。

审计委员会作出决议,应当经审计委员会成员的过半数通过。审计委员会决议的表决,应当1人1票。审计委员会的议事方式和表决程序,除《公司法》有规定的外,由公司章程规定。公司可以按照公司章程的规定在董事会中设置其他委员会。

《公司法》关于有限责任公司董事任期的规定,适用于股份有限公司董事。董事任期由公司章程规定,但每届任期不得超过3年。董事任期届满,连选可以连任。董事任期届满未及时改选,或者董事在任期内辞职导致董事会成员低于法定人数的,在改选出的董事就任前,原董事仍应当依照法律、行政法规和公司章程的规定,履行董事职务。董事辞任的,应当以书面形式通知公司,公司收到通知之日辞任生效。

2. 董事会的职权

《公司法》关于有限责任公司董事会职权的规定,适用于股份有限公司董事会。董事会对股东会负责,行使下列职权:

(1)召集股东会会议,并向股东会报告工作;
(2)执行股东会的决议;
(3)决定公司的经营计划和投资方案;
(4)制订公司的利润分配方案和弥补亏损方案;
(5)制订公司增加或者减少注册资本以及发行公司债券的方案;
(6)制订公司合并、分立、解散或者变更公司形式的方案;
(7)决定公司内部管理机构的设置;
(8)决定聘任或者解聘公司经理及其报酬事项,并根据经理的提名决定聘任或者解聘公司副经理、财务负责人及其报酬事项;
(9)制定公司的基本管理制度;
(10)公司章程规定或者股东会授予的其他职权。

公司章程对董事会职权的限制不得对抗善意相对人。

根据《上市公司章程指引》规定,上市公司的董事会除行使上述职权外,还有如下职权:决定公司的经营计划和投资方案;决定聘任或者解聘公司经理、董事会秘书及其他高级管理人员,并决定其报酬事项和奖惩事项;有权拟定公司重大收购、回购本公司股票方案;在股东会授权范围内,有权决定公司的风险投资、资产抵押及其他担保事项;有权制定公司章程的修改方案;管理公司信息披露事项;有权向股东会提请聘请或者更换为公司审计的会计师事务所;有权听取公司经理的工作汇报并检查经理的工作等。

3. 董事会的召开

董事会设董事长1人,可以设副董事长。董事长和副董事长由董事会以全体董事的过半数选举产生。

董事长召集和主持董事会会议,检查董事会决议的实施情况。副董事长协助董事长工作,董事长不能履行职务或者不履行职务的,由副董事长履行职务;副董事长不能履行职务或者不履行职务的,由过半数的董事共同推举一名董事履行职务。

董事会每年度至少召开两次会议,每次会议应当于会议召开10日前通知全体董事和监事。代表1/10以上表决权的股东、1/3以上董事或者监事会,可以提议召开临时董事会会议。董事长应当自接到提议后10日内,召集和主持董事会会议。董事会召开临时会议,可以另定召集董事会的通知方式和通知时限。

4. 董事会的决议

董事会会议应有过半数的董事出席方可举行。董事会作出决议,必须经全体董事的过半数通过。董事会决议的表决,应当一人一票。

董事会会议,应由董事本人出席;董事因故不能出席,可以书面委托其他董事代为出席,

委托书应载明授权范围。

董事会应当对所议事项的决定作成会议记录,出席会议的董事应当在会议记录上签名。

董事应当对董事会的决议承担责任。董事会的决议违反法律、行政法规或者公司章程、股东大会决议,给公司造成严重损失的,参与决议的董事对公司负赔偿责任。经证明在表决时曾表明异议并记载于会议记录的,该董事可以免除责任。

5. 经理及其职权

股份有限公司设经理,由董事会决定聘任或者解聘。

经理负责公司的日常生产经营管理工作,对董事会负责,根据公司章程的规定或者董事会的授权行使职权。公司董事会可以决定由董事会成员兼任经理。经理列席董事会会议。

(三)股份有限公司的监事会

1. 监事会的组成、性质

股份有限公司的监事会由股东代表和适当比例的公司职工代表组成,是公司的内部监督机构。规模较小或者股东人数较少的股份有限公司,可以不设监事会,设一名监事,行使本法规定的监事会的职权。

股份有限公司监事会的成员为3人以上。监事会成员应当包括股东代表和适当比例的公司职工代表,其中职工代表的比例不得低于1/3,具体比例由公司章程规定。监事会中的职工代表由公司职工通过职工代表大会、职工大会或者其他形式民主选举产生。董事、高级管理人员不得兼任监事。

《公司法》关于有限责任公司监事任期的规定,适用于股份有限公司监事。监事的任期每届为3年。监事任期届满,连选可以连任。监事任期届满未及时改选,或者监事在

任期内辞职导致监事会成员低于法定人数的,在改选出的监事就任前,原监事仍应当依照法律、行政法规和公司章程的规定,履行监事职务。

2. 监事会的职权

《公司法》关于有限责任公司监事会职权的规定,适用于股份有限公司监事会。监事会行使下列职权:

(1)检查公司财务;

(2)对董事、高级管理人员执行公司职务的行为进行监督,对违反法律、行政法规、公司章程或者股东会决议的董事、高级管理人员提出罢免的建议;

(3)当董事、高级管理人员的行为损害公司的利益时,要求董事、高级管理人员予以纠正;

(4)提议召开临时股东会会议,在董事会不履行《公司法》法规定的召集和主持股东会会议职责时召集和主持股东会会议;

(5)向股东会会议提出提案;

(6)依照《公司法》的有关规定,对董事、高级管理人员提起诉讼;

(7)公司章程规定的其他职权。

监事可以列席董事会会议,并对董事会决议事项提出质询或者建议。

监事会发现公司经营情况异常,可以进行调查;必要时,可以聘请会计师事务所等协助其工作,费用由公司承担。

监事会行使职权所必需的费用,由公司承担。

3. 监事会的召开

监事会设主席1人,可以设副主席。监事会主席和副主席由全体监事过半数选举产生。监事会主席召集和主持监事会会议;监事会主席不能履行职务或者不履行职务的,由监事会副主席召集和主持监事会会议;监事会副主席不能履行职务或者不履行职务的,由过半数的监事共同推举1名监事召集和主持监事会会议。

监事会每6个月至少召开1次会议。监事可以提议召开临时监事会会议。

监事会的议事方式和表决程序,除《公司法》有规定的外,由公司章程规定。

监事会决议应当经全体监事的过半数通过。

监事会决议的表决,应当1人1票。

监事会应当对所议事项的决定作成会议记录,出席会议的监事应当在会议记录上签名。

五、关于上市公司的组织机构的特别规定和独立董事制度

上市公司,是指其股票在证券交易所上市交易的股份有限公司。

(一)关于上市公司组织机构的特别规定

《公司法》关于上市公司组织机构的特别规定,主要体现在以下几个方面:

1. 增加股东大会特别决议事项。上市公司在1年内购买、出售重大资产或者向他人提供担保的金额超过公司资产总额30%的,应当由股东会作出决议,并经出席会议的股东所持表决权的2/3以上通过。

2. 上市公司设立独立董事,具体管理办法由国务院规定。

3. 上市公司的公司章程除载明股份有限公司章程规定的事项外,还应当依照法律、行政法规的规定载明董事会专门委员会的组成、职权以及董事、监事、高级管理人员薪酬考核机制等事项。

4. 上市公司在董事会中设置审计委员会的,董事会对下列事项作出决议前应当经审计委员会全体成员过半数通过:

(1)聘用、解聘承办公司审计业务的会计师事务所;

(2)聘任、解聘财务负责人;

(3)披露财务会计报告;

(4)国务院证券监督管理机构规定的其他事项。

5. 上市公司设立董事会秘书,负责公司股东会和董事会会议的筹备、文件保管以及公司股权管理,办理信息披露事务等事宜。上市公司董事会秘书是公司的高级管理人员,承担法律、行政法规以及公司章程对公司高级管理人员所要求的义务。

6. 上市公司董事与董事会会议决议事项所涉及的企业或者个人有关联关系的,该董事应当及时向董事会书面报告。有关联关系的董事不得对该项决议行使表决权,也不得代理其他董事行使表决权。该董事会会议由过半数的无关联关系董事出席即可举行,董事会会议所作决议须经无关联关系董事过半数通过。出席董事会会议的无关联关系董事人数不足3人的,应将该事项提交上市公司股东大会审议。这里所称关联关系,是指上市公司的董事与董事会决议事项所涉及的企业之间存在直接或者间接的利益关系。

7. 上市公司应当依法披露股东、实际控制人的信息,相关信息应当真实、准确、完整。

8. 禁止违反法律、行政法规的规定代持上市公司股票。

9. 上市公司控股子公司不得取得该上市公司的股份。

10. 上市公司控股子公司因公司合并、质权行使等原因持有上市公司股份的,不得行使所持股份对应的表决权,并应当及时处分相关上市公司股份。

(二)上市公司的独立董事制度

1. 独立董事的概念

上市公司独立董事是指不在公司担任除董事外的其他职务,并与其所受聘的上市公司及其主要股东、实际控制人不存在直接或者间接利害关系,或者其他可能影响其进行独立客观判断的关系的董事。独立董事在董事会中发挥参与决策、监督制衡、专业咨询作用,维护上市公司整体利益,保护中小股东合法权益。

根据中国证券监督管理委员会(以下简称中国证监会)2023年8月1日发布的《上市公司独立董事管理办法》(以下简称《管理办法》)的要求,独立董事应当独立履行职责,不受上市公司主要股东、实际控制人等单位或者个人的影响。独立董事原则上最多在3家境内上市公司担任独立董事,并应当确保有足够的时间和精力有效地履行独立董事的职责。

2. 独立董事的任职条件

担任独立董事应当符合下列条件:

(1)根据法律、行政法规和其他有关规定,具备担任上市公司董事的资格;

(2)符合《管理办法》规定的独立性要求;

(3)具备上市公司运作的基本知识,熟悉相关法律法规和规则;

(4)具有5年以上履行独立董事职责所必需的法律、会计或者经济等工作经验;

(5)具有良好的个人品德,不存在重大失信等不良记录;

(6)法律、行政法规、中国证监会规定、证券交易所业务规则和公司章程规定的其他条件。

独立董事应当持续加强证券法律法规及规则的学习,不断提高履职能力。中国证监会、证券交易所、中国上市公司协会可以提供相关培训服务。

独立董事必须保持独立性。根据《指导意见》的要求,下列人员不得担任独立董事:

(1)在上市公司或者其附属企业任职的人员及其配偶父母、子女、主要社会关系;

(2)直接或者间接持有上市公司已发行股份1%以上或者是上市公司前10名股东中的自然人股东及其配偶、父母、子女;

(3)在直接或者间接持有上市公司已发行股份5%以上的股东或者在上市公司前5名股东单位任职的人员及其配偶、父母、子女;

(4)在上市公司控股股东、实际控制人的附属企业任职的人员及其配偶、父母、子女;

(5)与上市公司及其控股股东、实际控制人或者其各自的附属企业有重大业务往来的人员,或者在有重大业务往来的单位及其控股股东、实际控制人任职的人员;

(6)为上市公司及其控股股东、实际控制人或者其各自附属企业提供财务、法律、咨询、保荐等服务的人员,包括但不限于提供服务的中介机构的项目组全体人员、各级复核人员、在报告上签字的人员、合伙人、董事、高级管理人员及主要负责人;

(7)最近12个月内曾经具有第1至6项所列举情形的人员;

(8)法律、行政法规、中国证监会规定、证券交易所业务规则和公司章程规定的不具备独立性的其他人员。

以上第4项至第6项中的上市公司控股股东、实际控制人的附属企业,不包括与上市公司受同一国有资产管理机构控制且按照相关规定未与上市公司构成关联关系的企业。

独立董事应当每年对独立性情况进行自查,并将自查情况提交董事会。董事会应当每年对在任独立董事独立性情况进行评估并出具专项意见,与年度报告同时披露。

3. 独立董事的产生

独立董事由上市公司董事会、监事会、单独或者合计持有上市公司已发行股份1%以上的股东提名,并经股东会选举决定。但不得提名与其存在利害关系的人员或者有其他可能影响独立履职情形的关系密切人员作为独立董事候选人。依法设立的投资者保护机构可以公开请求股东委托其代为行使提名独立董事的权利。

独立董事的提名人在提名前应当征得被提名人的同意,提名人应当充分了解被提名人职业、学历、职称、详细的工作经历、全部兼职、有无重大失信等不良记录等情况,并对其符合独立性和担任独立董事的其他条件发表意见。被提名人应当就其符合独立性和担任独立董事的其他条件作出公开声明。

在选举独立董事的股东会召开前,上市公司董事会应当按照规定公布上述内容,并将所有独立董事候选人的有关材料同时报送证券交易所。证券交易所依照规定对独立董事候选人的有关材料进行审查,审慎判断独立董事候选人是否符合任职资格并有权提出异议。证券交易所提出异议的,上市公司不得提交股东会选举。

4. 独立董事的任期和更换

独立董事每届任期与该上市公司其他董事任期相同。任期届满,可以连选连任,但是连续任职时间不得超过6年。在同一上市公司连续任职独立董事已满6年的,自该事实发生之日起36个月内不得被提名为该上市公司独立董事候选人。首次公开发行上市前已任职的独立董事,其任职时间连续计算。独立董事连续3次未亲自出席董事会会议的,由董事会提请股东会予以撤换。

除出现上述情况及《公司法》中规定的不得担任董事的情形外,独立董事任期届满前不得无故被免职。独立董事在任期届满前可以提出辞职,但独立董事辞职将导致董事会或者其专门委员会中独立董事所占的比例不符合本办法或者公司章程的规定,或者独立董事中欠缺会计专业人士的,拟辞职的独立董事应当继续履行职责至新任独立董事产生之日。上市公司应当自独立董事提出辞职之日起60日内完成补选。

5. 独立董事的职权

独立董事除应当具有《公司法》和其他相关法律、法规赋予董事的职权外,上市公司还应当赋予独立董事以下特别职权:

(1)独立聘请中介机构,对上市公司具体事项进行审计、咨询或者核查;

(2)向董事会提议召开临时股东会;

(3)提议召开董事会会议;

(4)依法公开向股东征集股东权利;

(5)对可能损害上市公司或者中小股东权益的事项发表独立意见;;

(6)法律、行政法规、中国证监会规定和公司章程规定的其他职权。

独立董事行使1—3项所列职权的,应当经全体独立董事过半数同意。

上市公司应当保障独立董事享有与其他董事同等的知情权,提供独立董事履行职责必要的工作条件和人员支持。独立董事行使职权时,上市公司董事、高级管理人员等相关人员应当予以配合,不得拒绝、阻碍或者隐瞒相关信息,不得干预其独立行使职权。

六、股份有限公司的股份发行和转让

(一)股份和股票的概念

公司的资本划分为股份。股份是一个抽象概念,它是由股份有限公司发行、通过股票形式来表现、体现股东权利和义务的公司资本的组成部分。它有以下基本含义:

1. 从公司资本角度看,股份是公司资本的组成单位,即公司的全部资本分为均等的股份,每一股的金额相等,全部股份金额的总和即为公司资本的总额。

2. 从股东角度看,股份是股东权利和义务的体现,即股东权利和义务的大小取决于其拥有股份的数额。

3. 从股票角度看,股份是股票的存在基础,如果没有股份的存在,股票也就失去了存在的依据。

公司的股份采取股票的形式,股票是公司签发的证明股东所持股份的凭证。股票具有以下特征:

1. 股票是有价证券。股票是一种具有财产价值的证券,反映着股票的持有人对公司的权利;

2. 股票是证权证券。股票表现的是股东的权利,任何人只要合法占有股票,就可以依法向公司行使权利。

3. 股票是要式证券。股票应当采取纸面形式或者国务院证券监督管理机构规定的其他形式,其记载的内容和事项应当符合法律的规定;

4. 股票是流通证券。股票可以在证券交易市场依法进行交易。

(二)股份的发行原则和价格

股份的发行,实行公平、公正的原则,同种类的每一股份应当具有同等权利。同次发行的同种类股份,每股的发行条件和价格应当相同;认购认所认购的股份,每股应当支付相同价额。

股票的发行价格是指股票发行时所使用的价格,也是投资者认购股票时所支付的价格。

股票的发行价格可以分为平价发行价格和溢价发行价格。平价发行是指股票的发行价格与股票的票面金额相同,也称为等价发行、券面发行。溢价发行是指股票的实际发行价格超过其票面金额。根据《公司法》规定,面额股股票发行价格可以按票面金额,

也可以超过票面金额,但不得低于票面金额。

(三)股票的形式和种类

股票采用纸面形式或者国务院证券监督管理机构规定的其他形式。股票采用纸面形式的,应当载明下列主要事项:公司名称;公司成立日期或者股票发行的时间;股票种类、票面金额及代表的股份数,发行无面额股的,股票代表的股份数;股票采用纸面形式的,还应当载明股票的编号,由法定代表人签名,公司盖章。发起人股票采用纸面形式的,应当标明发起人股票字样。

公司发行的股票,应当为记名股票。公司发行记名股票的,应当置备股东名册,记载下列事项:股东的姓名或者名称及住所;各股东所持股份数;各股东所持股票的编号;各股东取得股份的日期。发行无记名股票的,公司应当记载其股票数量、编号及发行日期。

公司的全部股份,根据公司章程的规定择一采用面额股或者无面额股。采用面额股的,每一股的金额相等。公司可以根据公司章程的规定将已发行的面额股全部转换为无面额股或者将无面额股全部转换为面额股。采用无面额股的,应当将发行股份所得股款的1/2以上计入注册资本。

国务院可以对公司发行《公司法》规定以外的其他种类的股份,另行作出规定。

股份有限公司成立后,即向股东正式交付股票。公司成立前不得向股东交付股票。

(四)设立股份有限公司公开发行股票的条件及报送的文件

根据《证券法》规定,设立股份有限公司公开发行股票,应当符合《公司法》规定的条件和经国务院批准的国务院证券监督管理机构规定的其他条件,向国务院证券监督管理机构报送募股申请和有关文件,包括:公司章程;发起人协议;发起人姓名或者名称,发起人认购的股份数、出资种类及验资证明;招股说明书;代收股款银行的名称及地址;承销机构名称及有关的协议。依法应当聘请保荐人的,还应当报送保荐人出具的发行保荐书。法律、行政法规规定设立公司必须报经批准的,还应当提交相应的批准文件。

(五)公司公开发行新股的条件及报送的文件

发行新股是指股份有限公司成立后再向社会募集股份,增加公司注册资本的行为。公司发行新股,股东会应当对下列事项作出决议:

(1)新股种类及数额;

(2)新股发行价格;

(3)新股发行的起止日期;

(4)向原有股东发行新股的种类及数额。

(5)发行无面额股的,新股发行所得股款计入注册资本的金额。

根据《证券法》规定,公司公开发行新股,应当符合下列条件:

(1)具备健全且运行良好的组织机构；
(2)具有持续经营能力；
(3)最近三年财务会计报告被出具无保留意见审计报告；
(4)发行人及其控股股东、实际控制人最近三年不存在贪污、贿赂、侵占财产、挪用财产或者破坏社会主义市场经济秩序的刑事犯罪；
(4)经国务院批准的国务院证券监督管理机构规定的其他条件。

上市公司非公开发行新股，应当符合经国务院批准的国务院证券监督管理机构规定的条件，并报国务院证券监督管理机构核准。

公司公开发行新股，应当向国务院证券监督管理机构报送募股申请和有关文件：公司营业执照；公司章程；股东会决议；招股说明书或者其他公开发行募集文件；财务会计报告；代收股款银行的名称及地址。依法应当聘请保荐人的，还应当报送保荐人出具的发行保荐书。依法应当实行承销的，还应当报送承销机构名称及有关的协议。

公司经国务院证券监督管理机构核准公开发行新股时，必须公告新股招股说明书和财务会计报告，并制作认股书。公司公开发行新股应当由依法设立的证券公司承销，签订承销协议，并同银行签订代收股款协议。公司发行新股，可以根据公司经营情况和财务状况，确定其作价方案。公司发行新股募足股款后，必须向公司登记机关办理变更登记，并公告。

(六)股份的转让

所谓股份转让，是指股份有限公司的股份持有人依法自愿将自己所拥有的股份转让给他人，使他人取得股份或者增加股份数额成为股东的法律行为。根据《公司法》规定，股份有限公司的股东持有的股份可以向其他股东依法转让，也可以向股东以外的人转让。公司章程对股份转让有限制的，其转让按照公司章程的规定进行。

《公司法》对股份有限公司的股份转让作出了具体规定，主要包括以下内容：

1. 股东转让其股份，应当在依法设立的证券交易场所进行或者按照国务院规定的其他方式进行。

2. 股份的转让，由股东以背书方式或者法律、行政法规规定的其他方式进行。转让后由公司将受让人的姓名或者名称及住所记载于股东名册。股东会会议召开前20日内或者公司决定分配股利的基准日前5日内，不得变更股东名册。法律、行政法规或者国务院证券监督管理机构对上市公司股东名册变更登记另有规定的，从其规定。

3. 股份转让的限制。公司公开发行股份前已发行的股份，自公司股票在证券交易所上市交易之日起1年内不得转让。法律、行政法规或者国务院证券监督管理机构对上市公司的股东、实际控制人转让其所持有的本公司股份另有规定的，从其规定。公司董事、监事、高级管理人员应当向公司申报所持有的本公司的股份及其变动情况，在就任时确定的任职期间每年转让的股份不得超过其所持有本公司股份总数的25%；所持本公司股份自公司股票上市交易之日起1年内不得转让。上述人员离职后半年内,不得转让其所持有的本公司股份。公司章程可以对公司董事、监事、高级管理人员转让其所持有的本公司股份作出其他限制性规定股份在法律、行政法规规定的限制转让期限内出质的,质权人不得在限制转让期限内行使质权。

4.有下列情形之一的,对股东会该项决议投反对票的股东可以请求公司按照合理的价格收购其股份,公开发行股份的公司除外:

(1)公司连续五年不向股东分配利润,而公司该五年连续盈利,并且符合本法规定的分配利润条件;

(2)公司转让主要财产;

(3)公司章程规定的营业期限届满或者章程规定的其他解散事由出现,股东会通过决议修改章程使公司存续。

公司因本条第(1)项规定的情形收购的本公司股份,应当在6个月内依法转让或者注销。

自股东会决议作出之日起60日内,股东与公司不能达成股份收购协议的,股东可以自股东会决议作出之日起90内向人民法院提起诉讼。

5.公司不得收购本公司股份。但是,有下列情形之一的除外:

(1)减少公司注册资本;

(2)与持有本公司股份的其他公司合并;

(3)将股份用于员工持股计划或者股权激励;

(4)股东因对股东会作出的公司合并、分立决议持异议,要求公司收购其股份;

(5)将股份用于转换公司发行的可转换为股票的公司债券;

(6)上市公司为维护公司价值及股东权益所必需。

公司因第(1)项、第(2)项规定的情形收购本公司股份的,应当经股东大决议;公司因第(3)项、第(5)项、第(6)项规定的情形收购本公司股份的,可以依照公司章程或者股东大会的授权,经2/3以上董事出席的董事会会议决议。

公司收购本公司股份后,属于第(1)项情形的,应当自收购之日起10内注销;属于第(2)项、第(4)项情形的,应当在6个月内转让或者注销;属于第(3)项、第(5)项、第(6)项情形的,公司合计持有的本公司股份数不得超过本公司已发行股份总数的10%,并应当在3年内转让或者注销。

上市公司收购本公司股份的,应当依照《中华人民共和国证券法》的规定履行信息披露义务。

6.公司不得接受本公司的股份作为质权的标的。因为,如果当公司以本公司的股份作为自己质权的标的,一旦债务人不能履行自己的债务,公司作为债权人,其利益就可能得不到维护,难以发挥质押的作用。

第五节 国家出资公司组织机构的特别规定

(一) 国家出资公司的内涵

《公司法》中所称国家出资公司,是指国家出资的国有独资公司、国有资本控股公司,包括国家出资的有限责任公司、股份有限公司。国家出资公司,由国务院或者地方人民政府分别代表国家依法履行出资人职责,享有出资人权益。国务院或者地方人民政府可以授权国有资产监督管理机构或者其他部门、机构代表本级人民政府对国家出资公司履行出资人职责。代表本级人民政府履行出资人职责的机构、部门,以下统称为履行出资人职责的机构。

国家出资公司不同于国家出资企业。根据2009年5月1日起实施的《中华人民共和国企业国有资产法》,国家出资企业是指国家出资的国有独资企业、国有独资公司,以及国有资本控股公司、国有资本参股公司。

(二) 国家出资公司的组织机构

国家出资公司的组织机构,适用本节规定;本节没有规定的,适用《公司法》其他规定。

国家出资公司中中国共产党的组织,按照中国共产党章程的规定发挥领导作用,研究讨论公司重大经营管理事项,支持公司的组织机构依法行使职权。

国有独资公司章程由履行出资人职责的机构制定。

国有独资公司不设股东会,由履行出资人职责的机构行使股东会职权。履行出资人职责的机构可以授权公司董事会行使股东会的部分职权,但公司章程的制定和修改,公司的合并、分立、解散、申请破产,增加或者减少注册资本,分配利润,应当由履行出资人职责的机构决定。

国有独资公司的董事会依照《公司法》规定行使职权。国有独资公司的董事会成员中,应当过半数为外部董事,并应当有公司职工代表。董事会成员由履行出资人职责的机构委派;但是,董事会成员中的职工代表由公司职工代表大会选举产生。董事会设董事长一人,可以设副董事长。董事长、副董事长由履行出资人职责的机构从董事会成员中指定。

国有独资公司的经理由董事会聘任或者解聘。经履行出资人职责的机构同意,董事会成员可以兼任经理。国有独资公司的董事、高级管理人员,未经履行出资人职责的机构同意,不得在其他有限责任公司、股份有限公司或者其他经济组织兼职。

国有独资公司在董事会中设置由董事组成的审计委员会行使本法规定的监事会职

权的,不设监事会或者监事。

国家出资公司应当依法建立健全内部监督管理和风险控制制度,加强内部合规管理。

第六节 公司董事、监事、高级管理人员的资格和义务

《公司法》中所称的高级管理人员,是指公司的经理、副经理、财务负责人,上市公司董事会秘书和公司章程规定的其他人员。公司的董事、监事、高级管理人员在公司中处于十分重要的地位并具有法定的职权,因此需要对其任职资格作一些限制性的规定,以保证其具有正确履行职责的能力和条件,这也是世界各国通行的做法。另一方面,董事、监事、高级管理人员,在公司日常经营管理活动中,应当依法行使权力,忠实、勤勉地履行职务,对公司和股东利益负责。实践中,也有一些公司的董事、高级管理人员违反对公司的忠实和勤勉义务,利用"内部人控制",损害了公司和股东的合法权益。为了保证董事、监事、高级管理人员能够正确履行职责,进一步明确公司董事、监事和高级管理人员的法定义务,《公司法》单列一章,对公司董事、监事和高级管理人员的任职资格及忠实义务、勤勉义务等,作出了明确的规定。

一、公司董事、监事、高级管理人员的资格

根据《公司法》规定,有下列情形之一的,不得担任公司的董事、监事、高级管理人员:

(1)无民事行为能力或者限制民事行为能力;

(2)因贪污、贿赂、侵占财产、挪用财产或者破坏社会主义市场经济秩序,被判处刑罚,执行期满未逾五年,被宣告缓刑的,自缓刑考验期满之日起未逾2年;

(3)担任破产清算的公司、企业的董事或者厂长、经理,对该公司、企业的破产负有个人责任的,自该公司、企业破产清算完结之日起未逾3年;

(4)担任因违法被吊销营业执照、责令关闭的公司、企业的法定代表人,并负有个人责任的,自该公司、企业被吊销营业执照、责令关闭之日起未逾3年;

(5)个人所负数额较大的债务到期未清偿被人民法院列为失信被执行人。

违反上述规定选举、委派董事、监事或者聘任高级管理人员的,该选举、委派或者聘任无效。公司董事、监事、高级管理人员在任职期间出现上述所列情形的,公司应当解除其职务。

二、公司董事、监事、高级管理人员的义务

董事、监事、高级管理人员应当遵守法律、行政法规和公司章程。

董事、监事、高级管理人员对公司负有忠实义务,应当采取措施避免自身利益与公

司利益冲突,不得利用职权牟取不正当利益。

董事、监事、高级管理人员对公司负有勤勉义务,执行职务应当为公司的最大利益尽到管理者通常应有的合理注意。

公司的控股股东、实际控制人不担任公司董事但实际执行公司事务的,适用以上规定。

三、公司董事、监事、高级管理人员的行为要求

根据《公司法》规定,董事、监事、高级管理人员不得有下列行为:
(1)挪用公司资金;
(2)将公司资金以其个人名义或者以其他个人名义开立账户存储;
(3)利用职权贿赂或者收受其他非法收入
(4)接受他人与公司交易的佣金归为己有;
(5)擅自披露公司秘密;
(6)违反对公司忠实义务的其他行为。

董事、监事、高级管理人员,直接或者间接与本公司订立合同或者进行交易,应当就与订立合同或者进行交易有关的事项向董事会或者股东会报告,并按照公司章程的规定经董事会或者股东会决议通过。

董事、监事、高级管理人员的近亲属,董事、监事、高级管理人员或者其近亲属直接或者间接控制的企业,以及与董事、监事、高级管理人员有其他关联关系的关联人,与公司订立合同或者进行交易,适用上述规定。

董事、监事、高级管理人员,不得利用职务便利为自己或者他人谋取属于公司的商业机会。但是,有下列情形之一的除外:
(1)向董事会或者股东会报告,并按照公司章程的规定经董事会或者股东会决议通过;
(2)根据法律、行政法规或者公司章程的规定,公司不能利用该商业机会。

董事、监事、高级管理人员未向董事会或者股东会报告,并按照公司章程的规定经董事会或者股东会决议通过,不得自营或者为他人经营与其任职公司同类的业务。

董事、监事、高级管理人员违反上述行为要求所得的收入应当归公司所有。

董事、监事、高级管理人员执行职务时违反法律、行政法规或者公司章程的规定,给公司造成损失的,应当承担赔偿责任。

股东会要求董事、监事、高级管理人员列席会议的,董事、监事、高级管理人员应当列席并接受股东的质询。董事、高级管理人员应当如实向监事会或者不设监事会的有限责任公司的监事提供有关情况和资料,不得妨碍监事会或者监事行使职权。

四、股东诉讼制度

(一)股东代表诉讼的概念

股东代表诉讼,又称股东间接诉讼,是指当董事、监事、高级管理人员或者他人有违反法律、行政法规或者公司章程的行为给公司造成损失,公司拒绝或者怠于向该违法行为人请求损害赔偿时,具备法定资格的股东有权代表其他股东,代替公司提起诉讼,请求违法行为人赔偿公司损失的行为。建立股东代表诉讼制度,其目的是为了保护公司利益和股东整体利益。

(二)股东代表诉讼的情形

根据《公司法》规定,公司董事、监事、高级管理人员执行公司职务时违反法律、行政法规或者公司章程的规定,给公司造成损失的,应当承担赔偿责任。为了确保行为主体承担相应的赔偿责任,《公司法》对股东代表诉讼作出如下规定:

1. 股东通过监事会提起诉讼。公司董事、高级管理人员执行公司职务时违反法律、行政法规或者公司章程的规定,给公司造成损失的,有限责任公司的股东、股份有限公司连续180日以上单独或者合计持有公司1%以上股份的股东,可以书面请求监事会或者不设监事会的有限责任公司的监事向人民法院提起诉讼。

2. 股东通过董事会提起诉讼。监事执行公司职务时违反法律、行政法规或者公司章程的规定,给公司造成损失的,有限责任公司的股东、股份有限公司连续180日以上单独或者合计持有公司1%以上股份的股东,可以书面请求董事会向人民法院提起诉讼。

3. 股东直接提起诉讼。监事会或者董事会收到有限责任公司的股东、股份有限公司连续180日以上单独或者合计持有公司1%以上股份的股东的书面请求后,拒绝提起诉讼,或者自收到请求之日起30日内未提起诉讼,或者情况紧急、不立即提起诉讼将会使公司利益受到难以弥补的损害的,有限责任公司的股东、股份有限公司连续180日以上单独或者合计持有公司1%以上股份的股东,有权为公司利益以自己的名义直接向人民法院提起诉讼。

此外,公司董事、监事、高级管理人员以外的他人侵犯公司合法权益,给公司造成损失的,有限责任公司的股东、股份有限公司连续180日以上单独或者合计持有公司1%以上股份的股东,也可以通过监事会或者董事会向人民法院提起诉讼,或者直接向人民法院提起诉讼。

公司全资子公司的董事、监事、高级管理人员违法《公司法》规定,或者他人侵犯公司全资子公司合法权益造成损失的,有限责任公司的股东、股份有限公司连续180日以上单独或者合计持有公司1%以上股份的股东,可以依照相关规定书面请求全资子公司的监事会、董事会向人民法院提起诉讼或者以自己的名义直接向人民法院提起诉讼。

(三)股东直接诉讼

股东直接诉讼是指股东对董事、高级管理人员违反规定损害股东利益的行为提起的诉讼。根据《公司法》规定,公司董事、高级管理人员违反法律、行政法规或者公司章程的规定,损害股东利益的,股东可以依法向人民法院提起诉讼。

五、公司董事、监事、高级管理人员的违规责任

1. 董事、高级管理人员执行职务,给他人造成损害的,公司应当承担赔偿责任;董事、高级管理人员存在故意或者重大过失的,也应当承担赔偿责任。

2. 公司的控股股东、实际控制人指示董事、高级管理人员从事损害公司或者股东利益的行为的,与该董事、高级管理人员承担连带责任。

3. 公司可以在董事任职期间为董事因执行公司职务承担的赔偿责任投保责任保险。

公司为董事投保责任保险或者续保后,董事会应当向股东会报告责任保险的投保金额、承保范围及保险费率等内容。

第七节 公司债券

公司除通过发行股票增加资本外,还可以通过借贷款的方式来获得所需资金。借贷款又有两种方式:其一是向银行、信用社等金融机构、某些特定的组织或者个人借贷;其二是发行公司债券,向社会公开借贷。《公司法》对公司债券作了详细规定。

一、公司债券的概念和特征

公司债券,是指公司发行的约定按期还本付息的有价证券。公司债券主要有以下特征:

1. 公司债券是一种有价证券。有价证券是代表一定财产权利的法定要式凭证,它是一种证券化了的财产。在市场经济条件下,证券的作用日益重要。公司债券作为公司筹集生产经营资金的工具,是公司以自己的名义,按有关规定发行的财产权利凭证。

2. 公司债券是债权证券。公司债券由公司依照法定程序发行,表明公司为债务人,持有公司债券的人为公司的债权人。公司债券与股票不同,它不包含权利人对公司的资产收益、重大决策、选择管理者等权利,只表明权利人于债券约定的期限到来时,要求公司还本付息的权利。

3. 公司债券是公司依照法律规定的条件、程序发行的有价证券。由于公司发行公司债券是向社会公众借贷,涉及到广大债权人的利益,因此,发行公司债券必须遵守法定的条件和程序。

4. 公司债券是在约定期限内由公司还本付息的有价证券,是缴回式证券。公司发行公司债券,为自己设定债务,为持券人设定债权,相互之间债权债务的内容就是到期由公司归还所借本金及其利息。届时,持有债券的人向公司缴回债券,收取本金及利息。

二、公司债券的发行和转让

(一)公司债券发行的条件

公司债券的发行和交易应当符合《中华人民共和国证券法》等法律、行政法规的规定。公司债券可以公开发行,也可以非公开发行。根据《证券法》规定,公开发行公司债券,应当符合下列条件:

(1)具备健全且运行良好的组织机构;
(2)最近3年平均可分配利润足以支付公司债券1年的利息;
(3)国务院规定的其他条件。

公开发行公司债券筹集的资金,必须按照公司债券募集办法所列资金用途使用;改变资金用途,必须经债券持有人会议作出决议。公开发行公司债券筹集的资金,不得用于弥补亏损和非生产性支出。上市公司发行可转换为股票的公司债券,除应当符合上述规定条件外,还应当符合《证券法》首发上市条件的规定。但是,按照公司债券募集办法,上市公司通过收购本公司股份的方式进行公司债券转换的除外。

公司有下列情形之一的,不得再次公开发行公司债券:

(1)对已公开发行的公司债券或者其他债务有违约或者延迟支付本息的事实,仍处于继续状态;
(2)违反规定,改变公开发行公司债券所募资金的用途。

(二)公司债券发行的程序

1. 由公司的权力机关作出决议

股份有限公司经股东会决议,或者经公司章程、股东会授权由董事会决议,可以发行可转换为股票的公司债券,并规定具体的转换办法。

上市公司发行可转换为股票的公司债券,应当经国务院证券监督管理机构注册。

公开发行公司债券的,应当为同期债券持有人设立债券持有人会议,并在债券募集办法中对债券持有人会议的召集程序、会议规则和其他重要事项作出规定。债券持有人会议可以对与债券持有人有利害关系的事项作出决议。

除公司债券募集办法另有约定外,债券持有人会议决议对同期全体债券持有人发生效力。

2. 报请国务院授权的部门或者国务院证券监督管理机构核准

根据《证券法》规定,申请公开发行公司债券,应当向国务院授权的部门或者国务院证券监督管理机构报送下列文件:

(1)公司营业执照;
(2)公司章程;

(3)公司债券募集办法;
(4)国务院授权的部门或者国务院证券监督管理机构规定的其他文件。
依法应当聘请保荐人的,还应当报送保荐人出具的发行保荐书。
国务院证券监督管理机构或者国务院授权的部门依照法定条件负责证券发行申请的注册。证券公开发行注册的具体办法由国务院规定。
按照国务院的规定,证券交易所等可以审核公开发行证券申请,判断发行人是否符合发行条件、信息披露要求,督促发行人完善信息披露内容。国务院授权的部门或者国务院证券监督管理机构应当自受理公司债券发行申请文件之日起3个月内,依照法定条件和法定程序作出予以注册或者不予注册的决定。

3. 公告公司债券的募集办法

公开发行公司债券,应当经国务院证券监督管理机构注册,公告公司债券募集办法。公司债券募集办法中应当载明下列主要事项:
(1)公司名称;
(2)债券募集资金的用途;
(3)债券总额和债券的票面金额;
(4)债券利率的确定方式;
(5)还本付息的期限和方式;
(6)债券担保情况;
(7)债券的发行价格、发行的起止日期;
(8)公司净资产额;
(9)已发行的尚未到期的公司债券总额;
(10)公司债券的承销机构。

4. 置备公司债券持有人名册

应当为记名债券公司发行公司债券应当置备公司债券持有人名册。发行公司债券的,应当在公司债券持有人名册上载明下列事项:债券持有人的姓名或者名称及住所;债券持有人取得债券的日期及债券的编号;债券总额,债券的票面金额、利率、还本付息的期限和方式;债券的发行日期。

(三)公司债券的转让

公司债券可以转让,转让价格由转让人与受让人约定。公司债券的转让应当符合法律、行政法规的规定。公司债券由债券持有人以背书方式或者法律、行政法规规定的其他方式转让,转让后由公司将受让人的姓名或者名称及住所记载于公司债券持有人名册。发行可转换为股票的公司债券的,公司应当按照其转换办法向债券持有人换发股票,但债券持有人对转换股票或者不转换股票有选择权。法律、行政法规另有规定的除外。

(四)债券管理人相关规定

公开发行公司债券的,发行人应当为债券持有人聘请债券受托管理人,由其为债券持有人办理受领清偿、债权保全、与债券相关的诉讼以及参与债务人破产程序等事项。

债券受托管理人应当勤勉尽责,公正履行受托管理职责,不得损害债券持有人利益。

受托管理人与债券持有人存在利益冲突可能损害债券持有人利益的,债券持有人会议可以决议变更债券受托管理人。

债券受托管理人违反法律、行政法规或者债券持有人会议决议,损害债券持有人利益的,应当承担赔偿责任。

第八节　公司财务、会计

公司财务会计制度是关于公司财务、会计方面的一系列规则,它包括财务制度和会计制度。财务制度是关于公司资金的管理、成本费用的计算、营业收入的分配、货币的管理、公司的财务报告、公司的清算及公司纳税等方面的规程。会计制度是会计记账、会计核算等方面的规程,它是公司生产经营过程中各种财务制度的具体反映。财务会计制度是公司的一项极其重要的基本制度,也是公司管理活动的一项重要内容。建立较为健全的公司财务会计制度,不仅是公司本身生存和发展的需要,而且也有利于切实保护公司股东和债权人的利益,有利于政府有关部门对公司进行更有效的管理和监督。正是因为如此,《公司法》对公司的财务会计制度作了专章规定。

一、公司财务、会计的基本要求

1. 公司应当依照法律、行政法规和国务院财政部门的规定,建立本公司的财务、会计制度。

2. 公司应当在每一会计年度终了时编制财务会计报告,并依法经会计师事务所审计。财务会计报告应当依照法律、行政法规和国务院财政部门的规定制作。公司财务会计报告主要包括:资产负债表、利润表、现金流量表等报表及附注。对于上市公司,在每一会计年度的上半年结束之日,还应当制作中期财务会计报告。

3. 公司应当依法披露有关财务、会计资料。有限责任公司应当按照公司章程规定的期限将财务会计报告送交各股东。股份有限公司的财务会计报告应当在召开股东会年会的 20 日前置备于本公司,供股东查阅;公开发行股票的股份有限公司应当公告其财务会计报告。

4. 公司应当依法聘用会计师事务所对财务会计报告审查验证。公司聘用、解聘承办公司审计业务的会计师事务所,按照公司章程的规定,由股东会监事会或者董事会决定。公司股东会、董事会或者监事会就解聘会计师事务所进行表决时,应当允许会计师事务所陈述意见。公司应当向聘用的会计师事务所提供真实、完整的会计凭证、会计账簿、财务会计报告及其他会计资料,不得拒绝、隐匿、谎报。

5.公司除法定的会计账簿外,不得另立会计账簿。对公司资金,不得以任何个人名义开立账户存储。

二、公司的利润分配

(一)利润分配顺序

公司利润是指公司在一定时期内生产经营的财务成果。公司利润应按下列顺序进行分配:弥补以前年度的亏损,但不得超过税法规定的弥补期限;缴纳所得税;弥补在税前利润弥补亏损之后仍存在的亏损;提取法定公积金;提取任意公积金;向股东分配利润。

(二)提取公积金

公积金是公司在资本之外所保留的资金金额,又称为附加资本或者准备金。公司为增强自身财力,扩大营业范围和预防意外亏损,从利润中提取一定比例的资金,以用于扩大资本或者弥补亏损。

公积金分为盈余公积金和资本公积金两类。盈余公积金是从公司税后利润中提取的公积金,有盈余则提,无盈余则不提。盈余公积金又分为法定公积金和任意公积金两种。公司分配当年税后利润时,应当提取利润的10%列入公司法定公积金。当公司法定公积金累计额为公司注册资本的50%以上时,可以不再提取。公司的法定公积金不足以弥补以前年度亏损的,在依照规定提取法定公积金之前,应当先用当年利润弥补亏损。公司从税后利润中提取法定公积金后,经股东会决议,还可以从税后利润中提取任意公积金。资本公积金是直接由资本原因等形成的公积金,公司以超过股票票面金额的发行价格发行股份所得的溢价款、发行无面额股所得股款未计入注册资本的金额以及国务院财政部门规定列入资本公积金的其他收入,应当列为公司资本公积金。

公积金应当按照规定的用途进行使用。根据《公司法》规定,公司的公积金用于弥补公司的亏损、扩大公司生产经营或者转为增加公司资本。公积金弥补公司亏损,应当先使用任意公积金和法定公积金;仍不能弥补的,可以按照规定使用资本公积金。法定公积金转为增加注册资本时,所留存的该项公积金不得少于转增前公司注册资本的25%。

(三)向股东分配利润

公司只有在弥补亏损、提取公积金之后尚有剩余利润时,才能向股东进行分配。根据《公司法》规定,公司弥补亏损和提取公积金后所余税后利润,有限责任公司按照股东实缴的出资比例分配利润,全体股东约定不按照出资比例分配的除外;股份有限公司按照股东所持有的股份比例分配利润,公司章程另有规定的除外。

公司违反《公司法》规定向股东分配利润的,股东应当将违反规定分配的利润退还公司;给公司造成损失的,股东及负有责任的董事、监事、高级管理人员应当承担赔偿责任。公司持有的本公司股份不得分配利润。股东会作出分配利润的决议的,董事会应当在股东会决议作出之日起 6 个月内进行分配。

第九节 公司合并、分立和增资、减资

公司的合并和分立是公司在运营过程中出现的变更,是公司与公司之间、公司与股东之间、股东与股东之间在平等自愿的基础上协商一致的结果,而不是法律强制进行的行为。但由于公司的合并和分立会涉及到公司、股东、公司职工、债权人及社会公众的利益,《公司法》需要对公司合并和分立的条件和程序作出具体的规定,使公司的合并和分立行为依照《公司法》规定规范进行。

此外,公司在经营过程中,可能会因为一些原因需要增资或者减资。公司增资是指公司成立后通过股权融资增加资本的行为。公司增资的途径主要有发行新股、增加每股面值等。公司减资是指公司成立后为了弥补亏损,调整过多资本而使公司资本减少的行为。公司减资的途径主要有股份回收、减少每一股的面值、将股份合并、把股东已缴资本进行相应退还、对未付的股份款项予以免除等。

一、公司合并

(一)公司合并的概念和形式

公司合并是指两个或者两个以上的公司依照法定程序变更为一个公司的法律行为。公司在经营过程中,为了扩大规模,提高管理水平,增强竞争能力,可以通过公司合并的办法,达到自己的目的。

公司合并可以采取吸收合并或者新设合并。一个公司吸收其他公司为吸收合并,被吸收的公司解散。两个以上公司合并设立一个新的公司为新设合并,合并各方解散。

(二)公司合并的程序

公司合并不仅仅是公司自身的行为,还会涉及到进行合并的公司的股东、债权人的利益,涉及到公司经营管理人员及从业人员的利益。因此,公司合并必须依照法定程序进行。

1. 依法签订合并协议

公司进行合并,应当由有合并意向的合并各方签订合并协议。合并协议应当包括

以下主要内容：合并各方的名称、住所；合并后存续公司或新设公司的名称、住所；合并各方的债权债务处理办法；合并各方的资产状况及其处理办法；存续公司或新设公司因合并而增资所发行的股份总额、种类和数量；合并各方认为需要载明的其他事项。

2. 编制资产负债表及财产清单

资产负债表和财产清单表明了公司的财务状况和经营业绩，是了解公司情况的最重要的途径。公司在合并时，应当编制本公司的资产负债表及财产清单。

3. 依法就公司合并的有关事项作出决议

公司与其持股90%以上的公司合并，被合并的公司不需经股东会决议，但应当通知其他股东，其他股东有权请求公司按照合理的价格收购其股权或者股份。

公司合并支付的价款不超过本公司净资产10%的，可以不经股东会决议；但是，公司章程另有规定的除外。

公司依照以上规定合并不经股东会决议的，应当经董事会决议。

4. 通知并公告债权人

公司应当自作出合并决议之日起10日内通知债权人，并于30日内在报纸或者国家企业信用信息公示系统上公告。债权人自接到通知之日起30日内，未接到通知的自公告之日起45日内，可以要求公司清偿债务或者提供相应的担保。不清偿债务或者不提供相应的担保的，公司不得合并。

根据《公司法》规定，公司合并时，合并各方的债权、债务，应当由合并后存续的公司或者新设的公司承继。

二、公司分立

（一）公司分立的概念和形式

公司分立是指一个公司依照法定程序变更为两个或者两个以上的公司的法律行为。公司在经营过程中，为了将公司财产进行多方面的投资，缩小公司的规模，以便能够更灵活地适应市场需要，可以通过公司分立的办法，达到自己的目的。

《公司法》对公司分立的形式未作明确规定。实践中，公司分立一般有两种形式：一是公司以其部分财产和业务另设一个新的公司，原公司存续；二是公司以其全部财产分别归入两个以上的新设公司，原公司解散。

（二）公司分立的程序

公司分立的程序与公司合并的程序基本一致。根据《公司法》规定，公司分立，其财产作相应的分割，且应当编制资产负债表及财产清单。公司应当自作出分立决议之日起10日内通知债权人，并于30日内在报纸上或者国家企业信用信息公示系统公告。公司分立前的债务由分立后的公司承担连带责任。但是，公司在分立前与债权人就债务清偿达成的书面协议另有约定的除外。

三、公司注册资本的减少和增加

(一)公司注册资本的减少

公司在经营过程中,可能会因为某种原因需减少注册资本。但由于注册资本的减少会直接关系到股东和债权人的利益,所以必须依法进行。

根据《公司法》规定,公司减少注册资本时,应当编制资产负债表及财产清单。公司应当自股东会作出减少注册资本决议之日起10日内通知债权人,并于30日内在报纸上或者国家企业信用信息公示系统公告。债权人自接到通知之日起30日内,未接到通知书的自公告之日起45日内,有权要求公司清偿债务或者提供相应的担保。

公司减少注册资本,应当依法向公司登记机关办理变更登记。公司减少注册资本,应当按照股东出资或者持有股份的比例相应减少出资额或者股份,法律另有规定、有限责任公司全体股东另有约定或者股份有限公司章程另有规定的除外。

公司依照《公司法》相关规定使用公积金弥补亏损后,仍有亏损的,可以减少注册资本弥补亏损。减少注册资本弥补亏损的,公司不得向股东分配,也不得免除股东缴纳出资或者股款的义务。

违反《公司法》规定减少注册资本的,股东应当退还其收到的资金,减免股东出资的应当恢复原状;给公司造成损失的,股东及负有责任的董事、监事、高级管理人员应当承担赔偿责任。

(二)公司注册资本的增加

公司在经营过程中,可能会因为某种原因需要筹集资金,扩大生产经营规模。这时,公司可以依照法律规定增加注册资本。公司增加注册资本,也必须依法进行。

有限责任公司增加注册资本时,股东在同等条件下有权优先按照实缴的出资比例认缴出资。但是,全体股东约定不按照出资比例优先认缴出资的除外。

股份有限公司为增加注册资本发行新股时,股东不享有优先认购权,公司章程另有规定或者股东会决议决定股东享有优先认购权的除外。

有限责任公司增加注册资本时,股东认缴新增资本的出资,依照《公司法》设立有限责任公司缴纳出资的有关规定执行。

股份有限公司为增加注册资本发行新股时,股东认购新股,依照《公司法》设立股份有限公司缴纳股款的有关规定执行。

第十节 公司解散和清算

从社会学意义上说,公司作为以一定财产为物质基础的人的群体组合,并非是一种永恒的社会存在。公司经济生命的暂时性、公司存续对于社会经济环境的依赖性以及经营环境的多变性,决定了各单个公司的存在只能是一种"短暂"的现象。在历史的任何瞬间,在市场经济大潮中,总会有一些公司开业问世,也不乏一些公司破产、解散。公司这种盛衰枯荣、生存消亡的运动规律构成了社会经济实体的新陈代谢,并由此推动着社会经济的进步和发展。

一、公司解散的原因

公司解散是指公司在有解散事由的情况下导致公司法人资格消灭的法律行为。根据《公司法》规定,公司因下列原因解散:

(1)公司章程规定的营业期限届满或者公司章程规定的其他解散事由出现;

(2)股东会决议解散;

(3)因公司合并或者分立需要解散;

(4)依法被吊销营业执照、责令关闭或者被撤销;

(5)公司经营管理发生严重困难,继续存续会使股东利益受到重大损失,通过其他途径不能解决的,持有公司10%以上表决权的股东,可以请求人民法院解散公司。

公司出现以上情形,应当在10日内将解散事由通过国家企业信用信息公示系统予以公示。

公司有上述第(1)项、第(2)项情形,且尚未向股东分配财产的,可以通过修改公司章程或者经股东会决议而存续。公司依照规定修改公司章程或者经股东会决议,有限责任公司须经持有2/3以上表决权的股东通过,股份有限公司须经出席股东会会议的股东所持表决权的2/3以上通过。

二、公司解散时的清算

(一)成立清算组

根据《公司法》的规定,公司因上述第(1)项、第(2)项、第(4)项、第(5)项原因而解散的,即公司章程规定的营业期限届满或者公司章程规定的其他解散事由出现,或者因股东会决议解散的,或者因依法被吊销营业执照、责令关闭或者被撤销而解散的,或者公司经营管理发生严重困难,继续存续会使股东利益受到重大损失,通过其他途径不能解决的,持有公司10%以上表决权的股东,请求人民法院解散公司而解散的,应当清算。

董事为公司清算义务人,应当在解散事由出现之日起15日内组成清算组进行清算。

清算组由董事组成,但是公司章程另有规定或者股东会决议另选他人的除外。

清算义务人未及时履行清算义务,给公司或者债权人造成损失的,应当承担赔偿责任。

逾期不成立清算组进行清算或者成立清算组后不清算的,利害关系人可以申请人民法院指定有关人员组成清算组进行清算。人民法院应当受理该申请,并及时指定有关人员组成清算组。

公司、因依法被吊销营业执照、责令关闭或者被撤销而解散的,作出吊销营业执照、责令关闭或者撤销决定的部门或者公司登记机关,可以申请人民法院指定有关人员组成清算组进行清算。

(二)清算组的职权

根据《公司法》的规定,清算组在清算期间行使下列职权:
(1)清理公司财产,分别编制资产负债表和财产清单;
(2)通知、公告债权人;
(3)处理与清算有关的公司未了结的业务;
(4)清缴所欠税款以及清算过程中产生的税款;
(5)清理债权、债务;
(6)分配公司清偿债务后的剩余财产;
(7)代表公司参与民事诉讼活动。

清算组成员履行清算职责,负有忠实义务和勤勉义务。清算组成员怠于履行清算职责,给公司造成损失的,应当承担赔偿责任;因故意或者重大过失给债权人造成损失的,应当承担赔偿责任。

(三)清算工作程序

公司清算工作按下列程序进行:

1. 公告或者通知债权人,对债权进行登记

清算组应当自成立之日起10日内通知债权人,并于60日内在报纸上或者国家企业信息公示系统公告。债权人应当自接到通知之日起30日内,未接到通知书的自公告之日起45日内,向清算组申报其债权。债权人申报债权,应当说明债权的有关事项,并提供证明材料。清算组应当对债权进行登记。在申报债权期间,清算组不得对债权人进行清偿。

2. 清理公司财产,制订清算方案

清算组应当对公司财产进行清理,编制资产负债表和财产清单,制订清算方案,并报股东会或者人民法院确认。公司解散时,股东尚未缴纳的出资均应作为清算财产。清算组在清理公司财产、编制资产负债表和财产清单后,发现公司财产不足清偿债务的,应当依法向人民法院申请破产清算。人民法院受理破产申请后,清算组应当将清算事务移交给人民法院指定的破产管理人。

3. 对债务进行清偿,对剩余财产进行分配

公司财产能够清偿公司债务的,在分别支付清算费用、职工的工资、社会保险费用和法定补偿金,缴纳所欠税款,清偿公司债务后的剩余财产,有限责任公司按照股东的出资比例分配,股份有限公司按照股东持有的股份比例分配。清算期间,公司存续,但不得开展与清算无关的经营活动。公司财产在未按上述规定清偿前,不得分配给股东。

4. 申请注销登记

公司清算结束后,清算组应当制作清算报告,报股东会或者人民法院确认,并报送公司登记机关,申请注销公司登记。

公司在存续期间未产生债务,或者已清偿全部债务的,经全体股东承诺,可以按照规定通过简易程序注销公司登记。公司通过简易程序注销公司登记,股东对以上内容承诺不实的,应当对注销登记前的债务承担连带责任。

通过简易程序注销公司登记,应当通过国家企业信用信息公示系统予以公告,公告期限不少于20日。公告期限届满后,未有异议的,公司可以在20内向公司登记机关申请注销公司登记。

公司被吊销营业执照、责令关闭或者被撤销,满3年未向公司登记机关申请注销公司登记的,公司登记机关可以通过国家企业信用信息公示系统予以公告,公告期限不少于60日。公告期限届满后,未有异议的,公司登记机关可以注销公司登记。

第十一节 外国公司的分支机构

随着经济全球化进程的加快和国际间经济技术交流与合作的进一步加强,外国公司纷纷在世界各地设立分支机构,从事生产经营活动。随着我国改革的不断深入和对外开放的进一步扩大,外国公司在我国境内设立的分支机构也在不断增多。为了加强对外国公司的管理,保护外国公司的合法权益,为外国公司在我国境内进行生产经营活动提供法律依据,我国《公司法》对外国公司在我国境内设立的分支机构作了专章规定。

一、外国公司分支机构的法律地位

外国公司是指依照外国法律在中华人民共和国境外设立的公司。

外国公司可以依照《公司法》规定在中华人民共和国境内设立分支机构,从事生产经营活动。外国公司属于外国法人,其在中华人民共和国境内设立的分支机构不具有中国法人资格。外国公司对其分支机构在中华人民共和国境内进行经营活动承担民事责任。

经批准设立的外国公司分支机构,在中华人民共和国境内从事业务活动,应当遵守中国的法律,不得损害中国的社会公共利益,其合法权益受中国法律保护。

二、外国公司分支机构的设立与撤销

(一)设立的条件

1. 外国公司在中华人民共和国境内设立分支机构,应当在中国境内指定负责该分支机构的代表人或者代理人,并向该分支机构拨付与其所从事的经营活动相适应的资金。对外国公司分支机构的经营资金需要规定最低限额的,由国务院另行规定。
2. 外国公司的分支机构应当在其名称中标明该公司的国籍及责任形式。
3. 外国公司的分支机构应当在本机构中置备该外国公司章程。

(二)设立的程序

外国公司在中华人民共和国境内设立分支机构,应当向中国主管机关提出申请,并提交其公司章程、所属国的公司登记证书等有关文件,经批准后,向公司登记机关依法办理登记,领取营业执照。

外国公司分支机构的审批办法由国务院另行规定。

(三)外国公司分支机构的撤销

外国公司撤销其在中华人民共和国境内的分支机构时,应当依法清偿债务,依照《公司法》有关公司清算程序的规定进行清算。未清偿债务之前,不得将其分支机构的财产移至中华人民共和国境外。

第十二节 违反公司法的法律责任

违反公司法的法律责任是指行为人因为违反公司法的规定而应承担的法律责任。为更有效地保护公司、股东和债权人的合法权益,维护社会经济秩序,促进社会主义市场经济的健康发展,《公司法》对违反公司法的行为及其所应承担的法律责任作了详细规定。

《公司法》中规定的违法责任,主要包括民事责任、刑事责任,对于违反《公司法》规定,构成犯罪的,还应依法追究刑事责任。

一、公司发起人、股东的法律责任

公司发起人、股东违反法律规定,应根据《公司法》第21条、第22条、第23条、第25

条、第26条、第27条、第49条、第50条、第51条、第53条、第252条、第253条规定,分别承担相应的法律责任。

1. 根据《公司法》第21条规定,公司股东应当遵守法律、行政法规和公司章程,依法行使股东权利,不得滥用股东权利损害公司或者其他股东的利益。公司股东滥用股东权利给公司或者其他股东造成损失的,应当承担赔偿责任。公司股东滥用公司法人独立地位和股东有限责任,逃避债务,严重损害公司债权人利益的,应当对公司债务承担连带责任。

2. 根据《公司法》第22条规定,公司的控股股东、实际控制人、董事、监事、高级管理人员不得利用其关联关系损害公司利益。违反上述规定,给公司造成损失的,应当承担赔偿责任。

3. 根据《公司法》第23条规定,公司股东滥用公司法人独立地位和股东有限责任,逃避债务,严重损害公司债权人利益的,应当对公司债务承担连带责任。股东利用其控制的两个以上公司实施上述行为的,各公司应当对任一公司的债务承担连带责任。只有一个股东的公司,股东不能证明公司财产独立于股东自己的财产的,应当对公司债务承担连带责任。

4. 根据《公司法》第25条规定,公司股东会、董事会的决议内容违反法律、行政法规的无效。

5. 根据《公司法》第26条规定,公司股东会、董事会的会议召集程序、表决方式违反法律、行政法规或者公司章程,或者决议内容违反公司章程的,股东自决议作出之日起60内,可以请求人民法院撤销。但是,股东会、董事会的会议召集程序或者表决方式仅有轻微瑕疵,对决议未产生实质影响的除外。未被通知参加股东会会议的股东自知道或者应当知道股东会决议作出之日起60内,可以请求人民法院撤销;自决议作出之日起1年内没有行使撤销权的,撤销权消灭。

6. 根据《公司法》第27条规定,有下列情形之一的,公司股东会、董事会的决议不成立:

(1)未召开股东会、董事会会议作出决议;

(2)股东会、董事会会议未对决议事项进行表决;

(3)出席会议的人数或者所持表决权数未达到本法或者公司章程规定的人数或者所持表决权数;

(4)同意决议事项的人数或者所持表决权数未达到本法或者公司章程规定的人数或者所持表决权数。

7. 根据《公司法》第49条规定,股东应当足额缴纳公司章程中规定的各自所认缴的出资额。股东以货币出资的,应当将货币出资足额存入有限责任公司在银行开设的账户;以非货币财产出资的,应当依法办理其财产权的转移手续。股东未按期足额缴纳出资的,除应当向公司足额缴纳外,还应当对给公司造成的损失承担赔偿责任。

8. 根据《公司法》第50条规定,有限责任公司设立时,股东未按照公司章程规定缴纳出资,或者实际出资的非货币财产的实际价额显著低于所认缴的出资额的,设立时的其他股东与该股东在出资不足的范围内承担连带责任。

9. 根据《公司法》第51条规定,有限责任公司成立后,董事会应当对股东的出资情况进行核查,发现股东未按期足额缴纳公司章程规定的出资的,应当由公司向该股东发出书面催缴书,催缴出资。未及时履行前款规定的义务,给公司造成损失的,负有责任的董事应当承担赔偿责任。

10. 根据《公司法》第53条规定,公司成立后,股东不得抽逃出资。违反规定的,股东应当返还抽逃的出资;给公司造成损失的,负有责任的董事、监事、高级管理人员应当与该股东承担连带赔偿责任。

11. 根据《公司法》第252条规定,公司的发起人、股东虚假出资,未交付或者未按期交付作为出资的货币或者非货币财产的,由公司登记机关责令改正,可以处以1万元以上5万元以下的罚款;情节严重的,处以虚假出资金额5%以上15%以下的罚款;对直接负责的主管人员和其他直接责任人员处以1万元以上10万元以下的罚款。

12. 根据《公司法》第253条规定,公司的发起人、股东在公司成立后,抽逃其出资的,由公司登记机关责令改正,处以所抽逃出资金额5%以上15%以下的罚款;对直接负责的主管人员和其他直接责任人员处以1万元以上10万元以下的罚款。

二、公司的法律责任

公司违反法律规定,应根据《公司法》第250条、第251条、第254条、第255条、第256条、第259条、第260条、第261条、第262条、第263条、第264条规定,分别承担相应的法律责任。

1. 根据《公司法》第250条规定,违反《公司法》规定,虚报注册资本、提交虚假材料或者采取其他欺诈手段隐瞒重要事实取得公司登记的,由公司登记机关责令改正,对虚报注册资本的公司,处以虚报注册资本金额5%以上15%以下的罚款;对提交虚假材料或者采取其他欺诈手段隐瞒重要事实的公司,处以5万元以上50万元以下的罚款;情节严重的,吊销营业执照,对直接负责的主管人员和其他直接责任人员处以3万元以上30万元以下的罚款。

2. 根据《公司法》第251条规定,公司未依照《公司法》规定公示有关信息或者不如实公示有关信息的,由公司登记机关责令改正,可以处以1万元以上5万元以下的罚款。情节严重的,处以5万元以上20万元以下的罚款;对直接负责的主管人员和其他直接责任人员处以1万元以上10万元以下的罚款。

3. 根据《公司法》第254条规定,有下列行为之一的,由县级以上人民政府财政部门依照《中华人民共和国会计法》等法律、行政法规的规定处罚:(1)在法定的会计账簿以外另立会计账簿;(2)提供存在虚假记载或者隐瞒重要事实的财务会计报告。

4. 根据《公司法》第 255 条规定,公司在合并、分立、减少注册资本或者进行清算时,不依照《公司法》规定通知或者公告债权人的,由公司登记机关责令改正,对公司处以 1 万元以上 10 万元以下的罚款。

5. 根据《公司法》第 256 条规定,公司在进行清算时,隐匿财产,对资产负债表或者财产清单作虚假记载,或者在未清偿债务前分配公司财产的,由公司登记机关责令改正,对公司处以隐匿财产或者未清偿债务前分配公司财产金额 5% 以上 10% 以下的罚款;对直接负责的主管人员和其他直接责任人员处以 1 万元以上 10 万元以下的罚款。

6. 根据《公司法》第 259 条规定,未依法登记为有限责任公司或者股份有限公司,而冒用有限责任公司或者股份有限公司名义的,或者未依法登记为有限责任公司或者股份有限公司的分公司,而冒用有限责任公司或者股份有限公司的分公司名义的,由公司登记机关责令改正或者予以取缔,可以并处 10 万元以下的罚款。

7. 根据《公司法》第 260 条规定,公司成立后无正当理由超过 6 个月未开业的,或者开业后自行停业连续 6 个月以上的,公司登记机关可以吊销营业执照,但公司依法办理歇业的除外。

8 根据《公司法》第 260 条规定,公司登记事项发生变更时,未依照《公司法》规定办理有关变更登记的,由公司登记机关责令限期登记;逾期不登记的,处以 1 万元以上 10 万元以下的罚款。

11. 根据《公司法》第 261 条规定,外国公司违反《公司法》规定,擅自在中华人民共和国境内设立分支机构的,由公司登记机关责令改正或者关闭,可以并处 5 万元以上 20 万元以下的罚款。

12. 根据《公司法》第 262 条规定,利用公司名义从事危害国家安全、社会公共利益的严重违法行为的,吊销营业执照。

13. 根据《公司法》第 263 条规定,公司违反《公司法》规定,应当承担民事赔偿责任和缴纳罚款、罚金的,其财产不足以支付时,先承担民事赔偿责任。

14. 根据《公司法》第 264 条规定,公司违反《公司法》规定,构成犯罪的,依法追究刑事责任。

三、其他人员及组织的法律责任

根据《公司法》第 188 条、第 257 条、第 258 条规定,董事、监事、高级管理人员、承担资产评估、验资或者验证的机构以及公司登记机关分别承担相应的法律责任。

1. 根据《公司法》第 188 条规定,董事、监事、高级管理人员执行职务时违反法律、行政法规或者公司章程的规定,给公司造成损失的,应当承担赔偿责任。

2. 根据《公司法》第 257 条规定,承担资产评估、验资或者验证的机构提供虚假材料或者提供有重大遗漏的报告的,由有关部门依照《中华人民共和国资产评估法》、《中华人民共和国注册会计师法》等法律、行政法规的规定处罚。

3. 根据《公司法》第257条规定,承担资产评估、验资或者验证的机构因其出具的评估结果、验资或者验证证明不实,给公司债权人造成损失的,除能够证明自己没有过错的外,在其评估或者证明不实的金额范围内承担赔偿责任。

4. 根据《公司法》第258条规定,公司登记机关违反法律、行政法规规定未履行职责或者履行职责不当的,对负有责任的领导人员和直接责任人员依法给予政务处分。

思考题

1. 解释下列概念:

公司　公司法　有限责任公司　国家出资公司　股份有限公司　股份　股票　上市公司　独立董事

2. 简述公司的特征。
3. 公司登记的程序是怎样的?
4. 有限责任公司股东会的职权包括哪些?
5.《公司法》关于有限责任公司董事会的决议有哪些规定?
6. 试比较有限责任公司和股份有限公司有哪些不同。
7. 以募集方式设立股份有限公司的程序是怎样的?
8. 担任独立董事需要符合哪些条件?
9.《公司法》规定的公司董事、监事、高级管理人员的行为要求哪些?
10. 公司债券有哪些特征?发行公司债券应符合哪些条件?
11. 试述公司的利润分配顺序。

阅读文献

1.《中华人民共和国公司法》,1993年12月29日第八届全国人民代表大会常务委员会第五次会议通过,根据1999年12月25日九届全国人大常委会第十三次会议《关于修改〈中华人民共和国公司法〉的决定》进行第一次修正;根据2004年8月28日第十届全国人大常委会第十一次会议《关于修改〈中华人民共和国公司法〉的决定》进行第二次修正;2005年10月27日第十届全国人大常委会第十八次会议对《公司法》进行了一次全面修订;根据2013年12月28日第十二届全国人大常委会第六次会议通过的《关于修改〈中华人民共和国海洋环境保护法〉等七部法律的决定》进行第三次修正;根据2018年10月26日第十三届全国人大常委会第六次会议《关于修改〈中华人民共和国公司法〉的决定》第四次修正;2023年12月29日第十四届全国人民代表大会常务委员会第七次会议进行第二次修订,并自2024年7月1日起施行。

2.《最高人民法院关于适用〈中华人民共和国公司法〉若干问题的规定(一)》,2006年3月27日最高人民法院审判委员会第1382次会议通过,根据2014年2月17日最高人民法院审判委员会第1607次会议《关于修改关于适用〈中华人民共和国公司法〉若干问题的规定的决定》修正。

3.《最高人民法院关于适用〈中华人民共和国公司法〉若干问题的规定（二）》，2008年5月5日最高人民法院审判委员会第1447次会议通过，根据2014年2月17日最高人民法院审判委员会第1607次会议《关于修改关于适用〈中华人民共和国公司法〉若干问题的规定的决定》第一次修正，根据2020年12月23日最高人民法院审判委员会第1823次会议通过的《最高人民法院关于修改〈最高人民法院关于破产企业国有划拨土地使用权应否列入破产财产等问题的批复〉等二十九件商事类司法解释的决定》第二次修正。

4.《最高人民法院关于适用〈中华人民共和国公司法〉若干问题的规定（三）》，2010年12月6日最高人民法院审判委员会第1504次会议通过，根据2014年2月17日最高人民法院审判委员会第1607次会议《关于修改关于适用〈中华人民共和国公司法〉若干问题的规定的决定》第一次修正，根据2020年12月23日最高人民法院审判委员会第1823次会议通过的《最高人民法院关于修改〈最高人民法院关于破产企业国有划拨土地使用权应否列入破产财产等问题的批复〉等二十九件商事类司法解释的决定》第二次修正。

《最高人民法院关于适用〈中华人民共和国公司法〉若干问题的规定（四）》，2016年12月5日最高人民法院审判委员会第1702次会议通过，根据2020年12月23日最高人民法院审判委员会第1823次会议通过的《最高人民法院关于修改〈最高人民法院关于破产企业国有划拨土地使用权应否列入破产财产等问题的批复〉等二十九件商事类司法解释的决定》修正。

6.《最高人民法院关于适用〈中华人民共和国公司法〉若干问题的规定（五）》，2019年4月22日最高人民法院审判委员会第1766次会议审议通过，根据2020年12月23日最高人民法院审判委员会第1823次会议通过的《最高人民法院关于修改〈最高人民法院关于破产企业国有划拨土地使用权应否列入破产财产等问题的批复〉等二十九件商事类司法解释的决定》修正。

7.《中华人民共和国证券法》，1998年12月29日第九届全国人民代表大会常务委员会第六次会议通过，根据2004年8月28日第十届全国人民代表大会常务委员会第十一次会议《关于修改〈中华人民共和国证券法〉的决定》第一次修正，2005年10月27日第十届全国人民代表大会常务委员会第十八次会议第一次修订，根据2013年6月29日第十二届全国人民代表大会常务委员会第三次会议《关于修改〈中华人民共和国文物保护法〉等十二部法律的决定》第二次修正，根据2014年8月31日第十二届全国人民代表大会常务委员会第十次会议《关于修改〈中华人民共和国保险法〉等五部法律的决定》第三次修正，2019年12月28日第十三届全国人民代表大会常务委员会第十五次会议第二次修订）。

8.《上市公司治理准则》，2018年9月30日中国证券监督管理委员会公布。

9.《上市公司独立董事管理办法》,2023 年 7 月 28 日中国证券监督管理委员会公布。

10.《上市公司章程指引》,2022 年 1 月 5 日中国证券监督管理委员会发布修订公布,根据 2023 年 12 月 15 日中国证券监督管理委员会《关于修改〈上市公司章程指引〉的决定》修正。

11.《上市公司独立董事制度改革的意见》,2024 年 4 月 7 日国务院办公厅公布。

12.《关于实施〈中华人民共和国公司法〉注册资本登记管理制度的规定》,2024 年 7 月 1 日国务院公布。

13.《企业信息公示暂行条例》,2014 年 8 月 7 日国务院公布,2024 年 3 月 10 日修订。

14.《中华人民共和国主体登记管理条件》,2021 年 7 月 27 日国务院公布。

15.《中华人民共和国市场登记管理实施细则》,2022 年 3 月 1 日国务院公布。

第三章

外商投资法

本章概要

外商投资的概念，外商投资法的概念和基本原则，外商投资法的作用，国民待遇原则，负面清单制度，投资促进、投资保护与投资管理等方面的法律规定等。

第一节　外商投资法概述

在现代市场经济条件下,利用外资已成为世界各国促进本国经济发展的一种通常的对外经济合作方式,也是很多国家经济发展战略的重要组成部分。我国把对外开放作为一项长期的基本国策,其目的在于利用国外资金和先进技术,加快我国社会主义现代化进程。

一、外商投资的概念

外商投资是指外国的自然人、企业或者其他组织(以下简称"外国投资者")直接或者间接在中国境内进行的投资活动,包括下列情形:

(1)外国投资者单独或者与其他投资者共同在中国境内设立外商投资企业;

(2)外国投资者取得中国境内企业的股份、股权、财产份额或者其他类似权益;

(3)外国投资者单独或者与其他投资者共同在中国境内投资新建项目;

(4)法律、行政法规或者国务院规定的其他方式的投资。

这里所称的"外商投资企业",是指全部或者部分由外国投资者投资,依照中国法律在中国境内经登记注册设立的企业。

二、外商投资法的概念和基本原则

外商投资法是调整外商投资的准入、促进、保护和管理等方面的法律规范的总称。为了进一步扩大对外开放,积极促进外商投资,保护外商投资合法权益,规范外商投资管理,推动形成全面开放新格局,促进社会主义市场经济健康发展,2019年3月15日十三届全国人大第二次会议通过了《中华人民共和国外商投资法》(以下简称《外商投资法》),自2020年1月1日起施行。此外,为了规范外商投资管理,持续优化外商投资环境,推进更高水平对外开放,国务院根据《外商投资法》,于2019年12月26日公布了《中华人民共和国外商投资法实施条例》(以下简称《外商投资法实施条例》),该条例自2020年1月1日起施行。

《外商投资法》遵循下列基本原则。

第一,突出扩大对外开放和促进外商投资的主基调。《外商投资法》展现了新时代中国积极的对外开放姿态,顺应时代发展潮流,体现推动新一轮高水平对外开放、营造国际一流营商环境的精神和要求,使这部法律成为一部外商投资的促进法、保护法。

第二,坚持外商投资基础性法律的定位。《外商投资法》是新形势下国家关于外商投资活动全面的、基本的法律规范,是外商投资领域起龙头作用、具有统领性质的法律。因此,这部法律的重点是确立外商投资准入、促进、保护、管理等方面的基本制度框架和规则,建立起新时代我国外商投资法律制度的"四梁八柱"。

第三,坚持中国特色和国际规则相衔接。《外商投资法》立足于我国当前的发展阶段和利用外资工作的实际需要,对外商投资的准入、促进、保护、管理等作出有针对性的规定,同时注意与国际通行的经贸规则、营商环境相衔接,努力构建既符合我国基本国情和实际又顺应国际通行规则、惯常做法的外商投资法律制度。

第四,坚持内外资一致。外商投资在准入后享受国民待遇,国家对内资和外资的监督管理,适用相同的法律制度和规则。《外商投资法》坚持市场化、法治化、国际化的改革方向,在行政审批改革、加强产权平等保护等方面完善相关法律制度,努力打造内外资公平竞争的市场环境,依靠改善投资环境吸引更多外商投资。

三、外商投资法的作用

我国的外商投资法,对促进和保障我国的对外开放,扩大对外贸易,引进先进技术,发展多种形式的对外经济合作,都具有十分重要的作用。这主要表现在以下几个方面。

(一)保障我国对外开放政策的贯彻实施

就政策和法律的关系而言,政策是宏观的决策,法律是实施政策的微观措施并具有一定的强制性。没有法律的具体保证,政策就不能很好地得到贯彻落实。党的十一届三中全会以来,我国在改革外贸体制和增加产品出口创汇,利用外资,引进技术,试办经济特区,进一步开放沿海港口城市,兴办经济技术开发区和经济开放区,允许外商到中国投资办企业等方面制定了一系列政策。对外开放政策是外商投资法的重要依据,而外商投资法是落实对外开放政策的一种重要手段。有了一套正确的对外开放政策,如何贯彻实施这些政策,必须借助于法律。这是因为政策具有较大的灵活性,代替不了法律的稳定性;政策具有较强的指导性,代替不了法律的强制性;政策在较大程度上比较原则,代替不了法律的具体化、条文化、规范化。通过立法程序,把一些成熟的对外开放政策上升为法律法规,使之成为国家的意志表现,具有强制性和普遍的约束力,这样就能保障对外开放政策的贯彻实施。

(二)为外商创造良好的投资环境

鼓励外商来华投资,需要一个良好的投资环境。投资环境包括被投资国的政治环境、经济环境、法律环境等各方面因素。我国安定团结,政局稳定,资源丰富,市场广阔,经济特区和沿海开放城市等开放地区的基础设施已具规模,这就为外商投资提供了良好的政治环境和经济环境。但仅有这些还不行,还必须同时具有良好的法律环境,因为外商来华投资,最关心的是其合法权益能否受法律保护。如果我国对外商投资没有相应的法律规定,外商就不敢来投资。因此,加强外商投资企业的法治建设,制定相应的法律法规,确认外商投资企业的法律地位,保护外国投资者和外商投资企业的合法权益,对改善我国的投资环境，吸引更多的外资，开办更多更好的外商投资企业，促进我国经济发展，具有十分重要的作用。

（三）维护国家主权

维护国家主权是我国外商投资法的一项重要原则。我国的外商投资法和有关法律法规规定，在中国境内进行投资活动的外国投资者、外商投资企业，必须遵守中国的法律法规，不得危害中国国家安全、损害社会公共利益。外商投资企业的设立及其经营管理必须接受我国政府的管辖与监督。外商在华投资所使用的土地，只享有土地使用权，没有所有权。外商投资企业就在我国境内发生的经济纠纷案件提起诉讼的，必须由我国人民法院行使管辖权。所有这些规定都把维护国家主权落到了实处。

（四）保证对外商投资企业的科学管理和监督

对外商投资企业的科学管理和监督，与对我国国民经济的管理和监督一样，既有行政手段，也有经济手段，还有法律手段，但最基本的、最有效的还是法律手段。运用法律手段对外商投资企业进行管理和监督，就是通过制定外商投资法，把外商投资活动纳入法治轨道，从而保障我国对外开放的健康发展。

（五）促进对外经济技术合作

我国的外商投资法从我国国情出发，对外商投资的准入、促进、保护等作了规定，对外国投资者、外商投资企业违反规定的法律责任也作了规定。所有这些规定，对我国利用外资开办外商投资企业和开展对外经济技术合作都起着积极的促进作用。

四、准入前国民待遇与负面清单制度

《外商投资法》第4条规定：国家对外商投资实行准入前国民待遇加负面清单管理制度。

准入前国民待遇是指在投资准入阶段给予外国投资者及其投资不低于本国投资者及其投资的待遇。"准入前国民待遇"并非仅限于"准入前"，实际上包含了准入阶段以及准入后的运营阶段在内的整个投资阶段的国民待遇。

负面清单是指国家规定在特定领域对外商投资实施的准入特别管理措施。国家对负面清单之外的外商投资，给予国民待遇。对于负面清单之内的禁止投资领域，境外投资者不得实施投资；对于负面清单内的限制投资领域，境外投资者必须进行外资准入许可申请。外商投资准入负面清单由国务院投资主管部门会同国务院商务主管部门等有关部门提出，报国务院发布或者报国务院批准后由国务院投资主管部门、商务主管部门发布。国家根据进一步扩大对外开放和经济社会发展需要，适时调整负面清单。

2021年12月27日，国家发改委、商务部发布《外商投资准入特别管理措施（负面清单)(2021年版)》,自2022年1月1日起施行。对负面清单内的领域统一列出股权要求、高管要求等外商投资准入方面的特别管理措施,对负面清单之外的领域,按照内外资一致原则实施管理。境内外投资者统一适用《市场准入负面清单》的有关规定;外商投资企业在中国境内投资,应符合《外商投资准入负面清单》的有关规定。从事《外商投资准入负面清单》禁止投资领域业务的境内企业到境外发行股份并上市交易的,应当经国家有关主管部门审核同意,境外投资者不得参与企业经营管理,其持股比例参照境外投资者境内证券投资管理有关规定执行。

五、《外商投资法》同原外商投资企业法等有关法律之间的衔接

根据《外商投资法》第42条规定,自施行之日起,《中华人民共和国中外合资经营企业法》《中华人民共和国外资企业法》《中华人民共和国中外合作经营企业法》同时废止。但是对于《外商投资法》施行前依照《中华人民共和国中外合资经营企业法》《中华人民共和国外资企业法》《中华人民共和国中外合作经营企业法》设立的外商投资企业(以下称"现有外商投资企业"),在《外商投资法》施行后5年内,可以依照《中华人民共和国公司法》《中华人民共和国合伙企业法》等法律的规定调整其组织形式、组织机构等,并依法办理变更登记,也可以继续保留原企业组织形式、组织机构等。《外商投资法实施条例》明确提出,自2025年1月1日起,对未依法调整组织形式、组织机构等并办理变更登记的现有外商投资企业,市场监督管理部门不予办理其申请的其他登记事项,并将相关情形予以公示。

《外商投资法》第31条规定,外商投资企业的组织形式、组织机构及其活动准则,适用《中华人民共和国公司法》《中华人民共和国合伙企业法》等法律的规定。《外商投资法》删除了原有外商投资企业组织法的内容,将企业组织的设立、活动、组织机构的变更以及解散等内容交由《中华人民共和国公司法》《中华人民共和国合伙企业法》调整,不再将具体的外商投资企业形式作为立法的调整对象,两法将不再存在对同一事项作出不同规定的法律冲突。

第二节　投资促进

《外商投资法》和《外商投资法实施条例》确定了一系列旨在促进和便利外商投资的规定,这些规定主要涉及外国投资者和外商投资企业的公平竞争权、平等参与权、建议权、知情权以及优惠待遇等方面。

(一)公平竞争权与平等参与权

1.外商投资企业依法平等适用国家支持企业发展的各项政策。政府及其有关部门在政府资金安排、土地供应、税费减免、资质许可、标准制定、项目申报、人力资源政策等方面，应当依法平等对待外商投资企业和内资企业。

政府及其有关部门制定的支持企业发展的政策应当依法公开；对政策实施中需要由企业申请办理的事项，政府及其有关部门应当公开申请办理的条件、流程、时限等，并在审核中依法平等对待外商投资企业和内资企业。

2.国家制定的强制性标准平等适用于外商投资企业，不得专门针对外商投资企业适用高于强制性标准的技术要求。外商投资企业依法和内资企业平等参与国家标准、行业标准、地方标准和团体标准的制定、修订工作。外商投资企业可以根据需要自行制定或者与其他企业联合制定企业标准。

3.国家保障外商投资企业依法通过公平竞争参与政府采购活动。政府采购依法对外商投资企业在中国境内生产的产品、提供的服务平等对待。

政府采购的采购人、采购代理机构不得在政府采购信息发布、供应商条件确定和资格审查、评标标准等方面，对外商投资企业实行差别待遇或者歧视待遇，不得以所有制形式、组织形式、股权结构、投资者国别、产品或者服务品牌以及其他不合理的条件对供应商予以限定，不得对外商投资企业在中国境内生产的产品、提供的服务和内资企业区别对待。

外商投资企业可以依照《中华人民共和国政府采购法》（以下简称《政府采购法》）及其实施条例的规定，就政府采购活动事项向采购人、采购代理机构提出询问、质疑，向政府采购监督管理部门投诉。采购人、采购代理机构、政府采购监督管理部门应当在规定的时限内作出答复或者处理决定。

政府采购监督管理部门和其他有关部门应当加强对政府采购活动的监督检查，依法纠正和查处对外商投资企业实行差别待遇或者歧视待遇等违法违规行为。

（二）建议权与知情权

1.制定与外商投资有关的行政法规、规章、规范性文件，或者政府及其有关部门起草与外商投资有关的法律、地方性法规，应当根据实际情况，采取书面征求意见以及召开座谈会、论证会、听证会等多种形式，听取外商投资企业和有关商会、协会等方面的意见和建议；对反映集中或者涉及外商投资企业重大权利义务问题的意见和建议，应当通过适当方式反馈采纳的情况。

2.外商投资企业可以向标准化行政主管部门和有关行政主管部门提出标准的立项建议，在标准立项、起草、技术审查以及标准实施信息反馈、评估等过程中提出意见和建议，并按照规定承担标准起草、技术审查的相关工作以及标准的外文翻译工作。

3.与外商投资有关的规范性文件应当依法及时公布，未经公布的不得作为行政管理依据。与外商投资企业生产经营活动密切相关的规范性文件，应当结合实际，合理确定公布到施行之间的时间。

(三)服务体系建设

1.国家建立健全外商投资服务体系,为外国投资者和外商投资企业提供法律法规、政策措施、投资项目信息等方面的咨询和服务。各级人民政府应当按照政府主导、多方参与的原则,建立健全外商投资服务体系,不断提升外商投资服务能力和水平。

2.各级人民政府及其有关部门应当遵守便利、高效、透明的原则,简化办事程序,提高办事效率,优化政务服务,进一步提高外商投资服务水平。有关主管部门应当编制和公布外商投资指引,为外国投资者和外商投资企业提供服务和便利。县级以上地方人民政府可以根据法律、行政法规、地方性法规的规定,在法定权限内制定外商投资促进和便利化政策措施。

3.政府及其有关部门应当通过政府网站、全国一体化在线政务服务平台集中列明有关外商投资的法律、法规、规章、规范性文件、政策措施和投资项目信息,并通过多种途径和方式加强宣传、解读,为外国投资者和外商投资企业提供咨询、指导等服务。

4.有关主管部门应当编制和公布外商投资指引,为外国投资者和外商投资企业提供服务和便利。外商投资指引应当包括投资环境介绍、外商投资办事指南、投资项目信息以及相关数据信息等内容,并及时更新。

(四)优惠待遇

1.国家与其他国家和地区、国际组织建立多边、双边投资促进合作机制,加强投资领域的国际交流与合作。

2.国家根据需要,设立特殊经济区域,或者在部分地区实行外商投资试验性政策措施,促进外商投资,扩大对外开放。

3.国家根据国民经济和社会发展需要,鼓励和引导外国投资者在特定行业、领域、地区投资。外国投资者、外商投资企业可以依照法律、行政法规或者国务院的规定享受优惠待遇。

4.县级以上地方人民政府可以根据法律、行政法规、地方性法规的规定,在法定权限内制定费用减免、用地指标保障、公共服务提供等方面的外商投资促进和便利化政策措施。

第三节 投资保护

《外商投资法》和《外商投资法实施条例》强化和提升了外商投资保护的力度和水平。

(一)外商产权保护

1.国家保护外国投资者和外商投资企业的知识产权,保护知识产权权利人和相关权利人的合法权益；对知识产权侵权行为，严格依法追究法律责任。国家鼓励在外商投资过程中基于自愿原则和商业规则开展技术合作。技术合作的条件由投资各方遵循公平原则平等协商确定。

国家加大对知识产权侵权行为的惩处力度，持续强化知识产权执法，推动建立知识产权快速协同保护机制，健全知识产权纠纷多元化解决机制，平等保护外国投资者和外商投资企业的知识产权。

行政机关（包括法律、法规授权的具有管理公共事务职能的组织）及其工作人员不得利用实施行政许可、行政检查、行政处罚、行政强制以及其他行政手段，强制或者变相强制外国投资者、外商投资企业转让技术。

2.国家对外国投资者的投资不实行征收。在特殊情况下，国家为了公共利益的需要，可以依照法律规定对外国投资者的投资实行征收或者征用。征收、征用应当依照法定程序进行，并及时给予公平、合理的补偿。外国投资者对征收决定不服的，可以依法申请行政复议或者提起行政诉讼。

3.外国投资者在中国境内的出资、利润、资本收益、资产处置所得、取得的知识产权许可使用费、依法获得的补偿或者赔偿、清算所得等，可以依法以人民币或者外汇自由汇入、汇出，任何单位和个人不得违法对币种、数额以及汇入、汇出的频次等进行限制。外商投资企业的外籍职工和中国香港、澳门、台湾职工的工资收入和其他合法收入，可以依法自由汇出。

4.外商投资企业可以依法成立和自愿参加商会、协会。商会、协会依照法律法规和章程的规定开展相关活动，维护会员的合法权益。国家支持商会、协会依照法律法规和章程的规定开展相关活动。商会、协会应当依照法律法规和章程的规定，加强行业自律，及时反映行业诉求，为会员提供信息咨询、宣传培训、市场拓展、经贸交流、权益保护、纠纷处理等方面的服务。

(二)行政权力约束

1.行政机关及其工作人员对于履行职责过程中知悉的外国投资者、外商投资企业的商业秘密，应当依法予以保密，不得泄露或者非法向他人提供。

行政机关依法履行职责，确需外国投资者、外商投资企业提供涉及商业秘密的材料、信息的，应当限定在履行职责所必需的范围内，并严格控制知悉范围，与履行职责无关的人员不得接触有关材料、信息。

2.各级人民政府及其有关部门制定涉及外商投资的规范性文件，应当符合法律法规的规定；没有法律、行政法规依据的，不得减损外商投资企业的合法权益或者增加其义务，不得设置市场准入和退出条件，不得干预外商投资企业的正常生产经营活动。

3.地方各级人民政府及其有关部门应当履行向外国投资者、外商投资企业依法作出的政策承诺以及依法订立的各类合同。不得以行政区划调整、政府换届、机构或者职能调整以及相关责任人更替等为由违约毁约。因国家利益、社会公共利益需要改变政策承诺、合同约定的，应当依照法定权限和程序进行，并依法对外国投资者、外商投资企业因此受到的损失及时予以公平、合理的补偿。

4. 国家建立外商投资企业投诉工作机制，及时处理外商投资企业或者其投资者反映的问题，协调完善相关政策措施。国务院商务主管部门、县级以上地方人民政府指定的部门或者机构应当完善投诉工作规则、健全投诉方式、明确投诉处理时限。投诉工作规则、投诉方式、投诉处理时限应当对外公布。

国务院商务主管部门会同国务院有关部门建立外商投资企业投诉工作部际联席会议制度，协调、推动中央层面的外商投资企业投诉工作，对地方的外商投资企业投诉工作进行指导和监督。县级以上地方人民政府应当指定部门或者机构负责受理本地区外商投资企业或者其投资者的投诉。

对外商投资企业或者其投资者通过外商投资企业投诉工作机制反映或者申请协调解决问题，任何单位和个人不得压制或者打击报复。除外商投资企业投诉工作机制外，外商投资企业或者其投资者还可以通过其他合法途径向政府及其有关部门反映问题。

外商投资企业或者其投资者认为行政机关及其工作人员的行政行为侵犯其合法权益的，除通过外商投资企业投诉工作机制申请协调解决外，还可以依法申请行政复议、提起行政诉讼。

第四节　投资管理

外商投资管理的核心是落实和保障《外商投资法》确定的准入前国民待遇加负面清单制度。以往"三资企业法"规定外商投资企业需要经过申请、审批和登记，中华人民共和国商务部的审批是投资合同的生效要件。而在《外商投资法》规定的准入前国民待遇加负面清单管理制度下，实行"普遍备案制"与"负面清单下的审批制"。外商投资准入负面清单之外的领域形成的投资合同，当事人以合同未经有关行政主管部门批准、登记为由主张合同无效或者未生效的，人民法院不予支持。外国投资者投资外商投资准入负面清单规定禁止投资的领域，当事人主张投资合同无效的，人民法院应予支持。因外商投资准入负面清单调整，外国投资者投资不再属于禁止或者限制投资的领域，当事人主张投资合同有效的，人民法院应予支持。

因此，原则上外商投资无须经过审批，外商投资需要办理投资项目核准、备案的，按照国家有关规定执行，投资合同的效力应当贯彻当事人意思自治原则。只有对负面清单之内的禁止投资领域及限制投资领域，境外投资者应当依法办理相关许可手续，有关主管部门应当按照与内资一致的条件和程序，审核外国投资者的许可申请，法律、行政法规另有规定的除外。

此外，负面清单规定限制投资的领域，外国投资者进行投资应当符合负面清单规定的股权要求、高级管理人员要求等限制性准入特别管理措施。外国投资者投资外商投资准入负面清单规定限制投资的领域，当事人以违反限制性准入特别管理措施为由，主张投资合同无效的，人民法院应予支持。人民法院作出生效裁判前，当事人采取必要措施满足准入特别管理措施的要求，当事人主张投资合同有效的，应予支持。

(一)外商投资的安全审查与监督

1.国家建立外商投资安全审查制度，对影响或者可能影响国家安全的外商投资进行安全审查。依法作出的安全审查决定为最终决定。

2.外国投资者并购中国境内企业或者以其他方式参与经营者集中的，应当依照《中华人民共和国反垄断法》的规定接受经营者集中审查。

3.外商投资企业开展生产经营活动，应当遵守法律、行政法规有关劳动保护、社会保险的规定，依照法律、行政法规和国家有关规定办理税收、会计、外汇等事宜，并接受相关主管部门依法实施的监督检查。

(二)外商投资企业的登记

外商投资企业的登记注册，由国务院市场监督管理部门或者其授权的地方人民政府市场监督管理部门依法办理。

国务院市场监督管理部门应当公布其授权的市场监督管理部门名单。

外商投资企业的注册资本可以用人民币表示，也可以用可自由兑换货币表示。

(三)外商投资的信息报告制度

1.国家建立外商投资信息报告制度。外国投资者或者外商投资企业应当通过企业登记系统以及企业信用信息公示系统向商务主管部门报送投资信息。国务院商务主管部门、市场监督管理部门应当做好相关业务系统的对接和工作衔接，并为外国投资者或者外商投资企业报送投资信息提供指导。

2.外商投资信息报告的内容、范围、频次和具体流程，由国务院商务主管部门会同国务院市场监督管理部门等有关部门按照确有必要、高效便利的原则确定并公布。商务主管部门、其他有关部门应当加强信息共享，通过部门信息共享能够获得的投资信息，不得再要求外国投资者或者外商投资企业报送。

3.外国投资者或者外商投资企业报送的投资信息应当真实、准确、完整。

第五节　法律责任

外商投资是我国吸引外资、促进经济发展的重要方式,但也要严格遵守相关法律法规规定,否则就需要承担相应的法律责任。《外商投资法》和《外商投资法案例条例》对此作了明确规定。

1. 外国投资者投资外商投资准入负面清单规定禁止投资的领域的,由有关主管部门责令停止投资活动,限期处分股份、资产或者采取其他必要措施,恢复到实施投资前的状态;有违法所得的,没收违法所得。

外国投资者的投资活动违反外商投资准入负面清单规定的限制性准入特别管理措施的,由有关主管部门责令限期改正,采取必要措施满足准入特别管理措施的要求;逾期不改正的,依照上述规定处理。

外国投资者的投资活动违反外商投资准入负面清单规定的,除依照上述规定处理外,还应当依法承担相应的法律责任。

2. 外国投资者、外商投资企业违反《外商投资法》规定,未按照外商投资信息报告制度的要求报送投资信息的,由商务主管部门责令限期改正;逾期不改正的,处 10 万元以上 50 万元以下的罚款。

3. 对外国投资者、外商投资企业违反法律、法规的行为,由有关部门依法查处,并按照国家有关规定纳入信用信息系统。

4. 行政机关工作人员在外商投资促进、保护和管理工作中滥用职权、玩忽职守、徇私舞弊的,或者泄露、非法向他人提供履行职责过程中知悉的商业秘密的,依法给予处分;构成犯罪的,依法追究刑事责任。

5. 政府和有关部门及其工作人员有下列情形之一的,依法依规追究责任:

(1)制定或者实施有关政策不依法平等对待外商投资企业和内资企业;

(2)违法限制外商投资企业平等参与标准制定、修订工作,或者专门针对外商投资企业适用高于强制性标准的技术要求;

(3)违法限制外国投资者汇入、汇出资金;

(4)不履行向外国投资者、外商投资企业依法作出的政策承诺以及依法订立的各类合同,超出法定权限作出政策承诺,或者政策承诺的内容不符合法律、法规规定。

6. 政府采购的采购人、采购代理机构以不合理的条件对外商投资企业实行差别待遇或者歧视待遇的,依照政府采购法及其实施条例的规定追究其法律责任;影响或者可能影响中标、成交结果的,依照政府采购法及其实施条例的规定处理。

政府采购监督管理部门对外商投资企业的投诉逾期未作处理的,对直接负责的主管人员和其他直接责任人员依法给予处分。

7.行政机关及其工作人员利用行政手段强制或者变相强制外国投资者、外商投资企业转让技术的,对直接负责的主管人员和其他直接责任人员依法给予处分。

思考题

1.解释下列概念:
外商投资　外商投资企业　负面清单　准入前国民待遇
2.《外商投资法》中规定的外商投资包括哪些情形?
3.外商投资促进措施有哪些?
4.外商投资保护措施有哪些?
5.外商投资管理措施有哪些?
6.违反《外商投资法》的法律责任有哪些?

阅读文献

1.《中华人民共和国外商投资法》,2019年3月15日第十三届全国人民代表大会第二次会议通过,2020年1月1日起施行。

2.《中华人民共和国外商投资法实施条例》,2019年12月12日国务院第74次常务会议通过,2019年12月31日发布。

3.《最高人民法院关于适用〈中华人民共和国外商投资法〉若干问题的解释》,于2019年12月16日由最高人民法院审判委员会第1787次会议通过,2019年12月26日公布。

第四章

企业破产法

本章概要

破产和破产法的概念，实施破产制度的必要性，破产申请的提出和受理，管理人制度，债务人财产，破产费用和共益债务，债权申报，债权人会议和债权人委员会，破产重整和和解，破产宣告和破产清算，企业破产的法律责任等。

第一节 企业破产法概述

人类社会进入商品经济时代以后,风险和收益就像一对孪生兄弟一样,形影不离。在日趋激烈的市场环境下,优胜劣汰是不可抗拒的客观规律。为了妥善处理市场经济社会中交易者之间的债权债务关系,保障债权人的合法权益,维护社会经济秩序,世界上许多国家都建立了自己的破产法律制度。

一、破产的概念及特征

破产源于拉丁语"Falleluy",意思为失败。在中文语义中,破产一词也有"失败""倾家荡产"之意。法律意义上的破产,虽然也含有"失败"或者"倾家荡产"这些字面意蕴,但更有其严格的内涵。

作为法律术语的破产,一般有两层含义。其一,破产是指债务人不能清偿到期债务时所处的一种客观状态。在此种意义上,破产是对债务人特定经济状态及其法律后果的概括和抽象。其二,破产是指法院及破产当事人处理债务清偿事件的特定程序。在此种意义上,破产是对从破产申请到破产清算、破产分配等一系列法律程序的总体表述。学理上,通常把这两种含义结合起来理解破产概念。

破产主要具有以下特征。

第一,破产是一种特殊的债务清偿手段。在社会经济生活中,任何债务人都必须偿还对债权人所负的债务,这种清偿行为是一种最为常见的民事法律行为。在一般情况下,当债务人不能清偿到期债务时,债权人可以按照民事诉讼法规定的程序,诉诸法律,请求法院强制执行债务人的财产,以清偿其债务。这就是一般的债务清偿手段。但在有些情况下,当通过这种一般的债务清偿手段不能满足所有的债权人的全部清偿要求时,则要借助于破产程序,用这种特殊的债务清偿手段来处理无力清偿的全部债务,即以债务人的全部财产按比例地清偿其所欠的各种债务,从而在法律上取消债务人的民事主体资格。这是破产最直观的特征。

第二,破产是在特定情况下运用的清偿手段。正是由于破产是一种特殊的债务清偿手段,这种手段的运用必须有特定的事实前提。对于这种特定的事实前提,各国立法规定不尽相同,但一般都与债务人不能清偿到期债务有关。在债务人不能清偿到期债务的前提下,如果允许债务人的民事主体资格存在,则不仅无法保证债权人的合法权益,还会影响整个社会经济秩序。破产正是通过及时消灭债务人的主体资格,遏制其财产的进一步耗损,抑制其经营失败对社会经济秩序造成的冲击,疏通因债务人拖欠债务所引起的经济运行的阻滞。因此,如果没有特定的事实前提存在,就不能运用破产手段。

第三,破产的主要目的是公平地清偿债务。在债务人破产的情况下,通常有若干债权人，而债务人的资产又常常不足以满足全体债权人的债权受偿要求，这就需要公平地清偿债务，以避免个别债权人通过个别清偿使自己的债权得到满足而实施有损于其他债权人利益的行为发生。公平清偿就是指依据破产法确定的一系列符合商品经济实践和民事交往一般机理的原则进行清偿，从而使债权人所得到的清偿与其债权的性质和数额相适应。

第四，破产是通过审判程序而实施的清偿手段。从理论上说，破产自始至终都处于审判过程，整个破产过程是一种特殊的审判程序。如果债务人的偿债过程并未诉诸审判程序，而仅是由当事人自行实施，那么，即使债务人将全部资产用于偿债，也不具有法律意义上的破产性质。破产同审判程序联系的必然性体现在两个方面：其一，破产并不完全都出于债务人的自愿，甚至也并不完全符合所有债权人的愿望，因此，它不得不带有一定的强制性，这就需要运用国家机器即以司法强制力来实施；其二，破产既然要达到公平清偿的目的，必须由审判机关介入并主持，以维护当事人的合法权益。此外，由审判机关介入并主持破产程序，还在于使审判机关通过破产程序对债务人的主体资格作出否定评价，从法律上宣布债务人"死亡"。如果没有审判机关的审判，这种结果就难以出现。

二、破产法的概念

企业破产法是调整在破产程序中，破产人、破产管理人和破产企业的债权人、债务人、法院及其他参加人之间发生的社会关系的法律规范的总称。

近些年来，我国先后制定和颁布了一系列有关企业破产方面的法律、法规、规章和司法解释文件，对规范破产行为发挥了重要的指导作用。这主要包括：1986年12月2日六届全国人大常委会第十八次会议通过的《中华人民共和国企业破产法（试行）》（以下简称《企业破产法（试行）》），1991年4月9日七届全国人大第八次会议通过的《中华人民共和国民事诉讼法》（以下简称《民事诉讼法》）第19章中的"企业法人破产还债程序"，最高人民法院于1991年11月7日发布的《关于贯彻执行〈中华人民共和国企业破产法（试行）〉若干问题的意见》、1992年7月14日发布的《关于适用〈中华人民共和国民事诉讼法〉若干问题的意见》中的第16部分、2002年7月18日发布的《关于审理企业破产案件若干问题的规定》（以下简称《破产规定》）等多项司法解释文件。1994年10月25日，国务院还发布了《国务院关于在若干城市试行国有企业破产有关问题的通知》（以下简称《通知》），对试点城市中破产企业职工的安置、破产财产（包括土地使用权）的处置、银行贷款损失的处理等破产法实施中的一些难点问题作出相应规定。鉴于该《通知》下发后一些地方出现的违反《通知》规定的适用范围实施国有企业破产、滥用优惠政策的问题，1997年3月2日，国务院又发布了《国务院关于在若干城市试行国有企业兼并破产和职工再就业有关问题的补充通知》（以下简称《补充通知》），强调指出，《通知》中有关破产方面的政策，只适用于国务院确定的企业"优化资本结构"试点城市范围内的国有工业企业,非试点城市和地区的国有企业破产只能按照《企业破产法》的规定实施,破产企业财产处置所得必须用于按比例清偿债务,安置破产企业职工的费用只能通过当地政府补贴、民政救济和社会保障等渠道解决。

《企业破产法(试行)》实施以来,对深化企业改革和促进市场经济的发展发挥了极为重要的作用。但随着我国市场经济体制的逐步确立完善和企业改革的逐步深化,原有的关于企业破产的规定已不能完全适应新形势发展的需要,《企业破产法(试行)》在司法实践中也暴露出不少缺陷和问题,与市场经济的深入发展和市场经济的运行机制不够协调。为规范企业破产程序,公平清理债权债务,保护债权人和债务人的合法权益,维护社会主义市场经济秩序,2006年8月27日十届全国人大常委会第二十三次会议通过了《中华人民共和国企业破产法》(以下简称《企业破产法》),自2007年6月1日起施行。这一历时10年起草完成的《企业破产法》,在经过全国人大常委会两年三次审议、修改后终获通过,标志着我国市场经济逐步走向成熟。

2006年通过的《企业破产法》与1986年六届全国人大常委会第十八次会议通过的《企业破产法(试行)》相比,主要有以下几个方面的重要变化。其一,扩大了适用破产制度的企业范围。《企业破产法(试行)》仅适用于全民所有制企业,而《企业破产法》适用于所有的企业法人。其二,重新界定了破产界限。《企业破产法(试行)》将企业破产原因规定为:"经营管理不善造成严重亏损,不能清偿到期债务",而《企业破产法》将企业破产原因规定为:"不能清偿到期债务,并且资产不足以清偿全部债务或者明显缺乏清偿能力"。其三,增加了管理人制度。《企业破产法(试行)》中规定的清算组管理制度,带有明显的行政色彩,而《企业破产法》中引入管理人制度,具有较强的专业性。其四,更加完善了破产程序。如《企业破产法》明确规定了破产申请与受理程序,增加了债权人延迟申报债权的程序,明确了债权人会议的表决程序,以及重整方案、和解协议及破产财产分配方案的表决程序等。其五,增加了重整程序。根据《企业破产法》规定,当债务人不能清偿到期债务,并且资产不足以清偿全部债务或者明显缺乏清偿能力的,债务人可以向人民法院提出重整、和解或者破产清算申请;债务人不能清偿到期债务的,债权人可以向人民法院提出重整或者破产清算的申请。因此,重整是一种与破产清算并列的独立的程序。其六,完善了破产清算制度。对有财产担保的债权的清偿,职工工资及社会保险的清偿、不确定的债权的清偿等作出了明确规定。此外,《企业破产法》还增加了关于金融机构破产的原则性规定、关于我国《企业破产法》的域外效力的规定、关于债权人委员会的规定等内容。

在《企业破产法》颁布实施后,最高人民法院又制定了一系列有关破产法的司法解释和指导文件,比如:2011年9月9日,最高人民法院发布《关于适用〈中华人民共和国企业破产法〉若干问题的规定(一)》;2013年9月5日,最高人民法院发布《关于适用〈中华人民共和国企业破产法〉若干问题的规定(二)》;2016年7月28日最高人民法院发布《关于破产案件立案受理有关问题的通知》;同年,最高人民法院建立并开通"企业破产重整案件信息网";2019年3月27日,最高人民法院发布《关于适用〈中华人民共和国企业破产法〉若干问题的规定(三)》;《中华人民共和国民法典》出台后,2020年12月31日最高人民法院发布《关于适用〈中华人民共和国民法典〉有关担保制度的解释》,2020年12月29日最高人民法院发布《关于修改〈最高人民法院关于破产企业国有划拨土地使用权应否列入破产财产等问题的批复〉等29件商事类司法解释的决定》。此外,《深圳经济特区个人破产条例》经深圳市第六届人民代表大会常务委员会第四十四次会议于2020年8月26日通过,为个人破产制度改革积累了经验。

三、我国市场经济条件下实施破产制度的必要性

关于实施破产制度的必要性,早在我国破产制度建立之初,理论上对这一问题的分析已经十分明确。然而,当前实施破产制度的环境条件与当初建立和实施破产制度的环境条件相比已经发生了很大变化,而且目前在破产制度的实施过程中存在的诸多障碍因素阻碍了破产制度的正常实施,这些障碍因素的存在又多起源于对实施破产制度必要性认识的模糊性,因此,对实施破产制度的必要性进行深入分析,对于进一步推动破产制度的正常运作,充分发挥破产制度的积极作用,仍然具有十分重要的意义。

第一,实施破产制度有利于维护市场经济秩序,完善市场经济体制,保护债权人的合法权益,促进社会主义市场经济的健康发展。市场经济就是法治经济,离开了法制作保障,市场经济就会变成无序经济。要积极推行和建立现代企业制度,就必须首先建立与之相适应的市场经济秩序,特别是债务清偿秩序,使债务清偿秩序向规范化、法制化的方向发展。目前,一些经营主体之间相互拖欠债务的现象较为严重,严重破坏了市场经济秩序,影响了现代企业制度的建立,使债权人的合法权益受到极大的损害。实践证明,要维护正常的债权债务关系,切实有效的办法就是实施破产制度。通过宣告不能清偿到期债务的债务人破产,使债权人的债权利益得到现实的支配,使债权人的合法权益受到应有的保护,从而维护市场经济秩序,促进社会主义市场经济的健康发展。

第二,实施破产制度有利于促进和保护社会主义市场竞争,维护竞争秩序和竞争规则。市场经济就是竞争经济。在社会主义市场经济条件下,企业之间在产品成本、产品质量、创新能力、管理水平、售后服务等各方面进行着竞争。有竞争就必然有优胜劣汰现象,也就必然有破产倒闭现象。对于这种客观存在的社会关系,必须依法进行调整,用强有力的法律手段保护竞争优胜者,对于少数产品成本比较高、质量低劣、技术落后、管理混乱、产品没有销路的竞争失败者依照法律程序宣告破产。只有这样,才符合竞争法则,才能促进社会主义市场经济的健康发展。

第三,实施破产制度有利于企业建立科学的管理制度,提高企业管理水平。实施破产制度,那些经营管理混乱、严重亏损的企业就会面临着破产倒闭的危险,不但企业职工要承受破产之苦,而且企业的管理人员也要承担一定的法律责任。这样就以法律手段加重了企业管理人员的责任,使他们谨慎地、正确地、科学地选择自己的决策行为,努

力改善经营管理,加强内部改革,完善经营战略,调整产品结构,提高产品质量,增强创新能力,从而实现企业组织制度和管理制度的科学化、规范化,形成一种激励机制和约束机制相结合的新型企业经营管理机制,提高企业的管理水平,增加经济效益。

第四,实施破产制度有利于理顺职工与企业之间的关系,充分调动和发挥职工的积极性、主动性、创造性,增强企业活力。长期以来,我国不少企业亏损面居高不下,其原因之一在于企业活力匮乏,职工的积极性、主动性、创造性没有能够得到充分调动和发挥。而这个问题的存在,在一定程度上又与破产制度未能正常实施有关。实施破产制度,通过法律手段取消不能清偿到期债务的企业的民事主体资格,不但使经营管理者产生破产压力,而且职工也要承受破产之苦,这样就在法律上把职工个人的利益和企业的命运绑在一起,促使职工更为关心企业的生产经营活动,关心企业的兴衰和发展,更加珍惜自己管理企业的民主权利,以主人翁的姿态和责任感进行工作,从而调动职工的积极性、主动性、创造性,增强企业活力。

第五,实施破产制度有利于调整资本结构和产业结构,实现资源的优化配置,提高宏观经济效益。实施破产制度,就可以以法律手段调整先进企业和亏损企业的关系。对于经济效益低下、长期亏损、扭亏无望的企业依法宣告破产,并利用国家原来用来扶持亏损企业的资金,重组适应市场经济发展需要、有良好发展前景和创新能力的先进技术企业,从而实现产业结构的调整。通过破产清偿程序,可以使原来亏损企业的国有资本得到重新分配和优化,回流到一些经济效益较好的企业中去,加快国有资本的增值速度,提高国有资本利用效率。通过破产财产分配和变卖程序,可以把原来亏损企业滞死的国有资产存量盘活,使其长期闲置的场地、厂房、设备、人力及能源等各种资源得到转移和充分利用,形成新的生产力,重新产生经济效益,发挥其应有的作用,从而实现资源的合理配置和生产要素的优化组合,这不仅有利于提高宏观经济效益,还符合科学发展观的要求,有利于促进国民经济健康、稳定和可持续发展。

第二节 申请和受理

破产程序的开始是在债务人达到破产界限的前提下,由债权人或者债务人向人民法院提出破产申请,人民法院经审查认为符合受理条件而予以受理的过程。破产程序的开始既需要具备实质要件,也需要具备形式要件。实质要件是债务人要有破产能力,并且达到破产界限。而形式要件,一是要有破产申请行为,二是要有人民法院对破产申请的受理行为。实质要件是引发破产程序开始的内在原因,而形式要件则是导致破产程序开始的外在条件,两者只有同时具备才能开始破产程序。

一、破产程序开始的实质要件

破产程序开始的实质要件有两个:一是有破产能力,二是达到破产界限。

(一)破产能力

破产能力(Bankruptcy Ability)一词源于德国破产法理论,其含义是指具有破产原因的债务人在法律上所具有的被破产宣告的资格,因而破产能力又称为"破产资格"。由于破产能力的确定直接关系到破产法的适用主体范围,破产能力也可称为"破产适用范围"。

原《企业破产法(试行)》只适用于全民所有制企业,即只有国有企业才具有破产能力。1991年4月9日颁布的《民事诉讼法》第19章虽然规定了"企业法人破产还债程序",但并非所有的企业法人都适用该破产还债程序。实际上,按照1992年7月14日最高人民法院《关于适用〈中华人民共和国民事诉讼法〉若干问题的意见》的规定,"企业法人破产还债程序"只适用于具有法人资格的集体企业、联营企业、私营企业和外商投资企业。按照《中华人民共和国公司法》的有关规定,"清算组在清理公司财产、编制资产负债表和财产清单后,发现公司财产不足清偿债务的,应当依法向人民法院申请宣告破产。公司经人民法院裁定宣告破产后,清算组应当将清算事务移交给人民法院。""公司被依法宣告破产的,依照有关企业破产的法律实施破产清算。"这说明有限责任公司和股份有限公司也具有破产能力。

鉴于原《企业破产法(试行)》的适用范围过窄,新《企业破产法》将国有企业和其他内、外资企业法人都纳入统一的《企业破产法》的调整范围,以体现对所有企业法人予以平等对待,有利于构建一个适应市场经济发展需要的、促进各类市场主体公平竞争的商业环境。《企业破产法》第2条规定:"企业法人不能清偿到期债务,并且资产不足以清偿全部债务或者明显缺乏清偿能力的,依照本法规定清理债务。"由此可见,《企业破产法》的适用对象是企业法人,只有企业法人才具有破产能力。但《企业破产法》第135条同时规定:"其他法律规定企业法人以外的组织的清算,属于破产清算的,参照适用本法规定的程序。"该条规定也为企业法人以外的其他"组织体"的破产处理埋下了伏笔。

(二)破产界限

破产界限又叫"破产原因",它是人民法院据以宣告债务人破产的标准和事由,是指债务人处于一种什么样的客观状况下,法院才可以根据破产申请宣告债务人破产。

《企业破产法》第2条第1款规定:"企业法人不能清偿到期债务,并且资产不足以清偿全部债务或者明显缺乏清偿能力的,依照本法规定清理债务。"据此理解,破产界限有两个可供选择的原因:一是企业法人不能清偿到期债务,并且资产不足以清偿全部债务;二是企业法人不能清偿到期债务,并且明显缺乏清偿能力。由此可见,企业达到破产界限的根本原因在于企业不能清偿到期债务。

宣告债务企业破产必须是债务企业已经达到法律规定的破产界限,但并非所有达到破产界限的企业均应被宣告破产。根据《企业破产法》第2条第2款规定,企业法人达到破产界限,或者有明显丧失清偿能力可能的,可以依照《企业破产法》的规定进行重整。根据这一规定,达到破产界限的企业法人不一定马上就被宣告破产,可以通过重整提高清偿债务的能力,以避免破产。

二、破产程序开始的形式要件

破产程序开始的形式要件主要包括破产申请的提出和破产申请的受理。

(一)破产申请的提出

根据《企业破产法》第 7 条规定:"债务人有本法第二条规定的情形,可以向人民法院提出重整、和解或者破产清算申请。""债务人不能清偿到期债务,债权人可以向人民法院提出对债务人进行重整或者破产清算的申请。""企业法人已解散但未清算或者未清算完毕,资产不足以清偿债务的,依法负有清算责任的人应当向人民法院申请破产清算。"

由此规定可见,破产申请的主体包括债务人、债权人以及依法负有清算责任的人。法律赋予债务人重整、和解或者破产清算申请权,其目的在于使债务人能够通过重整、和解程序,恢复生产经营活动,避免进行破产清算,或者通过破产清算程序,摆脱债务困境。对债权人而言,赋予其重整或者破产清算申请权,使债权人既可以根据具体情形提出对债务人进行重整的申请,也可以根据具体情形提出对债务人进行破产清算的申请,其目的在于保护债权人的利益。申请破产是债务人和债权人的一项权利,但在特定情况下提出破产申请则是一项义务,如在企业法人已解散但未清算或者未清算完毕且资产不足以清偿债务的情况下,负有清算责任的人就有义务向法院申请破产清算。

根据《企业破产法》规定,破产案件由债务人住所地人民法院管辖。因此,破产申请应向有管辖权的人民法院提出。

破产申请应以书面的形式提出。向人民法院提出破产申请,应当提交破产申请书和有关证据。破产申请书应当载明下列事项:申请人、被申请人的基本情况;申请目的;申请的事实和理由;人民法院认为应当载明的其他事项。债务人提出申请的,还应当向人民法院提交财产状况说明、债务清册、债权清册、有关财务会计报告、职工安置预案以及职工工资的支付和社会保险费用的缴纳情况。

人民法院受理破产申请前,申请人可以请求撤回申请。

(二)破产申请的受理

1. 破产申请受理的期限及程序

债权人提出破产申请的,人民法院应当自收到申请之日起 5 日内通知债务人。债务人对申请有异议的,应当自收到人民法院通知之日起 7 日内向人民法院提出。人民法院应当自异议期满之日起 10 日内裁定是否受理。除上述规定的情形外,人民法院应当自收到破产申请之日起 15 日内裁定是否受理。特殊情况下需要延长裁定受理期限的,经上一级人民法院批准,可延长15日。

人民法院受理破产申请的,应当自裁定作出之日起5日内送达申请人。债权人提出申请的,人民法院应当自裁定作出之日起5日内送达债务人。债务人应当自裁定送达之日起15日内,向人民法院提交财产状况说明、债务清册、债权清册、有关财务会计报告以及职工工资的支付和社会保险费用的缴纳情况。

人民法院裁定不受理破产申请的,应当自裁定作出之日起5日内送达申请人并说明理由,申请人对不受理的裁定不服的,可以自裁定送达之日起10日内向上一级人民法院提起上诉。人民法院受理破产申请后至破产宣告前,经审查发现债务人不符合《企业破产法》第2条规定情形的,可以裁定驳回申请。申请人对裁定不服的,可以自裁定送达之日起10日内向上一级人民法院提起上诉。

人民法院裁定受理破产申请的,应当同时指定管理人。

人民法院应当自裁定受理破产申请之日起25日内通知已知债权人,并予以公告。通知和公告应当载明下列事项:

(1)申请人、被申请人的名称或姓名;
(2)人民法院受理破产申请的时间;
(3)申报债权的期限、地点和注意事项;
(4)管理人的名称或姓名及处理事务的地址;
(5)债务人的债务人或者财产持有人应当向管理人清偿债务或者交付财产的要求;
(6)第一次债权人会议召开的时间和地点;
(7)人民法院认为应当通知和公告的其他事项。

2. 破产申请受理的效力

在人民法院受理破产申请后,破产申请受理即发生法律效力,这主要表现在以下几个方面。

第一,债务人的有关人员应承担有关义务。根据《企业破产法》规定,自人民法院受理破产申请的裁定送达债务人之日起至破产程序终结之日,债务人的有关人员承担下列义务:

(1)妥善保管其占有和管理的财产、印章和账簿、文书等资料;
(2)根据人民法院、管理人的要求进行工作,并如实回答询问;
(3)列席债权人会议并如实回答债权人的询问;
(4)未经人民法院许可,不得离开住所地;
(5)不得新任其他企业的董事、监事、高级管理人员。

这里所称的"有关人员",是指企业的法定代表人;经人民法院决定,可以包括企业的财务管理人员和其他经营管理人员。

第二,人民法院受理破产申请后,债务人不得对个别债权人的债务进行清偿,否则清偿无效,清偿的财产应当追回。

第三,人民法院受理破产申请后,债务人的债务人或者财产持有人应当向管理人清偿债务或者交付财产。债务人的债务人或者财产持有人故意违反规定不向管理人而向债务人清偿债务或者交付财产,使债权人受到损失的,不免除其清偿债务或者交付财产的义务。

第四,人民法院受理破产申请后,管理人对破产申请受理前成立而债务人和对方当事人均未履行完毕的合同有权决定解除或者继续履行,并通知对方当事人。管理人自破产申请受理之日起2个月内未通知对方当事人,或者自收到对方当事人催告之日起30日内未答复的,视为解除合同。管理人决定继续履行合同的,对方当事人应当履行;但是,对方当事人有权要求管理人提供担保。管理人不提供担保的,视为解除合同。

第五,人民法院受理破产申请后,有关债务人财产的保全措施应当解除,执行程序应当中止。这里所称的"财产保全措施",包括诉讼中的财产保全和诉前的财产保全,是人民法院依照民事诉讼法的规定,对债务人的财产采取的限制债务人处分该财产的强制措施,包括对财产的查封、扣押、冻结等措施。这里的"执行程序"是指民事判决、裁定、仲裁裁决、调解书及其他应当由人民法院执行的法律文书,在发生法律效力后,因一方拒绝履行,对方当事人向人民法院提出执行申请,由人民法院依法予以强制执行的程序,人民法院的强制执行措施包括冻结划拨存款、查封扣押拍卖财产等。

第六,人民法院受理破产申请后,已经开始而尚未终结的有关债务人的民事诉讼或者仲裁应当中止;在管理人接管债务人的财产后,该诉讼或者仲裁继续进行。所谓"中止"是指在诉讼或仲裁过程中,因法定的事由出现,由人民法院或者仲裁机构依法裁定暂时停止本案的诉讼或仲裁的制度。

第七,人民法院受理破产申请后,有关债务人的民事诉讼,只能向受理破产申请的人民法院提起。

第三节 管理人

管理人制度是指在破产程序中,由具有专业资格的机构或人员参与破产程序并在破产程序中发挥主导作用的法律制度。管理人制度是破产法律制度中的一项重要内容,这项制度最早产生于英国,现在许多国家的破产法都建立了管理人制度。为了规范破产程序,公平、公正地保护各方当事人的合法权益,我国《企业破产法》借鉴国外的破产立法经验,将管理人制度引入我国破产法律制度。

一、管理人的概念

管理人的概念有广义和狭义之分。狭义的管理人仅负责破产清算程序中的工作,故又称为"破产管理人";而广义的管理人不但在破产清算程序中承担清算工作,而且在重整程序中也承担管理工作(通常称为"重整人")。在我国《企业破产法》中,将破产清算、和解与重整三个程序的受理阶段合并规定,使管理人的工作自破产申请受理开始横贯三个程序,实际上采用的是广义的管理人的概念。因此,管理人是指人民法院在依法受理破产申请的同时指定的全面接管债务人并负责债务人财产的保管、清理、估价、处理和分配,总管破产清算事务的人。

管理人是破产程序中最重要的一个组织,它具体管理破产程序中的各项事务,而破产程序进行中的其他机关或者组织仅起到监督或者辅助作用。破产程序能否在公正、公平和高效的基础上顺利进行,在很大程度上与管理人的活动密切相关。管理人具有专业性,应由具有专业资格的机构或者人员担任,同时具有独立性,与债务人和债权人之间没有利害关系,这样就能有效、公正地处理破产事宜,保护各方利益。

二、管理人的产生和组成

(一)管理人的产生

根据《企业破产法》规定,管理人由人民法院指定。债权人会议认为管理人不能依法、公正地执行职务或者有其他不能胜任职务情形的,可以申请人民法院予以更换。管理人没有正当理由不得辞去职务,辞去职务应当经人民法院许可。管理人经人民法院许可,可以聘用必要的工作人员。

关于管理人的产生时间,各国因破产程序的开始时间不同而不同。有的国家规定,管理人成立于法院宣告债务人破产后;有的国家规定,管理人成立于法院受理案件后。为了保证破产程序的顺利进行,避免因时间延误造成债务人财产不必要的损失,我国《企业破产法》规定,人民法院裁定受理破产申请的,应当同时指定管理人。

管理人是独立于法院、债务人、债权人及债权人会议的专门组织机构。管理人对破产事务提供的是有偿服务,因而管理人在依法履行职责的同时理应获得相应的报酬。管理人的报酬由人民法院确定,债权人会议对管理人的报酬有异议的,有权向人民法院提出。

(二)管理人的组成

管理人不仅可以由有关组织担任,还可以由自然人担任。根据《企业破产法》规定,管理人可以由有关部门、机构的人员组成的清算组或者依法设立的律师事务所、会计师事务所、破产清算事务所等社会中介机构担任。人民法院根据债务人的实际情况,可以在征询有关社会中介机构的意见后,指定该机构具备相关专业知识并取得执业资格的人员担任管理人。个人担任管理人的,应当参加执业责任保险。但有下列情形之一的,不得担任管理人:

(1)因故意犯罪受过刑事处罚;

(2)曾被吊销相关专业执业证书；
(3)与本案有利害关系；
(4)人民法院认为不宜担任管理人的其他情形。

三、管理人的职责

管理人应当勤勉尽责，依照《企业破产法》的规定执行职务，向人民法院报告工作，并接受债权人会议和债权人委员会的监督。管理人应当列席债权人会议，向债权人会议报告职务执行情况，并回答询问。

根据《企业破产法》规定，管理人应当履行下列职责：
(1)接管债务人的财产、印章和账簿、文书等资料；
(2)调查债务人财产状况，制作财产状况报告；
(3)决定债务人的内部管理事务；
(4)决定债务人的日常开支和其他必要开支；
(5)在第一次债权人会议召开之前，决定继续或者停止债务人的营业；
(6)管理和处分债务人的财产；
(7)代表债务人参加诉讼、仲裁或者其他法律程序；
(8)提议召开债权人会议；
(9)人民法院认为管理人应当履行的其他职责。

《企业破产法》对管理人的职责另有规定的，适用其规定。

为了避免管理人因履行职责不当而损害债权人的利益，《企业破产法》规定，在第一次债权人会议召开之前，管理人决定继续或者停止债务人的营业或者有下列行为之一的，应当经人民法院许可：
(1)涉及土地、房屋等不动产权益的转让；
(2)探矿权、采矿权、知识产权等财产权的转让；
(3)全部库存或者营业的转让；
(4)借款；
(5)设定财产担保；
(6)债权和有价证券的转让；
(7)履行债务人和对方当事人均未履行完毕的合同；
(8)放弃权利；
(9)担保物的取回；
(10)对债权人利益有重大影响的其他财产处分行为。

第四节 债务人财产

从《企业破产法》的规定来看,"债务人财产"贯穿于整个破产程序中,它既是破产申请受理后进行破产程序的基础,又是债权人通过破产程序得以受偿的物质保证,同时也是债务企业的职工得以妥善安置的一种途径。因此,对债务人财产进行规定并对其范围进行界定,既关系到破产程序能否顺利进行,又关系到债权人的债权权益能否受到最大限度的保护,同时也关系到债务企业的职工利益和社会的稳定。

一、债务人财产的范围

根据《企业破产法》的规定,破产申请受理时属于债务人的全部财产,以及破产申请受理后至破产程序终结前债务人取得的财产,为债务人财产。

这就是说,债务人财产包括两个部分:一部分是破产申请受理时属于债务人的全部财产,包括动产、不动产和其他财产权利;另一部分是破产申请受理后至破产程序终结前债务人取得的财产,也应包括动产、不动产和其他财产权利。因为在人民法院裁定受理破产申请的同时就应当指定管理人,债务人的财产由管理人接管,而管理人可以决定是否继续营业、接受第三人的交付和给付等,所以在破产申请受理后至破产程序终结前,债务人的财产可能处于不断变化的状态,在这期间因继续营业或者因第三人交付和给付而取得的财产,理应属于债务人的财产。

二、涉及债务人财产的可撤销行为

根据《企业破产法》的规定,当债务人因实施减少债务人财产的行为而危及债权人的债权利益时,管理人可以请求人民法院撤销该行为。《企业破产法》设立撤销权制度,其目的在于恢复债务人财产,防止因债务人对财产的不当处理损害债权人的利益。

根据《企业破产法》规定,人民法院受理破产申请前1年内,涉及债务人财产的下列行为,管理人有权请求人民法院予以撤销:

(1)无偿转让财产的;
(2)以明显不合理的价格进行交易的;
(3)对没有财产担保的债务提供财产担保的;
(4)对未到期的债务提前清偿的;
(5)放弃债权的。

因实施上述行为而取得的债务人的财产,管理人有权追回。

在撤销权的行使上应注意的:一是行使撤销权的主体是管理人,而不是其他任何人;二是可撤销的行为必须是在人民法院受理破产申请前1年内发生的,超过1年发生的,不属于可撤销的行为。

此外,《企业破产法》还规定,在人民法院受理破产申请前6个月内,债务人有不能清偿到期债务,并且资产不足以清偿全部债务或者明显缺乏清偿能力,仍对个别债权人进行清偿的,管理人也有权请求人民法院予以撤销,因实施该行为而取得的债务人的财产,管理人有权追回。但是,个别清偿使债务人财产受益的除外。

三、涉及债务人财产的无效行为

无效行为是指行为人的行为因不具备法律规定的有效条件而没有法律效力。因实施无效行为而取得的财产,应当通过返还财产、赔偿损失等方式使财产恢复到行为之前的状态。

根据《企业破产法》规定,涉及债务人财产的下列行为无效:一是为逃避债务而隐匿、转移财产的;二是虚构债务或者承认不真实的债务的。因实施上述行为而取得的债务人的财产,管理人有权追回。

在破产案件中,隐匿财产主要是指债务人为了逃避债务,故意将债务人的财产藏匿起来,从而使管理人无法进行实际接管。转移财产主要是指债务人为了逃避债务,故意将债务人的财产移往他处,或者将资金取出移往其他账户,脱离管理人的控制,从而使管理人无法进行实际接管。

在破产案件中,虚构债务主要是指债务人故意制造虚假的债务凭证,增加债务人的债务,从而导致债务人财产的减少。承认不真实的债务主要是指债务人故意对事实上不存在、不真实的债务予以确认,隐瞒债务人财产的情况。

在人民法院受理破产申请后,应由管理人接管债务人的财产,对债务人的财产状况进行调查,编制债权清册。债务人为逃避债务而隐匿、转移财产,虚构债务或者承认不真实的债务,不但妨碍管理人依法履行职责,影响破产程序的正常进行,而且严重损害债权人的合法权益,因此,这些行为应为无效行为,自实施之日起就没有法律效力,据此取得的财产,管理人有权予以追回。

四、涉及债务人财产的其他问题

在《企业破产法》中,除对涉及债务人财产的可撤销行为和无效行为作出规定外,还对其他由管理人依法处理的债务人财产的情形作出规定。

1.关于追缴出资的规定。人民法院受理破产申请后,债务人的出资人尚未完全履行出资义务的,管理人应当要求该出资人缴纳所认缴的出资,而不受出资期限的限制。

2.关于追回有关人员非正常收入和侵占企财产的规定。债务人的董事、监事和高级管理人员利用职权从企业获取的非正常收入和侵占的企业财产,管理人应当追回。

3.关于通过债务清偿或者替代担保收回质物或者留置物的规定。人民法院受理破产申请后,管理人可以通过清偿债务或者提供为债权人接受的担保,取回质物、留置物。

上述规定的债务清偿或者替代担保,在质物或者留置物的价值低于被担保的债权额时,以该质物或者留置物当时的市场价值为限。

4.关于处理债务人占有的不属于债务人财产的规定。人民法院受理破产申请后,债务人占有的不属于债务人的财产,该财产的权利人可以通过管理人取回。但是,《企业破产法》另有规定的除外。

5.关于尚未履行完毕的买卖合同如何履行的规定。人民法院受理破产申请时,出卖人已将买卖标的物向作为买受人的债务人发运,债务人尚未收到且未付清全部价款的,出卖人可以取回在运途中的标的物。但是,管理人可以支付全部价款,请求出卖人交付标的物。

6.关于债权人依法行使抵销权的规定。债权人在破产申请受理前对债务人负有债务的,可以向管理人主张抵销。

第五节 破产费用和共益债务

在破产程序中,一方面要讲究效率,考虑降低破产程序所花费的成本;另一方面应当支付那些为了债权人的共同利益而不得不花费的一些费用,以实现债权人利益的最大化。破产费用与共益债务是破产清算、和解与重整三大程序中都面临的费用支出,指的是破产程序开始后发生的,在破产程序中所必须支付的费用。这些费用是为管理、维护、增加和分配破产财产而发生的,需要从破产财产中优先支出或者随时进行支付的有关费用。在英国、美国和日本等国家的破产法中,采用平等清偿原则并不对破产费用与共益债务两者加以区分,而是平等清偿。而在德国,则采用区别对待原则,赋予破产费用与共益债务不同的法律地位,当两者并存而破产财产不足以清偿时,应优先清偿共益债务。我国1986年颁布的《企业破产法(试行)》仅规定了破产费用,并未规定共益债务。2006年颁布的新《企业破产法》专设第五章分别规定了破产费用和共益债务,并采用区别对待原则严格划分了两者的界限。

一、破产费用

(一)破产费用的概念

破产费用是指人民法院在受理破产申请后,为破产程序的顺利进行以及对债务人财产进行管理、变价、分配而必须支付的,且从债务人财产中优先支付的有关费用。

破产费用具有以下特点:一是在破产程序开始后发生的;二是为了债权人的共同利益而发生的;三是为了破产程序的顺利进行所必须支付的;四是随时可以用债务人的财产进行清偿的。

(二)破产费用的范围

根据《企业破产法》规定,人民法院受理破产申请后发生的下列费用,为破产费用:
(1)破产案件的诉讼费用;
(2)管理、变价和分配债务人财产的费用;
(3)管理人执行职务的费用、报酬和聘用工作人员的费用。

二、共益债务

(一)共益债务的概念

共益债务是指人民法院受理破产申请后,管理人为全体债权人的共同利益,管理债务人财产时所负担或者产生的债务,以及因债务人财产而产生的有关债务。

共益债务具有以下特点:一是在人民法院受理破产申请后发生的;二是管理人在管理债务人财产过程中因债务人和债务人财产而发生的;三是管理人在管理债务人财产过程中为全体债权人的共同利益而发生的;四是随时可以用债务人的财产进行清偿的。

(二)共益债务的范围

根据《企业破产法》规定,人民法院受理破产申请后发生的下列债务,为共益债务:
(1)因管理人或者债务人请求对方当事人履行双方均未履行完毕的合同所产生的债务;
(2)债务人财产受无因管理所产生的债务;
(3)因债务人不当得利所产生的债务;
(4)为债务人继续营业而应支付的劳动报酬和社会保险费用以及由此产生的其他债务;
(5)管理人或者相关人员执行职务致人损害所产生的债务;
(6)债务人财产致人损害所产生的债务。

三、关于破产费用和共益债务的清偿

根据《企业破产法》规定,破产费用和共益债务由债务人财产随时清偿。当债务人财产不足以清偿所有破产费用和共益债务的,先行清偿破产费用;当债务人财产不足以清偿所有破产费用或者共益债务的,按照比例清偿。

债务人财产不足以清偿破产费用的,管理人应当提请人民法院终结破产程序。人民法院应当自收到请求之日起15日内裁定终结破产程序,并予以公告。

第六节 债权申报

对于债权人来说,债权虽已客观存在,但仍须通过债权申报形式提出行使权利的请求,才有可能在破产程序中得到偿还。申报债权是债权人参加破产程序的重要环节。在破产程序中建立债权申报制度,其目的是保障债权人享有参加破产程序的均等机会,并通过债权申报,使法院能够及时组成债权人会议,来讨论决定破产程序中的重大事项。

一、债权申报的概念

债权申报是指债权人在接到人民法院的破产申请受理裁定通知或者公告后,在法定期限内向有关机构申请登记债权,以参加破产程序,行使有关权利的意思表示。

根据《企业破产法》的规定,债权人应当在人民法院确定的债权申报期限内向管理人申报债权。据此规定,在我国,债权申报机构是管理人,而不再是人民法院。

这里所说的"债权",是指人民法院受理破产申请前成立的债权人对债务人所享有的债权。根据《企业破产法》的规定,人民法院受理破产申请时对债务人享有债权的债权人,依照《企业破产法》规定的程序行使权利。但对债务人享有债权的债权人,只有通过债权申报才能取得破产案件的债权人的地位,依照法定程序享有各种权利,包括因债权申报而取得破产程序中的债权人的地位、参加债权人会议并享有表决权、提出对债务人进行重整的申请、参加破产财产的分配等。如果债权人没有依法申报债权,就不能行使上述权利。

二、债权申报的期限

债权申报的期限是指法律规定的或经人民法院允许的债权人向债权申报机构申报债权的期间。确定债权申报的期限,其意义在于约束债权人正当行使参加破产程序的权利,防止因个别债权人迟迟不进行债权申报,使破产程序无法有效、有序地进行。

债权申报是对债务人享有债权的债权人参加破产程序,取得破产案件当事人地位的基本条件,因此,如果债权人没有在申报期限内申报债权,也没有依法补充申报的,就等于放弃了依照《企业破产法》规定的程序所享有的各种权利。

和《企业破产法(试行)》不同的是,《企业破产法》不仅规定了法定申报债权的期限,还对补充申报债权作出了规定。根据《企业破产法》的规定,人民法院受理破产申请后,应当确定债权人申报债权的期限。债权申报期限自人民法院发布受理破产申请公告之日起计算,最短不得少于 30 日,最长不得超过 3 个月。在人民法院确定的债权申报期限内,债权人未申报债权的,可以在破产财产最后分配前补充申报;但是,此前已进行的分配,不再对其补充分配。为审查和确认补充申报债权的费用,由补充申报人承担。债权人未依照上述规定申报债权的,不得依照《企业破产法》规定的程序行使权利。

债权人未按期申报债权,所丧失的只是进入破产程序行使权利的机会,但不是说债权人的债权也归于消灭,其实体权利仍然存在。在不影响破产程序顺利进行的前提下,允许未按照人民法院确定的申报债权的期限申报债权的债权人,在破产财产最后分配前补充申报债权,有利于维护这部分债权人的合法权益。

三、关于债权申报的其他规定

1. 关于债权申报时应当提交的有关文件。债权人申报债权时,应当书面说明债权的数额和有无财产担保,并提交有关证据。申报的债权是连带债权的,应当说明。

2. 关于未到期债权和附利息债权的申报。未到期的债权,在破产申请受理时视为到期;附利息的债权自破产申请受理时起停止计息。

3. 关于不确定债权的申报。附条件、附期限的债权和诉讼、仲裁未决的债权,债权人可以申报。

4. 关于劳动债权的申报。债务人所欠职工的工资和医疗、伤残补助、抚恤费用,应当划入职工个人账户的基本养老保险、基本医疗保险费用,以及法律、行政法规规定应当支付给职工的补偿金,不必申报,由管理人调查后列出清单并予以公示。职工对清单记载有异议的,可以要求管理人更正;管理人不予更正的,职工可以向人民法院提起诉讼。

5. 关于连带债权的申报。连带债权人可以由其中一人代表全体连带债权人申报债权,也可以共同申报债权。

6. 关于债务人的保证人或者其他连带债务人债权的申报。债务人的保证人或者其他连带债务人已经代替债务人清偿债务的,以其对债务人的求偿权申报债权。债务人的保证人或者其他连带债务人尚未代替债务人清偿债务的,以其对债务人的将来求偿权申报债权。但是,债权人已经向管理人申报全部债权的除外。

7. 关于多个连带债务人被裁定进入破产程序有关债权的申报。连带债务人数人被裁定适用《企业破产法》规定的程序的,其债权人有权就全部债权分别在各破产案件中申报债权。

8. 关于依法解除合同时对方当事人债权的申报。管理人或者债务人依照《企业破产法》规定解除合同的,对方当事人以因合同解除所产生的损害赔偿请求权申报债权。

9. 关于因处理委托事务而产生的债权的申报。债务人是委托合同的委托人,被裁定适用《企业破产法》规定的程序,受托人不知该事实,继续处理委托事务的,受托人以由此产生的请求权申报债权。

10. 关于票据付款人债权的申报。债务人是票据的出票人,被裁定适用《企业破产法》规定的程序,该票据的付款人继续付款或者承兑的,付款人以由此产生的请求权申报债权。

11. 关于债权表的编制、审查和确认。管理人收到债权申报材料后,应当登记造册,对申报的债权进行审查,详尽记载申报人的姓名、单位、代理人、申报债权额、担保情况、证据、联系方式等事项,形成债权申报登记册。债权表和债权申报材料由管理人保存,供利害关系人查阅。按照规定编制的债权表,应当提交第一次债权人会议核查。债务人、债权人对债权表记载的债权无异议的,由人民法院裁定确认;债务人、债权人对债权表记载的债权有异议的,可以向受理破产申请的人民法院提起诉讼。

第七节　债权人会议

破产企业作为债务人通常有许多债权人,而多个债权人参与破产程序就会存在这样的现实问题:一方面,各债权主体的利益都应受到法律的保护,各主体也都有其利益要求;另一方面,破产程序的顺利进行必须以债权人的统一意思表示或者统一行为为前提。因此,就有必要建立一种既能使所有破产债权人充分发表自己的意见,又能作出统一意思表示,监督破产程序的进行,保证破产财产依法进行分配,充分代表大多数债权人利益的机构,而这种机构就是债权会议。

一、债权人会议的性质和组成

债权人会议是破产程序中全体债权人的意思表示机构,它通过对破产程序中重大事项的决定和对破产程序的监督来维护债权人的利益。

债权人会议具有决策职能和监督职能,在破产程序中具有独立的法律地位。对内,它负责协调、平衡债权人之间的利益关系,形成债权人的共同意志;对外,它通过参与和监督破产程序,维护全体债权人的利益。

根据《企业破产法》规定,依法申报债权的债权人为债权人会议的成员,有权参加债权人会议,享有表决权。债权尚未确定的债权人,除人民法院能够为其行使表决权而临时确定债权额的外,不得行使表决权。对债务人的特定财产享有担保权的债权人,未放弃优先受偿权利的,对于《企业破产法》规定的通过和解协议事项和破产财产的分配方案事项,不享有表决权。债权人可以委托代理人出席债权人会议,行使表决权。代理人出席债权人会议,应当向人民法院或者债权人会议主席提交债权人的授权委托书。

债权人会议应当有债务人的职工和工会的代表参加,对有关事项发表意见。

债权人会议设主席一人,由人民法院从有表决权的债权人中指定。债权人会议主席主持债权人会议。

二、债权人会议的职权

关于债权人会议的职权,《企业破产法》较《企业破产法(试行)》作了很大调整。从职权列项来看,增加了8项,同时在职权的构成上,还创设了"兜底条款",除可以行使法定的职权外,还可以行使"人民法院认为应当由债权人会议行使的其他职权",弹性地赋予债权人会议更广泛的职权范围,以更好地发挥债权人会议的作用。

根据《企业破产法》规定,债权人会议可以行使下列职权:

(1)核查债权;

(2)申请人民法院更换管理人,审查管理人的费用和报酬;

(3)监督管理人;

(4)选任和更换债权人委员会成员;

(5)决定继续或者停止债务人的营业;

(6)通过重整计划;

(7)通过和解协议;

(8)通过债务人财产的管理方案;

(9)通过破产财产的变价方案;

(10)通过破产财产的分配方案;

(11)人民法院认为应当由债权人会议行使的其他职权。

债权人会议职权的行使,是在全体债权人协商讨论的基础上,以债权人会议决议的形式来实现的。债权人会议所决议的事项又是破产程序中的重大事项,因而《企业破产法》规定,债权人会议应当对所议事项的决议作成会议记录,以备今后查阅。

三、债权人会议的召集

债权人会议是非常设机构,在第一次债权人会议召集前尚不存在,债权人会议主席尚未确定,因此,《企业破产法》规定,第一次债权人会议由人民法院召集,自债权申报期限届满之日起15日内召开。

至于第一次债权人会议的内容,《企业破产法》未作规定,但一般应包括:宣布债权人资格审查结果;指定并宣布债权人会议主席;宣布债权人会议的职权及其他有关事项。此外,还可以由管理人通报债务人的生产经营、财产及债务等基本情况。

债权人会议的召集是非定期的,除第一次债权人会议外,以后的债权人会议应按照《企业破产法》的规定,在人民法院认为必要时,或者管理人、债权人委员会、占债权总额1/4以上的债权人向债权人会议主席提议时召开。

召开债权人会议,管理人应当提前15日通知已知的债权人。通知的内容一般应包括会议的时间、地点、内容、目的等事项。

债权人会议的决议除现场表决外,可以由管理人事先将相关决议事项告知债权人,采取通信、网络投票等非现场方式进行表决。采取非现场方式进行表决的,管理人应当在债权人会议召开后的3日内,以信函、电子邮件、公告等方式将表决结果告知参与表决的债权人。

四、债权人会议的决议

债权人会议的决议是指债权人会议在职权范围内对会议议题进行讨论,由出席会议的有表决权的债权人通过表决形成的一致意见或者决定。它体现的是债权人整体的利益和愿望,对全体债权人均有法律约束力。

根据《企业破产法》的规定,债权人会议的决议,由出席会议的有表决权的债权人过半数通过,并且其所代表的债权额占无财产担保债权总额的 1/2 以上,但《企业破产法》另有规定的除外。债权人认为债权人会议的决议违反法律规定,损害其利益的,可以自债权人会议作出决议之日起 15 日内,请求人民法院裁定撤销该决议,责令债权人会议依法重新作出决议。

债权人会议的决议具有以下情形之一,损害债权人利益,债权人申请撤销的,人民法院应予支持:

(1)债权人会议的召开违反法定程序;
(2)债权人会议的表决违反法定程序;
(3)债权人会议的决议内容违法;
(4)债权人会议的决议超出债权人会议的职权范围。

人民法院可以裁定撤销全部或者部分事项决议,责令债权人会议依法重新作出决议。债权人申请撤销债权人会议决议的,应当提出书面申请。债权人会议采取通信、网络投票等非现场方式进行表决的,债权人申请撤销的期限自债权人收到通知之日起算。

上述规定是关于债权人会议通过一般决议所应具备的条件。对于一些特殊的决议,《企业破产法》还规定了更为严格的程序和条件。比如:通过重整计划草案的决议,需要按照债权类型分组进行表决,应由出席会议的同一表决组的债权人过半数同意,并且其所代表的债权额占该组债权总额的 2/3 以上,即为该组通过重整计划草案;各表决组均通过重整计划草案时,重整计划即为通过。又如,债权人会议通过和解协议的决议,应由出席会议的有表决权的债权人过半数同意,并且其所代表的债权额占无财产担保债权总额的 2/3 以上。

对于有些事项,经债权人会议表决未获通过的,可由人民法院裁定。这些事项包括:关于债务人财产的管理方案、破产财产的变价方案,经债权人会议表决未获通过的,由人民法院裁定;关于破产财产的分配方案,经债权人会议二次表决仍未通过的,由人民法院裁定。对于上述裁定,人民法院可以在债权人会议上宣布或者另行通知债权人。债权人对人民法院关于债务人财产的管理方案、破产财产的变价方案作出的裁定不服的,或者债权额占无财产担保债权总额 1/2 以上的债权人对人民法院关于破产财产的分配方案作出的裁定不服的,可以自裁定宣布之日或者收到通知之日起 15 日内向该人民法院申请复议。但复议期间不停止裁定的执行。

五、债权人委员会

（一）债权人委员会的性质和组成

债权人委员会是债权人会议的代表机构，代表债权人的共同利益，对破产程序的各个阶段进行日常监督。

由于债权人会议是债权人的非常设机构，其行使权利和监督破产程序只能在债权人会议召开时进行，在闭会期间无法正常行使其权利，履行其决策职能和监督职能。因此，债权人会议可以根据实际情况决定设立债权人委员会，作为债权人会议的代表机构，既可以节省破产费用，又可以有效地行使日常监督权，保证破产程序的正常运行。

根据《企业破产法》规定，债权人委员会由债权人会议选任的债权人代表和1名债务人的职工代表或者工会代表组成，其成员不得超过9人。债权人委员会成员应当经人民法院书面决定认可。

（二）债权人委员会职权

根据《企业破产法》规定，债权人委员会行使下列职权：
(1)监督债务人财产的管理和处分；
(2)监督破产财产分配；
(3)提议召开债权人会议；
(4)债权人会议委托的其他职权。

债权人委员会执行职务时，有权要求管理人、债务人的有关人员对其职权范围内的事务作出说明或者提供有关文件。管理人、债务人的有关人员违反规定拒绝接受监督的，债权人委员会有权就监督事项请求人民法院作出决定，人民法院应当在5日内作出决定。

债权人委员会认为管理人实施的处分行为不符合债权人会议通过的财产管理或变价方案的，有权要求管理人纠正。管理人拒绝纠正的，债权人委员会可以请求人民法院作出决定。人民法院认为管理人实施的处分行为不符合债权人会议通过的财产管理或变价方案的，应当责令管理人停止处分行为。管理人应当予以纠正，或者提交债权人会议重新表决通过后实施。

债权人委员会决定所议事项应获得全体成员过半数通过，并作成议事记录。债权人委员会成员对所议事项的决议有不同意见的，应当在记录中载明。

（三）管理人应向债权人委员会报告的行为

为有利于债权人委员会对管理人实施具体职务行为进行有效的监督，切实保护债权人的利益，《企业破产法》规定，管理人实施下列行为，应当及时报告债权人委员会：

(1)涉及土地、房屋等不动产权益的转让；
(2)探矿权、采矿权、知识产权等财产权的转让；
(3)全部库存或者营业的转让；
(4)借款；
(5)设定财产担保；
(6)债权和有价证券的转让；
(7)履行债务人和对方当事人均未履行完毕的合同；
(8)放弃权利；
(9)担保物的取回；
(10)对债权人利益有重大影响的其他财产处分行为。
对未设立债权人委员会的,管理人实施上述行为应当及时报告人民法院。

第八节 重 整

引入破产重整制度,是《企业破产法》的一大亮点。我国的破产立法,除了要在破产清算情况下解决债务公平清偿、保护债权人和债务人的合法权益,还意欲通过建立破产重整制度,促使企业改善经营管理,消除破产原因,以避免进行破产清算。虽然大多数人认为,《企业破产法》中规定的破产重整制度替代的是《企业破产法(试行)》中的破产整顿制度,因为它们的立法宗旨和目的是一致的,但从严格意义上说,破产整顿制度并不具有破产重整制度所具有的完整功能。《企业破产法》中规定的破产重整制度,克服了《企业破产法(试行)》中破产整顿制度适用范围过于狭窄、整顿原因不够明确、行政干预过多、申请主体单一、整顿与和解混同等诸多缺陷,体现出与破产整顿完全不同的制度特性。

一、重整的概念

重整是指当企业不能清偿到期债务时,不对其财产立即进行清算,而是在人民法院主持下,由债务人与债权人达成协议,通过制定重整计划,使债务人继续营业,并在一定期限内由债务人按照一定方式全部或者部分清偿债务的制度。

重整与和解、清算同为企业破产法中的三大制度,是企业破产制度的重要组成部分。三者之间既有联系,又功能各异,相互不能代替。《企业破产法》建立重整制度的目的是使面临破产但又有挽救可能的企业,能够通过重整摆脱经营困境,重获经营能力,实现债务的清偿,以避免破产。因此,重整是防止企业破产的一项重要的法律制度。

二、重整申请和重整期间

(一)重整申请

重整程序的启动,始于利害关系人的申请。但在债务人所处的不同阶段,重整申请的主体也有所不同。根据《企业破产法》规定,债务人或者债权人可以依照《企业破产法》规定,直接向人民法院申请对债务人进行重整;债权人申请对债务人进行破产清算的,在人民法院受理破产申请后、宣告债务人破产前,债务人或者出资额占债务人注册资本1/10以上的出资人,可以向人民法院申请重整。

这就是说,重整申请的提出基于两种情况:一是当债务人不能清偿到期债务,并且资产不足以清偿全部债务或者明显缺乏清偿能力,具有破产原因又尚未进入破产程序时,或者有明显丧失清偿能力可能的,可以直接向人民法院申请对债务人进行重整,这时,重整申请的主体是债务人和债权人;二是当债务人具有破产原因时,由债权人申请对债务人进行破产清算的,在人民法院受理破产申请后、宣告债务人破产前,也可以向人民法院申请重整,这时,重整申请的主体是债务人和债务人的出资人。

人民法院经审查认为重整申请符合《企业破产法》规定的,应当裁定债务人重整,并予以公告。

(二)重整期间及其法律意义

自人民法院裁定债务人重整之日起至重整程序终止,为重整期间。确定重整期间的法律意义在于以下几个方面。

1. 在重整期间,债务企业的管理权会发生变化

根据《企业破产法》规定,在重整期间,经债务人申请,人民法院批准,债务人可以在管理人的监督下自行管理财产和营业事务。在这种情况下,已接管债务人财产和营业事务的管理人应当向债务人移交财产和营业事务,《企业破产法》规定的管理人的职权由债务人行使。如果是由管理人负责管理财产和营业事务的,则可以聘任债务人的经营管理人员负责营业事务。

2. 在重整期间,设定于债务人特定财产上的担保物权的行使受到限制

根据《企业破产法》规定,在重整期间,对债务人的特定财产享有的担保权暂停行使。但是,担保物有损坏或者价值明显减少的可能,足以危害担保权人权利的,担保权人可以向人民法院请求恢复行使担保权。在重整期间,如果债务人或者管理人为继续营业而借款的,则可以为该借款设定担保。

3. 在重整期间,财产取回权的行使应当符合规定

根据《企业破产法》规定,债务人合法占有的他人财产,该财产的权利人在重整期间要求取回的,应当符合事先约定的条件。

4. 在重整期间，债务人的出资人和有关人员的权利受到限制

根据《企业破产法》规定，在重整期间，债务人的出资人不得请求投资收益分配；债务人的董事、监事、高级管理人员不得向第三人转让其持有的债务人的股权，但是经人民法院同意的除外。

5. 在重整期间，终止重整程序宣告债务人破产的情形

在重整期间，有下列情形之一的，经管理人或者利害关系人请求，人民法院应当裁定终止重整程序，并宣告债务人破产：

(1) 债务人的经营状况和财产状况继续恶化，缺乏挽救的可能性；

(2) 债务人有欺诈、恶意减少债务人财产或者其他显著不利于债权人的行为；

(3) 债务人的行为致使管理人无法执行职务。

三、重整计划的制定和批准

(一) 重整计划的制定

在重整期间，债务人可以在管理人的监督下自行管理财产和营业事务，也可以由管理人负责管理财产和营业事务，因此，重整计划草案的制定主体，视重整期间债务人财产和营业事务的管理主体而定，既可能是债务人，也可能是管理人。根据《企业破产法》规定，债务人自行管理财产和营业事务的，由债务人制作重整计划草案；管理人负责管理财产和营业事务的，由管理人制作重整计划草案。

关于提交重整计划草案的期限，《企业破产法》规定，债务人或者管理人应当自人民法院裁定债务人重整之日起6个月内，同时向人民法院和债权人会议提交重整计划草案。如规定的期限届满，经债务人或者管理人请求，有正当理由的，人民法院可以裁定延期3个月。债务人或者管理人未按期提出重整计划草案的，人民法院应当裁定终止重整程序，并宣告债务人破产。

债务人或者管理人制定和提交的重整计划草案应当包括下列内容：债务人的经营方案；债权分类；债权调整方案；债权受偿方案；重整计划的执行期限；重整计划执行的监督期限；有利于债务人重整的其他方案。

(二) 重整计划草案的分组表决和提交批准

根据《企业破产法》规定，下列各类债权的债权人参加讨论重整计划草案的债权人会议，依照下列债权分类，分组对重整计划草案进行表决：

(1) 对债务人的特定财产享有担保权的债权；

(2) 债务人所欠职工的工资和医疗、伤残补助、抚恤费用，所欠的应当划入职工个人账户的基本养老保险、基本医疗保险费用，以及法律、行政法规规定应当支付给职工的补偿金；

(3)债务人所欠税款;

(4)普通债权。

人民法院在必要时可以决定在普通债权组中设小额债权组对重整计划草案进行表决。

重整计划不得规定减免债务人欠缴的上述第(2)项规定以外的社会保险费用,该项费用的债权人不参加重整计划草案的表决。我国目前实行的是社会统筹与个人账户相结合的基本社会保险制度。这里所称的上述第(2)项规定以外的社会保险费用,是指债务人欠缴的应纳入统筹账户的基本养老保险费用、基本医疗保险费用,以及债务人欠缴的工伤保险费用、失业保险费用、生育保险费用等其他社会保险费用。

人民法院应当自收到重整计划草案之日起30日内召开债权人会议,对重整计划草案进行表决。出席会议的同一表决组的债权人过半数同意重整计划草案,并且其所代表的债权额占该组债权总额的2/3以上的,即为该组通过重整计划草案。债务人或者管理人应当向债权人会议就重整计划草案作出说明,并回答询问。

债务人的出资人代表可以列席讨论重整计划草案的债权人会议。重整计划草案涉及出资人权益调整事项的,应当设出资人组,对该事项进行表决。

各表决组均通过重整计划草案时,重整计划即为通过。自重整计划通过之日起10日内,债务人或者管理人应当向人民法院提出批准重整计划的申请。人民法院经审查认为符合规定的,应当自收到申请之日起30日内裁定批准,终止重整程序,并予以公告。经人民法院裁定批准的重整计划,对债务人和全体债权人均有约束力。

如前所述,只有各表决组均按照法定的条件表决通过重整计划草案时,重整计划才能通过。在部分表决组未通过重整计划草案的情况下,债务人或者管理人为了使重整计划草案能够最终获得通过,从而实现对债务人进行重整的目的,可以同未通过重整计划草案的表决组协商,由该表决组在协商后再表决一次,但双方协商的结果不得损害其他表决组的利益。

如未通过重整计划草案的表决组拒绝再次表决或者再次表决仍未通过重整计划草案,但重整计划草案符合下列条件的,债务人或者管理人可以申请人民法院批准重整计划草案:

(1)按照重整计划草案,上述债权分类第(1)项所列债权就该特定财产将获得全额清偿,其因延期清偿所受的损失将得到公平补偿,并且其担保权未受到实质性损害,或者该表决组已经通过重整计划草案;

(2)按照重整计划草案,上述债权分类第(2)项、第(3)项所列债权将获得全额清偿,或者相应表决组已经通过重整计划草案;

(3)按照重整计划草案,普通债权所获得的清偿比例,不低于其在重整计划草案被提请批准时依照破产清算程序所能获得的清偿比例,或者该表决组已经通过重整计划草案;

(4)重整计划草案对出资人权益的调整公平、公正,或者出资人组已经通过重整计划草案;

(5)重整计划草案公平对待同一表决组的成员,并且所规定的债权清偿顺序不违反《企业破产法》的规定;

(6)债务人的经营方案具有可行性。

人民法院经审查认为重整计划草案符合上述规定条件的,应当自收到申请之日起30日内裁定批准,终止重整程序,并予以公告。

重整计划草案未获得通过且未依照《企业破产法》的规定获得批准,或者已通过的重整计划未获得批准的,人民法院应当裁定终止重整程序,并宣告债务人破产。

四、重整计划的执行

(一)重整计划的执行主体

重整计划的执行是对重整计划的具体实施,关系到重整目的能否实现。由于债务人对自己的经营和财务状况最为了解,由债务人执行重整计划更容易达到重整目的,故《企业破产法》规定,重整计划由债务人负责执行。为了便于债务人执行重整计划,在人民法院裁定批准重整计划后,已接管财产和营业事务的管理人应当向债务人移交财产和营业事务。

(二)重整计划执行的监督主体

在重整计划执行过程中,为了防止债务人徇私舞弊,损害债权人、出资人和其他利害关系人的利益,有必要对债务人执行重整计划进行监督。根据《企业破产法》规定,自人民法院裁定批准重整计划之日起,在重整计划规定的监督期内,由管理人监督重整计划的执行。在监督期内,债务人应当向管理人报告重整计划执行情况和债务人财务状况。监督期届满时,管理人应当向人民法院提交监督报告,自监督报告提交之日起,管理人的监督职责终止。管理人向人民法院提交的监督报告,重整计划的利害关系人有权查阅。此外,经管理人申请,人民法院可以裁定延长重整计划执行的监督期限。

(三)重整计划执行的终止

重整计划是由债务人或者管理人制定,经债权人分组表决通过,并由人民法院批准的具有法律效力的文件。因此,当债务人不能执行或者不执行重整计划的,人民法院经管理人或者利害关系人请求,应当裁定终止重整计划的执行,并宣告债务人破产。

人民法院裁定终止重整计划执行的,债权人在重整计划中作出的债权调整的承诺失去效力。债权人因执行重整计划所受的清偿仍然有效,债权未受清偿的部分作为破产债权。

第九节 和 解

破产和解制度起源较早。自从比利时1886年颁布《预防破产之和解制度》,首创破产和解制度之后,因其可以起到减少损失、预防破产的积极作用,其他国家纷纷效仿,普遍建立了这一制度。在我国1986年颁布的《企业破产法(试行)》中,采用大陆法系国家和解分离主义的立法原则,初步确立了我国的破产和解制度。2006年颁布的新《企业破产法》与《企业破产法(试行)》相比较,进一步明确了破产和解的法律性质,将破产和解制度从与破产重整制度相融相混的状态中分离出来,从而实现了破产和解制度的独立化;放宽了和解原因的规定,将和解原因与破产原因区别开来,从而实现了和解程序与破产程序的分离化。

一、和解的概念

和解是指具有破产原因的债务人,为了避免破产清算而与债权人会议就延期清偿债务、减少债务数额等事项进行协商所达成的处理债务关系协议的制度。

破产清算制度是在市场经济条件下解决债务纠纷的一种重要制度,它使得有可能长期被拖延的债务纠纷得到最终解决。但如对债务人实施破产清算,不但意味着债务人的解散,而且一般的债权人也难以获得比较理想的清偿,因此,无论是对债务人还是对债权人都会造成损失。如果债务人与债权人能够达成和解协议,使双方的损失减少到因破产清算可能造成的预期损失范围之内,那么这一协议对债务人和债权人无疑都具有积极意义。

二、和解申请的提出

和解程序通常于债务人具有破产原因时,或者被申请破产后,因债务人的申请而开始。根据《企业破产法》规定,债务人可以依照《企业破产法》的规定,直接向人民法院申请和解;也可以在人民法院受理破产申请后、宣告债务人破产前,向人民法院申请和解。

这就是说,和解申请的提出基于两种情况:一是,当债务人不能清偿到期债务,并且资产不足以清偿全部债务或者明显缺乏清偿能力,具有破产原因而又尚未进入破产程序时,可以直接向人民法院申请和解;二是,当债务人具有破产原因时,由债权人申请对债务人进行破产清算的,在人民法院受理破产申请后、宣告债务人破产前,也可以向人民法院申请和解。

申请和解和申请重整的不同之处主要在于:一是在申请主体方面,申请重整的主体包括债权人、债务人及其出资人,而申请和解的主体则限于债务人;二是在申请的原因上,虽然学者认识不一,但从《企业破产法》的现有规定来看,申请重整的原因是债务人已经具有破产原因或者可能具有破产原因(参见《企业破产法》第2条第2款:"企业法人有前款规定情形,或者有明显丧失清偿能力可能的,可以依照本法规定进行重整"),而申请和解的原因则是债务人已经具有破产原因。

债务人申请和解,应当提出和解协议草案。至于和解协议草案应当包括的内容,《企业破产法》没有作出规定,但一般来说,应当包括:债务人、债权人的基本情况;债务人被申请破产的事由;债权的性质、数额及偿还期限;清偿债务的财产来源、清偿债务的办法、清偿债务的期限等。债务人如果要求减少债务的,还应当写明请求减少债务的数额或者比例。

三、和解协议的讨论通过及其裁定

和解协议草案是债务人向人民法院提交的请求和解必须提交的一个文件,直接关系到债权人的债权利益。因此,和解协议能否最终达成,一方面必须经债权人会议讨论通过,另一方面要经人民法院进行审查,裁定认可。

人民法院经审查认为和解申请符合《企业破产法》规定的,应当裁定和解,予以公告,并召集债权人会议讨论和解协议草案。对债务人的特定财产享有担保权的权利人,自人民法院裁定和解之日起可以行使权利。

债权人会议通过和解协议的决议,由出席会议的有表决权的债权人过半数同意,并且其所代表的债权额占无财产担保债权总额的2/3以上。

债权人会议通过和解协议的,由人民法院裁定认可,终止和解程序,并予以公告。管理人应当向债务人移交财产和营业事务,并向人民法院提交执行职务的报告。如果和解协议草案经债权人会议表决未获得通过,或者已经债权人会议通过的和解协议未获得人民法院认可的,则人民法院应当裁定终止和解程序,并宣告债务人破产。

四、和解协议的法律效力和终止执行

经人民法院裁定认可的和解协议,对债务人和全体和解债权人均有约束力,债务人应当按照和解协议规定的条件清偿债务。这里所称的"和解债权人",是指人民法院受理破产申请时对债务人享有无财产担保债权的人。

和解债权人未依照《企业破产法》规定申报债权的,在和解协议执行期间不得行使权利;在和解协议执行完毕后,可以按照和解协议规定的清偿条件行使权利。

如因债务人的欺诈或者其他违法行为而成立的和解协议,人民法院应当裁定无效,并宣告债务人破产。有此情形的,和解债权人因执行和解协议所受的清偿,在其他债权人所受清偿同等比例的范围内,不予返还。

债务人不能执行或者不执行和解协议的,人民法院经和解债权人请求,应当裁定终止和解协议的执行,并宣告债务人破产。人民法院裁定终止和解协议执行的,和解债权人在和解协议中作出的债权调整的承诺失去效力。和解债权人因执行和解协议所受的

清偿仍然有效,和解债权未受清偿的部分作为破产债权。

为鼓励债权人与债务人自行解决债权债务问题,减少因破产程序的继续进行而导致破产费用等支出的增加,使债务人能最大限度地就其财产对债权人进行清偿,《企业破产法》规定,人民法院受理破产申请后,债务人与全体债权人就债权债务的处理自行达成协议的,可以请求人民法院裁定认可,并终结破产程序。这就是说,在人民法院受理破产申请后,只要债务人与全体债权人就债权债务的处理自行达成协议的,就没有必要再依破产程序或者和解程序继续进行下去,这时可以请求人民法院裁定认可,终结破产程序。但在这种情况下,债务人与债权人就债权债务的处理达成协议:一是必须经全体债权人的一致同意;二是无须向人民法院提出申请,但必须经人民法院裁定认可,才能终结破产程序。

第十节 破产清算

就整个破产程序而言,对债务人进行破产清算,必须建立在债务人已被宣告破产的程序基础上,这就是说,破产宣告程序是破产清算程序的前置程序。而法院的破产宣告意味着破产程序进入了实质性阶段,债务人一经被宣告破产,便意味着债务人真正丧失了对自己财产的管理权和处分权,从而使破产程序转入破产清算程序,由管理人依法将破产财产分配给债权人。因此,破产宣告程序是整个破产程序中重要的阶段和环节,没有破产宣告程序,就没有实质意义上的破产程序的起始和进行。但我们认为,设立破产程序的最终目的并不在于通过破产宣告程序宣告债务人破产,在法律上取消其民事主体资格,其实质意义则在于通过破产宣告程序,实现在下一程序对债务人财产的清算和分配,从而使债权人的利益在最大限度上得到满足。《企业破产法》将"破产宣告""变价和分配""破产程序的终结"等都规定在第十章"破产清算"中。这种将"破产宣告"程序置于"破产清算"程序中的做法,不同于《企业破产法(试行)》第五章"破产宣告和破产清算"中将"破产宣告"和"破产清算"作为两个独立的程序进行并行规定的做法,但我们从这种变化可以看出,"破产宣告"程序作为"破产清算"程序的前置程序,在"破产清算"程序中的作用和意义,以及两者之间的密切关系。

一、破产宣告

(一)破产宣告的情形

破产宣告是人民法院根据当事人的申请或者依照法定职权裁定宣告债务人破产以进行债务清偿的程序和行为。

《企业破产法》并没有集中规定可对债务人进行破产宣告的具体情形,但综合《企破产法》的有关规定，可以看出，只要有下列情形之一的，人民法院应当以书面形式裁定宣告债务人破产：

（1）企业达到破产界限，又不具备法律规定的不予宣告破产的条件，依法应当宣告破产的，人民法院应当裁定宣告债务人破产；

（2）根据《企业破产法》第78条规定，在重整期间，债务人的经营状况和财产状况继续恶化，缺乏挽救的可能性，或者债务人有欺诈、恶意减少债务人财产或者其他显著不利于债权人的行为，或者由于债务人的行为致使管理人无法执行职务，经管理人或者利害关系人请求，人民法院应当裁定终止重整程序，并宣告债务人破产；

（3）根据《企业破产法》第79条规定，人民法院裁定债务人重整，但债务人或者管理人未按期提出重整计划草案，人民法院应当裁定终止重整程序，并宣告债务人破产；

（4）根据《企业破产法》第88条规定，对债务人或者管理人提出的重整计划草案，债权人会议分组表决未获得通过，或者经再次表决仍未通过又未获得批准，或者已通过的重整计划未获得批准，人民法院应当裁定终止重整程序，并宣告债务人破产；

（5）根据《企业破产法》第93条规定，债务人不能执行或者不执行重整计划的，人民法院经管理人或者利害关系人请求，裁定终止重整计划的执行，并宣告债务人破产；

（6）根据《企业破产法》第99条规定，和解协议草案经债权人会议表决未获得通过，或者已经债权人会议通过的和解协议未获得人民法院认可，人民法院应当裁定终止和解程序，并宣告债务人破产；

（7）根据《企业破产法》第103条规定，因债务人的欺诈或者其他违法行为而成立的和解协议，人民法院应当裁定无效，并宣告债务人破产；

（8）根据《企业破产法》第104条规定，债务人不能执行或者不执行和解协议的，人民法院经和解债权人请求，应当裁定终止和解协议的执行，并宣告债务人破产。

人民法院依法宣告债务人破产的，应当自裁定作出之日起5日内送达债务人和管理人，自裁定作出之日起10日内通知已知债权人，并予以公告。

在人民法院依法宣告债务人破产后，对破产人的特定财产享有担保权的权利人，对该特定财产享有优先受偿的权利。如未能完全受偿的，其未受偿的债权作为普通债权；放弃优先受偿权利的，其债权作为普通债权。

但在破产宣告前，如有第三人为债务人提供足额担保或者为债务人清偿全部到期债务的，或者债务人已清偿全部到期债务的，则人民法院应当裁定终结破产程序，并予以公告。

（二）破产人、破产财产和破产债权的涵义

《企业破产法》对破产人、破产财产和破产债权等概念的涵义作出了规定。根据《企业破产法》规定，债务人被宣告破产后，债务人称为"破产人"，债务人财产称为"破产财产"，人民法院受理破产申请时对债务人享有的债权称为"破产债权"。

这就是说,只有被人民法院依法宣告破产的债务人才能被称为"破产人"。在未被人民法院宣告破产前,即使人民法院已经受理破产申请,进入破产程序,只要还未被宣告破产就不能称之为"破产人",只能称为"债务人"。破产财产是指被宣告破产的债务人即破产人的财产。凡不属于破产人财产的其他财产,如破产人代管的他人财产,破产人基于仓储、保管、加工承揽、委托交易、代销、借用、寄存、租赁等原因占有、使用的他人财产等,都不能称为破产财产。至于破产债权,在债务人被宣告破产之前并不存在,债权人对债务人享有的债权只能称为"债权人的债权",只有债务人被宣告破产后,人民法院受理破产申请时债权人对债务人享有的债权,才能称为"破产债权"。

二、破产财产的变价和分配

(一)破产财产的变价

破产财产的分配原则上应以货币分配方式来进行,因此,由管理人拟定破产财产的变价方案并根据该方案变价出售破产人的非货币财产,就成为破产清算程序中的一项重要工作。

管理人应当及时拟订破产财产变价方案,提交债权人会议讨论,并按照债权人会议通过的,或者经债权人会议表决未通过但由人民法院依法裁定的破产财产变价方案,适时变价出售破产财产。

除债权人会议另有决议外,变价出售破产财产应当通过拍卖进行。破产企业可以全部或者部分变价出售。企业变价出售时,可以将其中的无形资产和其他财产单独变价出售。按照国家规定不能拍卖或者限制转让的财产,应当按照国家规定的方式处理。

(二)破产财产的分配

破产财产的分配,关系到破产案件各方当事人特别是债权人的切身利益,因此,必须在《企业破产法》中对破产财产的分配顺序、破产财产的分配方案及其实施等,作出明确规定。

根据《企业破产法》规定,破产财产在优先清偿破产费用和共益债务后,依照下列顺序清偿:

(1)破产人所欠职工的工资和医疗、伤残补助、抚恤费用,所欠的应当划入职工个人账户的基本养老保险、基本医疗保险费用,以及法律、行政法规规定应当支付给职工的补偿金;

(2)破产人欠缴的除前项规定以外的社会保险费用和破产人所欠税款;

(3)普通破产债权。

破产财产不足以清偿同一顺序的清偿要求的,按照比例分配。

破产企业的董事、监事和高级管理人员的工资按照该企业职工的平均工资计算。

为保证破产财产分配程序的顺利进行,《企业破产法》规定,管理人应当及时拟订破产财产分配方案,提交债权人会议讨论。破产财产分配方案应当载明下列事项:

(1)参加破产财产分配的债权人名称或者姓名、住所;

(2)参加破产财产分配的债权额;

(3)可供分配的破产财产数额;

(4)破产财产分配的顺序、比例及数额;

(5)实施破产财产分配的方法。

债权人会议通过破产财产分配方案,并由管理人将该方案提请人民法院裁定认可后,由管理人负责执行。

管理人按照破产财产分配方案实施多次分配的,应当公告本次分配的财产额和债权额;管理人实施最后分配的,应当在公告中指明,并载明附生效条件或者解除条件的债权分配事项。

对于附生效条件或者解除条件的债权,管理人应当将其分配额提存。管理人依照规定提存的分配额,在最后分配公告日,生效条件未成就或者解除条件成就的,应当分配给其他债权人;在最后分配公告日,生效条件成就或者解除条件未成就的,应当交付给债权人。

债权人未受领的破产财产分配额,管理人应当提存。债权人自最后分配公告之日起满2个月仍不领取的,视为放弃受领分配的权利,管理人或者人民法院应当将提存的分配额分配给其他债权人。

破产财产分配时,对于诉讼或者仲裁未决的债权,管理人应当将其分配额提存。自破产程序终结之日起满2年仍不能受领分配的,人民法院应当将提存的分配额分配给其他债权人。

三、破产程序的终结

(一)破产程序终结的情形

破产程序的终结是指人民法院受理破产案件后,当出现法律规定的事由时,由人民法院依法结束破产案件的审理,裁定终止破产程序的进行。

《企业破产法》并没有集中规定破产程序终结的具体情形,但综合《企业破产法》的有关规定,只要有下列情形之一的,人民法院应当裁定终结破产程序:

(1)根据《企业破产法》第43条第4款规定,债务人财产不足以清偿破产费用的,管理人应当提请人民法院终结破产程序。人民法院应当自收到请求之日起15日内裁定终结破产程序,并予以公告。

(2)根据《企业破产法》第105条规定,人民法院受理破产申请后,债务人与全体债权人就债权债务的处理自行达成协议的,可以请求人民法院裁定认可,并终结破产程序。

(3)根据《企业破产法》第 120 条第 1 款规定,破产人无财产可供分配的,管理人应当请求人民法院裁定终结破产程序。人民法院应当自收到管理人终结破产程序的请求之日起 15 日内作出是否终结破产程序的裁定。裁定终结的,应当予以公告。

(4)根据《企业破产法》第 120 条第 2 款规定,管理人在最后分配完结后,应当及时向人民法院提交破产财产分配报告,并提请人民法院裁定终结破产程序。人民法院应当自收到管理人终结破产程序的请求之日起 15 日内作出是否终结破产程序的裁定。裁定终结的,应当予以公告。

此外,对于进入破产程序的债务人,如果能够按规定执行重整计划或者和解协议的,则人民法院也应当裁定终结破产程序。

管理人应当自破产程序终结之日起 10 日内,持人民法院终结破产程序的裁定,向破产人的原登记机关办理注销登记。

破产人的保证人和其他连带债务人,在破产程序终结后,对债权人依照破产清算程序未受清偿的债权,依法继续承担清偿责任。

(二)破产程序终结后的追加分配

在破产程序终结后,对债权人通过破产分配未获清偿的债权不再进行清偿,但自破产程序依法终结之日起 2 年内,有下列情形之一的,债权人可以请求人民法院按照破产财产分配方案进行追加分配:

(1)在人民法院受理破产申请前 1 年内,债务人因实施无偿转让财产、以明显不合理的价格进行交易、对没有财产担保的债务提供财产担保、对未到期的债务提前清偿、放弃债权等行为,被人民法院予以撤销,由管理人依法追回的财产;

(2)在人民法院受理破产申请前 6 个月内,债务人有破产原因,仍对个别债权人进行清偿,被人民法院予以撤销,由管理人依法追回的财产;

(3)债务人因为逃避债务而隐匿、转移财产,虚构债务或者承认不真实的债务,视为无效行为,由管理人依法追回的财产;

(4)债务人的董事、监事和高级管理人员利用职权从企业获取的非正常收入和侵占的企业财产,由管理人依法追回的部分;

(5)发现破产人有应当供分配的其他财产。

有上述规定情形,但财产数量不足以支付分配费用的,不再进行追加分配,由人民法院将其上交国库。

第十一节 法律责任

在实践中,造成企业破产的原因固然很多,但一般不外乎两个方面的原因:一是生产经营的环境具有多变性,存在着难以克服的经营风险,加之市场竞争激烈,导致部分竞争失败者破产倒闭,自然退出市场;二是企业的经营决策人员或者执行人员因为决策或者执行失误,甚至企业的高层管理人员因为违法犯罪而导致企业破产。但不管何种原因,由于行为人的不当行为或者违法行为造成企业破产的,自然应对企业的破产承担相应的法律责任。另外,在破产案件处理过程中,由于有关破产案件当事人的违法行为损害了债权人的合法权益,影响了破产程序的顺利进行,干扰了债务的公平清偿,扰乱了社会经济秩序,也应当依法对其进行制裁。在实行破产制度的国家中,均有关于破产责任的详尽规定,其目的就在于有效防范债务人和其他关系人的不当行为,充分发挥破产制度的积极作用。我国的《企业破产法》从民事责任、行政责任和刑事责任等方面规定了破产违法责任,但和有些国家将破产犯罪规定在破产法中有所不同,我国的《企业破产法》只对破产犯罪作了原则性的规定,作为准用性规范规定引用刑法中的相应条款对破产犯罪行为追究刑事责任,以保持破产法结构的完整性。

一、企业董事、监事或者高级管理人员违反忠实和勤勉义务的法律责任

根据《企业破产法》规定,企业董事、监事或者高级管理人员违反忠实义务、勤勉义务,致使所在企业破产的,依法承担民事责任。有上述规定情形的人员,自破产程序终结之日起3年内不得担任任何企业的董事、监事、高级管理人员。

企业董事、监事或者高级管理人员担负着决策、经营及执行、监督企业经营管理的重任,他们理应遵守法律法规和企业的有关规定,对企业履行忠实义务、勤勉义务,尽职尽责,谨慎经营。如果违反忠实义务和勤勉义务,致使企业破产的,就应当依法承担法律责任。

二、债务人的有关人员不履行有关说明义务的法律责任

根据《企业破产法》规定,有义务列席债权人会议的债务人的有关人员,经人民法院传唤,无正当理由拒不列席债权人会议的,人民法院可以拘传,并依法处以罚款。债务人的有关人员违反规定,拒不陈述、回答,或者作虚假陈述、回答的,人民法院可以依法处以罚款。

设立破产程序的目的在于迅速且有效地清理债权债务关系,以破产财产公平、公正地清偿债权人的债权,尽快恢复社会经济秩序。这就要求债务人的有关人员配合、协助人民法院、管理人进行工作,列席债权人会议并如实回答、陈述有关问题。如果债务人的有关人员拒不配合、协助,不履行有关法律义务的,就应当依法承担法律责任。这里所称的"有关人员",主要是指债务人的董事长、董事、经理、财务管理人员以及其他有关人员等。

三、债务人的有关人员不按规定提交移交有关财务文件资料的法律责任

根据《企业破产法》规定,债务人违反规定,拒不向人民法院提交或者提交不真实的

财产状况说明、债务清册、债权清册、有关财务会计报告以及职工工资的支付情况和社会保险费用的缴纳情况的,人民法院可以对直接责任人员依法处以罚款。债务人违反规定,拒不向管理人移交财产、印章和账簿、文书等资料的,或者伪造、销毁有关财产证据材料而使财产状况不明的,人民法院可以对直接责任人员依法处以罚款。

在破产程序进行中,债务人及其有关人员应按照规定向人民法院、管理人如实、及时地提交、移交有关文件、资料和证据材料,这不仅是债务人应当履行的法律义务,也是保证破产程序顺利开展、有效运行的重要条件。如果债务人不按照规定提交或者移交有关财务文件资料,不履行有关法律义务的,就应当依法承担法律责任。

四、债务人实施法定可撤销行为和无效行为的法律责任

根据《企业破产法》规定,债务人因实施《企业破产法》规定的行为,损害债权人利益的,债务人的法定代表人和其他直接责任人员依法承担赔偿责任。

近些年来,在实践中,一些企业在濒临破产时,对企业和债权人采取不负责任的态度,随意处置企业的财产,严重损害了债权人的利益,对此,按照《企业破产法》的规定,债务人的法定代表人和其他直接责任人员应当依法承担赔偿责任。这里所说的"实施损害债权人利益的行为",主要包括:在人民法院受理破产申请前1年内,债务人无偿转让财产,以明显不合理的价格进行交易,对没有财产担保的债务提供财产担保,对未到期的债务提前清偿、放弃债权等行为;在人民法院受理破产申请前6个月内,债务人有破产原因,仍对个别债权人进行清偿的行为;债务人为逃避债务而隐匿、转移财产,虚构债务或者承认不真实的债务的行为。

五、债务人的有关人员擅自离开住所地的法律责任

根据《企业破产法》规定,债务人的有关人员违反规定,擅自离开住所地的,人民法院可以予以训诫、拘留,也可以依法并处罚款。

在破产程序中,债务人的有关人员应积极配合、协助,未经许可不得擅自离开住所地。这样既能防范债务人的有关人员逃脱责任,也能保证债务人的有关人员在需要其协助人民法院、管理人进行工作,或者需要其陈述、回答、说明有关情况时做到"随叫随到",以保证破产程序有序、有效地进行。如果债务人的有关人员未经许可,擅自离开住所地,就应当依法追究其法律责任。

六、管理人未尽职尽责的法律责任

根据《企业破产法》规定,管理人未按照规定勤勉尽责、忠实执行职务的,人民法院可以依法处以罚款;给债权人、债务人或者第三人造成损失的,依法承担赔偿责任。

在破产程序中,管理人是人民法院指定的全面接管债务人并负责债务人财产的保管、清理、估价、处理和分配,总管破产清算事务的人。管理人实际上是基于信用接受人

民法院的指派接管债务人，在人民法院与债务人、债权人之间，债务人与债权人之间，起到传输信息、沟通协调的桥梁作用，在破产程序中居于十分重要的地位。因此，管理人理应依法履行职责，忠实执行职务，客观公正地处理破产事宜，依法协调和处理好各方当事人的利益关系，否则，人民法院可以依法进行处罚；如果给有关当事人造成损失的，应依法承担赔偿责任。

思 考 题

1. 解释下列概念：
   破产　破产法　破产能力　破产界限　管理人　债务人财产　破产费用　共益债务　债权人会议　债权人委员会　重整　和解　破产宣告　破产人　破产财产　破产债权
2. 简述破产的特征。
3. 试述实施破产制度的必要性。
4. 如何理解《企业破产法》关于破产界限的规定？
5. 哪些组织和个人依法可以作为破产管理人？管理人应依法履行哪些职责？
6. 涉及债务人财产的可撤销行为有哪些？
7. 简述破产费用和共益债务的范围及其清偿原则。
8. 简述申报债权的期限及补充申报债权的有关规定。
9. 债权人会议的职权有哪些？
10. 重整计划草案如何进行分组表决？
11. 申请和解和申请重整在申请主体和申请原因方面有何不同？
12. 人民法院裁定宣告债务人破产的情形有哪些？
13. 破产财产如何进行分配？

阅读文献

1.《中华人民共和国企业破产法》，2006年8月27日第十届全国人民代表大会常务委员会第二十三会议通过。

2. 最高人民法院《关于适用〈中华人民共和国企业破产法〉若干问题的规定（一）》，2011年9月9日最高人民法院公布。

3. 最高人民法院《关于适用〈中华人民共和国企业破产法〉若干问题的规定（二）》，2013年9月5日最高人民法院公布。

4. 最高人民法院《关于适用〈中华人民共和国企业破产法〉若干问题的规定（三）》，2019年3月27日最高人民法院公布。

5. 最高人民法院《关于适用〈中华人民共和国民法典〉有关担保制度的解释》，2020年12月31日最高人民法院公布。

6. 最高人民法院《关于修改〈最高人民法院关于破产企业国有划拨土地使用权应否列入破产财产等问题的批复〉等二十九件商事类司法解释的决定》,2020年12月29日最高人民法院发布。

7.《深圳经济特区个人破产条例》,2020年8月26日深圳市第六届人民代表大会常务委员会第四十四次会议通过。

8. 最高人民法院《关于当前人民法院审理企业破产案件应当注意的几个问题的通知》,1997年3月6日最高人民法院发布。

9. 最高人民法院《关于审理企业破产案件若干问题的规定》,2002年7月18日最高人民法院审判委员会第1232次会议通过。

第五章

合同法

本章概要

合同的概念及特征,合同法的概念和作用,订立合同的主体资格、形式、内容和程序,合同的成立,合同的效力,合同的履行,合同的变更、转让和终止,合同的担保以及违约责任等。

第一节　合同和合同法概述

合同是在商品交换过程中被广泛采用的一种法律形式。从人类社会早期的以物易物的交换,到以货币为媒介的商品交换,再从一般的商品交换发展到现代发达的商品经济,合同均被广泛运用,越来越受到人们的重视。认真学习和研究合同法律制度,对于规范市场主体行为,保护合同当事人的合法权益,维护社会经济秩序,促进社会主义现代化建设,都具有十分重要的现实意义。

一、合同的概念及特征

合同又称为"契约",是指民事主体之间设立、变更、终止民事法律关系的协议。

《中华人民共和国民法典》第464条规定:"本法所称合同是民事主体之间设立、变更、终止民事法律关系的协议。婚姻、收养、监护等有关身份关系的协议,适用有关该身份关系的法律规定;没有规定的,可以根据其性质参照适用本编规定。"

合同具有以下特征。

第一,合同是一种民事法律行为。民事法律行为是民事主体实施的能够引起民事权利和民事义务的产生、变更或者终止的合法行为。合同是一种民事法律行为,合同当事人通过有意识的活动,建立起双方的权利和义务关系,并引起一定的法律后果。合同当事人所作出的意思表示必须是合法的,合同才具有法律约束力,并受国家法律的保护。

第二,合同是两个以上当事人意思表示一致的民事法律行为。合同是合意的结果。合同的成立必须有两个或者两个以上的当事人在自愿的基础上互相作出意思表示并且趋于一致,合同关系才能成立。

第三,合同以设立、变更、终止民事权利义务关系为目的。尽管合同主要是有关债权债务关系的协议,但并不完全限于债权债务关系,而是涉及整个民事关系。合同不但导致民事法律关系的产生,而且可以成为民事法律关系变更和终止的原因。

第四,合同的主体是公民、法人、其他组织,其法律地位平等。订立合同的主体在法律地位上是平等的,任何一方都不得将自己的意志强加给另一方。

二、合同的分类

合同可以从不同的角度进行不同的分类。

1. 双务合同和单务合同

这是根据双方当事人的权利义务关系来划分的。凡双方当事人都享有权利和负有义务的合同,称为双务合同。只有一方当事人享有权利,另一方当事人负有义务的合同,称为单务合同。

2. 有偿合同和无偿合同

这是根据双方当事人是否因权利的转移而支付代价来划分的。凡合同当事人依据合同取得某种利益,必须向对方支付相应代价的合同,称为有偿合同。凡合同当事人依据合同取得某种利益,而无须支付相应代价的合同,称为无偿合同。

3. 诺成合同和实践合同

这是根据是否以交付标的物作为合同成立的要件来划分的。凡双方当事人意思表示一致,无须交付标的物,合同即成立的,称为诺成合同。凡双方当事人除意思表示一致外,还须交付标的物,合同才能成立的,称为实践合同。

4. 要式合同和不要式合同

这是根据合同成立是否应以一定的形式为要件来划分的。凡根据法律规定必须采取特定的形式才能成立的合同,称为要式合同。不要式合同是指依法不需要采取特定形式的合同。

5. 主合同和从合同

这是根据合同相互之间的主从关系来划分的。凡不需依赖其他合同即可独立存在的合同,称为主合同。凡需依赖其他合同的存在才能成立的合同,称为从合同。

6. 有名合同和无名合同

这是根据法律是否规定了合同的名称来划分的。凡法律明确赋予一定名称的合同,称为有名合同。《中华人民共和国民法典》合同编规定的买卖合同、赠与合同、借款合同等都是有名合同。凡法律未赋予一定名称的合同,称为无名合同。

7. 格式合同与非格式合同

这是根据合同条款的设定方式来划分的。格式合同是指合同内容由一方当事人预先拟定而不与对方协商的合同。非格式合同是指合同内容由双方协商的合同。

三、典型合同

典型合同在市场经济活动和社会生活中应用普遍。为适应现实需要,《中华人民共和国民法典》规定了包括买卖合同、赠与合同、借款合同、租赁合同、保证合同、保理合同、物业服务合同、合伙合同等 19 种典型合同。

1. 买卖合同

买卖合同是出卖人转移标的物的所有权于买受人,买受人支付价款的合同。

2. 供用电、水、气、热力合同

供用电合同是供电人向用电人供电,用电人支付电费的合同。供用水、供用气、供用热力合同,参照适用供用电合同的有关规定。

3. 赠与合同

赠与合同是赠与人将自己的财产无偿给予受赠人,受赠人表示接受赠与的合同。

4. 借款合同

借款合同是借款人向贷款人借款,到期返还借款并支付利息的合同。

5. 保证合同

保证合同是为保障债权的实现，保证人和债权人约定，当债务人不履行到期债务或者发生当事人约定的情形时，保证人履行债务或者承担责任的合同。

6. 租赁合同

租赁合同是出租人将租赁物交付承租人使用、收益，承租人支付租金的合同。

7. 融资租赁合同

融资租赁合同是出租人根据承租人对出卖人、租赁物的选择，向出卖人购买租赁物，提供给承租人使用，承租人支付租金的合同。

8. 保理合同

保理合同是应收账款债权人将现有的或者将有的应收账款转让给保理人，保理人提供资金融通、应收账款管理或者催收、应收账款债务人付款担保等服务的合同。

9. 承揽合同

承揽合同是承揽人按照定作人的要求完成工作，交付工作成果，定作人支付报酬的合同。承揽包括加工、定作、修理、复制、测试、检验等工作。

10. 建设工程合同

建设工程合同是承包人进行工程建设，发包人支付价款的合同。建设工程合同包括工程勘察、设计、施工合同。

11. 运输合同

运输合同是承运人将旅客或者货物从起运地点运输到约定地点，旅客、托运人或者收货人支付票款或者运输费用的合同。

12. 技术合同

技术合同是当事人就技术开发、转让、许可、咨询或者服务订立的确立相互之间权利和义务的合同。

13. 保管合同

保管合同是保管人保管寄存人交付的保管物，并返还该物的合同。寄存人到保管人处从事购物、就餐、住宿等活动，将物品存放在指定场所的，视为保管，但是当事人另有约定或者另有交易习惯的除外。

14. 仓储合同

仓储合同是保管人储存存货人交付的仓储物，存货人支付仓储费的合同。

15. 委托合同

委托合同是委托人和受托人约定，由受托人处理委托人事务的合同。

16. 物业服务合同

物业服务合同是物业服务人在物业服务区域内，为业主提供建筑物及其附属设施的维修养护、环境卫生和相关秩序的管理维护等物业服务，业主支付物业费的合同。物业服务人包括物业服务企业和其他管理人。

17. 行纪合同

行纪合同是行纪人以自己的名义为委托人从事贸易活动,委托人支付报酬的合同。

18. 中介合同

中介合同是中介人向委托人报告订立合同的机会或者提供订立合同的媒介服务,委托人支付报酬的合同。

19. 合伙合同

合伙合同是两个以上合伙人为了共同的事业目的,订立的共享利益、共担风险的协议。

四、合同法的概念

合同法是调整因合同产生的民事关系的法律规范的总称,包括合同法典以及有关法律、行政规章、立法与司法解释、国际公约条约等规范文件中有关合同的规定。

为了保护合同当事人的合法权益,维护社会经济秩序,促进社会主义现代化建设,1999年3月15日九届全国人大第二次会议通过了《中华人民共和国合同法》(以下简称《合同法》)。该法分为总则、分则、附则三部分,共23章428条。《合同法》施行后,原《中华人民共和国经济合同法》(1982年施行)、《中华人民共和国涉外经济合同法》(1985年施行)和《中华人民共和国技术合同法》(1987年施行)同时废止。为了正确审理合同纠纷案件,1999年12月1日最高人民法院审判委员会第1090次会议通过了《关于适用〈中华人民共和国合同法〉若干问题的解释(一)》,2009年2月9日最高人民法院审判委员会第1462次会议又通过了《关于适用〈中华人民共和国合同法〉若干问题的解释(二)》,对人民法院适用《合同法》的有关问题作出解释。2020年5月28日,中华人民共和国十三届全国人大第三次会议通过了《中华人民共和国民法典》(以下简称《民法典》),自2021年1月1日起施行。作为对现有民法体系的整合,《民法典》将《合同法》并入并将其作为《民法典》的合同编一编,《合同法》同时废止。

为保障《民法典》的顺利实施,最高人民法院制定或者修订了大量司法解释,与合同制度相关的包括《最高人民法院关于审理建设工程施工合同纠纷案件适用法律问题的解释(一)》,于2020年12月25日由最高人民法院审判委员会第1825次会议通过;根据2020年12月23日最高人民法院审判委员会第1823次会议通过的《关于修改〈最高人民法院关于在民事审判工作中适用〈中华人民共和国工会法〉若干问题的解释〉等二十七件民事类司法解释的决定》,最高人民法院修正了《关于审理民间借贷案件适用法律若干问题的规定》《关于审理买卖合同纠纷案件适用法律问题的解释》《关于审理商品房买卖合同纠纷案件适用法律若干问题的解释》《关于审理城镇房屋租赁合同纠纷案件具体应用法律若干问题的解释》等。

五、合同法的基本原则

合同法的基本原则是通过合同法律规范表现出来的,是立法机关、司法机关、仲裁机构以及合同当事人在立法、司法及合同活动中应当遵循的法律准则。根据《民法典》规定,合同法的基本原则主要包括以下几个方面。

(一)平等原则

平等原则是指当事人在法律地位上平等,任何一方不得将自己的意志强加给另一方。合同当事人享有民事权利和承担民事义务的资格是平等的,任何一方当事人在订立和履行合同过程中都要普遍地受法律约束,不得享有特权。

(二)自愿原则

自愿原则是指当事人依法享有自愿订立合同的权利,任何单位和个人不得非法干预。对于是否订立合同,和谁订立合同,合同的具体条款如何,在合同成立后是否需要变更或者解除合同,所有这些问题都由当事人在法律规定的范围内,根据自愿自主地决定。自愿是在法律规定的范围内当事人享有的订立合同的自由,而并非随心所欲的自愿,当事人必须遵守法律、行政法规,尊重社会公德,不得损害他人的合法权益。

(三)公平原则

当事人应当遵循公平原则确定各方的权利和义务。公平原则要求合同当事人应本着公平的观念实施合同行为,司法机关应根据公平的观念处理合同纠纷,合同当事人在合同订立、合同履行、合同解释等过程中,应根据公平的观念确定各自的合同权利、合同义务、风险分担及违约责任等。

(四)诚实信用原则

当事人行使权利、履行义务应当遵循诚实信用原则。该原则要求合同当事人在订立和履行合同的过程中,所作出的意思表示要真实,行为要合法,要讲究信用,恪守诺言,不规避法律,不滥用权利,在不损害国家利益、社会利益和他人利益的前提下实现自己的利益。诚实信用原则贯穿于合同的订立、履行直至合同终止的全过程。

(五)合法性原则

合法性原则要求当事人在订立、履行合同时,应当遵守法律、行政法规,尊重社会公德,不得扰乱社会经济秩序,损害社会公共利益。只有这样,合同才会受到法律的保护,才会产生预期的法律效果。

五、合同法的作用

合同法是现代国家确认当事人之间经济协作关系的一种法律制度,它在国民经济生活中具有重要作用。

（一）维护合同当事人的合法权益

市场主体的市场行为只有得到法律的承认和保护，才能实现自己的经济目的。签订合同是保障市场主体当事人合法权益的最有效方式。订立合同是一种法律行为，任何一方当事人都必须严格按照合同规定履行自己的义务，否则就要承担违约责任。当合同当事人之间发生争议时，任何一方都有权请求仲裁机关或者司法机关作出处理。有关机关依照合同法规定，及时、公正地予以裁决，以切实保护当事人的合法权益。

（二）规范市场行为，维护市场秩序

在社会主义市场经济条件下，各种市场主体为了实现各种交换的经济目的，必须有良好的市场交换秩序，必须有平等竞争的市场环境，这些都必须依靠健全的法制。合同法是社会主义市场经济法律体系的重要组成部分。各种不同的市场主体在合法的前提下，通过签订合同并认真履行合同，有效地保证市场行为的规范化和市场秩序的有序化，促进社会主义市场经济的健康发展。同时，对违约行为的追究以及对无效合同的处理，有利于规范市场行为和维护良好的市场秩序。

（三）促进企业改善经营管理，提高经济效益

根据《民法典》规定，依法成立的合同，受法律保护，对当事人具有法律约束力。这就要求企业在签订合同前，必须进行认真的调查研究，做好市场预测。在合同订立后，必须依据合同约定，有效地组织生产和流通，降低成本，提高劳动生产率和产品质量。这样，企业才能在合同法的约束下，不断改善经营管理，加强经济核算，提高经济效益，培养适应市场经济的能力。

（四）促进对外开放，发展对外经济技术合作与交流

社会主义市场经济是开放型经济。根据国际商业惯例，对外经济关系也需要用合同来确定和运行。没有合同作保证，将无法进行经济技术合作与交流。因此，在对外经济贸易中，通过合同明确中外双方当事人的权利和义务，依法保护中外双方当事人的合法权益，有利于促进对外开放，扩大对外经济技术合作与交流。

第二节 合同的订立

合同的订立是指当事人之间通过协商就合同的主要条款达成协议的法律行为，是合同关系成立的一个重要阶段。合同订立的条款和程序是否合法、完整，直接关系到合同履行效果的好坏，为此必须重视和研究合同的订立问题。

一、订立合同的主体资格

合同主体资格是指订立合同的当事人必须具有订立合同的法定资格,这是合同赖以成立和生效的前提条件。订立合同的主体资格要合法,这包括以下几个方面的内容。

第一,当事人订立合同,当事人应当具有相应的民事权利能力和民事行为能力。订立合同的当事人可以是自然人,也可以是法人或者其他组织。民事权利能力是指法律赋予民事主体享有民事权利、承担民事义务的资格。公民的民事权利能力从出生时起到死亡时止。民事行为能力是指民事主体独立地进行民事活动的资格。公民的民事行为能力主要根据年龄和精神健康状况确定。法人是指具有民事权利能力和民事行为能力,依法独立享有民事权利和承担民事义务的组织。我国的法人分为企业法人、机关法人、事业单位法人和社会团体法人四种。作为合法主体,法人能够对外订立合同,参与经济法律关系。其他组织是指不具备法人条件,但在工商行政管理部门履行注册登记手续,领取营业执照的其他社会组织,如法人的分支机构。作为合法主体,其他组织能够对外订立合同,参与经济法律关系。

第二,代理人代订合同,代理人也应有相应的主体资格。代理是指代理人在代理权限内,以被代理人的名义为民事法律行为,其后果直接归属于被代理人的法律制度。民事主体可以通过代理人实施民事法律行为。代理包括委托代理和法定代理。委托代理人按照被代理人的委托行使代理权,而法定代理人依照法律的规定行使代理权。自然人本人、法人的法定代表人、其他组织的负责人,因故不能亲自订立合同时,可以授权下属部门、内部成员、其他社会主体等,以该自然人、该法人、该社会组织的名义订立合同。在授权他人订立合同时,应签署授权委托书,授权委托书一般应明确授权范围、授权期限、委托人与受托人等内容。受托人依据授权委托书订立合同所产生的法律后果,由该委托人承担。行为人没有代理权、超越代理权或者代理权终止后,仍然实施代理行为,未经被代理人追认的,对被代理人不发生效力。

第三,当事人应根据其经营范围订立合同。取得合法资格的法人、其他组织等主体,并非可以任意订立合同,它们应当在核准登记的经营范围内订立合同。随着市场经济的发展,法律对企业经营范围的调控逐步放宽,但违反国家限制经营、特许经营以及法律、行政法规禁止经营规定而订立的合同,均属于无效合同。

二、合同的形式

合同的形式,又称"合同的方式",是当事人合意的表现形式,是合同内容的载体和外在表现形式。根据《民法典》规定,当事人订立合同,有书面形式、口头形式和其他形式。

(一)书面形式

书面形式是指合同书、信件和数据电文(包括电报、电传、传真、电子数据交换和电子邮件)等可以有形地表现所载内容的形式。采用书面形式订立合同,有据可查,发生纠纷时便于举证和分清责任。法律、行政法规规定或者当事人约定采用书面形式的,必须采用书面形式。

(二)口头形式

口头形式是指当事人只用语言不用文字为意思表示订立的合同。口头形式简便易行,尤其是对即时清结的合同最为适合。但其缺点是发生纠纷时,难以取证和分清责任。

(三)其他形式

除了书面形式和口头形式,合同还有其他一些形式,包括批准、登记、公告、公证和鉴证等形式。

三、合同的内容

合同的内容即合同的条款,是合同双方当事人权利和义务关系的具体表现。合同的条款是否完备,对于合同是否有效、能否顺利履行,具有决定性的作用。根据《民法典》规定,合同一般应当包括以下主要条款。

(一)当事人的名称或者姓名和住所

这实际上是指订立合同的当事人的基本情况。该条款是判断合同当事人是谁、当事人是否合格的依据。

(二)标的

标的是指合同当事人权利和义务共同指向的对象,是任何合同必须具备的主要条款,包括货物、劳务、工程项目、货币、智力成果等。

(三)数量

数量是指合同标的的计量尺度。标的数量关系到当事人义务的履行,因此,在协商标的数量的时候,当事人要根据自己的实际履约能力予以明确约定。

(四)质量

质量是指合同标的内在结构素质和外观形态相结合的综合指标。标的质量往往通过标的名称、品种、规格、型号、性能、包装等体现。为避免质量纠纷,当事人无论采用何种标准作为标的质量的依据,都应当明确写明执行标准的代号、编号和标准名称。容易引起歧义的质量标准,除了书面写明该质量标准的有关内容,最好能提交样品予以封存,以便发生质量纠纷时确定责任。

(五)价款或者报酬

价款是取得标的物应当支付的代价,报酬是获得服务应当支付的代价。在约定标的价款或者报酬的时候,除国家规定必须执行国家定价的以外,应由当事人协商议定,同时应当约定价款或者报酬的支付结算方式、开户行及账号等内容。

(六)履行期限、地点和方式

履行期限是指合同当事人实现权利和履行义务的时间界限,也是确定当事人的履行是否构成违约的标准之一。履行地点是指一方当事人履行义务,对方当事人实现权利的地方,也是确定运费由谁负担、风险由谁承受的依据,有时还是确定标的物所有权是否转移、合同纠纷诉讼管辖的依据。履行方式是指合同当事人履行义务的方法。常见的履行方式包括一次性履行和分期履行,卖方送货和买方自己提货,货物需要运输时的运输方式和运输路线等。

(七)违约责任

违约责任是指当事人不履行或者不适当履行合同义务时,根据法律规定或者合同约定应当承担的法律责任。违约责任的约定有利于分清责任和及时解决纠纷,以保证当事人的合法权益得以实现。

(八)解决争议的方法

解决争议的方法是指当事人在订立合同时,可以约定以何种方式解决可能出现的争议。当事人可以选择仲裁方式解决争议,如果没有选择的,发生争议时,当事人可以向人民法院提起诉讼。

四、合同订立的程序

合同订立的程序是指当事人双方按照有关规定,在平等互利的基础上经过协商达成协议的过程。这个过程通常分为要约和承诺两个阶段。

(一)要约

要约是指当事人一方向对方发出的希望和对方订立合同的意思表示。发出要约的一方称为要约人,接受要约的一方称为受要约人。要约是建立合同关系的开始阶段。要约应当符合下列规定:一是内容具体确定;二是表明经受要约人承诺,要约人即受该意思表示约束。

1. 要约邀请

要约邀请是希望他人向自己发出要约的意思表示。拍卖公告、招标公告、招股说明书、债券募集说明书、基金招募说明书、商业广告和宣传、寄送的价目表等为要约邀请。商业广告和宣传的内容符合要约规定的,构成要约。

2. 要约的生效

根据《民法典》规定,要约到达受要约人时生效,即要约送达到受要约人能够控制的地方时开始生效。要约的送达方式不同,其到达时间的确定也不同。以对话方式作出的意思表示,相对人知道其内容时生效。以非对话方式作出的意思表示,到达相对人时生效。以非对话方式作出的采用数据电文形式的意思表示,相对人指定特定系统接收数据电文的,该数据电文进入该特定系统时生效;未指定特定系统的,相对人知道或者应当知道该数据电文进入其系统时生效。当事人对采用数据电文形式的意思表示的生效时间另有约定的,按照其约定。

3. 要约的撤回与撤销

要约可以撤回,撤回要约的通知应当在要约到达受要约人之前或者与要约同时到达受要约人。

要约可以撤销,撤销要约的意思表示以对话方式作出的,该意思表示的内容应当在受要约人作出承诺之前为受要约人所知道;撤销要约的意思表示以非对话方式作出的,应当在受要约人作出承诺之前到达受要约人。但有下列情形之一的,要约不得撤销:

(1)要约人已确定承诺期限或者以其他形式表明要约不可撤销;

(2)受要约人有理由认为要约是不可撤销的,并已经为履行合同作了合理准备工作。

4. 要约的失效

要约的失效是指要约失去约束力。根据《民法典》规定,有下列情形之一的,要约失效:

(1)要约被拒绝;

(2)要约依法被撤销;

(3)承诺期限届满,受要约人未作出承诺;

(4)受要约人对要约的内容作出实质性变更。

(二)承诺

承诺是指受要约人同意要约的意思表示。承诺是合同关系的成立阶段。一般而言,要约一经承诺,合同即为成立。

作为一项有效的承诺,应当符合以下条件。

第一,承诺必须由受要约人向要约人作出。因为要约是要约人向特定的受要约人发出的,受要约人是要约人选定的交易相对方,受要约人进行承诺的权利是要约人赋予的,受要约人以外的第三人不享有承诺的权利,所以承诺必须由受要约人向要约人作出。

第二,承诺应当以通知的方式作出,但根据交易习惯或者要约表明可以通过行为作出承诺的除外。

第三,承诺应当在要约确定的期限内到达要约人。要约没有确定承诺期限的,应依法律规定到达要约人,即要约以对话方式作出的,应当即时作出承诺;要约以非对话方式作出的,承诺应当在合理期限内到达。要约以信件或者电报作出的,承诺期限自信件载明的日期或者电报交发之日开始计算。信件未载明日期的,自投寄该信件的邮戳日期开始计算。要约以电话、传真、电子邮件等快速通信方式作出的,承诺期限自要约到达受要约人时开始计算。

第四,承诺通知到达要约人时生效。承诺生效的时间以下列时间为准:以对话方式作出的意思表示,相对人知道其内容时生效;以非对话方式作出的意思表示,到达相对人时生效。以非对话方式作出的采用数据电文形式的意思表示,相对人指定特定系统接收数据电文的,该数据电文进入该特定系统时生效;未指定特定系统的,相对人知道或者应当知道该数据电文进入其系统时生效。当事人对采用数据电文形式的意思表示的生效时间另有约定的,按照其约定。承诺不需要通知的,根据交易习惯或者要约的要求作出承诺的行为时生效。

受要约人超过承诺期限发出承诺,或者在承诺期限内发出承诺,按照通常情形不能及时到达要约人的,为新要约,但是要约人及时通知受要约人该承诺有效的除外。

受要约人在承诺期限内发出承诺,按照通常情形能够及时到达要约人,但是因其他原因承诺到达要约人时超过承诺期限的,除要约人及时通知受要约人因承诺超过期限不接受该承诺外,该承诺有效。

第五,承诺的内容应当与要约的内容一致。承诺是以完全同意要约内容为前提的。受要约人对要约的内容作出实质性变更的,为新要约。有关合同标的、数量、质量、价款或者报酬、履行期限、履行地点和方式、违约责任和解决争议方法等的变更,是对要约内容的实质性变更。此时,原来的要约人成为新要约的受要约人,原来的受要约人成为新要约的要约人。

承诺对要约的内容作出非实质性变更的,除要约人及时表示反对或者要约表明承诺不得对要约的内容作出任何变更外,该承诺有效,合同的内容以承诺的内容为准。

承诺可以撤回,撤回承诺的通知应当在承诺通知到达要约人之前或者与承诺通知同时到达要约人。

五、合同的成立

(一)合同成立的条件

一般而言,合同的成立应当具备以下条件。

第一,必须有两个以上的当事人,且当事人以一定的形式表达出设立、变更、终止民事法律关系的意愿。

第二,当事人对主要条款达成合意。合同的主要条款应根据特定合同性质来确定。

当事人对合同的主要条款达成合意,意味着当事人意思表示一致。至于当事人的意思表示是否真实,则是考虑合同效力的主要因素。

第三,合同应依法成立,订立合同的形式、内容和程序要符合有关法律规定。

(二)合同成立的时间

一般而言,承诺生效时合同成立。对于要式合同应以履行完特定手续的时间作为合同成立的时间;对于实践合同应以当事人一方将实物交付给对方的时间作为合同成立的时间。

当事人采用合同书形式订立合同的,自当事人均签字、盖章或者按指印时合同成立。采用合同书形式订立合同,在签字、盖章或者按指印之前,当事人一方已经履行主要义务,对方接受时,该合同成立。法律、行政法规规定或者当事人约定合同应当采用书面形式订立,当事人未采用书面形式但是一方已经履行主要义务,对方接受时,该合同成立。

当事人采用信件、数据电文等形式订立合同,可以要求签订确认书,签订确认书时合同成立。当事人一方通过互联网等信息网络发布的商品或者服务信息符合要约条件的,对方选择该商品或者服务并提交订单成功时合同成立,但是当事人另有约定的除外。

凡法律、行政法规规定由国家批准的合同,获得批准时,合同成立。

(三)合同成立的地点

一般而言,承诺生效的地点为合同成立的地点。当事人采用合同书形式订立合同的,最后签字、盖章或者按指印的地点为合同成立的地点,但是当事人另有约定的除外。

采用数据电文形式订立合同的,收件人的主营业地为合同成立的地点;没有主营业地的,其经常居住地为合同成立的地点。当事人另有约定的,按照其约定。

六、格式条款

格式条款是当事人预先拟定,并在订立合同时不与对方协商的条款。

采用格式条款订立合同的,提供格式条款的一方应当遵循公平原则确定当事人之间的权利和义务,并采取合理的方式提示对方注意免除或者减轻其责任等与对方有重大利害关系的条款,按照对方的要求,对该条款予以说明。提供格式条款的一方未履行提示或者说明义务,致使对方没有注意或者理解与其有重大利害关系的条款的,对方可以主张该条款不成为合同的组成部分。

《民法典》规定,有下列情形之一的,该格式条款无效:

(1)提供格式条款一方不合理地免除或者减轻其责任、加重对方责任、限制对方主要权利;

(2)提供格式条款一方排除对方主要权利。

对格式条款的理解发生争议的,应当按照通常理解予以解释。对格式条款有两种以上解释的,应当作出不利于提供格式条款一方的解释。格式条款和非格式条款不一致的,应当采用非格式条款。

悬赏人以公开方式声明对完成特定行为的人支付报酬的,完成该行为的人可以请求其支付。

第三节 合同的效力

合同的效力,又称合同的法律效力,是指已成立的合同具有的法律约束力。合同的成立与合同的效力不同。合同成立与否主要取决于当事人之间是否就合同内容达成一致,而合同具有怎样的效力取决于法律作出怎样的评价。合同成立之后,既可能因符合法律规定而生效,也可能因违反法律法规规定或者意思表示不真实而无效。《民法典》第508条规定,"本编对合同的效力没有规定的,适用本法第一编第六章的有关规定",即第一编第六章民事法律行为效力的规定也适用于合同的效力。

一、有效合同

(一)有效合同的概念

有效合同是指依法成立并发生法律效力的合同。有效合同一般应具备的条件包括:合同当事人应当具有相应的民事权利能力和民事行为能力;当事人意思表示要真实;不违反法律法规规定或者损害社会公共利益。

(二)合同的生效

《民法典》根据合同类型的不同,分别规定了不同的合同生效时间。

1. 依法成立的合同,自成立时生效,但是法律另有规定或者当事人另有约定的除外。

2. 法律、行政法规规定应当办理批准等手续生效的,依照其规定。未办理批准等手续的,该合同不生效,但是不影响合同中履行报批等义务条款以及相关条款的效力。应当办理申请批准等手续的当事人未履行该义务的,对方可以请求其承担违反该义务的责任。

3. 法律、行政法规规定合同的变更、转让、解除等情形应当办理批准等手续生效的,依照上述规定处理。

4. 当事人对合同的效力可以约定附条件。附生效条件的合同,自条件成就时生效;附解除条件的合同,自条件成就时失效。

5. 当事人对合同的效力可以约定附期限。附生效期限的合同,自期限届至时生效;

附终止期限的合同,自期限届满时失效。

二、无效合同

(一)无效合同的概念

无效的合同是指因欠缺生效条件,不发生当事人预期法律后果的合同。

(二)无效合同的类型

根据《民法典》规定,无效合同适用于下列无效民事法律行为的规定:
(1)无民事行为能力人实施的民事法律行为无效;
(2)行为人与相对人以虚假的意思表示实施的民事法律行为无效;
(3)行为人与相对人恶意串通,损害他人合法权益的民事法律行为无效;
(4)违反法律、行政法规的强制性规定的民事法律行为无效,但是,该强制性规定不导致该民事法律行为无效的除外;
(5)违背公序良俗的民事法律行为无效。

此外,根据《最高人民法院关于适用〈中华人民共和国民法典〉合同编通则若干问题的解释》,合同虽然不违反法律、行政法规的强制性规定,但是有下列情形之一,合同无效:
(1)合同影响政治安全、经济安全、军事安全等国家安全的;
(2)合同影响社会稳定、公平竞争秩序或者损害社会公共利益等违背社会公共秩序的;
(3)合同背离社会公德、家庭伦理或者有损人格尊严等违背善良风俗的。

无效的或者被撤销的民事法律行为自始没有法律约束力。民事法律行为部分无效,不影响其他部分效力的,其他部分仍然有效。

三、可撤销合同

(一)可撤销合同的概念

可撤销合同是指依照法律规定,因行为人的意思表示不一致或者意思表示不自由而导致非真实的意思表示,可由当事人请求人民法院或者仲裁机构予以撤销的合同。

(二)可撤销合同的类型

根据《民法典》规定,可撤销合同适用于下列可撤销的民事法律行为规定:
(1)基于重大误解实施的民事法律行为,行为人有权请求人民法院或者仲裁机构予以撤销;

(2)一方以欺诈手段,使对方在违背真实意思的情况下实施的民事法律行为,受欺诈方有权请求人民法院或者仲裁机构予以撤销;

(3)第三人实施欺诈行为,使一方在违背真实意思的情况下实施的民事法律行为,对方知道或者应当知道该欺诈行为的,受欺诈方有权请求人民法院或者仲裁机构予以撤销;

(4)一方或者第三人以胁迫手段,使对方在违背真实意思的情况下实施的民事法律行为,受胁迫方有权请求人民法院或者仲裁机构予以撤销;

(5)一方利用对方处于危困状态、缺乏判断能力等情形,致使民事法律行为成立时显失公平的,受损害方有权请求人民法院或者仲裁机构予以撤销。

(三)撤销权的行使

撤销权一般由受损失人或者受害人行使。

有下列情形之一的,撤销权消灭:

(1)当事人自知道或者应当知道撤销事由之日起一年内、重大误解的当事人自知道或者应当知道撤销事由之日起九十日内没有行使撤销权;

(2)当事人受胁迫,自胁迫行为终止之日起一年内没有行使撤销权;

(3)当事人知道撤销事由后明确表示或者以自己的行为表明放弃撤销权。

当事人自民事法律行为发生之日起五年内没有行使撤销权的,撤销权消灭。

四、效力待定合同

(一)效力待定合同的概念

效力待定合同是指合同成立时尚未生效,须经过有权人的追认,才能生效的合同。

行为人实施的行为被追认前,善意相对人有撤销的权利。撤销应当以通知的方式作出。

(二)效力待定合同的类型

综合《民法典》规定,效力待定合同适用于下列效力待定民事法律行为的规定。

1. 限制民事行为能力人实施的民事法律行为

限制民事行为能力人实施的纯获利益的民事法律行为或者与其年龄、智力、精神健康状况相适应的民事法律行为有效;实施的其他民事法律行为经法定代理人同意或者追认后有效。相对人可以催告法定代理人自收到通知之日起三十日内予以追认。法定代理人未作表示的,视为拒绝追认。

2. 无权代理人实施的民事法律行为

行为人没有代理权、超越代理权或者代理权终止后,仍然实施代理行为,未经被代理人追认的,对被代理人不发生效力。相对人可以催告被代理人自收到通知之日起三十日内予以追认。被代理人未作表示的,视为拒绝追认。行为人实施的行为未被追认的,善意相对人有权请求行为人履行债务或者就其受到的损害请求行为人赔偿。但是,赔偿的范围不得超过被代理人追认时相对人所能获得的利益。相对人知道或者应当知道行为人无权代理的,相对人和行为人按照各自的过错承担责任。

五、合同被确认无效或者被撤销后的处理

根据《民法典》规定,民事法律行为无效、被撤销或者确定不发生效力后,行为人因该行为取得的财产,应当予以返还;不能返还或者没有必要返还的,应当折价补偿。有过错的一方应当赔偿对方由此所受到的损失;各方都有过错的,应当各自承担相应的责任。法律另有规定的,依照其规定。

根据《民法典》第五百零七条的规定,合同不生效、无效、被撤销或者终止的,不影响合同中有关解决争议方法的条款的效力。

第四节 合同的履行

当事人订立合同的目的,在于通过其履行获得相应的经济利益。合同的履行,是双方当事人各自承担约定义务的实施阶段,是贯彻合同法的重要环节。

一、合同履行的概念和原则

合同履行是指当事人按照合同规定完成承担的义务的行为。当事人完成了自己应尽的全部义务,称为全部履行;当事人完成了自己应尽义务的一部分,称为部分履行。一项生效的合同,只有通过履行,才能实现合同的目的。合同履行是合同法的核心,是当事人实现经济目的的手段。

合同履行的原则是指合同当事人在履行合同义务时必须遵循的基本准则。合同的履行应当遵循以下原则。

(一)实际履行原则

实际履行原则是指当事人要按照合同规定的标的来承担义务,不能用其他标的代替约定的标的。一方违约时除支付违约金、赔偿损失外,对方要求继续履行的,仍应继续履行。但是,贯彻实际履行原则并不是绝对的,必须从客观实际出发。如果合同的实际履行已经成为不可能或者不必要时,则允许支付违约金或者赔偿损失,而不需要给付合同规定的标的。

(二)全面履行原则

全面履行原则是指当事人除按照合同规定的标的履行外,还要按照合同规定的数量、质量、价款或者报酬、履行期限、履行地点、履行方式等条款,全面完成合同所规定的义务。合同的全面履行原则是对实际履行原则的补充和扩展,其目的在于督促当事人保质、保量、按时地全面完成合同所规定的义务。它是衡量合同履行程度、落实违约责任的依据。

(三)诚实信用原则

诚实信用原则是指双方当事人在履行合同过程中,应当根据合同的性质、目的和交易习惯履行通知、协助、保密等义务。双方当事人也要重合同、守信用,密切协作,相互提供条件和方便,以利于合同的履行。一旦发生争议,双方当事人也要及时协商,以避免分歧的扩大。

(四)环保原则

环保原则是指当事人在履行合同过程中,应当避免浪费资源、污染环境和破坏生态。

二、合同履行的规则

当事人在订立合同时难免会存在疏忽,对有些问题没有约定或者约定不明确,在这种情况下,双方当事人可以协议补充;不能达成补充协议的,可以按照合同相关条款或者交易习惯确定。按上述方法仍不能确定的,适用《民法典》下列规定。

1. 质量要求不明确的,按照强制性国家标准履行;没有强制性国家标准的,按照推荐性国家标准履行;没有推荐性国家标准的,按照行业标准履行;没有国家标准、行业标准的,按照通常标准或者符合合同目的的特定标准履行。

2. 价款或者报酬不明确的,按照订立合同时履行地的市场价格履行;依法应当执行政府定价或者政府指导价的,按照规定履行。

3. 履行地点不明确的,给付货币的,在接受货币一方所在地履行;交付不动产的,在不动产所在地履行;其他标的,在履行义务一方所在地履行。

4. 履行期限不明确的,债务人可以随时履行,债权人也可以随时要求履行,但是应当给对方必要的准备时间。

5. 履行方式不明确的,按照有利于实现合同目的的方式履行。

6. 履行费用的负担不明确的,由履行义务一方负担;因债权人原因增加的履行费用,由债权人负担。

7. 电子合同的履行规则。通过互联网等信息网络订立的电子合同的标的为交付商品并采用快递物流方式交付的,收货人的签收时间为交付时间。电子合同的标的为提供服务的,生成的电子凭证或者实物凭证中载明的时间为提供服务时间;前述凭证没有载明时间或者载明时间与实际提供服务时间不一致的,以实际提供服务的时间为准。电子合同的标的物为采用在线传输方式交付的,合同标的物进入对方当事人指定的特定系统且能够检索识别的时间为交付时间。

电子合同当事人对交付商品或者提供服务的方式、时间另有约定的,按照其约定。

此外,执行政府定价或者政府指导价的,在合同约定的交付期限内政府价格调整时,按照交付时的价格计价。逾期交付标的物的,遇价格上涨时,按照原价格执行;价格下降时,按照新价格执行。逾期提取标的物或者逾期付款的,遇价格上涨时,按照新价格执行;价格下降时,按照原价格执行。

三、多项标的选择权的确定

根据《民法典》规定,标的有多项而债务人只需履行其中一项的,债务人享有选择权;但是,法律另有规定、当事人另有约定或者另有交易习惯的除外。享有选择权的当事人在约定期限内或者履行期限届满未作选择,经催告后在合理期限内仍未选择的,选择权转移至对方。

当事人行使选择权应当及时通知对方,通知到达对方时,标的确定。标的确定后不得变更,但是经对方同意的除外。可选择的标的发生不能履行情形的,享有选择权的当事人不得选择不能履行的标的,但是该不能履行的情形是由对方造成的除外。

四、连带债权债务的履行

《民法典》对连带债权债务的履行作了如下规定。

1. 债权人为二人以上,部分或者全部债权人均可以请求债务人履行债务的,为连带债权;债务人为二人以上,债权人可以请求部分或者全部债务人履行全部债务的,为连带债务。连带债权或者连带债务,由法律规定或者当事人约定。

2. 连带债务人之间的份额难以确定的,视为份额相同。实际承担债务超过自己份额的连带债务人,有权就超出部分在其他连带债务人未履行的份额范围内向其追偿,并相应地享有债权人的权利,但是不得损害债权人的利益。其他连带债务人对债权人的抗辩,可以向该债务人主张。

被追偿的连带债务人不能履行其应分担份额的,其他连带债务人应当在相应范围内按比例分担。

3. 部分连带债务人履行、抵销债务或者提存标的物的,其他债务人对债权人的债务在相应范围内消灭;该债务人可以依据前条规定向其他债务人追偿。部分连带债务人的债务被债权人免除的,在该连带债务人应当承担的份额范围内,其他债务人对债权人的债务消灭。

部分连带债务人的债务与债权人的债权同归于一人的,在扣除该债务人应当承担的份额后,债权人对其他债务人的债权继续存在。债权人对部分连带债务人的给付受领迟延的,对其他连带债务人发生效力。

4. 连带债权人之间的份额难以确定的,视为份额相同。实际受领债权的连带债权人,应当按比例向其他连带债权人返还。连带债权参照适用连带债务的有关规定。

5. 当事人约定由债务人向第三人履行债务,债务人未向第三人履行债务或者履行债务不符合约定的,应当向债权人承担违约责任。法律规定或者当事人约定第三人可以直接请求债务人向其履行债务,第三人未在合理期限内明确拒绝,债务人未向第三人履行债务或者履行债务不符合约定的,第三人可以请求债务人承担违约责任;债务人对债权人的抗辩,可以向第三人主张。

6. 当事人约定由第三人向债权人履行债务,第三人不履行债务或者履行债务不符合约定的,债务人应当向债权人承担违约责任。

7. 债务人不履行债务,第三人对履行该债务具有合法利益的,第三人有权向债权人代为履行,但是,根据债务性质、按照当事人约定或者依照法律规定只能由债务人履行的除外。

债权人接受第三人履行后,其对债务人的债权转让给第三人,但是债务人和第三人另有约定的除外。

五、合同履行中的抗辩权

抗辩权是指在双务合同中,一方当事人依法对抗对方履行要求或者否认对方权利主张的权利。《民法典》中规定的合同履行中的抗辩权主要包括如下。

(一)同时履行抗辩权

根据《民法典》规定,当事人互负债务,没有先后履行顺序的,应当同时履行。一方在对方履行之前有权拒绝其履行要求;一方在对方履行债务不符合约定时,也有权拒绝其相应的履行要求。

(二)后履行抗辩权

根据《民法典》规定,当事人互负债务,有先后履行顺序,先履行一方未履行的,后履行一方有权拒绝其履行要求;先履行一方履行债务不符合约定的,后履行一方有权拒绝其相应的履行要求。

(三)不安抗辩权

根据《民法典》规定,应当先履行债务的当事人,有确切证据证明对方有下列情形之一的,可以中止履行:

(1)经营状况严重恶化;

(2)转移财产、抽逃资金,以逃避债务;

(3)丧失商业信誉;

(4)有丧失或者可能丧失履行债务能力的其他情形。

当事人行使不安抗辩权中止履行的,应当及时通知对方。对方提供适当担保时,应当恢复履行。中止履行后对方在合理期限内未恢复履行能力并且未提供适当担保的,视为以自己的行为表明不履行主要债务,中止履行的一方可以解除合同并可以请求对方承担违约责任。当事人没有确切证据中止履行的,应当承担违约责任。

六、合同履行的保全措施

合同履行中的保全措施是指为了防止因债务人的财产不当减少而危害债权人的债权利益时,允许债权人为保全其债权的实现而采取的法律措施。保全措施包括行使代位权和行使撤销权。

(一)代位权

代位权是指因债务人怠于行使其债权或者与该债权有关的从权利,影响债权人的到期债权实现的,债权人可以向人民法院请求以自己的名义代位行使债务人对相对人的权利,但是该权利专属于债务人自身的除外。债权人行使代位权的目的在于使自己的债权得以实现。

债权人行使代位权须具备以下条件:债权人对债务人的债权合法;债务人怠于行使其到期债权,对债权人造成损害;债务人的债权已到期;债务人的债权不是专属于债务人自身的债权。

代位权的行使范围以债权人的到期债权为限,超过这一范围的,代位权人无权行使。债权人行使代位权的必要费用,由债务人负担。

债权人的债权到期前,债务人的债权或者与该债权有关的从权利存在诉讼时效期间即将届满或者未及时申报破产债权等情形,影响债权人的债权实现的,债权人可以代位向债务人的相对人请求其向债务人履行、向破产管理人申报或者作出其他必要的行为。

人民法院认定代位权成立的,由债务人的相对人向债权人履行义务,债权人接受履行后,债权人与债务人、债务人与相对人之间相应的权利义务终止。债务人对相对人的债权或者与该债权有关的从权利被采取保全、执行措施,或者债务人破产的,依照相关法律的规定处理。

(二)撤销权

撤销权是指因债务人以放弃其债权、放弃债权担保、无偿转让财产等方式无偿处分财产权益的,或者恶意延长其到期债权的履行期限,影响债权人的债权实现的,债权人可以请求人民法院撤销债务人行为的权利。债务人影响债权人的债权实现的行为被撤销的,自始没有法律约束力。

如果债务人以明显不合理的低价转让财产、以明显不合理的高价受让他人财产或者为他人的债务提供担保,影响债权人的债权实现,债务人的相对人知道或者应当知道该情形的,那么债权人可以请求人民法院撤销债务人的行为。债务人以明显不合理的低价转让财产、以明显不合理的高价受让他人财产或者为他人的债务提供担保的,撤销权的行使范围以债权人的债权为限。债权人行使撤销权的必要费用,由债务人负担。

七、情势变更

情势变更是指在合同履行过程中因不可归责于当事人的事由致使继续履行合同十分艰难,如果坚持让受不利影响的当事人继续履行,那便有悖于诚实信用原则,因此,有必要调整合同内容或者解除合同。

根据《民法典》规定,合同成立后,合同的基础条件发生了当事人在订立合同时无法预见的、不属于商业风险的重大变化,继续履行合同对于当事人一方明显不公平的,受不利影响的当事人可以与对方重新协商;在合理期限内协商不成的,当事人可以请求人民法院或者仲裁机构变更或者解除合同。人民法院或者仲裁机构应当结合案件的实际情况,根据公平原则变更或者解除合同。

第五节 合同的变更、转让及终止

合同依法成立并生效后,即具有法律约束力,任何一方当事人都不得以任何理由擅自变更、转让和终止合同。但当发生法律允许的情况时,合同可以变更、转让和终止。

一、合同的变更

合同的变更包括广义的合同变更和狭义的合同变更。广义的合同变更包括合同主体的变更和合同内容的变更;狭义的合同变更仅指合同内容的变更。合同主体的变更就是通常所称的合同的转让或者转移。

合同的变更是指合同成立并生效后,在不改变合同主体的前提下,当事人依法对合同内容进行修改或者补充的行为。

合同的变更是一种双方法律行为,应当符合下列条件:一是存在有效合同关系;二是当事人协商一致;三是合同内容发生变化。

当事人对合同变更的内容约定不明确的,推定为未变更。

二、合同的转让

合同的转让是指合同主体的变更,也就是当事人将其合同权利或者义务全部或者部分地转让给第三人。合同的转让包括合同权利的转让、合同义务的转移和合同权利义务的概括转让。

(一)合同权利的转让

合同权利的转让亦称"债权转让",是指合同债权人将其享有的合同权利全部或者部分地转让给第三人。原债权人称为"让与人",第三人称为"受让人"。

根据《民法典》规定,债权人可以将合同的权利全部或者部分转让给第三人,但有下列情形之一的除外:

(1)根据债权性质不得转让;

(2)根据当事人约定不得转让;

(3)依照法律规定不得转让。

当事人约定非金钱债权不得转让的,不得对抗善意第三人。当事人约定金钱债权不得转让的,不得对抗第三人。

债权人转让权利的,应当通知债务人。未经通知,该转让对债务人不发生效力。债权人转让权利的通知不得撤销,但经受让人同意的除外。债权转让后,受让人取代原债权人成为该债权的新债权人,同时取得与该债权有关的从权利,但该从权利专属于债权人自身的除外。

债权人权利的转让,不得损害债务人利益:债务人接到债权转让通知后,债务人对让与人的抗辩,可以向受让人主张,如债权无效等事由的抗辩。

此外,有下列情形之一的,债务人可以向受让人主张抵销:

(1)债务人接到债权转让通知时,债务人对让与人享有债权,且债务人的债权先于转让的债权到期或者同时到期;

(2)债务人的债权与转让的债权是基于同一合同产生的。

因债权转让增加的履行费用,由让与人负担。

(二)合同义务的转移

合同义务的转移亦称"债务承担",是指债务人将合同的义务全部或者部分转移给第三人。债务人将合同债务转移给第三人时,除不得违反法律禁止性规定外,还必须征得债权人同意,这样债务转移方为有效。债务人或者第三人可以催告债权人在合理期限内予以同意,债权人未作表示的,视为不同意。

合同义务的转移须具备以下要件:一是存在有效债务;二是债务具有可转移性;三是债务人与第三人之间达成协议;四是须取得债权人的同意。

债务人转移义务的,新债务人应当承担与主债务有关的从债务,但该从债务专属于原债务人自身的除外。

债务人既可以将债务全部转移,也可以将债务部分转移。债务全部转移的,第三人完全取代债务人承担全部债务,原债务人脱离债务关系,不再承担合同债务;债务部分转移的,第三人与债务人共同承担合同债务。

第三人与债务人约定加入债务并通知债权人,或者第三人向债权人表示愿意加入债务,债权人未在合理期限内明确拒绝的,债权人可以请求第三人在其愿意承担的债务范围内和债务人承担连带债务。

债务人转移债务的,新债务人可以主张原债务人对债权人的抗辩;原债务人对债权人享有债权的,新债务人不得向债权人主张抵销。

(三)合同权利义务的概括转让

合同权利义务的概括转让亦称"债权债务的概括转让",是指当事人一方经对方同意,可以将自己在合同中的权利和义务一并转让给第三人。其结果是第三人取得让与人在合同中的地位,成为合同权利和义务的主体。合同权利义务的概括转让实质上相当于终止与对方的合同,成立一个新的合同关系,因此,转让时须经合同对方当事人同意。

三、合同的终止

合同的终止亦称"合同的消灭",是指因某种原因而引起合同的权利义务关系的消灭。合同当事人之间可以根据一定的法律程序和法律事实设立民事权利义务关系,也可以根据一定的法律程序和法律事实消灭民事权利义务关系。

(一)合同权利义务终止的原因

根据《民法典》规定,有下列情形之一的,债权债务终止:
(1)债务已经履行;
(2)债务相互抵销;
(3)债务人依法将标的物提存;
(4)债权人免除债务;
(5)债权债务同归于一人;
(6)法律规定或者当事人约定终止的其他情形。
合同解除的,该合同的权利义务关系终止。

(二)合同解除

合同解除有两种情况。一是约定解除,即当事人通过行使约定的解除权或者双方协商决定而进行的合同解除。行使约定的解除权是指当事人可以约定一方解除合同的事由。解除合同的事由发生时,解除权人可以解除合同。二是法定解除。根据《民法典》规定,有下列情形之一的,当事人可以解除合同:

(1)因不可抗力致使不能实现合同目的;
(2)在履行期限届满之前,当事人一方明确表示或者以自己的行为表明不履行主要债务;
(3)当事人一方迟延履行主要债务,经催告后在合理期限内仍未履行;
(4)当事人一方迟延履行债务或者有其他违约行为致使不能实现合同目的;
(5)法律规定的其他情形。

法律规定或者当事人约定解除权行使期限,期限届满当事人不行使的,该权利消灭。法律没有规定或者当事人没有约定解除权行使期限,自解除权人知道或者应当知道解除事由之日起一年内不行使,或者经对方催告后在合理期限内不行使的,该权利消灭。

当事人一方依法主张解除合同的,应当通知对方。合同自通知到达对方时解除;通知载明债务人在一定期限内不履行债务则合同自动解除,债务人在该期限内未履行债务的,合同自通知载明的期限届满时解除。对方对解除合同有异议的,任何一方当事人均可以请求人民法院或者仲裁机构确认解除行为的效力。

当事人一方未通知对方,直接以提起诉讼或者申请仲裁的方式依法主张解除合同,人民法院或者仲裁机构确认该主张的,合同自起诉状副本或者仲裁申请书副本送达对方时解除。

合同解除后,尚未履行的,终止履行;已经履行的,根据履行情况和合同性质,当事人可以要求恢复原状或者采取其他补救措施,并有权请求赔偿损失。合同因违约解除的,解除权人可以请求违约方承担违约责任,但是当事人另有约定的除外。

主合同解除后,担保人对债务人应当承担的民事责任仍应当承担担保责任,但是担保合同另有约定的除外。

(三)债务相互抵销

债务相互抵销包括两种情况:一是约定抵销,即当事人互负债务,标的物种类、品质不相同的,经双方协商一致,可以抵销;二是法定抵销,即当事人互负到期债务,该债务的标的物种类、品质相同的,任何一方可以将自己的债务与对方的债务抵销,但依照法律规定或者按照合同性质不得抵销的除外。

当事人主张抵销的,应当通知对方。通知自到达对方时生效。抵销不得附条件或者附期限。

(四)债务人依法将标的物提存

提存是指债务人将无法清偿的标的物交有关部门保存,以消灭合同关系的行为。根据《民法典》规定,有下列情形之一,难以履行债务的,债务人可以将标的物提存:

(1)债权人无正当理由拒绝受领;

(2)债权人下落不明;

(3)债权人死亡未确定继承人、遗产管理人,或者丧失民事行为能力未确定监护人;

(4)法律规定的其他情形。

标的物不适于提存或者提存费用过高的,债务人依法可以拍卖或者变卖标的物,提存所得的价款。标的物提存后,债务人应当及时通知债权人或者债权人的继承人、遗产管理人、监护人、财产代管人。

标的物提存后,毁损、灭失的风险由债权人承担。提存期间,标的物的孳息归债权人所有,提存费用由债权人负担。

债权人可以随时领取提存物,但债权人对债务人负有到期债务的,在债权人未履行债务或者提供担保之前,提存部门根据债务人的要求应当拒绝其领取提存物。债权人领取提存物的权利,自提存之日起五年内不行使而消灭,提存物扣除提存费用后归国家所有。但是,债权人未履行对债务人的到期债务,或者债权人向提存部门书面表示放弃领取提存物权利的,债务人负担提存费用后有权取回提存物。

第六节　合同的担保

合同担保是保证合同得以履行的一种法律制度,是指当事人根据法律规定或者合同约定,以第三人信用或者以特定财产保证债务人履行义务、债权人实现权利的制度。担保具有从属性,它以合同的合法有效存在为前提。合同依法变更或者解除,担保关系也就随之发生变化;合同的义务全面履行,担保关系也就终止。

为促进资金融通和商品流通,保障债权的实现,发展社会主义市场经济,1995年6月30日八届全国人大常委会第十四次会议通过了《中华人民共和国担保法》(现已废止),2020年5月28日十三届全国人大第三次会议通过了《中华人民共和国民法典》。《民法典》对保证、抵押、质押、留置和定金等担保形式作了明确规定,其中,保证属于人的担保,定金属于金钱担保,其他几种属于物的担保。

一、保证

(一)保证的概念和特征

保证是指为保障债权的实现,保证人和债权人约定,当债务人不履行到期债务或者发生当事人约定的情形时,保证人履行债务或者承担责任的合同。保证合同是主债权债务合同的从合同。主债权债务合同无效的,保证合同无效,但是法律另有规定的除外。

保证与其他几种担保形式相比,具有以下法律特征。

第一,保证是保证人以自己的信用或者不特定的财产为他人提供担保。而抵押、质押、留置等担保物权是担保人以自己的一定财产提供担保。因此,保证属于人的担保,其担保效力决定于保证人的财产状况,而担保物权的担保效力不受担保人财产状况的影响。

第二,保证人应当具有清偿债务的能力。根据《民法典》规定,凡是具有代为清偿债务能力的法人、其他组织或者公民,可以作为保证人。国家机关不得为保证人,但经国务院批准为使用外国政府或者国际经济组织贷款进行转贷的除外;以公益为目的的非营利法人、非法人组织不得为保证人。

第三,保证合同须以书面形式订立。根据《民法典》规定,保证人与债权人应当以书面形式订立保证合同。保证合同可以是单独订立的书面合同,也可以是主债权债务合同中的保证条款。保证合同应当包括以下内容:

(1)被保证的主债权种类、数额;
(2)债务人履行债务的期限;
(3)保证的方式;
(4)保证担保的范围;
(5)保证的期间;
(6)双方认为需要约定的其他事项。

(二)保证的方式

保证的方式有一般保证和连带责任保证两种形式。

一般保证是指当事人在保证合同中约定,债务人不能履行债务时,由保证人承担保证责任。一般保证的保证人在主合同纠纷未经审判或者仲裁,并就债务人财产依法强制执行仍不能履行债务前,有权拒绝向债权人承担保证责任,但是有下列情形之一的除外:

(1)债务人下落不明,且无财产可供执行;
(2)人民法院已经受理债务人破产案件;
(3)债权人有证据证明债务人的财产不足以履行全部债务或者丧失履行债务能力;
(4)保证人书面表示放弃本款规定的权利。

连带责任保证是指当事人在保证合同中约定保证人和债务人对债务承担连带责任的保证。在连带责任保证的情况下,当连带责任保证的债务人不履行到期债务或者发生当事人约定的情形时,债权人可以请求债务人履行债务,也可以请求保证人在其保证范围内承担保证责任。

当事人在保证合同中对保证方式没有约定或者约定不明确的,按照一般保证承担保证责任。

(三)保证责任的范围

保证担保的范围包括主债权及利息、违约金、损害赔偿金和实现债权的费用。保证合同另有约定的,按照约定。

保证期间是确定保证人承担保证责任的期间,不发生中止、中断和延长。债权人与保证人可以约定保证期间,但是约定的保证期间早于主债务履行期限或者与主债务履行期限同时届满的,视为没有约定;没有约定或者约定不明确的,保证期间为主债务履行期限届满之日起六个月。

债权人与债务人对主债务履行期限没有约定或者约定不明确的,保证期间自债权人请求债务人履行债务的宽限期届满之日起计算。

同一债务有两个以上保证人的,保证人应当按照保证合同约定的保证份额,承担保证责任;没有约定保证份额的,债权人可以请求任何一个保证人在其保证范围内承担保证责任。

(四)保证责任的免除

保证责任的免除是指对保证责任基于法律的规定或者当事人的约定加以除去的现象。根据《民法典》规定,在下列情况下,保证人可不承担保证责任。

1. 一般保证的债权人未在保证期间对债务人提起诉讼或者申请仲裁的,保证人不再承担保证责任。连带责任保证的债权人未在保证期间请求保证人承担保证责任的,保证人不再承担保证责任。

2. 债权人和债务人未经保证人书面同意,协商变更主债权债务合同内容,减轻债务的,保证人仍对变更后的债务承担保证责任;加重债务的,保证人对加重的部分不承担保证责任。债权人和债务人变更主债权债务合同的履行期限,未经保证人书面同意的,保证期间不受影响。

3. 债权人转让全部或者部分债权,未通知保证人的,该转让对保证人不发生效力。保证人与债权人约定禁止债权转让,债权人未经保证人书面同意转让债权的,保证人对受让人不再承担保证责任。

4. 债权人未经保证人书面同意,允许债务人转移全部或者部分债务,保证人对未经其同意转移的债务不再承担保证责任,但是债权人和保证人另有约定的除外。第三人加入债务的,保证人的保证责任不受影响。

5. 一般保证的保证人在主债务履行期限届满后,向债权人提供债务人可供执行财产的真实情况,债权人放弃或者怠于行使权利致使该财产不能被执行的,保证人在其提供可供执行财产的价值范围内不再承担保证责任。

二、抵押

(一)抵押的概念和特征

抵押是指债务人或者第三人不转移对抵押财产的占有,将该财产抵押给债权人。

当债务人不履行到期债务或者发生当事人约定的实现抵押权的情形时,债权人有权就该财产优先受偿。其中的债务人或者第三人是抵押人,债权人是抵押权人,提供担保的财产是抵押物。

因抵押所产生的权利称为"抵押权"。抵押权具有以下法律特征。

第一,抵押权是一种担保物权。抵押人未经抵押权人同意,不得处分抵押物。抵押权人在抵押物担保的债权已届清偿期而未受清偿时,有权依法处分抵押物并从所得的价款中优先受偿。

第二,抵押权是不转移标的物占有的物权。抵押期间,抵押人可以不将抵押物转移于抵押权人,仍享有对抵押物的占有、使用、收益权。

第三,抵押权是债务人或者第三人就其财产所设定的物权。抵押人可以是债务人,也可以是主合同外的第三人,其只能对自己所有的或者依法有权处分的财产设定抵押。

(二)抵押物

抵押物既包括不动产,也包括动产。根据《民法典》规定,债务人或者第三人有权处分的下列财产可以抵押:

(1)建筑物和其他土地附着物;
(2)建设用地使用权;
(3)海域使用权;
(4)生产设备、原材料、半成品、产品;
(5)正在建造的建筑物、船舶、航空器;
(6)交通运输工具;
(7)法律、行政法规未禁止抵押的其他财产。

抵押人可以将前款所列财产一并抵押。

抵押人所担保的债权不得超出其抵押物的价值。财产抵押后,该财产的价值大于所担保债权的余额部分,可以再次抵押,但不得超出其余额部分。

企业、个体工商户、农业生产经营者可以将现有的以及将有的生产设备、原材料、半成品、产品抵押,当债务人不履行到期债务或者发生当事人约定的实现抵押权的情形时,债权人有权就抵押财产确定时的动产优先受偿。以建筑物抵押的,该建筑物占用范围内的建设用地使用权一并抵押。以建设用地使用权抵押的,该土地上的建筑物一并抵押。抵押人未依据前款规定一并抵押的,未抵押的财产视为一并抵押。

根据《民法典》规定,下列财产不得抵押:

(1)土地所有权;
(2)宅基地、自留地、自留山等集体所有的土地使用权,但是法律规定可以抵押的除外;
(3)学校、幼儿园、医疗机构等以公益为目的成立的非营利法人的教育设施、医疗卫生设施和其他公益设施；

(4)所有权、使用权不明或者有争议的财产；

(5)依法被查封、扣押、监管的财产；

(6)法律、行政法规规定不得抵押的其他财产。

(三)抵押合同

抵押合同是指抵押人和抵押权人之间所订立的,确认相互之间担保权利和义务关系的协议。抵押合同应以书面形式订立。根据《民法典》规定,抵押合同应当包括以下内容：

(1)被担保债权的种类和数额；

(2)债务人履行债务的期限；

(3)抵押财产的名称、数量等情况；

(4)担保的范围。

抵押权人在债务履行期限届满前,与抵押人约定债务人不履行到期债务时抵押财产归债权人所有的,只能依法就抵押财产优先受偿。

(四)抵押的效力

抵押的效力表现在,当债务人不履行到期债务或者发生当事人约定的实现抵押权的情形时,抵押权人可以与抵押人协议以抵押财产折价或者以拍卖、变卖该抵押财产所得的价款优先受偿。协议损害其他债权人利益的,其他债权人可以请求人民法院撤销该协议。

抵押权人与抵押人未就抵押权实现方式达成协议的,抵押权人可以请求人民法院拍卖、变卖抵押财产。抵押财产折价或者变卖的,应当参照市场价格。

抵押担保的范围包括主债权及利息、违约金、损害赔偿金和实现抵押权的费用。抵押合同另有约定的,按照约定。

抵押期间,抵押人可以转让抵押财产。当事人另有约定的,按照其约定。抵押财产转让的,抵押权不受影响。抵押人转让抵押财产的,应当及时通知抵押权人。抵押权人能够证明抵押财产转让可能损害抵押权的,可以请求抵押人将转让所得的价款向抵押权人提前清偿债务或者提存。转让的价款超过债权数额的部分归抵押人所有,不足部分由债务人清偿。

同一财产向两个以上债权人抵押的,拍卖、变卖抵押财产所得的价款依照下列规定清偿：

(1)抵押权已经登记的,按照登记的时间先后确定清偿顺序；

(2)抵押权已经登记的先于未登记的受偿；

(3)抵押权未登记的,按照债权比例清偿。

其他可以登记的担保物权,清偿顺序参照适用上述规定。

同一财产既设立抵押权又设立质权的,拍卖、变卖该财产所得的价款按照登记、交付的时间先后确定清偿顺序。

三、质押

(一)质押的概念和特征

质押是指债务人或者第三人将其财产移交债权人占有,将该财产作为债权的担保。当债务人不履行到期债务或者发生当事人约定的实现质权的情形时,债权人有权就该动产优先受偿。其中,债务人或者第三人为出质人,债权人为质权人,交付的动产或者权利为"质物"。

我国《民法典》规定了两种类型的质押,即动产质押和权利质押。动产质押是以动产作为债权的担保,权利质押是以可让与的财产权利作为债权的担保。

质权人享有的权利称为"质权"。质权具有以下法律特征。

第一,质权以转移质物的占有为生效条件。质押合同不是自合同成立时起生效,而是自质物移交于质权人占有时生效。质权的存在以质权人占有质物为必要。

第二,质权的标的物为动产或者权利。质权的标的一般是动产。权利质权的标的为土地使用权以外的其他权利。

(二)质物

动产质押的财产为出质人有权处分的可以出质的动产。权利质押的财产包括:

(1)汇票、本票、支票;

(2)债券、存款单;

(3)仓单、提单;

(4)依法可以转让的基金份额、股份;

(5)可以转让的注册商标专用权、专利权、著作权等知识产权中的财产权;

(6)现有的以及将有的应收账款;

(7)法律、行政法规规定可以出质的其他财产权利。

(三)质押合同

1. 质押合同的内容

以动产质押的,出质人和质权人应当以书面形式订立质押合同。根据《民法典》规定,质押合同应当包括以下内容:

(1)被担保债权的种类和数额;

(2)债务人履行债务的期限;

(3)质物的名称、数量等情况;
(4)担保的范围;
(5)质押财产交付的时间、方式。

2. 质押合同的设立

质押合同的设立包括以下几种情形。

(1)以动产出质的,质权自出质人交付质押财产时设立。

(2)以汇票、本票、支票、债券、存款单、仓单、提单出质的,质权自权利凭证交付质权人时设立;没有权利凭证的,质权自办理出质登记时设立。法律另有规定的,依照其规定。汇票、本票、支票、债券、存款单、仓单、提单的兑现日期或者提货日期先于主债权到期的,质权人可以兑现或者提货,并与出质人协议将兑现的价款或者提取的货物提前清偿债务或者提存。

(3)以基金份额、股权出质的,质权自办理出质登记时设立。基金份额、股权出质后,不得转让,但是出质人与质权人协商同意的除外。出质人转让基金份额、股权所得的价款,应当向质权人提前清偿债务或者提存。

(4)以注册商标专用权、专利权、著作权等知识产权中的财产权出质的,质权自办理出质登记时设立。知识产权中的财产权出质后,出质人不得转让或者许可他人使用,但是出质人与质权人协商同意的除外。出质人转让或者许可他人使用出质的知识产权中的财产权所得的价款,应当向质权人提前清偿债务或者提存。

(5)以应收账款出质的,质权自办理出质登记时设立。

(四)质押的效力

质押的效力表现在,质权人在债务履行期限届满前,与出质人约定债务人不履行到期债务时质押财产归债权人所有的,只能依法就质押财产优先受偿。

动产质押担保的范围包括主债权及利息、违约金、损害赔偿金、质物保管费用和实现质权的费用。质押合同另有约定的,按照约定。

质押期间,质权人负有妥善保管质押财产的义务;因保管不善致使质押财产毁损、灭失的,应当承担赔偿责任。因不可归责于质权人的事由可能使质押财产毁损或者价值明显减少,足以危害质权人权利的,质权人有权请求出质人提供相应的担保;出质人不提供的,质权人可以拍卖、变卖质押财产,并与出质人协议将拍卖、变卖所得的价款提前清偿债务或者提存。

四、留置

(一)留置的概念

留置是指债务人不履行到期债务,债权人可以留置已经合法占有的债务人的动产,并有权就该动产优先受偿。其中,债权人为留置权人,占有的动产为留置财产。

（二）留置权的相关规定

留置权是一种法定担保形式。根据《民法典》规定如下。

1.债权人留置的动产,应当与债权属于同一法律关系,但是企业之间留置的除外。法律规定或者当事人约定不得留置的动产,不得留置。

2.留置财产为可分物的,留置财产的价值应当相当于债务的金额。

3.留置权人负有妥善保管留置财产的义务;因保管不善致使留置财产毁损、灭失的,应当承担赔偿责任。

4.留置权人与债务人应当约定留置财产后的债务履行期限;没有约定或者约定不明确的,留置权人应当给债务人六十日以上履行债务的期限,但是鲜活易腐等不易保管的动产除外。债务人逾期未履行的,留置权人可以与债务人协议以留置财产折价,也可以就拍卖、变卖留置财产所得的价款优先受偿。留置财产折价或者变卖的,应当参照市场价格。

5.债务人可以请求留置权人在债务履行期限届满后行使留置权;留置权人不行使的,债务人可以请求人民法院拍卖、变卖留置财产。

6.留置财产折价或者拍卖、变卖后,其价款超过债权数额的部分归债务人所有,不足部分由债务人清偿。

7.同一动产上已经设立抵押权或者质权,该动产又被留置的,留置权人优先受偿。

五、定金

（一）定金的概念

定金是指当事人一方为了证明合同的成立和保证合同的履行,先行给付对方一定数额的货币。定金应当以书面形式约定。定金合同从实际交付定金时成立。债务人履行债务后,定金应当抵作价款或者收回。

给付定金的一方不履行债务或履行债务不符合约定的,无权请求返还定金;收受定金的一方不履行债务或者履行债务不符合约定,致使不能实现合同目的的,应当双倍返还定金。

定金的数额由当事人约定,但是,不得超过主合同标的额的20%,超过部分不产生定金的效力。实际交付的定金数额多于或者少于约定数额的,视为变更约定的定金数额。

（二）定金与预付款的区别

定金和预付款都是合同一方当事人在另一方当事人履行合同债务之前向对方给付的一定数额的货币,但二者也有所不同,其区别主要表现在以下三个方面。

第一,定金是一种债的担保,定金合同为从合同,具有担保作用;而预付款是一种支付手段,不具有担保作用。

第二,定金可因一方违约而适用定金罚则,具有制裁违约方并补偿受害方所受损失的作用;而预付款即使一方有违约行为也无罚则可言。

第三,定金能证明合同的成立,而预付款不能证明合同的成立。

第七节 违约责任

违约责任是指合同当事人不履行合同义务或者履行合同义务不符合约定而应承担的法律责任。依法成立的合同是具有法律效力的文件,当事人应当认真履行合同义务。当事人不履行合同义务或者履行合同义务不符合约定的,应当承担相应的法律责任。我国《民法典》规定了违约责任,其目的在于增强合同的严肃性,促使当事人双方自觉、全面地履行合同义务,以切实保障当事人的合法权益,维护市场经济秩序。

一、承担违约责任的原则

承担违约责任的原则是指确定违约行为人民事责任的根据和标准。一般来说,大陆法系国家采用过错责任原则,英美法系国家采用严格责任原则。我国《民法典》在对待违约责任的问题上采用严格责任原则。《民法典》第577条规定:"当事人一方不履行合同义务或者履行合同义务不符合约定的,应当承担继续履行、采取补救措施或者赔偿损失等违约责任。"这就是说,不管合同当事人对违约是否存在主观上的过错,只要一方不履行合同或者履行合同义务不符合约定的,就应当承担违约责任。

当事人一方明确表示或者以自己的行为表明不履行合同义务的,对方可以在履行期限届满前请求其承担违约责任。

承担违约责任必须有违约行为,包括不履行合同义务和履行合同义务不符合约定。不履行合同义务是指合同当事人不能履行或者拒绝履行合同义务。不能履行是指债务人由于某种原因,在客观上已经没有履行能力,导致事实上已经不可能再履行债务。拒绝履行是指当事人一方明确表示或者以自己的行为表明不履行合同义务。履行合同义务不符合约定的,也称为"不适当履行",它是指上述不履行合同义务以外的一切违反合同的情况,即履行的数量、质量、地点、方式、期限等不符合合同的约定。

当事人一方违约后,对方应当采取适当措施防止损失的扩大;没有采取适当措施致使损失扩大的,不得就扩大的损失请求赔偿。当事人因防止损失扩大而支出的合理费用,由违约方负担。当事人都违反合同的,应当各自承担相应的责任。当事人一方违约造成对方损失,对方对损失的发生有过错的,可以减少相应的损失赔偿额。

根据《民法典》规定,当事人一方因第三人的原因造成违约的,应当向对方承担违约责任。当事人一方和第三人之间的纠纷,依照法律规定或者按照约定解决。当事人双方都违反合同的,应当各自承担相应的责任。

二、承担违约责任的形式

(一)支付违约金

违约金是指当合同当事人违约时,应当根据违约情况向对方支付的一定数额的货币。违约金分为法定违约金和约定违约金。

违约金具有惩罚性和补偿性两重性质。违约行为没有给对方造成损失时,违约金的支付具有惩罚性;违约行为给对方造成损失时,支付的违约金可视为损害赔偿,违约金的支付具有补偿性。

违约金可以由当事人约定。当事人可以约定一方违约时应当根据违约情况向对方支付一定数额的违约金,也可以约定因违约产生的损失赔偿额的计算方法。如果约定的违约金低于造成的损失,那么当事人可以请求人民法院或者仲裁机构予以增加;如果约定的违约金过分高于造成的损失,那么当事人可以请求人民法院或者仲裁机构予以适当减少。恶意违约的当事人一方请求减少违约金的,人民法院一般不予支持。当事人就迟延履行约定违约金的,违约方支付违约金后,还应当履行债务。

(二)赔偿损失

赔偿损失是指合同当事人因违约给对方造成损失的,根据法律规定或者根据合同约定应赔偿对方当事人因此所受到的损失的责任形式。赔偿损失是对实际损失的弥补,具有补偿性,一般以金钱赔偿为主。

根据《民法典》规定,当事人一方不履行合同义务或者履行合同义务不符合约定的,在履行义务或者采取补救措施后,对方还有其他损失的,应当赔偿损失。

赔偿损失应当遵循以下规则。

第一,当事人一方不履行合同义务或者履行合同义务不符合约定,给对方造成损失的,损失赔偿额应当相当于因违约所造成的损失,包括合同履行后可以获得的利益,但是,不得超过违约一方订立合同时预见到或者应当预见到的因违约可能造成的损失。

第二,当事人一方违约后,对方应当采取适当措施防止损失的扩大;没有采取适当措施致使损失扩大的,不得就扩大的损失请求赔偿。当事人因防止损失扩大而支出的合理费用,由违约方负担。

第三,当事人一方违约造成对方损失,对方对损失的发生有过错的,可以减少相应的损失赔偿额。

(三)定金制裁

合同中约定有定金条款的,违约方还应承受相应的定金制裁。当事人既约定违约金,又约定定金的,一方违约时,对方可以选择适用违约金或者定金条款。定金不足以弥补一方违约造成的损失的,对方可以请求赔偿超过定金数额的损失。

(四)继续履行

继续履行是承担违约责任的一种基本方式。根据《民法典》规定,当事人一方未支付价款、报酬、租金、利息,或者不履行其他金钱债务的,对方可以请求其支付。当事人一方不履行非金钱债务或者履行非金钱债务不符合约定的,对方可以要求履行,但有下列情形之一的除外:

(1)法律上或者事实上不能履行;
(2)债务的标的不适于强制履行或者履行费用过高;
(3)债权人在合理期限内未要求履行。

当事人一方不履行债务或者履行债务不符合约定,根据债务的性质不得强制履行的,对方可以请求其负担由第三人替代履行的费用。

(五)采取补救措施

履行不符合约定的,应当按照当事人的约定承担违约责任。对违约责任没有约定或者约定不明确,依据《民法典》的规定仍不能确定的,受损害方根据标的的性质以及损失的大小,可以合理选择请求对方承担修理、重作、更换、退货、减少价款或者报酬等违约责任。

三、违约责任的免除

违约责任的免除是指没有履行或者没有完全履行合同义务的当事人,根据法律规定或者根据合同的约定可以不承担违约责任。根据《民法典》规定,当事人一方因不可抗力不能履行合同的,根据不可抗力的影响,部分或者全部免除责任,但法律另有规定的除外。当事人迟延履行后发生不可抗力的,不能免除责任。

当事人可以在合同中约定免责条款,但合同中的下列免责条款无效:
(1)造成对方人身伤害的;
(2)因故意或者重大过失造成对方财产损失的。

当事人一方因不可抗力不能履行合同的,应当及时通知对方,以减轻可能给对方造成的损失,并应当在合理期限内提供证明。

思考题

1.解释下列概念:
合同 合同法 要约 承诺 可撤销合同 效力待定合同 合同履行 代位权 撤销权 合同的变更 合同的转让 合同的终止 保证 抵押 质押 留置

定金　违约责任　违约金

2. 简述合同的分类。

3. 试述合同法的基本原则。

4. 试述合同法的作用。

5. 合同一般应包括哪些主要条款?

6. 试述合同订立的程序。

7. 无效合同的类型包括哪些?

8. 可撤销合同的类型有哪些?

9. 效力待定合同的类型有哪些?

10. 合同履行应遵循哪些原则?

11. 简述合同履行中的抗辩权。

12. 合同权利义务终止的原因有哪些?

13. 在哪些情况下当事人可以依法解除合同?

14. 合同担保的形式有哪些?

15. 试述承担违约责任的原则和承担违约责任的形式。

阅读文献

1.《中华人民共和国民法典》,2020年5月28日十三届全国人大第三次会议通过,自2021年1月1日起施行。

2.《关于审理买卖合同纠纷案件适用法律问题的解释》《关于审理商品房买卖合同纠纷案件适用法律若干问题的解释》等,最高人民法院根据2020年12月23日最高人民法院审判委员会第1823次会议通过的《关于修改〈最高人民法院关于在民事审判工作中适用〈中华人民共和国工会法〉若干问题的解释〉等二十七件民事类司法解释的决定》修正。

3.《中华人民共和国合同法》,1999年3月15日九届全国人民代表大会第二次会议通过,现已废止。

4.《中华人民共和国担保法》,1995年6月30日八届全国人民代表大会常务委员会第十四次会议通过,现已废止。

5.《中华人民共和国民法通则》,1986年4月12日六届全国人民代表大会第四次会议通过,根据2009年8月27日十一届全国人民代表大会常务委员会第十次会议《关于修改部分法律的决定》进行修正,现已废止。

第六章

商标法

本章概要

商标的概念，商标权的概念及特征，商标的分类，商标的作用，商标法的概念，商标注册的原则、条件和程序，注册商标的无效宣告，注册商标的续展、变更、转让和使用许可，商标使用的的管理以及注册商标专用权的保护等。

第一节　商标及商标法概述

简单而言,商标是商品的标记。从广义上讲,商标除了包括商品商标,还包括服务商标、集体商标、证明商标等。商标是商品经济的产物,随着商品生产和商品交换而产生,又随着商品经济的发展而日益完善起来。现代市场经济的充分发展,商品品种和服务项目的丰富繁多,使商标使用的范围越来越广泛,商标的作用越来越显著。商标已不仅仅是简单的商品标记,在一定程度上还象征着企业的精神,反映着企业的文化,是企业的一种无形资产,已成为商品生产者和经营者进行商业竞争的一种重要工具。为了加强商标管理,保护商标专用权,促使生产、经营者保证商品和服务质量,维护商标信誉,以保障消费者和生产、经营者的利益,促进经济的发展,我国逐步建立和完善商标法律制度。

一、商标的概念

商标是一种标记,是商品生产者、经营者或者服务项目的提供者为使自己生产、销售的商品或者提供的服务同他人生产、销售的商品或者提供的服务区别开来而使用的一种标记。商标通常由文字、图形或者文字和图形的组合构成,并置于商品表面或者其包装上、服务场所及服务说明书上。

就商品商标而言,商标的使用者是商品的生产者或者经营者,其标志物是商品,标志的目的是区别商品的不同生产者或者经营者。商标的构成要素可以是文字、图形、字母、数字、三维标志和颜色组合,以及上述要素的组合。

二、商标权的概念及特征

(一)商标权的概念

商标权不是商标本身所固有的,它是商标注册人在商标注册后对其注册商标所享有的权利。商标权的基础是对商标的占有,只有法律赋予了商标权,这种占有才具有专有权的性质,才能受到法律的保护。

(二)商标权的特征

1. 专有性

专有性是指国家为了保护商标权人的利益,依法赋予商标权人在有效期内,对其注册商标享有独占、使用、收益和处分的权利,任何第三人未经商标权人的许可不得使用,否则即构成侵权行为,要受到法律制裁。

2. 地域性

地域性是指在某个国家申请并取得的商标权,只能在授予该项权利的国家领域内受到法律保护,对其他国家不发生法律效力。如果要受到其他国家的法律保护,就必须按照该国法律的规定,在该国申请并获准注册。

3. 时间性

时间性是指商标权有一定的保护期限,超过法律规定的有效保护期,权利便自行终止,不再受法律保护,任何人都可以使用。商标权有效期满,需要继续使用注册商标的,商标注册人应当按照有关规定办理续展手续,请求延长保护期。

三、商标的分类

商标可以从不同的角度进行不同的分类。

(一)按商标的构成要素划分

按商标的构成要素划分,可以将商标分为文字商标、图形商标、字母商标、数字商标、三维标志商标、颜色组合商标、声音商标、总体组合商标、音响商标、气味商标等。(1)文字商标是指仅由文字组成的商标,包括中国汉字和少数民族文字、外国文字、阿拉伯数字以及以各种不同文字组合的商标。(2)图形商标是指仅用图形构成的商标,包括人、动物或者自然界中各种各样的事物,可以具体,也可以抽象,还可以是完全虚构的图形。图形商标又可以分为记号商标、几何图形商标、自然图形商标。(3)字母商标是指用拼音文字或者注音符号的最小书写单位,包括拼音文字、外文字母构成的商标。(4)数字商标是指用阿拉伯数字、罗马数字或者中文大写数字构成的商标。(5)三维标志商标又称为"立体商标",是指用具有长、宽、高三种度量的三维立体物标志构成的商标。(6)颜色组合商标是指由两种或者两种以上的彩色排列、组合而成的商标。文字、图案加彩色所构成的商标,不属于颜色组合商标,只是一般的组合商标。(7)声音商标是指由一段独特的、具有显著特征的声音构成的商标,它以听觉而非视觉的方法帮助消费者区别商品或者服务的来源,如具有识别性的简短的广告歌曲、旋律、钟声、铃声或者动物的叫声等。(8)总体组合商标也称为"复合商标",是指由两种或者两种以上成分要素相结合构成的商标。(9)音响商标是指以音符编成的一组音乐或者以某种特殊声音作为商品或者服务的商标,如美国一家唱片公司使用11个音符编成一组乐曲,把它灌制在他们所出售的录音带的开头,作为识别其商品的标志。(10)气味商标是指以某种特殊气味作为区别不同商品和不同服务项目的商标。

我国商标法保护的商标,从商标的构成要素来看,主要限于文字商标、图形商标、字母商标、数字商标、三维标志商标、颜色组合商标、声音商标等。至于音响商标和气味商标,目前只在少数国家得到承认,在我国尚不能获准注册。

（二）按商标的使用对象划分

按商标的使用对象划分，可以将商标分为商品商标和服务商标。

1. 商品商标是指自然人、法人或者其他组织在其生产、制造、加工、拣选或者经销的商品上所使用的商标。

2. 服务商标是指自然人、法人或者其他组织在其提供的服务项目上所使用的商标。我国商标法有关商品商标的规定，适用于服务商标。

（三）按商标使用者的使用目的划分

按商标使用者的使用目的划分，可以将商标分为联合商标、防御商标、集体商标和证明商标。

1. 联合商标是指同一商标所有人在同一种或者类似商品上注册的若干个近似商标。联合商标的注册不是为了每一个商标都使用，而是为了保护正商标，防止他人影射、近似或者雷同。

2. 防御商标是指驰名商标或者已为公众熟知的商标的所有人在不同类别的商品或者服务项目上注册若干个相同商标，其目的在于扩大商标专用权的范围，保护驰名商标。

3. 集体商标是指以团体、协会或者其他组织名义注册，供该组织成员在商事活动中使用，以表明使用者在该组织中的成员资格的标志。

4. 证明商标是指由对某种商品或者服务具有监督能力的组织所控制，而由该组织以外的单位或者个人使用于其商品或者服务，用以证明该商品或者服务的原产地、原料、制造方法、质量或者其他特定品质的标志。

（四）按商标是否注册划分

按商标是否注册划分，可以将商标分为注册商标和非注册商标。

1. 注册商标是指经商标局依法核准注册的商标，包括商品商标、服务商标和集体商标、证明商标。注册商标的商标注册人依法享有商标的专用权。

2. 非注册商标是指未经商标局核准注册的商标。对于有些商品，非注册商标虽然可以使用，但商标使用人不享有商标专用权。

四、商标的作用

（一）区别作用

区别是商标最基本的作用。使用商标可以将某种商品或者服务与其他同类商品或者服务区别开来，也可以把不同的生产者、经营者区别开来。使用商标既有利于生产者、经营者销售自己的产品和招揽顾客,也有利于消费者通过商标来选购称心如意的商品和获得满意的服务。

(二)质量监督作用

质量是商标信誉的基础,商标又是商品和服务质量的保证。消费者通常通过商标对相同种类的商品、服务项目的质量进行比较和鉴别,最终来选择某种商品或者服务。使用商标既有利于企业提高产品和服务质量,也有利于政府通过商标管理,进行质量监督。

(三)广告宣传作用

商标在一定意义上代表着商品、服务的质量和企业的信誉,信誉好的商标往往容易被消费者接受。在市场上,消费者一般是根据商标来判断商品、服务的质量及特点,进而通过商标来选购商品。使用商标有利于进行广告宣传,易于被消费者接受。

五、商标法的概念

商标法是调整在商标注册、使用、管理和保护商标专用权过程中发生的社会关系的法律规范的总称。它除了包括1982年8月23日五届全国人大常委会第二十四次会议通过的,并先后根据1993年2月22日七届全国人大常委会第三十次会议、2001年10月27日九届全国人大常委会第二十四次会议、2013年8月30日十二届全国人大常委会第四次会议、2019年4月23日十三届全国人民代表大会常务委员会第十次会议通过的《关于修改〈中华人民共和国商标法〉的决定》修正的《中华人民共和国商标法》(以下简称《商标法》),还包括1983年3月10日国务院发布,先后于1988年1月3日国务院批准第一次修订、1993年7月15日国务院批准第二次修订、1995年4月23日国务院批准第三次修订,根据1999年4月30日国家工商行政管理局令修正的《中华人民共和国商标法实施细则》。2002年8月3日国务院在对《中华人民共和国商标法实施细则》进行再次修改后,根据新颁布的《商标法》重新公布了《中华人民共和国商标法实施条例》(以下简称《实施条例》),该《实施条例》根据2014年4月29日中华人民共和国国务院令修订。《商标法》及其《实施条例》是我国目前有关商标方面的两个基本的规范性文件。

此外,有关商标方面的法规和其他规范性文件还包括国家工商行政管理局于1994年12月30日公布并先后于1998年12月3日、2003年4月7日修订的《集体商标、证明商标注册和管理办法》,国家工商行政管理局于1995年11月2日公布并先后于2002年9月17日、2005年9月26日、2014年5月28日修订的《商标评审规则》,国家工商行政管理局于1996年8月14日公布并于1998年12月3日修订的《驰名商标认定和管理暂行规定》,国家工商行政管理总局于2003年4月17日发布并于2014年7月3日修订的《驰名商标认定和保护规定》(该规定施行后,《驰名商标认定和管理暂行规定》同时废止。),国家工商行政管理局于1990年8月8日公布并先后于1996年9月5日、1998年

12月3日、2004年8月19日修订的《商标印制管理办法》,国家工商行政管理局于1999年3月30日公布的《关于保护服务商标若干问题的意见》,国家工商行政管理局于1999年12月2日公布的并先后于2009年11月11日、2010年7月12日修订发布的《商标代理管理办法》(现已废止),以及最高人民法院于2002年10月12日通过,2020年12月23日修订的《最高人民法院关于审理商标民事纠纷案件适用法律若干问题的解释》等。

第二节　商标注册的原则、条件和程序

商标注册是指商标使用人将其使用的商标依照法定的条件和程序,向商标管理机关提出注册申请,经商标局审核批准后,依法取得商标专用权的法律活动。经商标局核准注册的商标为注册商标。商标注册后,商标注册人享有注册商标专用权,并受法律保护。

一、商标注册的原则

根据我国《商标法》规定,商标注册应遵循以下基本原则

(一)自愿注册与强制注册相结合的原则

我国对大部分商品或者服务项目使用的商标,采用自愿注册原则,即商标所有人根据其意愿,自主决定是否申请商标注册。根据《商标法》规定,自然人、法人或者其他组织,对其提供的商品或者服务,需要取得商标专用权的,应当申请商标注册。不以使用为目的恶意商标注册申请,应当予以驳回。据此规定,我国总体上实行商标的自愿注册原则。但又对部分商品实行强制注册原则。根据《商标法》规定,法律、行政法规规定必须使用注册商标的商品,必须申请商标注册,未经核准注册的,不得在市场销售。如根据《中华人民共和国烟草专卖法》的规定,卷烟、雪茄烟和有包装的烟丝必须申请商标注册,未经核准注册的,不得生产、销售。

(二)申请在先为主、使用在先为辅的原则

申请在先原则是指按照申请注册的先后来确定商标专用权的归属,即谁先申请商标注册的,商标权就授予谁。采用这一原则,可以促使商标所有人及时申请注册,有利于商标管理工作的开展。使用在先原则是指按照使用商标的先后来确定商标专用权的归属,即谁先使用该商标,商标权就授予谁。根据《商标法》规定,两个或者两个以上的商标注册申请人,在同一种商品或者类似商品上,以相同或者近似的商标申请注册的,初步审定并公告申请在先的商标;同一天申请的,初步审定并公告使用在先的商标,驳回其他人的申请,不予公告。

（三）诚实信用的原则

申请注册和使用商标，办理商标其他事宜，应当遵守法律法规规定，遵循诚实信用的原则。建立商标管理法律制度的目的在于加强商标管理，保护商标专用权，促使生产、经营者保证商品和服务质量，维护商标信誉，以保障消费者和生产、经营者的合法利益，因此申请注册和使用商标，应当遵循诚实信用原则，恪守商业道德，行使权利不侵害他人与社会的利益，履行义务信守承诺和法律规定。商标使用人应当对其使用商标的商品质量和服务质量负责，各级工商行政管理部门应当通过商标管理，制止欺骗消费者的行为。商标代理机构在接受委托申请商标注册或者办理其他商标事宜过程中，也应当遵循诚实信用原则，遵守法律、行政法规，按照被代理人的委托办理商标注册申请或者其他商标事宜，对在代理过程中知悉的被代理人的商业秘密，负有保密义务。

二、商标注册的条件

我国《商标法》对商标注册申请人和申请注册的商标应当具备的条件以及不予注册的情形作出了明确规定。只有符合《商标法》规定条件的，国家商标主管机关才能注册，授予商标注册人商标专用权。

（一）商标注册申请人的条件

根据《商标法》规定，自然人、法人或者其他组织在生产经营活动中，对其商品或者服务，需要取得商标专用权的，应当向商标局申请商品商标注册。两个以上的自然人、法人或者其他组织可以共同向商标局申请注册同一商标，共同享有和行使该商标专用权。外国人或者外国企业在中国申请商标注册的，应当按其所属国和中华人民共和国签订的协议或者共同参加的国际条约办理，或者按对等原则办理。

申请人申请商标注册或者办理其他商标事宜，可以自行办理，也可以委托依法设立的商标代理机构办理。但外国人或者外国企业在中国申请商标注册和办理其他商标事宜的，应当委托依法设立的商标代理机构办理。

（二）申请注册的商标应具备的条件及不予注册的情形

1.商标应当具有法定的构成要素。根据《商标法》的规定，任何能够将自然人、法人或者其他组织的商品与他人的商品区别开的标志，包括文字、图形、字母、数字、三维标志、颜色组合和声音等，以及上述要素的组合，均可以作为商标申请注册。

2.申请注册的商标，应当有显著特征，便于识别，并不得与他人在先取得的合法权利相冲突。所谓显著特征，是指申请注册的商标应当具有足以使相关公众区分商品或者服务来源的一些特征。《商标法》规定申请注册的商标应当具有显著特征，就意味着该商标既不能与他人的商标相同，也不能与他人的商标近似。另外，在自然人、法人或者其他组织申请商标注册以前,其他人可能已经依法取得了相关的权利,在此情况下申请注册商标,就存在着与他人先前获得的相关权利相冲突的可能性。因此,为了防止权利冲突情况的发生,避免在商标注册中产生侵权行为,保护他人先前已取得的合法权利,《商标法》规定,申请注册的商标,不得与他人在先取得的合法权利相冲突。

3. 申请注册的商标,不得使用作为商标禁止使用的一些标志。根据《商标法》规定,下列标志不得作为商标使用,自然也不能申请注册:

(1)同中华人民共和国的国家名称、国旗、国徽、国歌、军旗、军徽、军歌、勋章等相同或者近似的,以及同中央国家机关的名称、标志、所在地特定地点的名称或者标志性建筑物的名称、图形相同的;

(2)同外国的国家名称、国旗、国徽、军旗等相同或者近似的,但经该国政府同意的除外;

(3)同政府间国际组织的名称、旗帜、徽记等相同或者近似的,但经该组织同意或者不易误导公众的除外;

(4)与表明实施控制、予以保证的官方标志、检验印记相同或者近似的,但经授权的除外;

(5)同"红十字""红新月"的名称、标志相同或者近似的;

(6)带有民族歧视性的;

(7)带有欺骗性,容易使公众对商品的质量等特点或者产地产生误认的;

(8)有害于社会主义道德风尚或者有其他不良影响的。

4. 地名作为商标的限制。根据《商标法》规定,县级以上行政区划的地名或者公众知晓的外国地名,不得作为商标。但是,地名具有其他含义或者作为集体商标、证明商标组成部分的除外;已经注册的使用地名的商标继续有效。

5. 申请注册的商标,不得使用作为商标注册禁止使用的一些标志。根据《商标法》规定,下列标志不得作为商标注册:

(1)仅有本商品的通用名称、图形、型号的;

(2)仅直接表示商品的质量、主要原料、功能、用途、重量、数量及其他特点的;

(3)其他缺乏显著特征的。

但上述所列标志经过使用取得显著特征,并便于识别的,可以作为商标注册。

6. 商标不予注册的其他几种情形。综合《商标法》的规定,申请商标属于以下几种情形的,也不予注册甚至禁止使用。

(1)以三维标志申请注册商标的,仅由商品自身的性质产生的形状、为获得技术效果而须有的商品形状或者使商品具有实质性价值的形状,不得注册。《商标法》作此规定,主要是因为这些形状缺乏显著性,不具有商标的区别功能,消费者无法通过该形状将不同生产者、经营者的商品区别开来。

(2)就相同或者类似商品申请注册的商标是复制、摹仿或者翻译他人未在中国注册的驰名商标,容易导致混淆的,不予注册并禁止使用。就不相同或者不相类似商品申请注册的商标是复制、摹仿或者翻译他人已经在中国注册的驰名商标,误导公众,致使该驰名商标注册人的利益可能受到损害的,也不予注册并禁止使用。《商标法》作此规定,主要是从保护驰名商标所有人利益和维护公平竞争原则出发,对利用驰名商标的知名度和声誉,容易造成市场混淆或者公众误认,致使驰名商标所有人的合法利益可能受到损害的商标注册行为予以禁止。

(3)未经授权,代理人或者代表人以自己的名义将被代理人或者被代表人的商标进行注册,被代理人或者被代表人提出异议的,不予注册并禁止使用。就同一种商品或者类似商品申请注册的商标与他人在先使用的未注册商标相同或者近似,申请人与该他人具有代理关系以外的合同、业务往来关系或者其他关系而明知该他人商标存在,该他人提出异议的,不予注册。《商标法》作此规定,一是禁止代理人或者代表人恶意将被代理人或者代表人的商标进行注册,二是禁止恶意抢注因业务往来等关系明知他人在先使用的商标,以维护公平竞争的市场经济秩序。

(4)商标中有商品的地理标志,而该商品并非来源于该标志所标示的地区,误导公众的,不予注册并禁止使用;但是,已经善意取得注册的继续有效。《商标法》作此规定,主要是为了保护消费者的利益,防止在商标中的地理标志误导公众。所谓地理标志,是指标示某商品来源于某地区,该商品的特定质量、信誉或者其他特征主要由该地区的自然因素或者人文因素所决定的标志。根据《实施条例》的规定,地理标志可以作为证明商标或者集体商标申请注册。

三、商标注册的程序

根据《商标法》的规定,商标注册的程序一般包括申请、审查和核准注册等几个主要环节。

(一)商标注册的申请

因为只有经商标局核准注册的商标,商标注册人才享有商标专用权,受法律保护,所以要取得商标专用权,商标使用人必须首先向商标局提出商标注册申请。

关于如何提出商标注册申请,根据《商标法》的规定,商标注册申请人应当按规定的商品分类表填报使用商标的商品类别和商品名称,提出注册申请。商标注册申请人可以通过一份申请就多个类别的商品申请注册同一商标。商标注册申请等有关文件,可以以书面方式或者数据电文方式提出。

为申请商标注册所申报的事项和所提供的材料应当真实、准确、完整。根据《实施条例》的规定,每一件商标注册申请应当向商标局提交《商标注册申请书》1份、商标图样1份;以颜色组合或者着色图样申请商标注册的,应当提交着色图样,并提交黑白稿1份;不指定颜色的,应当提交黑白图样。

这里所称的"商品分类表",主要根据商品性能、用途、原料、生产工艺、服务性质等对商品和服务进行归类,以此为商标注册申请人申请商标注册和商标管理机关检索、审查、管理注册商标提供依据。为了适应有关商标事务的国际交往,建立一个共同的商标注册用商品和服务国际分类体系,1957年6月15日在法国南部城市尼斯,由多国共同签署了《商标注册用商品和服务国际分类尼斯协定》,并于1961年4月8日生效。我国自1988年11月1日起采用国际分类,并于1994年8月9日加入尼斯联盟,积极参与对尼斯分类的修改与完善,已将多项有中国特色的商品加入尼斯分类中。2011年12月12日,国家工商行政管理总局发布《关于执行〈商标注册用商品和服务国际分类〉第10版的公告》,并于2012年1月1日起执行《商标注册用商品和服务国际分类》第10版。根据《商标注册用商品和服务国际分类》第10版的规定,目前商标注册用商品和服务共分45类,其中商品34类,服务项目11类,共包含10000多个商品和服务项目。

根据《商标法》的规定,注册商标需要在核定使用范围之外的商品上取得商标专用权的,应当另行提出注册申请;注册商标需要改变其标志的,应当重新提出注册申请。这就是说,注册商标只能在核定的使用范围之内的商品上进行使用,超出核定的商品使用范围的,应当另行提出注册申请。对于已经注册的商标,一经注册就不能再随意变动。商标注册人需要改变商标标志,就意味着放弃原来的注册商标而使用一个新的商标,要取得新的商标专用权,就需要重新提出商标注册申请。

我国《商标法》还就商标注册申请优先权原则及在国际展览会上展出的商品中的商标予以临时保护问题作出规定。根据《商标法》规定,商标注册申请人自其商标在外国第一次提出商标注册申请之日起6个月内,又在中国就相同商品以同一商标提出商标注册申请的,依照该外国同中国签订的协议或者共同参加的国际条约,或者按照相互承认优先权的原则,可以享有优先权。商标注册申请人要求优先权的,应当在提出商标注册申请的时候提出书面声明,并且在3个月内提交第一次提出的商标注册申请文件的副本;未提出书面声明或者逾期未提交商标注册申请文件副本的,视为未要求优先权。商标在中国政府主办的或者承认的国际展览会展出的商品上首次使用的,自该商品展出之日起6个月内,该商标的注册申请人可以享有优先权。该商标的注册申请人要求优先权的,应当在提出商标注册申请的时候提出书面声明,并且在3个月内提交展出其商品的展览会名称、在展出商品上使用该商标的证据、展出日期等证明文件;未提出书面声明或者逾期未提交证明文件的,视为未要求优先权。

申请商标注册不得损害他人现有的在先权利,也不得以不正当手段抢先注册他人已经使用并有一定影响的商标。

(二)商标注册的审查与核准

商标局对申请注册的商标进行审查与核准,包括以下几个环节。

1. 初步审定予以公告

根据《商标法》的规定,对申请注册的商标,商标局应当自收到商标注册申请文件之日起9个月内审查完毕,符合商标法有关规定的,予以初步审定公告。

对申请注册的商标进行初步审定,是商标注册审查中的一个重要环节。在该审查环节,主要是对商标注册申请手续、申请文件、商标的基本标准、商标的注册条件等事项进行审查、检索、分析对比。如果经过审查认为申请注册的商标符合商标法规定的,即作出初步审定并予以公告的决定。

在审查过程中,商标局如果认为商标注册申请内容需要说明或者修正的,可以要求申请人作出说明或者修正。申请人未作出说明或者修正的,不影响商标局作出审查决定。

根据《商标法》的规定,申请注册的商标,不符合商标法的有关规定或者同他人在同一种商品或者类似商品上已经注册的或者初步审定的商标相同或者近似的,由商标局驳回申请,不予公告。

由此规定可以看出,对于以下两种情形的商标注册申请,由商标局驳回申请不予公告。

一是对"申请注册的商标,不符合商标法的有关规定的,由商标局驳回申请,不予公告。"这里所说的"不符合商标法的有关规定",是一种概括性较强的规定,包含的内容较多,比如不符合《商标法》关于商标构成要素的有关规定,关于商标禁用条款的有关规定,关于商标注册申请的有关规定等。

二是"申请注册的商标,同他人在同一种商品或者类似商品上已经注册的或者初步审定的商标相同或者近似的,由商标局驳回申请,不予公告。"这里所说的"同一种商品",是指名称相同的商品,或者名称虽然不相同,但所指代的商品与其他商品是相同的商品。所谓"类似商品",是指两种或者两种以上的商品由于用途、功能、生产部门、销售渠道、消费对象等方面相同,容易被相关公众混淆出处,容易被误认为是同一个企业生产的商品。对于"类似商品",各国的规定不尽相同。有的国家采取明文列出类似商品名目的做法进行规定,有的国家则不具体列举,而是由商标审查员或者法官根据类似商品的定义、以往的判例、在使用中容易引起商品出处混淆的可能性等为依据进行判断。所谓"商标相同",是指商标的构成要素完全相同或者基本相同,比如使用同样的文字或者图形作为商标。所谓"商标近似",是指商标在发音、含义、视觉效果等方面相近似的商标。商标具有识别不同生产经营者的商品或者服务的功能,如果允许不同的生产者、经营者在同一种商品或者类似商品上使用相同或者近似的注册商标,就会造成消费者对的误认误购,因此,《商标法》规定对这种情形的商标注册申请也应予以驳回,不予公告。

2. 驳回商标注册申请的复审

根据《商标法》的规定,对驳回申请、不予公告的商标,商标局应当书面通知商标注册申请人。商标注册申请人不服的,可以自收到通知之日起15日内向商标评审委员会申请复审。商标评审委员会应当自收到申请之日起9个月内作出决定,并书面通知申请人。有特殊情况需要延长的,经国务院工商行政管理部门批准,可以延长3个月。当事人对商标评审委员会的决定不服的,可以自收到通知之日起30日内向人民法院起诉。

3. 商标注册的异议及其审查

根据《商标法》的规定,对初步审定公告的商标,自公告之日起3个月内,在先权利人、利害关系人或者其他任何人认为该商标违反《商标法》有关规定的,均可以向商标局提出异议。公告期满无异议的,予以核准注册,发给商标注册证,并予公告。

对初步审定公告的商标提出异议的,商标局应当听取异议人和被异议人陈述事实和理由,经调查核实后,自公告期满之日起12个月内作出是否准予注册的决定,并书面通知异议人和被异议人。有特殊情况需要延长的,经国务院工商行政管理部门批准,可以延长6个月。

商标局对异议进行审查后,如果作出准予注册的决定,异议人不服的,可以依照有关规定向商标评审委员会请求宣告该注册商标无效。如果作出不予注册的决定,被异议人不服的,可以自收到通知之日起15日内向商标评审委员会申请复审。商标评审委员会应当自收到申请之日起12个月内作出复审决定,并书面通知异议人和被异议人。有特殊情况需要延长的,经国务院工商行政管理部门批准,可以延长6个月。被异议人对商标评审委员会的决定不服的,可以自收到通知之日起30日内向人民法院起诉。

4. 核准注册

对初步审定予以公告的商标,公告期满无异议的,予以核准注册,发给商标注册证,并予公告。对初步审定予以公告的商标提出异议,经审查异议不成立的,商标局作出准予注册的决定,商标注册申请人取得商标专用权的时间自初步审定公告3个月期满之日起计算。商标获准注册后,商标注册人有权标明"注册商标"或者注册标记。注册标记包括注和®。使用注册标记,应当标注在商标的右上角或者右下角。

第三节 注册商标的无效宣告

一、注册商标无效宣告的情形

(一)注册商标因具有违法情形或者以不正当手段取得注册被宣告无效

根据《商标法》的规定,已经注册的商标,违反《商标法》第4条、第10条、第11条、第12条规定的,或者是以欺骗手段或者其他不正当手段取得注册的,由商标局宣告该注册商标无效;其他单位或者个人可以请求商标评审委员会宣告该注册商标无效。

这里所称的"违反《商标法》第4条"的规定,是指自然人、法人或者其他组织在生产经营活动中,对其商品或者服务需要取得商标专用权的,应当向商标局申请商标注册。不以使用为目的的恶意商标注册申请,应当予以驳回。有关商品商标的规定,适用于服务商标。

这里所称的"违反《商标法》第10条"的规定,是指申请注册的商标的标志,是《商标法》规定的作为商标禁止使用的一些标志。例如:按照《商标法》第10条的规定,"同中华人民共和国的国家名称、国旗、国徽、国歌、军旗、军徽、军歌、勋章相同或者近似的,以及同中央国家机关的名称、标志、所在地特定地点的名称或者标志性建筑物的名称、图形相同的"等八种类型的标志,以及县级以上行政区划的地名或者公众知晓的外国地名,均不得作为商标使用。

这里所称的"违反《商标法》第11条"的规定,是指申请注册的商标的标志,是《商标法》规定的作为商标注册时禁止使用的一些标志。例如:按照《商标法》第11条的规定,仅有本商品的通用名称、图形、型号的,仅直接表示商品的质量、主要原料、功能、用途、重量、数量及其他特点的,以及其他缺乏显著特征的,均不得作为商标注册。

这里所称的"违反《商标法》第12条"的规定,是指申请注册的商标属于禁止注册的形状的商标。按照《商标法》第12条的规定,以三维标志申请注册商标的,仅由商品自身的性质产生的形状、为获得技术效果而须有的商品形状或者使商品具有实质性价值的形状,不得注册。

(二)注册商标因具有违法情形时在先权利人或者利害关系人请求宣告无效

根据《商标法》的规定,已经注册的商标,违反《商标法》第13条第2款和第3款、第15条、第16条第1款、第30条、第31条、第32条规定的,自商标注册之日起5年内,在先权利人或者利害关系人可以请求商标评审委员会宣告该注册商标无效。对恶意注册的,驰名商标所有人不受5年的时间限制。

这里所称的"违反《商标法》第13条第2款和第3款"的规定,是指《商标法》禁止申请人复制、摹仿或者翻译他人的驰名商标申请注册的有关规定。根据《商标法》第13条第2款和第3款的规定,就相同或者类似商品申请注册的商标是复制、摹仿或者翻译他人未在中国注册的驰名商标,容易导致混淆的,不予注册并禁止使用。就不相同或不相类似商品申请注册的商标是复制、摹仿或者翻译他人已经在中国注册的驰名商标,误导公众,致使该驰名商标注册人的利益可能受到损害的,不予注册并禁止使用。

这里所称的"违反《商标法》第15条"的规定,是指《商标法》禁止代理人或者代表人恶意将被代理人或者被代表人的商标进行注册,以及禁止恶意抢注因业务往来等关系明知他人在先使用的商标等有关规定。根据《商标法》第15条的规定,未经授权,代理人或者代表人以自己的名义将被代理人或者被代表人的商标进行注册,被代理人或者被代表人提出异议的,不予注册并禁止使用。就同一种商品或者类似商品申请注册的商标与他人在先使用的未注册商标相同或者近似,申请人与该他人具有前款规定以外的合同、业务往来关系或者其他关系而明知该他人商标存在,该他人提出异议的,不予注册。

这里所称的"违反《商标法》第 16 条第 1 款"的规定,是指《商标法》禁止利用商标中的地理标志误导公众的有关规定。根据《商标法》第 16 条第 1 款的规定,商标中有商品的地理标志,而该商品并非来源于该标志所标示的地区,误导公众的,不予注册并禁止使用;但是,已经善意取得注册的继续有效。

这里所称的"违反《商标法》第 30 条"的规定,是指违反《商标法》关于驳回商标注册申请不予公告的规定。根据《商标法》第 30 条的规定,申请注册的商标,不符合本法有关规定或者同他人在同一种商品或者类似商品上已经注册的或者初步审定的商标相同或者近似的,由商标局驳回申请,不予公告。

这里所称的"违反《商标法》第 31 条"的规定,是指违反《商标法》关于申请在先原则的规定。根据《商标法》第 31 条的规定,两个或者两个以上的商标注册申请人,在同一种商品或者类似商品上,以相同或者近似的商标申请注册的,初步审定并公告申请在先的商标;同一天申请的,初步审定并公告使用在先的商标,驳回其他人的申请,不予公告。

这里所称的"违反《商标法》第 32 条"的规定,是指违反《商标法》关于保护在先权利和禁止恶意抢注的规定。根据《商标法》第 32 条的规定,申请商标注册不得损害他人现有的在先权利,也不得以不正当手段抢先注册他人已经使用并有一定影响的商标。

二、注册商标无效宣告的程序

对于已经注册的商标,因违反《商标法》有关规定,或者是以欺骗手段或者其他不正当手段取得注册的,由商标局宣告该注册商标无效。商标局作出宣告注册商标无效的决定,应当书面通知当事人。当事人对商标局的决定不服的,可以自收到通知之日起 15 日内向商标评审委员会申请复审。商标评审委员会应当自收到申请之日起 9 个月内作出决定,并书面通知当事人。有特殊情况需要延长的,经国务院工商行政管理部门批准,可以延长 3 个月。当事人对商标评审委员会的决定不服的,可以自收到通知之日起 30 日内向人民法院起诉。

对于已经注册的商标,因违反《商标法》有关规定,或者是以欺骗手段或者其他不正当手段取得注册,由其他单位或者个人请求商标评审委员会宣告该注册商标无效的,商标评审委员会收到申请后,应当书面通知有关当事人,并限期提出答辩。商标评审委员会应当自收到申请之日起 9 个月内作出维持注册商标或者宣告注册商标无效的裁定,并书面通知当事人。有特殊情况需要延长的,经国务院工商行政管理部门批准,可以延长 3 个月。当事人对商标评审委员会的裁定不服的,可以自收到通知之日起 30 日内向人民法院起诉。

对于已经注册的商标,因具有违法情形时在先权利人或者利害关系人请求宣告无效的,商标评审委员会收到宣告注册商标无效的申请后,应当书面通知有关当事人,并限期提出答辩。商标评审委员会应当自收到申请之日起 12 个月内作出维持注册商标或者宣告注册商标无效的裁定,并书面通知当事人。有特殊情况需要延长的,经国务院工商行政管理部门批准，可以延长6个月。当事人对商标评审委员会的裁定不服的，可以自收到通知之日起30日内向人民法院起诉。

三、注册商标无效宣告相关决定的生效时间

根据《商标法》的规定，法定期限届满，当事人对商标局宣告注册商标无效的决定不申请复审或者对商标评审委员会的复审决定、维持注册商标或者宣告注册商标无效的裁定不向人民法院起诉的，商标局的决定或者商标评审委员会的复审决定、裁定生效。

由此规定可以看出，宣告注册商标无效的相关决定的生效时间为"法定期限届满"。所谓"法定期限届满"，具体包括以下几种情形。

一是法定期限届满，商标局宣告注册商标无效的决定生效。商标局作出的宣告注册商标无效的决定后，在该决定规定的申请复审的期限内，当事人不申请复审的，期限届满时，该决定生效。

二是法定期限届满，商标评审委员会的复审决定生效。当事人不服商标局作出的宣告注册商标无效的决定，向商标评审委员会申请复审的，商标评审委员会作出复审决定后，在该复审决定规定的起诉期限内，当事人不向人民法院提出诉讼的，期限届满时，该复审决定生效。

三是法定期限届满，商标评审委员会的裁定生效。例如：当事人请求商标评审委员会宣告注册商标无效，但商标评审委员会作出维持注册商标的裁定，在裁定规定的起诉期限内，当事人不向人民法院提起诉讼的，期限届满时，该裁定生效。又如：当事人请求商标评审委员会宣告注册商标无效，商标评审委员会作出宣告注册商标无效的裁定，在裁定规定的起诉期限内，对方当事人不向人民法院提起诉讼的，期限届满时，该裁定生效。

商标局宣告注册商标无效的决定、商标评审委员会的复审决定，以及商标评审委员会维持注册商标或者宣告注册商标无效的裁定，一旦生效，即具有法律效力，当事人也就不再享有申请复审或者提起诉讼的权利。

四、注册商标无效宣告的法律后果

根据《商标法》的规定，依照《商标法》有关规定宣告无效的注册商标，由商标局予以公告，该注册商标专用权视为自始即不存在。这就是说，宣告注册商标无效，对该注册商标专用权具有溯及力，即在法律上不承认该注册商标专用权的存在或者曾经存在。

但对宣告无效前按照具有商标专用权进行处理的相关事宜，则不具有追溯力。根据《商标法》的规定，宣告注册商标无效的决定或者裁定，对宣告无效前人民法院作出并已执行的商标侵权案件的判决、裁定、调解书和工商行政管理部门作出并已执行的商标侵权案件的处理决定以及已经履行的商标转让或者使用许可合同不具有追溯力。但是，因商标注册人的恶意给他人造成的损失，应当给予赔偿。

第四节 注册商标的续展、变更、转让和使用许可

商标注册后,商标注册人即商标权人就获得商标专用权以及与之相关的其他一些权利,也要履行相应的法律义务。商标权人就注册商标享有的权利除了包括注册商标专用权,还包括注册商标续展权、注册商标转让权、注册商标使用许可权、注册商标标记权、注册商标请求保护权等。商标权人的权利受法律保护,任何人都不得非法干涉和妨碍。但商标权人在行使权利的同时,还必须按照《商标法》的有关规定,正确使用注册商标,并依法履行各项义务。

一、注册商标的续展

商标权作为知识产权的一种,具有专有性、地域性和时间性。商标权的时间性是指商标经商标注册机关核准注册后,在正常使用的情况下,可以在法定期间内受到法律保护,这一法定期间又称为"注册商标的保护期、有效期"。但商标权人生产经营的产品和提供的服务可能是源源不断的。商标权的有效期限届满后,商标权人如果希望继续使用该注册商标并使之持续受到法律保护,则需按照法定程序,在规定期限内申请续展注册,以使该注册商标无限期地受到法律保护。

根据《商标法》的规定,注册商标的有效期为 10 年,自核准注册之日起计算。注册商标有效期满,需要继续使用的,商标注册人应当在期满前 12 个月内按照规定办理续展手续;在此期间未能办理的,可以给予 6 个月的宽展期。每次续展注册的有效期为 10 年,自该商标上一届有效期满次日起计算。期满未办理续展手续的,注销其注册商标。商标局应当对续展注册的商标予以公告。

申请商标续展注册的,应当按照有关规定向商标局寄送《商标续展注册申请书》。经商标局核准后,发给注册人相应证明,并予以公告。不符合商标法有关规定的,商标局不予核准,予以驳回。如果是委托商标代理机构申请办理续展注册的,还应按照有关规定,交送代理委托书 1 份。续展注册还应按规定交纳有关费用,在宽展期内申请续展的,还应交纳延迟费。

二、注册商标的变更

商标一旦获准注册后,注册商标的各个注册事项都不得随意变动。但由于各种情况发生变化,商标的注册事项也需要进行相应的变动,这时为了便于商标的管理工作,商标注册人就必须及时到商标局办理相应的注册事项变更手续,只有这样,商标注册人才能继续享有商标专用权,并受法律的保护。

根据《商标法》的规定,注册商标需要变更注册人的名义、地址或者其他注册事项的,

应当提出变更申请。由此可见,商标注册事项的变更,首先是注册人名义的变更,如已经注册了商标的企业、事业单位的名称发生了改变,就必须依法办理商标注册人名义的变更手续。其次是注册人地址的变更,如已经注册了商标的企业、事业单位的地址发生了改变,就必须依法办理商标注册人地址的变更手续。最后是其他注册事项的变更,主要是指除注册人的名义、地址以外的其他注册事项的变更。

注册事项变更需要按照有关规定进行变更。根据《实施条例》的规定,变更商标注册人名义、地址或者其他注册事项的,应当向商标局提交变更申请书。变更商标注册人名义的,还应当提交有关登记机关出具的变更证明文件。商标局核准的,发给商标注册人相应证明,并予以公告;不予核准的,应当书面通知申请人并说明理由。变更商标注册人名义或者地址的,商标注册人应当将其全部注册商标一并变更;未一并变更的,由商标局通知其限期改正;期满未改正的,视为放弃变更申请,商标局应当书面通知申请人。

三、注册商标的转让

商标权是一种无形财产权,它与有形财产权一样,可以根据商标权人的意志在法律允许的范围内自由转让。

注册商标的转让是指注册商标所有人在法律允许的范围内,依法将其注册商标转让给他人所有。转让注册商标与变更注册人名义不同,转让注册商标会使注册商标的主体发生变动,变更注册人名义则不会导致注册商标的主体发生变动,只是注册人的名称发生了改变。

注册商标转让权是商标权人的一项权利,但商标权人转让商标权必须依法进行,对自行转让注册商标的,商标局应责令其限期改正或者撤销其注册商标。根据《商标法》的规定,转让注册商标的,转让人和受让人应当签订转让协议,并共同向商标局提出申请。转让注册商标经核准后,予以公告。受让人自公告之日起享有商标专用权。

注册商标的转让允许商标转让与原有的营业相分离,但这并不意味着转让上的随意性,有必要给予一定的限制。对于受让人来说,在接受转让后,应当保证使用该注册商标的商品质量;转让注册商标的,商标注册人对其在同一种商品上注册的近似的商标,或者在类似商品上注册的相同或者近似的商标,应当一并转让;对容易导致混淆或者有其他不良影响的转让,商标局不予核准,书面通知申请人并说明理由。

四、注册商标的使用许可

注册商标的使用许可制度是世界各国商标法中通行的规定,也是商标权人的一种权利。法律赋予商标权人注册商标的使用许可权,有利于发挥注册商标在促进商品生产和流通中的作用。

注册商标的使用许可是指商标权人即许可人通过与被许可人签订注册商标使用许可合同,建立使用许可关系,将其所有的注册商标许可给他人使用。注册商标使用许合同的形式一般包括独占使用许可、排他使用许可和普通使用许可。

注册商标的使用许可与注册商标的转让不同,注册商标转让的是注册商标的所有权,转让的结果是原商标注册人丧失了注册商标的所有权;而注册商标的使用许可则不发生注册商标所有权的转移,其使用许可的是注册商标的使用权。

注册商标的使用许可是商标权人的一项重要权利,其他人不得非法干涉。但商标权人在行使其使用许可权时,应遵守法律法规的规定。根据《商标法》的规定,商标注册人可以通过签订商标使用许可合同,许可他人使用其注册商标。许可人应当监督被许可人使用其注册商标的商品质量,被许可人应当保证使用该注册商标的商品质量。经许可使用他人注册商标的,必须在使用该注册商标的商品上标明被许可人的名称和商品产地。许可他人使用其注册商标的,许可人应当将其商标使用许可报商标局备案,由商标局公告。备案材料应当说明注册商标使用许可人、被许可人、许可期限、许可使用的商品或者服务范围等事项。

第五节　商标使用的管理

商标的使用,是指将商标用于商品、商品包装或者容器以及商品交易文书上,或者将商标用于广告宣传、展览以及其他商业活动中,用于识别商品来源的行为。商标使用的管理,是指商标行政管理部门为维护社会经济秩序,保护商标权人的合法权益和消费者的利益,依法对商标注册、使用、印制等行为进行的监督、检查、控制、协调、服务等管理活动的总称。

一、商标管理机构

根据《商标法》规定,国务院工商行政管理部门商标局主管全国商标注册和管理的工作,国务院工商行政管理部门设立商标评审委员会,负责处理商标争议事宜。此外,地方各级工商行政管理部门负责本行政区域内的商标管理工作。

国家工商行政管理总局下属的商标局集中接受全国的商标注册申请,同时负责商标管理工作。国家商标局主管的事项主要有:商标注册、变更、续展、补正、注销、撤销、转让登记、许可合同备案等;商标异议裁定;查处商标侵权行为;认定和保护驰名商标;负责商标国际注册等事宜。

国家工商行政管理总局下设商标评审委员会,主要负责处理商标争议事宜,包括:不服商标局驳回商标注册申请的决定提出的复审请求;不服商标局异议处理决定提出的复审请求;对已注册商标提出的宣告无效的请求;不服商标局宣告注册商标无效的裁定提出的复审请求等。

地方工商行政管理局分级负责各自辖区内的商标管理工作,主要负责管理本辖区内商标日常使用情况,同时监督商品质量。

除工商行政管理系统负责商标管理工作外,各级海关部门负责商标的边境保护,各级人民法院也通过审理商标争议案件行使其商标司法权,加强对注册商标的司法保护。

二、注册商标的使用管理

商标获准注册后,商标注册人即享有商标专用权,并受法律的保护。但商标注册人必须按照法律规定正确使用注册商标,否则就有可能被撤销,从而丧失商标权。《商标法》对注册商标在使用过程中因存在违法行为而被撤销的条件及程序作出规定。

根据《商标法》规定,商标注册人在使用注册商标的过程中,自行改变注册商标、注册人名义、地址或者其他注册事项的,由地方工商行政管理部门责令限期改正;期满不改正的,由商标局撤销其注册商标。注册商标成为其核定使用的商品的通用名称或者没有正当理由连续3年不使用的,任何单位或者个人可以向商标局申请撤销该注册商标。商标局应当自收到申请之日起9个月内作出决定。有特殊情况需要延长的,经国务院工商行政管理部门批准,可以延长3个月。

由此可见,撤销注册商标的条件是商标注册人在使用注册商标的过程中存在着一些违法情形。这些情形包括:自行改变注册商标;自行改变注册人名义;自行改变注册人地址;自行改变其他注册事项;注册商标成为其核定使用的商品的通用名称;注册商标没有正当理由连续3年不使用。

关于注册商标的撤销程序,因违法情形不同而有所不同。如商标注册人在使用注册商标的过程中,自行改变注册商标、注册人名义、地址或者其他注册事项的,先由地方工商行政管理部门责令限期改正;限期期满不改正的,然后才由商标局撤销其注册商标。如注册商标在使用过程中成为其核定使用的商品的通用名称,或者没有正当理由连续3年不使用的,任何单位或者个人都可以向商标局申请撤销该注册商标,商标局自收到申请之日起在规定期限内作出是否撤销的决定。

如当事人不服撤销注册商标的决定,《商标法》还规定了救济措施。根据《商标法》规定,对商标局撤销或者不予撤销注册商标的决定,当事人不服的,可以自收到通知之日起15日内向商标评审委员会申请复审。商标评审委员会应当自收到申请之日起9个月内作出决定,并书面通知当事人。有特殊情况需要延长的,经国务院工商行政管理部门批准,可以延长3个月。当事人对商标评审委员会的决定不服的,可以自收到通知之日起30日内向人民法院起诉。法定期限届满,当事人对商标局做出的撤销注册商标的决定不申请复审或者对商标评审委员会做出的复审决定不向人民法院起诉的,撤销注册商标的决定、复审决定生效。被撤销的注册商标,由商标局予以公告,该注册商标专用权自公告之日起终止。

注册商标一旦被撤销,或者被宣告无效,或者期满不再续展的,自撤销、宣告无效或者注销之日起1年内,商标局对与该商标相同或者近似的商标注册申请,不予核准。这一规定主要是为了保护公众利益,防止消费者误认误购。

对于法律、行政法规规定必须使用注册商标的商品,必须申请商标注册,未经核准注册的,不得在市场销售。违反该规定的,由地方工商行政管理部门责令限期申请注册,违法经营额5万元以上的,可以处违法经营额20%以下的罚款,没有违法经营额或者违法经营额不足5万元的,可以处1万元以下的罚款。

三、未注册商标的使用管理

在我国现阶段,除根据有关法律、行政法规规定必须使用注册商标的商品必须申请商标注册外,对其他绝大部分商品或者服务项目所使用的商标是否注册,采取的是自愿注册的原则。这就是说,除个别商品必须使用注册商标外,我国允许其他绝大多数商品和服务项目使用未注册商标。但未注册商标也是商标的一部分,对未注册商标的使用也必须加强管理,如有违法情形也必须予以处罚,以维护消费者的合法利益,维护正常的市场经济秩序。

根据《商标法》规定,将未注册商标冒充注册商标使用的,或者使用未注册商标违反《商标法》第10条规定的,由地方工商行政管理部门予以制止,限期改正,并可以予以通报,违法经营额5万元以上的,可以处违法经营额20%以下的罚款,没有违法经营额或者违法经营额不足5万元的,可以处1万元以下的罚款。

这里所称的"未注册商标冒充注册商标",是指未注册的商标在使用时标称为"注册商标"或者使用注册标记,这既扰乱了商标管理秩序,也是对消费者的一种欺骗行为,是法律所不允许的行为。

这里所称的"使用未注册商标违反《商标法》第10条规定",是指未注册的商标所使用的标志,是《商标法》规定的作为商标禁止使用的一些标志。如:按照《商标法》第10条的规定,"同中华人民共和国的国家名称、国旗、国徽、国歌、军旗、军徽、军歌、勋章相同或者近似的,以及同中央国家机关的名称、标志、所在地特定地点的名称或者标志性建筑物的名称、图形相同的"等八种类型的标志,不得作为商标进行使用;此外,县级以上行政区划的地名或者公众知晓的外国地名,也不得作为商标进行使用。

四、驰名商标的认定和使用管理

根据国家工商行政管理总局2014年7月3日公布的《驰名商标认定和保护规定》的规定,驰名商标是在中国为相关公众所熟知的商标。这里所称的"相关公众",包括与使用商标所标示的某类商品或者服务有关的消费者,与前述商品或者服务的营销有密切关系的其他经营者。

在我国,驰名商标认定和保护,遵循个案认定、被动保护的原则。国家工商行政管理总局商标局、商标评审委员会根据当事人请求和审查、处理案件的需要,负责在商标注册审查、商标争议处理和工商行政管理部门查处商标违法案件过程中认定和保护驰名商标。

根据《商标法》第14条规定,驰名商标应当根据当事人的请求,作为处理涉及商标案件需要认定的事实进行认定。认定驰名商标应当考虑下列因素:

(1)相关公众对该商标的知晓程度;
(2)该商标使用的持续时间;
(3)该商标的任何宣传工作的持续时间、程度和地理范围;
(4)该商标作为驰名商标受保护的记录;
(5)该商标驰名的其他因素。

关于驰名商标的认定,《商标法》第14条还规定,在商标注册审查、工商行政管理部门查处商标违法案件过程中,当事人依照《商标法》第13条规定主张权利的,商标局根据审查、处理案件的需要,可以对商标驰名情况作出认定;在商标争议处理过程中,当事人依照《商标法》第13条规定主张权利的,商标评审委员会根据处理案件的需要,可以对商标驰名情况作出认定;在商标民事、行政案件审理过程中,当事人依照《商标法》第13条规定主张权利的,最高人民法院指定的人民法院根据审理案件的需要,可以对商标驰名情况作出认定。

《商标法》第13条规定包括以下内容:为相关公众所熟知的商标,持有人认为其权利受到侵害时,可以依照本法规定请求驰名商标保护;就相同或者类似商品申请注册的商标是复制、摹仿或者翻译他人未在中国注册的驰名商标,容易导致混淆的,不予注册并禁止使用;就不相同或者不相类似商品申请注册的商标是复制、摹仿或者翻译他人已经在中国注册的驰名商标,误导公众,致使该驰名商标注册人的利益可能受到损害的,不予注册并禁止使用。

鉴于在实践中,一些注册商标专用权的权利人,当其商标在具体案件中被认定为驰名商标后,滥用驰名商标,并片面夸大宣传商品或者服务质量,从而误导消费者,妨碍公平竞争,为了禁止此类行为,《商标法》第14条第5款对驰名商标的使用作了明确规定,生产、经营者不得将"驰名商标"字样用于商品、商品包装或者容器上,或者用于广告宣传、展览以及其他商业活动。违反这些规定的,由地方工商行政管理部门责令改正,处10万元罚款。

第六节 注册商标专用权的保护

保护商标专用权是我国商标法的核心。按照《商标法》的规定,经商标局核准注册的商标为注册商标,商标注册人享有注册商标专用权,并受法律保护。所谓注册商标专用权,是指商标注册人在核定使用的商品上,享有专有使用核准注册的商标的权利。注册商标的专用权,以核准注册的商标和核定使用的商品为限,这里包括两个方面的含义:

一是注册商标的专用权只能在特定的范围有效,这个范围就是核准注册的商标和核定使用的商品;二是在这个特定的范围内,商标注册人享有对其注册商标专有使用的权利,即有权排除他人未经许可进行使用的权利。核准注册的商标和核定使用的商品,是确定注册商标专用权保护范围的两个具体标准。

一、侵犯注册商标专用权行为的界定

侵犯注册商标专用权的行为又称为"商标侵权行为",是指一切损害他人注册商标权益的行为。构成商标侵权行为,需要具备四个要件:一是客观性,即客观上存在侵犯他人注册商标专用权的事实;二是违法性,即行为人的行为违反了法律规定;三是过错性,即行为人在实施违法行为时,主观上具有故意过错或者过失过错;四是关联性,即损害事实与违法行为之间存在因果关系,损害事实是由违法行为造成的。具备以上四个要件,即构成侵权行为。

根据《商标法》第57条规定,有下列行为之一的,均属侵犯注册商标专用权:

(1)未经商标注册人的许可,在同一种商品上使用与其注册商标相同的商标的;

(2)未经商标注册人的许可,在同一种商品上使用与其注册商标近似的商标,或者在类似商品上使用与其注册商标相同或者近似的商标,容易导致混淆的;

(3)销售侵犯注册商标专用权的商品的;

(4)伪造、擅自制造他人注册商标标识或者销售伪造、擅自制造的注册商标标识的;

(5)未经商标注册人同意,更换其注册商标并将该更换商标的商品又投入市场的;

(6)故意为侵犯他人商标专用权行为提供便利条件,帮助他人实施侵犯商标专用权行为的;

(7)给他人的注册商标专用权造成其他损害的。

根据《实施条例》的规定,在同一种商品或者类似商品上将与他人注册商标相同或者近似的标志作为商品名称或者商品装潢使用,误导公众的,属于上述第(2)项规定的侵犯注册商标专用权的行为;为侵犯他人商标专用权提供仓储、运输、邮寄、印制、隐匿、经营场所、网络商品交易平台等,属于上述第(6)项规定的提供便利条件。

至于在现实经济生活中,有的企业为了牟取不正当利益,采取"傍名牌"的手段,将他人注册商标或者未注册的驰名商标作为自己企业名称中的字号使用,以提升自己的知名度,吸引消费者,增加交易机会,这类行为在主观上具有误导公众的主观故意或者过失,在客观上损害了他人合法权益,误导了社会公众,扰乱了正常的社会经济秩序,违反了《中华人民共和国反不正当竞争法》中的诚实信用原则以及不得利用他人商标或者企业名称的信誉进行不正当竞争的规定,属于不正当竞争行为中的商业假冒欺骗行为。因此,《商标法》规定,将他人注册商标、未注册的驰名商标作为企业名称中的字号使用,误导公众,构成不正当竞争行为的,依照《反不正当竞争法》处理。

根据《实施条例》的规定,对侵犯注册商标专用权的行为,任何人可以向工商行政管理部门投诉或者举报。

二、对注册商标专用权人权利的限制

对注册商标专用权人权利的限制又称为"商标权的限制",是指当注册商标专用权人的权利与他人的正当利益发生冲突时,为平衡各方利益冲突,鼓励和保护公平竞争,维护正常的社会经济秩序,需对注册商标专用权人的权利作出一定限制的一项法律制度。

通常来说,注册商标专用权包括两个方面的基本权利:一是使用权,如注册商标专用权人享有的在其核定使用的商品或者服务项目上对其注册商标行使的标记权、使用权、使用许可权、转让权、续展权等;二是禁止权,如注册商标专用权人有权禁止其他任何单位和个人未经许可,在相同或者类似的商品或者服务项目上使用与其注册商标相同或者近似的标志,有权禁止其他任何单位和个人实施法律规定的侵犯其商标专用权的行为。但如果禁止权的适用范围规定得比较宽泛,就极易产生注册商标专用权人对其禁止权的滥用,从而影响商标的合理使用,损害正常的商标秩序,因此就有必要对注册商标专用权人的权利进行一定的限制。

根据《商标法》的规定,注册商标中含有本商品的通用名称、图形、型号,或者直接表示商品的质量、主要原料、功能、用途、重量、数量及其他特点,或者含有的地名,注册商标专用权人无权禁止他人正当使用;三维标志注册商标中含有的商品自身性质产生的形状、为获得技术效果而须有的商品形状或者使商品具有实质性价值的形状,注册商标专用权人无权禁止他人正当使用;商标注册人申请商标注册前,他人已经在同一种商品或者类似商品上先于商标注册人使用与注册商标相同或者近似并有一定影响的商标的,注册商标专用权人无权禁止该使用人在原使用范围内继续使用该商标,但可以要求其附加适当区别标识。

三、对侵犯注册商标专用权行为的处理

(一)因侵犯注册商标专用权行为引起纠纷的处理方式

根据《商标法》的规定,有《商标法》第57条所列侵犯注册商标专用权行为引起纠纷的,由当事人协商解决;不愿协商或者协商不成的,商标注册人或者利害关系人可以向人民法院起诉,也可以请求工商行政管理部门处理。

这就是说,因商标侵权行为引起的纠纷,当事人可以选择以下三种方式进行处理:一是由当事人协商解决;二是向人民法院起诉;三是请求工商行政管理部门处理。

(二)工商行政管理部门查处侵犯注册商标专用权行为时可以行使的职权

根据《商标法》的规定,对侵犯注册商标专用权的行为,工商行政管理部门有权依法

查处；涉嫌犯罪的，应当及时移送司法机关依法处理。县级以上工商行政管理部门根据已经取得的违法嫌疑证据或者举报，对涉嫌侵犯他人注册商标专用权的行为进行查处时，可以行使下列职权：

(1) 询问有关当事人，调查与侵犯他人注册商标专用权有关的情况；

(2) 查阅、复制当事人与侵权活动有关的合同、发票、账簿以及其他有关资料；

(3) 对当事人涉嫌从事侵犯他人注册商标专用权活动的场所实施现场检查；

(4) 检查与侵权活动有关的物品，对有证据证明是侵犯他人注册商标专用权的物品，可以查封或者扣押。

工商行政管理部门依法行使上述职权时，当事人应当予以协助、配合，不得拒绝、阻挠。

(三) 工商行政管理部门对侵犯注册商标专用权的行为可以采取的处理办法

根据《商标法》的规定，工商行政管理部门处理时，认定侵权行为成立的，责令立即停止侵权行为，没收、销毁侵权商品和主要用于制造侵权商品、伪造注册商标标识的工具，违法经营额在5万元以上的，可以处违法经营额5倍以下的罚款，没有违法经营额或者违法经营额不足5万元的，可以处25万元以下的罚款。对5年内实施2次以上商标侵权行为或者有其他严重情节的，应当从重处罚。

这就是说，对于侵犯注册商标专用权的行为，工商行政管理部门可以采取以下手段进行处理：一是责令立即停止侵权行为；二是没收、销毁侵权商品与有关工具；三是处以罚款。但对于销售不知道是侵犯注册商标专用权的商品，能证明该商品是自己合法取得并说明提供者的，则由工商行政管理部门责令停止销售。

(四) 侵犯商标专用权赔偿数额的确定方法

根据《商标法》的规定，侵犯商标专用权的赔偿数额，按照权利人因被侵权所受到的实际损失确定；实际损失难以确定的，可以按照侵权人因侵权所获得的利益确定；权利人的损失或者侵权人获得的利益难以确定的，参照该商标许可使用费的倍数合理确定。对恶意侵犯商标专用权，情节严重的，可以在按照上述方法确定数额的一倍以上五倍以下确定赔偿数额。赔偿数额应当包括权利人为制止侵权行为所支付的合理开支。

人民法院为确定赔偿数额，在权利人已经尽力举证，而与侵权行为相关的账簿、资料主要由侵权人掌握的情况下，可以责令侵权人提供与侵权行为相关的账簿、资料；侵权人不提供或者提供虚假的账簿、资料的，人民法院可以参考权利人的主张和提供的证据判定赔偿数额。

权利人因被侵权所受到的实际损失、侵权人因侵权所获得的利益、注册商标许可使用费难以确定的，由人民法院根据侵权行为的情节判决给予五百万元以下的赔偿。

人民法院审理商标纠纷案件，应权利人请求，对属于假冒注册商标的商品，除特殊情况外,责令销毁;对主要用于制造假冒注册商标的商品的材料、工具,责令销毁,且不予补偿;或者在特殊情况下,责令禁止前述材料、工具进入商业渠道,且不予补偿。

假冒注册商标的商品不得在仅去除假冒注册商标后进入商业渠道。

《商标法》规定,在下列两种情形下,则无须承担赔偿责任。其一,注册商标专用权人请求赔偿,被控侵权人以注册商标专用权人未使用注册商标提出抗辩的,人民法院可以要求注册商标专用权人提供此前3年内实际使用该注册商标的证据。注册商标专用权人不能证明此前3年内实际使用过该注册商标,也不能证明因侵权行为受到其他损失的,被控侵权人不承担赔偿责任。其二,对于销售不知道是侵犯注册商标专用权的商品,能证明该商品是自己合法取得并说明提供者的,不承担赔偿责任。

(五)对侵犯注册商标专用权赔偿数额争议的处理

根据《商标法》的规定,对侵犯商标专用权的赔偿数额的争议,当事人可以请求进行处理的工商行政管理部门调解,也可以向人民法院起诉。经工商行政管理部门调解,当事人未达成协议或者调解书生效后不履行的,当事人可以向人民法院起诉。

这就是说,对于因侵犯商标专用权的赔偿数额而发生的争议,当事人可以选择以下两种方式进行处理:一是请求进行处理的工商行政管理部门进行调解;二是向人民法院起诉。

(六)侵犯注册商标专用权行为的刑事责任

为加强注册商标专用权的保护,《商标法》还规定,对情节严重,构成犯罪的商标侵权行为,除赔偿被侵权人的损失外,还应依法追究刑事责任。这主要包括三个方面。

一是未经商标注册人许可,在同一种商品上使用与其注册商标相同的商标,构成犯罪的,除赔偿被侵权人的损失外,依法追究刑事责任。

二是伪造、擅自制造他人注册商标标识或者销售伪造、擅自制造的注册商标标识,构成犯罪的,除赔偿被侵权人的损失外,依法追究刑事责任。

三是销售明知是假冒注册商标的商品,构成犯罪的,除赔偿被侵权人的损失外,依法追究刑事责任。

根据上述规定,依法追究侵犯他人注册商标专用权行为的刑事责任,并不免除侵权人的民事责任。这就是说,对于侵犯他人注册商标专用权的行为,如情节严重,构成犯罪的,在追究其刑事责任的同时,违法行为人仍要依法承担赔偿责任。被侵权人可以在追究侵权人刑事责任的诉讼中提起附带民事诉讼,也可以另外单独提起民事诉讼,要求侵权人赔偿损失。

四、关于其他违法行为的处理

《商标法》除对侵犯注册商标专用权的行为及其处理作出规定外,还对其他有关商标方面的违法行为及其法律责任作出了规定。这主要包括以下几个内容。

(一)对商标代理机构违法行为的处理

根据《商标法》的规定,商标代理机构有下列行为之一的,由工商行政管理部门责令限期改正,给予警告,处一万元以上十万元以下的罚款;对直接负责的主管人员和其他直接责任人员给予警告,处五千元以上五万元以下的罚款;构成犯罪的,依法追究刑事责任:

(1)办理商标事宜过程中,伪造、变造或者使用伪造、变造的法律文件、印章、签名的;

(2)以诋毁其他商标代理机构等手段招徕商标代理业务或者以其他不正当手段扰乱商标代理市场秩序的;

(3)违反《商标法》第四条、第十九条第三款、第四款规定的。

商标代理机构有前款规定行为的,由工商行政管理部门记入信用档案;情节严重的,商标局、商标评审委员会可以决定停止受理其办理商标代理业务,予以公告。

商标代理机构违反诚实信用原则,侵害委托人合法利益的,应当依法承担民事责任,并由商标代理行业组织按照章程规定予以惩戒。

对恶意申请商标注册的,根据情节给予警告、罚款等行政处罚;对恶意提起商标诉讼的,由人民法院依法给予处罚。

(二)对有关国家机关工作人员违法行为的处理

作为从事商标注册、管理和复审工作的国家机关工作人员,应当秉公执法,廉洁自律,忠于职守,文明服务,不得从事商标代理业务和商品生产经营活动,如有违法行为也必须依法进行处理。工商行政管理部门应当建立健全内部监督制度,对负责商标注册、管理和复审工作的国家机关工作人员执行法律、行政法规和遵守纪律的情况,进行监督检查。根据《商标法》的规定,从事商标注册、管理和复审工作的国家机关工作人员玩忽职守、滥用职权、徇私舞弊,违法办理商标注册、管理和复审事项,收受当事人财物,牟取不正当利益,构成犯罪的,依法追究刑事责任;尚不构成犯罪的,依法给予处分。

思考题

1. 解释下列概念:
商标　商标权　商标法　商标注册　注册商标　注册商标的转让
注册商标的使用许可　商标使用的管理　驰名商标　注册商标专用权
2. 简述商标的作用。
3. 简述商标的分类。
4. 商标权有哪些特征?
5. 商标注册的原则和条件有哪些?

6. 商标注册应遵循哪些程序?
7. 注册商标无效宣告的情形有哪些?
8. 注册商标有效期满如何进行续展?
9. 注册商标的转让和使用许可应符合哪些规定?
10. 商标局在哪些情形下可以撤销注册商标?
11. 认定驰名商标应当考虑哪些因素?
12. 侵犯注册商标专用权的行为有哪些?
13. 对侵犯注册商标专用权行为如何进行处理?

阅读文献

1.《中华人民共和国商标法》,1982年8月23日五届全国人民代表大会常务委员会第二十四次会议通过,根据1993年2月22日七届全国人民代表大会常务委员会第三十次会议《关于修改〈中华人民共和国商标法〉的决定》第一次修正,根据2001年10月27日九届全国人民代表大会常务委员会第二十四次会议《关于修改〈中华人民共和国商标法〉的决定》第二次修正,根据2013年8月30日十二届全国人民代表大会常务委员会第四次会议《关于修改〈中华人民共和国商标法〉的决定》第三次修正,根据2019年4月23日十三届全国人民代表大会常务委员会第十次会议通过的《关于修改〈中华人民共和国商标法〉的决定》第四次修正。

2.《中华人民共和国商标法实施条例》,2002年8月3日国务院公布,2014年4月29日国务院修订。

3.《最高人民法院关于审理商标案件有关管辖和法律适用范围问题的解释》,2001年12月25日最高人民法院审判委员会第1203次会议通过,根据2020年12月23日最高人民法院审判委员会第1823次会议通过的《最高人民法院关于修改〈最高人民法院关于审理侵犯专利权纠纷案件应用法律若干问题的解释(二)〉等十八件知识产权类司法解释的决定》修正。

4.《最高人民法院关于审理商标民事纠纷案件适用法律若干问题的解释》,2002年10月12日最高人民法院审判委员会第1246次会议通过,根据2020年12月23日最高人民法院审判委员会第1823次会议通过的《最高人民法院关于修改〈最高人民法院关于审理侵犯专利权纠纷案件应用法律若干问题的解释(二)〉等十八件知识产权类司法解释的决定》修正。

5.《集体商标、证明商标注册和管理办法》,1994年12月30日国家工商行政管理局公布,1998年12月3日国家工商行政管理局第一次修订,2003年4月17日国家工商行政管理总局第二次修订。

6.《商标评审规则》,1995年11月2日国家工商行政管理局公布,2002年9月17日国家工商行政管理总局第一次修订,2005年9月26日国家工商行政管理总局第二次修订,2014年5月28日国家工商行政管理总局第三次修订。

7.《驰名商标认定和保护规定》,2003年4月17日国家工商行政管理总局发布,2014年7月3日国家工商行政管理总局修订。

8.《商标印制管理办法》,1996年9月5日国家工商行政管理局发布,1998年12月3日国家工商行政管理局第一次修订,2004年8月19日国家工商行政管理总局第二次修订。

9.《关于保护服务商标若干问题的意见》,1999年3月30日国家工商行政管理局公布。

10.《关于执行〈商标注册用商品和服务国际分类〉第10版的公告》,2011年12月12日国家工商行政管理总局发布。

第七章

专利法

本章概要

专利的概念及特征,专利法的概念,专利权的主体和客体,专利权授予的原则、条件和程序,专利权的期限、终止和无效,专利实施的强制许可及专利权的保护等。

第一节　专利及专利法概述

专利是国家专利主管机关授予专利申请人的一种法律上的权利。专利制度作为一项法律制度,是科学技术发展到一定阶段的产物,是在科技成果具有商品性质的条件下发展起来的。专利制度的基本内容是根据专利法的有关规定,对申请专利的发明创造,经过审查和批准授予专利权,以便进行发明创造的技术有偿转让和技术信息交流,促进科学技术的应用和经济社会的发展。为了保护专利权人的合法权益,鼓励发明创造,推动发明创造的应用,促进科学技术进步和经济社会发展,提高创新能力,适应市场经济发展和现代化建设的需要,我国逐步建立并完善起专利法律制度。

一、专利的概念及特征

专利一词,是从英语 Patent 翻译而来的。专利通常有以下三种含义:一是专利权的简称;二是取得专利权的发明创造;三是记载发明创造内容的专利文献。一般来说,专利的基本含义是指专利权,它是国家专利主管机关按照法律规定,授予专利申请人或者专利申请人的权利继受人在一定期限内对其发明创造所享有的专有权。

专利权一般具有以下基本特征。

第一,专有性。专利权的专有性表现在两个方面:一是授予专利权的唯一性,即相同内容的发明创造,在一国或者一个地区范围内只授予一项专利权;二是专利权的排他性,即专利权人对取得专利权的发明创造,享有独占、使用、销售、收益和处分的权利,其他人未经专利权人的同意,不得实施该项发明创造,否则构成侵权行为,要依法承担法律责任。

第二,地域性。地域性是指在某个国家或者地区申请并取得的专利权,只能在授予该项权利的国家或者地区领域内受到法律保护,对其他国家不发生法律效力,非专利权人可以未经专利权人同意实施该项专利。专利权人要想使其发明创造在其他国家也受到专利法的保护,就必须按照该国法律的规定,在该国申请并取得专利权。

第三,时间性。时间性是指专利权有一定的保护期限,即一项专利权仅在法律规定的一定期限内有效。过了有效期限,专利权自行终止,该项发明创造即成为人类的共有财富,任何人都可以使用。

二、专利法的概念

专利法是调整在确认和保护发明创造的专有权以及在利用专有的发明创造过程中发生的社会关系的法律规范的总称。它除了包括 1984 年 3 月 12 日六届全国人大常委会第四次会议通过的,并先后根据 1992 年 9 月 4 日七届全国人大常委会第二十七次会议、2000年8月25日九届全国人大常委会第十七次会议、2008年12月27日十一届全国人大常委会第六次会议、2020年10月17日十三届全国人民代表大会常务委员会第二十二次会议通过的《关于修改〈中华人民共和国专利法〉的决定》修正的《中华人民共和国专利法》(以下简称《专利法》),还包括1985年1月19日经国务院批准、由中国专利局公布的,并先后于1992年12月12日、2001年6月15日、2002年12月28日、2010年1月9日修订的《中华人民共和国专利法实施细则》(以下简称《实施细则》)。《专利法》及其《实施细则》是我国调整专利法律关系的两个基本的规范性文件。

此外,最高人民法院审判委员会先后于2001年6月19日通过、2013年2月25日和2015年1月19日修正的《最高人民法院关于审理专利纠纷案件适用法律问题的若干规定》,就人民法院审理专利纠纷案件有关问题作出规定。最高人民法院审判委员会第1480次会议于2009年12月21日又通过了《最高人民法院关于审理侵犯专利权纠纷案件应用法律若干问题的解释》,就人民法院审理侵犯专利权纠纷案件法律应用有关问题作出规定。最高人民法院审判委员会先后于2016年1月25日通过、2020年12月23日修订的《最高人民法院关于审理侵犯专利权纠纷案件应用法律若干问题的解释(二)》,确定间接侵权制度等,进一步厘清专利权的保护范围。为了规范对专利代理行业的管理和监督,2019年4月1日国家知识产权局制定并发布了新的《专利代理管理办法》。

第二节 专利权的主体和客体

专利权的主体和客体是专利法律关系中的两个基本要素。明确专利权的主体和客体,对于发挥专利制度的积极作用,加强对专利的保护,促进科技发明创造活动,推动经济发展和社会进步,都具有重要意义。

一、专利权的主体

专利权的主体是指申请并获得专利权的单位和个人。根据我国《专利法》的规定,发明人或者设计人、发明人或者设计人所属单位、外国的单位和个人都可以成为我国专利法规定的专利权的主体。

(一)发明人或者设计人

发明人或者设计人是指对发明创造的实质性特点作出创造性贡献的自然人,可以是一个人,也可以是多个人。在完成发明创造过程中,只负责组织工作的人、为物质条件的利用提供方便的人或者从事其他辅助工作的人,不应当认为是发明人或者设计人。因此,发明人或者设计人必须满足两个条件:一是必须直接参加发明创造活动;二是对发明创造的实质性特点作出创造性贡献。根据《专利法》有关规定,对非职务发明创造,申请专利的权利属于发明人或者设计人;申请被批准后,该发明人或者设计人为专利权人。

(二)职务发明创造中发明人或者设计人所属的单位

职务发明创造是指发明人或者设计人执行本单位的任务或者主要是利用本单位的物质技术条件所完成的发明创造。职务发明创造申请专利的权利属于该单位;申请被批准后,该单位为专利权人。该单位可以依法处置其职务发明创造申请专利的权利和专利权,促进相关发明创造的实施和运用。但《专利法》同时规定,对于利用本单位的物质技术条件所完成的发明创造,单位与发明人或者设计人订有合同,对申请专利的权利和专利权的归属作出约定的,从其约定。

根据《实施细则》规定,执行本单位的任务所完成的职务发明创造是指下列情形:
(1)在本职工作中作出的发明创造;
(2)履行本单位交付的本职工作之外的任务所作出的发明创造;
(3)退休、调离原单位后或者劳动、人事关系终止后1年内作出的,与其在原单位承担的本职工作或者原单位分配的任务有关的发明创造。

主要利用本单位的物质技术条件是指主要利用本单位的资金、设备、零部件、原材料或者不对外公开的技术资料等。

被授予专利权的单位应当对职务发明创造的发明人或者设计人给予奖励;发明创造专利实施后,根据其推广应用的范围和取得的经济效益,对发明人或者设计人给予合理的报酬。国家鼓励被授予专利权的单位实行产权激励,采取股权、期权、分红等方式,使发明人或者设计人合理分享创新收益。

(三)共同发明人或者共同设计人

共同发明创造是指两个以上的单位或者个人合作完成的发明创造。完成该发明创造的单位和个人,称为共同发明人或者共同设计人。根据《专利法》规定,两个以上单位或者个人合作完成的发明创造、一个单位或者个人接受其他单位或者个人委托所完成的发明创造,除另有协议的以外,申请专利的权利属于完成或者共同完成的单位或者个人;申请被批准后,申请的单位或者个人为专利权人。

(四)发明人或者设计人的权利继受人

发明创造申请并获得专利的权利是一种财产权,发明人或者设计人可以把这种权利转让于他人。根据《专利法》规定,专利申请权和专利权可以转让。转让专利申请权或者专利权的,当事人应当订立书面合同,并向国务院专利行政部门登记,由国务院专利行政部门予以公告。专利申请权或者专利权的转让自登记之日起生效。合法受让人取得专利申请权并就受让的发明创造申请专利,申请被批准后,该申请人为专利权人。

(五)外国人、外国企业和外国其他组织

在中国没有经常居所或者营业所的外国人、外国企业或者外国其他组织在中国申请专利的,依照其所属国同中国签订的协议或者共同参加的国际条约,或者依照互惠原则,根据《专利法》有关规定办理。

根据《专利法》规定,中国单位或者个人在国内申请专利和办理其他专利事务的,可以委托依法设立的专利代理机构办理。在中国没有经常居所或者营业所的外国人、外国企业或者外国其他组织在中国申请专利和办理其他专利事务的,应当委托依法设立的专利代理机构办理。专利代理机构的具体管理办法由国务院规定。

这里所称的"专利代理机构",是指经省、自治区、直辖市知识产权局审核,国家知识产权局批准设立,可以接受委托人的委托,在委托权限范围内以委托人的名义办理专利申请或其他专利事务的服务机构。截至2022年底,我国专利代理机构达到4520家(不含港澳台地区),获得专利代理师资格证书的人数达到63311人,执业专利代理师31347人,诉讼代理人4405人。

二、专利权的客体

专利权的客体是指依法可以授予专利权的发明创造。我国《专利法》规定的可以授予专利权的发明创造,包括发明、实用新型和外观设计。

(一)发明

《专利法》中所称的"发明"是指对产品、方法或者其改进所提出的新的技术方案。发明是专利法保护的主要对象。

关于发明的认定,首先,发明不同于发现。发现是揭示自然界原本存在但尚未被人们所认识的事物,是对自然规律的认识,不能授予专利权;而发明是指所制造的产品或者所提出的方法是前所未有的,是对自然规律的利用。其次,发明必须是利用自然规律的结果,而不是人的纯智力活动所产生的东西或者人为规定的东西。最后,发明是具体的技术方案,即发明必须能够实施,具有达到一定效果的可重复性。

发明包括产品发明和方法发明。产品发明是关于各种新产品、新材料、新物质的技术方案,如汽车、船只、仪器等。方法发明是指用于制造某种产品方法的发明、使用产品方法的发明、测量方法的发明、通信方法的发明等。

(二)实用新型

《专利法》中所称的"实用新型"是指对产品的形状、构造或者其结合所提出的适于实用的新的技术方案。实用新型作为专利法保护的对象,属于发明的范畴,但两者也有区别。实用新型仅指具有一定形状的物品的发明,不包括方法的发明;实用新型在技术水平上的要求比发明低,故称为"小发明",实用新型专利相应地被称为"小专利"。

(三)外观设计

《专利法》中所称的"外观设计"是指对产品整体或者局部的形状、图案或者其结合以及色彩与形状、图案的结合所作出的富有美感,并适于工业应用的新设计。外观设计必须以产品为依托,以产品的形状、图案和色彩等作为要素。外观设计只涉及美化产品的外表和形状,而不涉及产品的制造和设计技术。

三、不授予专利权的项目

(一)对违反法律、社会公德或者妨害公共利益的发明创造,不授予专利权

违反法律、社会公德的发明创造,是指作出的发明创造与我国社会主义法律背道而驰,或者破坏了社会主义道德风尚,如犯罪分子的作案工具、有淫秽内容的图案设计等。还有些发明创造,虽然其本身既不违反国家法律,也不违反社会公德,但有可能给国家、集体和社会公共利益造成危害的,也不授予专利权,如胎儿性别鉴定仪等。

(二)对违反法律、行政法规的规定获取或者利用遗传资源,并依赖该遗传资源完成的发明创造,不授予专利权

遗传资源是指来自植物、动物、微生物或其他来源的任何含有遗传功能单位的、有实际或潜在价值的遗传材料。依据《专利法》的规定,依赖遗传资源完成的发明创造,其遗传资源的获得和利用(如克隆遗传资源)应当符合中国有关法律、行政法规的规定。依赖遗传资源完成发明创造的,专利申请人在专利申请文件中应当说明遗传资源的直接来源和原始来源;无法说明原始来源的,应当陈述理由。如果该遗传资源的获取或者利用违反法律、行政法规的,将不授予专利权。对已授予的专利权,发现其赖以完成发明创造的遗传资源的获取或利用是违反法律、行政法规的,根据《专利法》的有关规定,任何单位或者个人可以请求国务院专利行政部门宣告该专利权无效。

我国是一个遗传资源较为丰富的国家,随着我国经济的发展和开放程度的不断提高,遗传资源流失的情况时有发生。为了维护我国因遗传资源所应获得的正当利益,通过专利法对遗传资源进行保护,规范依赖遗传资源进行发明创造的行为,《专利法》规定对于依赖违法获得或利用的遗传资源所完成的发明创造不授予专利权是十分必要的。

(三)对科学发现和部分智力活动成果不授予专利权

根据《专利法》规定,对下列各项,不授予专利权。

1. 科学发现

科学发现是对自然的现象、特性、规律的认识,是具有重大意义的科学研究成果,不

是技术发明。由于不能直接在产业领域中应用,所以不能授予专利权,但是利用科学原理得出的技术方案则可以授予专利权。

2. 智力活动的规则和方法

因为它是人们进行思维、推理、分析和判断的规则和方法,具有主观性和抽象性的特点,不是利用自然规律的过程,也不是具体的技术解决方案,所以不能授予专利权。

3. 疾病的诊断和治疗方法

因为它是以人和动物作为实施对象的,不能在工业中应用,又涉及人民身体健康,不能由某个人所独占,所以不能授予专利权。但是,用来诊断和治疗疾病的医疗设备及制造方法,可以授予专利权。

4. 动物和植物品种

因为它们是自然生长的,而不是人们创造的,加之受自然条件的影响太大,没有重复性,所以不授予专利权。但是,对动物和植物品种的生产方法,可以授予专利权。

5. 原子核变换方法以及用原子核变换方法获得的物质

这是指核裂变或者核聚变的方法以及因此方法获得的元素或者化合物。由于原子核变换的物质可以在军事上应用,出于国防建设和保护我国核工业发展考虑不授予专利权。

6. 对平面印刷品的图案、色彩或者二者的结合作出的主要起标识作用的设计

这种设计的功能在于将特定产品从同类产品中区分出来,对产品本身的外观设计并无改进,如授予其专利权,则不利于我国外观设计整体水平的提高。同时,此类外观设计的标识功能与商标权、著作权的区分功能发生重叠,容易导致法律适用上的混乱,因而不授予专利权。

第三节 授予专利权的条件和程序

一项发明创造要取得专利权,一方面要符合专利法规定的授予专利权的条件,另一方面要按照专利法规定的程序,由专利申请人向专利行政部门提出专利申请,经专利行政部门审查合格后,才能批准授予专利权。我国《专利法》及其《实施细则》对发明创造取得专利权应当具备的条件及申请、审批程序作出了明确规定。

一、专利申请的原则

(一)单一性原则

单一性原则是指一项发明创造只能申请一项专利,不能将两项或者两项以上的发明创造作为一件申请提出。根据《专利法》规定,一件发明或者实用新型专利申请应当限于一项发明或者实用新型,属于一个总的发明构思的两项以上的发明或者实用新型,可以作为一件申请提出。一件外观设计专利申请应当限于一项外观设计,同一产品两项以上的相似外观设计,或者用于同一类别并且成套出售或者使用的两项以上外观设计,可以作为一件申请提出。

(二) 申请在先原则

根据"一发明创造一专利"的原则,同样的发明创造只能授予一项专利权。如果两个或者两个以上的申请人分别就同样的发明创造申请专利的,如果都授予专利权,就与专利权的独占性相悖。对此,国际上有两种不同的处理办法:一种办法是采用先发明原则,即两个或者两个以上的申请人分别就同样的发明创造提出专利申请时,专利权授予最先发明的申请人;另一种办法是采用先申请原则,即当两个或者两个以上的申请人分别就同样的发明创造申请专利时,专利权授予最先提出专利申请的人。根据我国《专利法》的规定,两个以上的申请人分别就同样的发明创造申请专利的,专利权授予最先申请的人;如果两个以上的申请人在同一日分别就同样的发明创造申请专利的,应当在收到国务院专利行政部门的通知后自行协商确定申请人。

(三) 优先权原则

优先权是《保护工业产权巴黎公约》确立的基本原则。优先权包括外国优先权和本国优先权。外国优先权是指申请人在 A 国提出正式的专利申请后,根据 A 国同 B 国签订的协议或者共同参加的国际条约,或者依照相互承认优先权的原则,在特定的期限内就同一发明向 B 国提出专利申请的申请时,有权将在 A 国第一次提出申请的日期作为后来在 B 国提出申请的申请日。本国优先权是指申请人在 A 国提出正式的专利申请后,在特定的期限内又就相同主题在 A 国提出专利申请的,申请人有权将第一次提出申请的日期作为后一次申请的申请日。

根据我国《专利法》的规定,申请人自发明或者实用新型在外国第一次提出专利申请之日起 12 个月内,或者自外观设计在外国第一次提出专利申请之日起 6 个月内,又在中国就相同主题提出专利申请的,依照该外国同中国签订的协议或者共同参加的国际条约,或者依照相互承认优先权的原则,可以享有优先权。申请人自发明或者实用新型在中国第一次提出专利申请之日起 12 个月内,或者自外观设计在中国第一次提出专利申请之日起六个月内,又向国务院专利行政部门就相同主题提出专利申请的,可以享有优先权。

申请人要求发明、实用新型专利优先权的,应当在申请的时候提出书面声明,并且在第一次提出申请之日起十六个月内,提交第一次提出的专利申请文件的副本。申请人要求外观设计专利优先权的,应当在申请的时候提出书面声明,并且在三个月内提交第一次提出的专利申请文件的副本。申请人未提出书面声明或者逾期未提交专利申请文件副本的,视为未要求优先权。

此外,申请专利和行使专利权应当遵循诚实信用原则。不得滥用专利权损害公共利益或者他人合法权益。滥用专利权,排除或者限制竞争,构成垄断行为的,依照《中华人民共和国反垄断法》处理。

二、授予专利权的条件

(一)授予发明和实用新型专利权的条件

根据《专利法》规定,授予专利权的发明和实用新型,应当具备新颖性、创造性和实用性。

1. 新颖性

新颖性是指该发明或者实用新型不属于现有技术,也没有任何单位或者个人就同样的发明或者实用新型在申请日以前向国务院专利行政部门提出过申请,并记载在申请日以后公布的专利申请文件或者公告的专利文件中。

在授予发明和实用新型专利权的条件中,新颖性是首要条件,也是最基本的条件。判断是否具有新颖性,以申请专利的发明或者实用新型是否属于现有技术为主要标准。所谓"现有技术",是指申请日以前在国内外为公众所知的技术。具体来说,申请专利的发明或者实用新型在申请日以前不得通过以下任何一种方式在国内或者国外为公众所知:一是出版物公开,即在申请日以前的正式出版物上已经记载了同样的发明创造的情况,包括专利文献、杂志、书籍、学术论文、教科书、技术手册等多种出版物公开;二是使用公开,即由于该项技术的应用而向公众公开了该项技术的基本内容,如通过新产品的制造、销售、使用和公开展示等形式公开;三是以其他方式为公众所知,包括口头公开,也包括通过报告、讨论会发言、广播或者电视的播放等形式使公众得知该项技术内容。至于处于保密状态的技术内容,由于公众不能得知,不属于现有技术。

关于判断是否具有新颖性的时间界限,则以申请日为基准,这也是当前大多数国家专利法规定的标准。按照我国《专利法》和《专利法实施细则》的有关规定,国务院专利行政部门收到专利申请文件之日为申请日。如果申请文件是邮寄的,则以寄出的邮戳日为申请日。享有优先权的,则指优先权日。申请专利的发明和实用新型,只要是在申请日之前的现有技术中没有的,即具有新颖性。

同样的发明创造只能授予一项专利权,因此,如果申请日以前已经有单位或者个人以相同的发明或者实用新型向国务院专利行政部门提出过申请,并且记载在申请日之后公布的专利申请文件或者公告的专利文件中,为避免重复授权,先申请的发明或者实用新型应当视为后申请的发明或者实用新型的现有技术,后一申请因此不具有新颖性。

在某些特殊情况下,尽管申请专利的发明或者实用新型在申请日以前已经公开,但如果在一定期限内提出专利申请的,则不视为丧失新颖性。根据《专利法》规定,申请专

利的发明创造在申请日以前6个月内,有下列情形之一的,不丧失新颖性:

(1)在国家出现紧急状态或者非常情况时,为公共利益目的首次公开的;
(2)在中国政府主办或者承认的国际展览会上首次展出的;
(3)在规定的学术会议或者技术会议上首次发表的;
(4)他人未经申请人同意而泄露其内容的。

2. 创造性

创造性是指与现有技术相比,该发明有突出的实质性特点和显著的进步,该实用新型有实质性特点和进步。我国《专利法》对其保护的发明和实用新型专利在创造性方面作了不同的规定,对于发明,要求具有"突出的实质性特点和显著的进步";对于实用新型,要求具有"实质性特点和进步"。

所谓实质性特点,是指发明创造具有一个或者几个技术特征,与现有技术相比具有本质上的区别。也就是说,发明创造应当是发明人创造性构思的结果。凡是所属技术领域内的普通技术人员不能直接从现有技术中得出构成该发明创造的全部必要技术特征的,都应当认为具有实质性特点。所谓进步,是指与现有技术相比有所进步。

3. 实用性

实用性是指该发明或者实用新型能够制造或者使用,并且能够产生积极效果。对于发明或者实用新型具有的实用性,一般可以从以下三个方面来判断:一是可实施性,即能够在生产过程中制造或者使用;二是再现性,即在生产过程中能够反复制造或者重复使用;三是有益性,即能够产生有益的社会效果。

(二)授予外观设计专利权的条件

根据《专利法》规定,授予专利权的外观设计,应当不属于现有设计;也没有任何单位或者个人就同样的外观设计在申请日以前向国务院专利行政部门提出过申请,并记载在申请日以后公告的专利文件中。授予专利权的外观设计与现有设计或者现有设计特征的组合相比,应当具有明显区别,并不得与他人在申请日以前已经取得的合法权利相冲突。这里所称的"现有设计",是指申请日以前在国内外为公众所知的设计。

根据上述规定,授予专利权的外观设计应当具备以下条件。

第一,应当具有新颖性,即应当不属于现有设计,也没有任何单位或者个人就同样的外观设计在申请日以前向国务院专利行政部门提出过申请,并记载在申请日以后公告的专利文件中。因而,在新颖性方面,与发明和实用新型的标准是一样的。

第二,授予专利权的外观设计应当具有创造性,即授予专利权的外观设计与现有设计或者现有设计特征的组合相比,应当具有明显区别。

第三,授予专利权的外观设计不得与他人在申请日以前已经取得的合法权利相冲突。他人在申请日以前已经取得的合法权利主要是指商标权、著作权(主要是指美术作品)、肖像权等。由于外观设计是指对产品的形状、图案或者其结合以及色彩与形状、图案的结合所作出的富有美感并适于工业应用的新设计,很容易与商标权、著作权等权利相冲突。如果有他人在先已经取得了上述合法权利,外观设计专利申请人就不得以这些商标、美术作品等作为外观设计取得专利权。

三、授予专利权的程序

（一）专利的申请

根据《专利法》规定,申请发明或者实用新型专利的,应当提交请求书、说明书及其摘要和权利要求书等文件。

1. 请求书是申请人请求国务院专利行政部门授予专利权的一种书面文件。请求书应当写明发明或者实用新型的名称,发明人的姓名,申请人姓名或者名称、地址,以及其他事项。

2. 说明书是对发明创造内容的具体说明。它是一个技术性文件,应当对发明或者实用新型作出清楚、完整的说明,以所属技术领域的技术人员能够实现为准,必要时应当有附图。

3. 说明书摘要是对说明书内容的简要说明,其目的在于使非专业人员能够简单了解发明或者实用新型的内容。说明书摘要应当简要说明发明或者实用新型的技术要点,写明发明或者实用新型专利申请所公开内容的概要,即写明发明或者实用新型的名称和所属技术领域,并清楚地反映所要解决的技术问题、解决该问题的技术方案的要点以及主要用途。

4. 权利要求书是申请人请求确定其专利保护范围的重要法律文件。权利要求书应当以说明书为依据,清楚、简要地限定要求专利保护的范围。专利权被授予后,权利要求书是确定发明或者实用新型专利保护范围的依据,也是判定他人是否构成侵权的依据。

依赖遗传资源完成的发明创造,申请人应当在专利申请文件中说明该遗传资源的直接来源和原始来源;申请人无法说明原始来源的,应当陈述理由。

申请外观设计专利的,应当提交请求书、该外观设计的图片或者照片以及对该外观设计的简要说明等文件。申请人提交的有关图片或者照片应当清楚地显示要求专利保护的产品的外观设计。

权利要求书、说明书及附图中的语法、文字、标点、图形、符号等存有歧义,但本领域普通技术人员通过阅读权利要求书、说明书及附图可以得出唯一理解的,人民法院应当根据该唯一理解予以认定。

（二）专利申请的审查和批准

1. 发明专利申请的审批

专利申请的审查和批准是一项发明创造能否获得专利权的决定性程序。我国《专利法》对于发明专利申请,采用"早期公开、延迟审查"的审批制度,具体要经过以下几个阶段。

(1)初步审查。初步审查又称"形式审查",是指国务院专利行政部门收到发明专利申请后,对申请文件是否齐全、填写是否符合规定、各种证件是否完备、书写是否规范以及是否属于授予专利权的范围等进行形式审查。

(2)早期公开。国务院专利行政部门收到发明专利申请后,经初步审查认为符合《专利法》要求的,自申请日起满18个月,即行公布。国务院专利行政部门可以根据申请人的请求早日公布其申请。

(3)实质审查。发明专利申请自申请日起3年内,国务院专利行政部门可以根据申请人随时提出的请求,对其申请进行实质审查;申请人无正当理由逾期不请求实质审查的,该申请即被视为撤回。国务院专利行政部门认为必要的时候,可以自行对发明专利申请进行实质审查。

(4)通知申请人陈述或者修改申请书。国务院专利行政部门对发明专利申请进行实质审查后,认为不符合《专利法》规定的,应当通知申请人,要求其在指定的期限内陈述意见,或者对其申请进行修改;无正当理由逾期不答复的,该申请即被视为撤回。发明专利申请经申请人陈述意见或者进行修改后,国务院专利行政部门仍然认为不符合本法规定的,应当予以驳回。

(5)授予专利权。发明专利申请经实质审查没有发现驳回理由的,由国务院专利行政部门作出授予发明专利权的决定,发放发明专利证书,同时予以登记和公告。发明专利权自公告之日起生效。

2. 实用新型和外观设计专利申请的审批

我国《专利法》对于实用新型和外观设计专利申请采用"形式审查"的审批制度。根据《专利法》规定,实用新型和外观设计专利申请经初步审查没有发现驳回理由的,由国务院专利行政部门作出授予实用新型或者外观设计专利权的决定,发放相应的专利证书,同时予以登记和公告。实用新型专利权和外观设计专利权自公告之日起生效。

(三)专利申请的复审

专利申请人对国务院专利行政部门驳回申请的决定不服的,可以自收到通知之日起3个月内,向国务院专利行政部门请求复审。国务院专利行政部门复审后,作出决定,并通知专利申请人。专利申请人对国务院专利行政部门的复审决定不服的,可以自收到通知之日起三个月内向人民法院起诉。

第四节 专利权的期限、终止和无效

专利权和普通财产所有权不同。普通财产所有权一般会随客体的消失而终止,客体不消失，财产所有权就可以长期存在，法律对普通财产所有权无须规定期限。而专利权则不然。专利权的客体是无形的发明创造，权利的终止并不一定是因为客体的消失。专利权是一项利用发明创造的独占权，是一项禁止其他人未经许可而利用的权利，如果允许这种独占权长期存在下去，将会严重阻碍科技进步和经济发展，因此，在专利法中对专利权的保护期限作出规定成为一种必然。专利权因专利申请人的申请和专利行政部门的审批而取得，也会因一定的法律事实出现而终止。在对专利申请的审批过程中，由于文献漏检和判断不当等原因而出现失误，难免有一些不应当授予专利权而授予专利权的情况，也有必要建立宣告专利权无效的制度，追溯取消专利权。

一、专利权的期限

专利权的期限是指专利权的时间效力。规定专利权的保护期限，一方面应当考虑到发明人或者设计人的利益，如果保护期限过短，则不利于调动发明人或者设计人的积极性；另一方面应当考虑到国家和社会公众的利益，如果保护期限过长，则不利于技术的推广和应用。各国专利法都对专利权的保护期限作出了明确规定，但保护期限的长短不尽相同。我国《专利法》规定，发明专利权的期限为20年，实用新型专利权的期限是10年，外观设计专利权的期限为15年，均自申请日起计算。

自发明专利申请日起满4年，且自实质审查请求之日起满3年后授予发明专利权的，国务院专利行政部门应专利权人的请求，就发明专利在授权过程中的不合理延迟给予专利权期限补偿，但由申请人引起的不合理延迟除外。为补偿新药上市审评审批占用的时间，对在中国获得上市许可的新药相关发明专利，国务院专利行政部门应专利权人的请求给予专利权期限补偿；补偿期限不超过五年，新药批准上市后总有效专利权期限不超过14年。

二、专利权的终止

专利权的终止是指专利权人丧失对其所拥有专利的独占权。一旦专利权终止，该项发明创造即进入公有领域，成为社会的共同财富，而不为特定人所专有。综合《专利法》有关规定，专利权因以下原因而终止：

（1）专利期限届满；
（2）没有按照规定缴纳专利年费；
（3）专利权人以书面声明放弃其专利权；
（4）专利权人死亡而又无继承人；
（5）专利权被国务院专利行政部门宣告无效。

专利权终止后，由国务院专利行政部门登记并公告。

三、专利权的无效

专利权的无效是指已经取得的专利权因不符合专利法的规定，根据有关单位或者个人的请求,经国务院专利行政部门审核后被宣告无效。设置宣告专利权无效的规定,是为了及时纠正专利行政部门因某种失误所作出的不符合专利法的规定而授予专利权的决定。

根据《专利法》规定,自国务院专利行政部门公告授予专利权之日起,任何单位或者个人认为该专利权的授予不符合《专利法》有关规定的,可以请求国务院专利行政部门宣告该专利权无效。国务院专利行政部门对宣告专利权无效的请求应当及时审查和作出决定,并通知请求人和专利权人。宣告专利权无效的决定,由国务院专利行政部门登记和公告。对国务院专利行政部门宣告专利权无效或者维持专利权的决定不服的,可以在收到通知之日起3个月内向人民法院起诉。人民法院应当通知无效宣告请求程序的对方当事人作为第三人参加诉讼。宣告无效的专利权视为自始即不存在。

宣告专利权无效的决定作出后,当事人根据该决定依法申请再审,请求撤销专利权无效宣告前人民法院作出但未执行的专利侵权的判决、调解书的,人民法院可以裁定中止再审审查,并中止原判决、调解书的执行。专利权人向人民法院提供充分、有效的担保,请求继续执行前款所称判决、调解书的,人民法院应当继续执行;侵权人向人民法院提供充分、有效的反担保,请求中止执行的,人民法院应当准许。人民法院生效裁判未撤销宣告专利权无效的决定的,专利权人应当赔偿因继续执行给对方造成的损失;宣告专利权无效的决定被人民法院生效裁判撤销,专利权仍有效的,人民法院可以依据前款所称判决、调解书直接执行上述反担保财产。

在法定期限内对宣告专利权无效的决定不向人民法院起诉或者起诉后生效裁判未撤销该决定,当事人根据该决定依法申请再审,请求撤销宣告专利权无效前人民法院作出但未执行的专利侵权的判决、调解书的,人民法院应当再审。当事人根据该决定,依法申请终结执行宣告专利权无效前人民法院作出但未执行的专利侵权的判决、调解书的,人民法院应当裁定终结执行。

第五节 专利实施的特别许可

在专利的许可实施方面,专利实施的强制许可是与专利权人自愿许可实施相对而言的。自愿许可实施是指专利权人基于自己的意愿与受让人签订专利实施许可合同,允许受让人实施其专利。而专利实施的强制许可是指国家专利行政部门依照法定条件和法定程序,不经专利权人同意而准许其他单位和个人实施其专利的行政强制措施。其目的在于维护国家利益和社会整体利益,防止滥用专利权,保护和促进技术进步。新修订的《专利法》增加了专利实施的开放许可。

一、强制许可的情形

综合我国《专利法》的有关规定,在以下几种情况下可以给予强制许可。

(一)依照具备实施条件的单位的申请给予的强制许可

根据《专利法》规定,有下列情形之一的,国务院专利行政部门根据具备实施条件的单位或者个人的申请,可以给予实施发明专利或者实用新型专利的强制许可:

(1)专利权人自专利权被授予之日起满3年,且自提出专利申请之日起满4年,无正当理由未实施或者未充分实施其专利的;

(2)专利权人行使专利权的行为被依法认定为垄断行为,为消除或者减少该行为对竞争产生的不利影响的。

(二)依据特殊情况或者为了公共利益的目的给予的强制许可

根据《专利法》规定,在国家出现紧急状态或者非常情况时,或者为了公共利益的目的,国务院专利行政部门可以给予实施发明专利或者实用新型专利的强制许可。

(三)基于公共健康目的对专利药品给予的强制许可

根据《专利法》规定,为了公共健康目的,对取得专利权的药品,国务院专利行政部门可以给予制造并将其出口到符合中华人民共和国参加的有关国际条约规定的国家或者地区的强制许可。

(四)对技术互相依存的专利即"依存专利"给予的强制许可

根据《专利法》规定,一项取得专利权的发明或者实用新型比前已经取得专利权的发明或者实用新型具有显著经济意义的重大技术进步,其实施又有赖于前一发明或者实用新型的实施的,国务院专利行政部门根据后一专利权人的申请,可以给予实施前一发明或者实用新型的强制许可。在给予从属权利的强制许可情形下,国务院专利行政部门根据前一专利权人的申请,也可以给予实施后一发明或者实用新型的强制许可。

《专利法》还就专利实施的强制许可作了限制性规定,这包括两个情况。一是,强制许可涉及的发明创造为半导体技术的,其实施限于公共利益的目的和《专利法》第53条第(2)项规定的情形。这里所谓《专利法》第53条第(2)项规定的情形,是指依照具备实施条件的单位的申请给予的强制许可的第二种情形,即"专利权人行使专利权的行为被依法认定为垄断行为,为消除或者减少该行为对竞争产生的不利影响"而给予的强制许可。二是,除依照《专利法》第53条第(2)项、第55条规定给予的强制许可外,强制许可的实施应当主要为了供应国内市场。这里所谓《专利法》第55条规定的情况,是指有关基于公共健康目的对专利药品给予的强制许可。

二、关于强制许可的其他规定

(一)申请强制许可的申请人负有提出有关证据的义务

对于依照《专利法》第53条第(1)项、第56条规定申请强制许可的单位或者个人应当提供证据,证明其以合理的条件请求专利权人许可其实施专利,但未能在合理的时间内获得许可。这里所谓依照《专利法》第53条第(1)项规定申请强制许可的,是指依照具备实施条件的单位的申请给予强制许可的第一种情形,即"专利权人自专利权被授予之日起满3年,且自提出专利申请之日起满4年,无正当理由未实施或者未充分实施其专利"而申请的强制许可。这里所谓依照《专利法》第56条规定申请强制许可的,是指基于"依存专利"而申请的强制许可。

(二)强制许可决定的通知、登记、公告程序与终止实施

根据《专利法》的规定,国务院专利行政部门作出的给予实施强制许可的决定,应当及时通知专利权人,并予以登记和公告。给予实施强制许可的决定,应当根据强制许可的理由规定实施的范围和时间。强制许可的理由消除并不再发生时,国务院专利行政部门应当根据专利权人的请求,经审查后作出终止实施强制许可的决定。

(三)对取得实施强制许可的单位或者个人权利的限制

取得实施强制许可的单位或者个人,享有实施专利权人专利的权利,但为了合理保护专利权人的合法利益,对依强制许可取得专利实施权的单位或者个人的权利就有必要加以限制。根据《专利法》的规定,取得实施强制许可的单位或者个人不享有独占的实施权,并且无权允许他人实施。

(四)取得实施强制许可的单位或者个人应当支付专利使用费

强制许可实施并不是无偿实施,法律规定专利实施的强制许可,其目的是防止专利权人对其专利技术进行不适当的垄断,专利权人并没有因此而丧失其专利权,专利权人仍有权请求取得强制许可而实施其专利的单位或者个人向其支付专利使用费,取得实施强制许可的单位或者个人,也应当向专利权人支付专利使用费。根据《专利法》的规定,取得实施强制许可的单位或者个人应当付给专利权人合理的使用费,或者依照中华人民共和国参加的有关国际条约的规定处理使用费问题。付给使用费的,其数额由双方协商;双方不能达成协议的,由国务院专利行政部门裁决。

(五)对有关强制许可的决定不服可以提起诉讼

根据《专利法》的规定,专利权人对国务院专利行政部门关于实施强制许可的决定

不服的,专利权人和取得实施强制许可的单位或者个人对国务院专利行政部门关于实施强制许可的使用费的裁决不服的,可以自收到通知之日起3个月内向人民法院起诉。

三、专利实施的开放许可

(一)专利实施开放许可的声明、公告与撤回

专利权人自愿以书面方式向国务院专利行政部门声明愿意许可任何单位或者个人实施其专利,并明确许可使用费支付方式、标准的,由国务院专利行政部门予以公告,实行开放许可。就实用新型、外观设计专利提出开放许可声明的,应当提供专利权评价报告。专利权人撤回开放许可声明的,应当以书面方式提出,并由国务院专利行政部门予以公告。开放许可声明被公告撤回的,不影响在先给予的开放许可的效力。

(二)专利实施开放许可的通知与费用

任何单位或者个人有意愿实施开放许可的专利的,以书面方式通知专利权人,并依照公告的许可使用费支付方式、标准支付许可使用费后,即获得专利实施许可。实行开放许可的专利权人可以与被许可人就许可使用费进行协商后给予普通许可,但不得就该专利给予独占或者排他许可。开放许可实施期间,对专利权人缴纳专利年费相应给予减免。

(三)专利实施开放许可的纠纷处理

当事人就实施开放许可发生纠纷的,由当事人协商解决;不愿协商或者协商不成的,可以请求国务院专利行政部门进行调解,也可以向人民法院起诉。

第六节 专利权的保护

对专利权予以法律保护是专利法的重要内容。作为一种无形财产权,专利权被侵犯了,也应像其他财产权被侵犯了一样,请求依法处理。但专利权又与其他财产权不同。作为专利权客体的发明创造,专利权人不能像占有有形财产那样占有发明创造,这就使得专利权更容易被他人侵犯;而且被侵犯了,要发现侵权行为很不容易;发现了侵权行为,要确定侵犯的范围也不容易。这些都是专利侵权行为与一般侵权行为的不同之处,也使得专利权的法律保护具有特殊性。

一、专利权的保护范围

对专利权的保护首先要明确专利权的保护范围,只有明确专利权的保护范围才能

有效地保护专利权,减少侵权行为的发生,正确处理专利侵权纠纷。专利权的保护范围是专利权效力所及的发明创造范围。根据《专利法》规定,发明或者实用新型专利权的保护范围以其权利要求的内容为准,说明书及附图可用于解释权利要求的内容;外观设计专利权的保护范围以表示在图片或者照片中的该外观设计专利产品为准,简要说明可以用于解释图片或者照片所表示的该产品的外观设计。

二、侵犯专利权的行为

(一)侵犯专利权行为的概念与特征

侵犯专利权的行为又称为"专利侵权行为",是指行为人以营利为目的,在专利权有效期限内,未经专利权人许可,违反法律规定而实施他人专利的行为。它具有以下特征。

第一,以生产经营为目的。如果不是为了生产经营目的而实施他人专利,则不构成侵权。

第二,侵害的对象是有效的专利。专利侵权必须以存在有效的专利为前提,实施专利授权以前的技术、已经被宣告无效的专利、被专利权人声明放弃的专利、专利权期限届满的技术,均不构成侵权行为。

第三,有侵害行为的发生。即行为人在客观上实施了侵害他人专利的行为。

第四,违反了法律的规定。即行为人未经专利权人许可,又无法律依据,实施他人的专利。

(二)专利侵权行为的类型

根据《专利法》及《实施细则》的规定,专利侵权行为主要表现在以下两个方面。

1. 未经专利权人许可,实施其专利

根据《专利法》的规定,发明和实用新型专利权被授予后,除《专利法》另有规定的以外,任何单位或者个人未经专利权人许可,都不得实施其专利,即不得为生产经营目的制造、使用、许诺销售、销售、进口其专利产品,或者使用其专利方法以及使用、许诺销售、销售、进口依照该专利方法直接获得的产品。外观设计专利权被授予后,任何单位或者个人未经专利权人许可,都不得实施其专利,即不得为生产经营目的制造、许诺销售、销售、进口其外观设计专利产品。违反上述规定,即构成专利侵权。"许诺销售"是指以做广告、在商店橱窗中陈列或者在展销会上展出等方式作出销售商品的意思表示。

2. 假冒专利

根据《实施细则》的规定,下列行为属于假冒专利的行为:

(1)在未被授予专利权的产品或者其包装上标注专利标识,专利权被宣告无效后或者终止后继续在产品或者其包装上标注专利标识,或者未经许可在产品或者产品包装上标注他人的专利号;

(2)销售第(1)项所述产品;

(3)在产品说明书等材料中将未被授予专利权的技术或者设计称为专利技术或者专利设计,将专利申请称为专利,或者未经许可使用他人的专利号,使公众将所涉及的技术或者设计误认为是专利技术或者专利设计;

(4)伪造或者变造专利证书、专利文件或者专利申请文件;

(5)其他使公众混淆,将未被授予专利权的技术或者设计误认为是专利技术或者专利设计的行为。

专利权终止前依法在专利产品、依照专利方法直接获得的产品或者其包装上标注专利标识,在专利权终止后许诺销售、销售该产品的,不属于假冒专利行为。

三、不视为侵犯专利权的行为

专利权具有独占性,未经专利权人许可,任何单位或者个人都不得实施其专利,否则构成侵犯专利权的行为。但在既能合理保护专利权人的合法权益,又能兼顾社会公共利益和社会公众利益的前提下,《专利法》规定在某些情况下,虽未经专利权人许可而实施其专利,但法律上不视为侵犯专利权的行为。

根据《专利法》的规定,有下列情形之一的,不视为侵犯专利权:

(1)专利产品或者依照专利方法直接获得的产品,由专利权人或者经其许可的单位、个人售出后,使用、许诺销售、销售、进口该产品的;

(2)在专利申请日前已经制造相同产品、使用相同方法或者已经做好制造、使用的必要准备,并且仅在原有范围内继续制造、使用的;

(3)临时通过中国领陆、领水、领空的外国运输工具,依照其所属国同中国签订的协议或者共同参加的国际条约,或者依照互惠原则,为运输工具自身需要而在其装置和设备中使用有关专利的;

(4)专为科学研究和实验而使用有关专利的;

(5)为提供行政审批所需要的信息,制造、使用、进口专利药品或者专利医疗器械的,以及专门为其制造、进口专利药品或者专利医疗器械的。

四、侵犯专利权行为的处理及其法律责任

《专利法》不仅对侵犯专利权的行为界定作了规定,还就侵犯专利权行为的处理及应承担的法律责任作了明确规定。它主要包括以下内容。

(一)关于未经专利权人许可实施其专利而引起纠纷的解决方式

根据《专利法》的规定,对于未经专利权人许可实施其专利,引起纠纷的,由当事人协商解决;不愿协商或者协商不成的,专利权人或者利害关系人可以向人民法院起诉,也可以请求管理专利工作的部门处理。管理专利工作的部门处理时,认定侵权行为成立

的,可以责令侵权人立即停止侵权行为,当事人不服的,可以自收到处理通知之日起15日内依照《行政诉讼法》向人民法院起诉;侵权人期满不起诉又不停止侵权行为的,管理专利工作的部门可以申请人民法院强制执行。管理专利工作的部门应当事人的请求,可以就侵犯专利权的赔偿数额进行调解;调解不成的,当事人可以依照《民事诉讼法》向人民法院起诉。

这里所称的"管理专利工作的部门",是指由省、自治区、直辖市人民政府以及专利管理工作量大又有实际处理能力的设区的市人民政府设立的管理专利工作的部门。地方人民政府管理专利工作的部门应专利权人或者利害关系人请求处理专利侵权纠纷,对在本行政区域内侵犯其同一专利权的案件可以合并处理;对跨区域侵犯其同一专利权的案件可以请求上级地方人民政府管理专利工作的部门处理。

(二)关于假冒专利应承担的法律责任

根据《专利法》的规定,假冒专利的,除依法承担民事责任外,由负责专利执法的部门责令改正并予公告,没收违法所得,可以并处违法所得5倍以下的罚款;没有违法所得或者违法所得在五万元以下的,可以处二十五万元以下的罚款;构成犯罪的,依法追究刑事责任。

负责专利执法的部门根据已经取得的证据,对涉嫌假冒专利行为进行查处时,有权采取下列措施:

(1)询问有关当事人,调查与涉嫌违法行为有关的情况;
(2)对当事人涉嫌违法行为的场所实施现场检查;
(3)查阅、复制与涉嫌违法行为有关的合同、发票、账簿以及其他有关资料;
(4)检查与涉嫌违法行为有关的产品;
(5)对有证据证明是假冒专利的产品,可以查封或者扣押。

管理专利工作的部门应专利权人或者利害关系人的请求处理专利侵权纠纷时,可以采取前款第(1)项、第(2)项、第(4)项所列措施。负责专利执法的部门、管理专利工作的部门依法行使前两款规定的职权时,当事人应当予以协助、配合,不得拒绝、阻挠。

(三)关于侵犯专利权赔偿数额的确定

根据《专利法》的规定,侵犯专利权的赔偿数额按照权利人因被侵权所受到的实际损失或者侵权人因侵权所获得的利益确定;权利人的损失或者侵权人获得的利益难以确定的,参照该专利许可使用费的倍数合理确定。对故意侵犯专利权,情节严重的,可以在按照上述方法确定数额的一倍以上五倍以下确定赔偿数额。权利人的损失、侵权人获得的利益和专利许可使用费均难以确定的,人民法院可以根据专利权的类型、侵权行为的性质和情节等因素,确定给予3万元以上500万元以下的赔偿。赔偿数额还应当包括权利人为制止侵权行为所支付的合理开支。人民法院为确定赔偿数额,在权利人已经尽力举证,而与侵权行为相关的账簿、资料主要由侵权人掌握的情况下,可以责令侵权人提供与侵权行为相关的账簿、资料;侵权人不提供或者提供虚假的账簿、资料的,人民法院可以参考权利人的主张和提供的证据判定赔偿数额。

(四)关于专利权人或者利害关系人对即发侵权行为在起诉前申请采取临时措施的规定

根据《专利法》的规定,专利权人或者利害关系人有证据证明他人正在实施或者即将实施侵犯专利权、妨碍其实现权利的行为,如不及时制止将会使其合法权益受到难以弥补的损害的,可以在起诉前依法向人民法院申请采取财产保全、责令作出一定行为或者禁止作出一定行为的措施。

(五)关于专利权人或者利害关系人在起诉前申请保全证据的规定

根据《专利法》的规定,为了制止专利侵权行为,在证据可能灭失或者以后难以取得的情况下,专利权人或者利害关系人可以在起诉前向人民法院申请保全证据。人民法院采取保全措施,可以责令申请人提供担保;申请人不提供担保的,驳回申请。申请人自人民法院采取保全措施之日起15日内不起诉的,人民法院应当解除该措施。

(六)关于诉讼时效的规定

根据《专利法》的规定,侵犯专利权的诉讼时效为3年,自专利权人或者利害关系人知道或者应当知道侵权行为以及侵权人之日起计算。发明专利申请公布后至专利权授予前使用该发明未支付适当使用费的,专利权人要求支付使用费的诉讼时效为3年,自专利权人知道或者应当知道他人使用其发明之日起计算;但是,专利权人于专利权授予之日前即已知道或者应当知道的,自专利权授予之日起计算。

(七)关于侵权行为的行政责任

违反《专利法》向外国申请专利,泄露国家秘密的,由所在单位或者上级主管机关给予行政处分;构成犯罪的,依法追究刑事责任。

管理专利工作的部门参与向社会推荐专利产品等经营活动的,由其上级机关或者监察机关责令改正,消除影响,有违法收入的予以没收;情节严重的,对直接负责的主管人员和其他直接责任人员依法给予处分。

从事专利管理工作的国家机关工作人员以及其他有关国家机关工作人员玩忽职守、滥用职权、徇私舞弊,构成犯罪的,依法追究刑事责任;尚不构成犯罪的,依法给予行政处分。

思考题

1. 解释下列概念：
专利 专利法 职务发明创造 发明 实用新型 外观设计
专利实施的强制许可 侵犯专利权的行为
2. 简述专利权的特征。
3. 简述专利权的主体和客体。
4. 不授予专利权的项目有哪些？
5. 简述授予专利权的发明和实用新型应当具备的条件。
6. 专利申请的原则有哪些？
7. 授予发明专利权应当经过哪些程序？
8. 专利权终止的原因有哪些？
9. 专利法规定的专利实施的强制许可的情形有哪些？
10. 试述专利侵权行为的表现形式及其法律责任。

阅读文献

1.《中华人民共和国专利法》，1984年3月12日六届全国人民代表大会常务委员会第四次会议通过，根据1992年9月4日七届全国人民代表大会常务委员会第二十七次会议《关于修改〈中华人民共和国专利法〉的决定》第一次修正，根据2000年8月25日九届全国人民代表大会常务委员会第十七次会议《关于修改〈中华人民共和国专利法〉的决定》第二次修正，根据2008年12月27日十一届全国人民代表大会常务委员会第六次会议《关于修改〈中华人民共和国专利法〉的决定》第三次修正；根据2020年10月17日十三届全国人民代表大会常务委员会第二十二次会议通过的《关于修改〈中华人民共和国专利法〉的决定》第四次修正。

2.《中华人民共和国专利法实施细则》，1985年1月19日经国务院批准、同日中国专利局发布，1992年12月12日经国务院批准修订、1992年12月21日中国专利局发布，2001年6月15日国务院令第306号重新公布，根据2002年12月28日《国务院关于修改〈中华人民共和国专利法实施细则〉的决定》第一次修订，根据2010年1月9日《国务院关于修改〈中华人民共和国专利法实施细则〉的决定》第二次修订。

3.《最高人民法院关于审理专利纠纷案件适用法律问题的若干规定》，2001年6月19日最高人民法院审判委员会第1180次会议通过，2013年2月25日根据最高人民法院审判委员会第1570次会议通过的《最高人民法院关于修改〈最高人民法院关于审理专利纠纷案件适用法律问题的若干规定〉的决定》进行修改，根据2015年1月19日最高人民法院审判委员会第1641次会议通过的《最高人民法院关于修改〈最高人民法院关于审理专利纠纷案件适用法律问题的若干规定〉的决定》第二次修正。

4.《最高人民法院关于审理侵犯专利权纠纷案件应用法律若干问题的解释》,2009年12月21日最高人民法院审判委员会第1480次会议通过。

5.《最高人民法院关于审理侵犯专利权纠纷案件应用法律若干问题的解释(二)》,2016年1月25日由最高人民法院审判委员会第1676次会议通过,根据2020年12月23日最高人民法院审判委员会第1823次会议通过的《最高人民法院关于修改〈最高人民法院关于审理侵犯专利权利纠纷案件应用法律若干问题解释(二)〉等十八件知识产权类司法解释的决定》修正。

6.《专利代理管理办法》,2019年4月1日由国家市场监督管理总局2019年第5次会议审议通过。

第八章

市场规制法

本章概要

不正当竞争和反不正当竞争法的概念，不正当竞争行为及其法律责任，对不正当竞争行为的监督检查制度；反垄断法的概念，垄断行为及其法律责任；产品质量法的概念和原则，对产品质量的监督制度，生产者、销售者的产品质量责任和义务，违反产品质量法的法律责任；消费者权益保护法的概念，消费者的权利和经营者的义务，消费者合法权益的保护制度，消费争议的解决和损害消费者合法权益的法律责任等。

第一节　反不正当竞争法

党的十四大确立了我国经济体制改革的目标是建立社会主义市场经济体制。建立社会主义市场经济体制的核心内容是改变过去主要依靠行政手段管理经济的模式,使企业真正成为自主经营、自负盈亏的市场主体,使整个社会经济能够按照市场经济的客观规律正常高效地运行。但国家放弃对企业直接的行政管理并不意味着国家对企业的经营管理活动放任自流。市场经济高度发达的国家大都建立反不正当竞争法律制度作为国家干预经济生活的主要依据,规范企业的经营活动,制止和打击危害正当竞争的行为。竞争机制是市场经济高效运行的最基本的机制。反不正当竞争法作为专门调整竞争关系的法律,对于保护和鼓励公平竞争,制止不正当竞争行为,维护经营者和消费者的合法权益,促进市场经济健康发展,起着十分重要的作用。

一、反不正当竞争法概述

(一)反不正当竞争法的概念和调整对象

反不正当竞争法是调整在制止不正当竞争行为过程中发生的社会关系的法律规范的总称。

在我国的现实经济生活中,不正当竞争行为已不是个别偶发的现象,有些不正当竞争行为,像制造、销售假冒、伪劣商品的现象相当普遍,已经发展成为社会一大公害,严重扰乱了社会经济秩序,损害了其他经营者和消费者的合法权益。为促进社会主义市场经济的健康发展,鼓励和保护公平竞争,制止不正当竞争行为,保护经营者和消费者的合法权益,八届全国人大常委会第三次会议于1993年9月2日通过了《中华人民共和国反不正当竞争法》(以下简称《反不正当竞争法》)。该法于2017年11月4日经第十二届全国人大常委会第三十次会议进行了修订,根据2019年4月23日十三届全国人大常委会第十次会议《关于修改〈中华人民共和国建筑法〉等八部法律的决定》第二次修正。

此外,为了禁止仿冒知名商品特有的名称、包装、装潢的行为,禁止侵犯商业秘密的行为,禁止商业贿赂行为和禁止串通招标投标行为,维护公平竞争秩序,国家工商行政管理局根据《反不正当竞争法》,还先后发布了《关于禁止仿冒知名商品特有的名称、包装、装潢的不正当竞争行为的若干规定》(1995年7月6日发布,以下简称《禁止仿冒知名商品的规定》)、《关于禁止侵犯商业秘密行为的若干规定》(1995年11月23日发布,以下简称《禁止侵犯商业秘密行为的规定》)、《关于禁止商业贿赂行为的暂行规定》(1996年11月15日发布,以下简称《禁止商业贿赂行为的规定》)、《关于禁止串通招标投标行为的暂行规定》(1998年1月16日发布,现已废止)等。

法律的调整对象是划分不同法律部门的基本依据,决定着特定法律部门的宗旨、原则、调整方法及具体规则。反不正当竞争法的调整对象是在市场竞争过程中发生的社会关系,即市场竞争关系,它包括在确立反不正当竞争管理监督体制中发生的关系,在确定不正当竞争行为中发生的关系以及在制裁不正当竞争行为中发生的关系。

反不正当竞争法调整的市场竞争关系具有下列特征。

第一,市场竞争关系是处于同一经济环节中市场主体之间的关系。从调整市场主体之间的关系这个角度看,反不正当竞争法与民商法是一致的,不同的是它们分别调整着不同层次的市场主体之间的关系。民商法调整的主要是商品交换关系,是商品的提供者与需求者之间的关系,是一种相互需求、相互配合的协作关系。各方当事人主要以契约为纽带,法律进行调整的目的在于保证各方当事人利益均衡。而市场竞争关系的各方当事人处于同一经济环节中,是同类商品的生产者或者经营者之间的关系,是一种相互排斥、相互抵触的竞争关系,禁止竞争者达成任何形式的协议对其他竞争者进行限制。法律进行调整的目的在于保证竞争者遵守公认的商业道德,以正当的手段进行竞争。

第二,市场竞争关系是竞争者与整个社会之间的关系。市场经济规律的有效运行离不开竞争机制的有效发挥。但损害正当竞争关系的行为不仅会对特定的竞争者造成损害,还会引起不同程度的竞争机制的紊乱,从而导致社会经济秩序的混乱。因此,反不正当竞争法规定由专门机关对不正当竞争行为进行监督检查,对违法行为进行追究;情节严重,构成犯罪的,还应依法追究刑事责任。

(二)反不正当竞争法的立法宗旨

《反不正当竞争法》第1条规定:"为促进社会主义市场经济健康发展,鼓励和保护公平竞争,制止不正当竞争行为,保护经营者和消费者的合法权益,制定本法。"由此规定可以看出,我国反不正当竞争法主要有三项立法宗旨。

1. 促进社会主义市场经济的健康发展

竞争机制是市场经济最基本、最重要的运行机制,是市场经济的其他规律赖以发挥作用的基础。不正当竞争行为会破坏竞争秩序,会扭曲市场运行规律,会导致社会经济秩序的混乱。作为调整市场竞争关系的反不正当竞争法,其首要目标是保护竞争机制,维护社会经济秩序,使整个社会经济能够正常而有效地运转。

2. 鼓励和保护公平竞争,制止不正当竞争

公平、正当的竞争是以遵守法律、遵守法律和商业道德和公平、诚信的原则为前提进行的竞争,它能促使竞争者努力提高产品质量,降低产品成本,改进生产技术,从而提高劳动生产率,推动科学技术的进步,增加经济效益和社会效益,保障社会主义市场经济健康有序地向前发展。因此,公平、正当的竞争应当受到法律的鼓励和保护。而不正当竞争则以故意规避法律或者直接违反法律、政策为前提,以牟取非法利益为目的,采取不符合法律、政策的规定,或者与正当商业交往格格不入的行为作为竞争手段,损害了消费者和其他经营者的合法权益,破坏了社会主义市场经济的健康发展。因此,不正当竞争行为应是法律禁止的行为。

3. 保护经营者和消费者的合法权益

反不正当竞争法一方面着眼于维护整个社会经济秩序,另一方面对具体的受害经营者和消费者的利益给予充分保护。这不但有利于恢复被不正当竞争行为破坏了的经济秩序,而且有利于鼓励和引导经营者和消费者依法维护自己的合法权益。

(三)反不正当竞争法的基本原则

《反不正当竞争法》第2条规定:"经营者在市场交易中,应当遵循自愿、平等、公平、诚实信用的原则,遵守法律和商业道德。"由此规定可以看出,反不正当竞争法除了遵循经济法的基本原则,还要遵循以下原则。

1. 自愿竞争原则

商品生产者和经营者有权决定是否参加竞争,参加何种竞争,其他任何主体都无权进行干涉。要实现自愿竞争,就必须赋予和尊重生产经营者独立的法律地位,赋予和尊重生产经营者自主决定各种事务而不受干涉的权利。

2. 平等竞争和公平竞争原则

平等竞争和公平竞争是正当竞争的前提,是市场经济健康发展的客观要求。竞争者应当公开地用正当竞争手段进行竞争,不允许欺诈和恶意串通。竞争者在竞争中的法律地位是平等的,竞争机会是均等的。无论竞争者的财产多少、规模大小、实力强弱,他们都平等地享有权利、承担义务,不允许以大欺小、以强凌弱、以富压贫进行竞争。

3. 诚实信用,遵守法律和商业道德的原则

这项原则要求经营者无论从事什么样的经济活动,都应当遵守法律法规,用符合商业道德规范的手段进行竞争,实现其经济目的。我国反不正当竞争法虽然列举了若干种不正当竞争行为,但由于经济生活的复杂性,且不断发生变化,反不正当竞争法很难穷尽各种不正当竞争行为。判断某种竞争行为是否正当,应根据行为人是否出于诚实信用的动机,是否符合公认的商业道德来进行判断。

二、不正当竞争行为

(一)不正当竞争行为的概念和特征

根据《反不正当竞争法》第2条规定,不正当竞争是指经营者在生产经营活动中,违反本法规定,扰乱市场竞争秩序,损害其他经营者或者消费者的合法权益的行为。不正当竞争行为具有以下特征。

第一,不正当竞争行为的主体是经营者。这里所称的"经营者"是指从事商品生产、经营或者提供服务的自然人、法人和非法人组织。一般情况下，非从事商品经营或者营利性服务的其他主体即非经营者不是竞争行为的主体，自然也不能成为不正当竞争行为的主体。但在个别情况下，非经营者的某些行为也可能会妨害经营者的正当经营活动，侵害经营者的合法权益，如政府及其所属部门滥用行政权力妨害经营者的正当竞争行为，使其成为不正当竞争行为的特殊主体。

第二，不正当竞争行为是一种违法行为。不正当竞争行为的违法性主要表现在违反了《反不正当竞争法》的规定，既包括违反该法关于禁止不正当竞争行为的各种具体规定，也包括违反了该法的原则规定。经营者的某些行为虽然难以被确认为该法规定的不正当竞争行为，但只要违反了自愿、平等、公平、诚实信用的原则或者违背了公认的商业道德，损害了其他经营者的合法权益，扰乱了社会经济秩序，也被认为是不正当竞争行为。

第三，不正当竞争行为侵害的客体是其他经营者或者消费者的合法权益和正常的社会经济秩序。不正当竞争行为的危害性至少包括以下几个方面：破坏了公平竞争的市场秩序；阻碍了技术进步和社会生产力的发展；损害了其他经营者的合法权益；损害了广大消费者的合法权益；给我国对外开放政策带来消极影响，严重损害了国家利益。

(二) 不正当竞争行为的表现形式

《反不正当竞争法》规定了以下不正当竞争行为。

1. 商业混淆行为

根据《反不正当竞争法》规定，经营者不得实施下列混淆行为，引人误认为是他人商品或者与他人存在特定联系：

(1) 擅自使用与他人有一定影响的商品名称、包装、装潢等相同或者近似的标识；

(2) 擅自使用他人有一定影响的企业名称（包括简称、字号等）、社会组织名称（包括简称等）、姓名（包括笔名、艺名、译名等）；

(3) 擅自使用他人有一定影响的域名主体部分、网站名称、网页等；

(4) 其他足以引人误认为是他人商品或者与他人存在特定联系的混淆行为。

以上是几种比较常见的不正当竞争行为，其危害性在于扭曲了竞争机制，损害了竞争对手的合法权益，使消费者受骗上当，损害了消费者的合法权益。

所谓"有一定影响的商品名称"，是指在相关领域中有一定影响、为相关公众所知悉的商品名称；所谓"包装"，是指为识别商品以及方便携带、储运而使用在商品上的辅助物和容器；所谓"装潢"，是指为识别与美化商品而在商品或者其包装上附加的文字、图案、色彩及其排列组合。有一定影响的商品名称、包装、装潢应当依照使用在先的原则予以认定。

2. 商业贿赂行为

根据《反不正当竞争法》规定，经营者不得采用财物或者其他手段贿赂下列单位或

者个人,以谋取交易机会或者竞争优势:

(1)交易相对方的工作人员;

(2)受交易相对方委托办理相关事务的单位或者个人;

(3)利用职权或者影响力影响交易的单位或者个人。

经营者在交易活动中,可以采用明示方式向交易相对方支付折扣,或者向中间人支付佣金。经营者向交易相对方支付折扣、向中间人支付佣金的,应当如实入账。接受折扣、佣金的经营者也应当如实入账。

经营者的工作人员进行贿赂的,应当认定为经营者的行为;但是,经营者有证据证明该工作人员的行为与为经营者谋取交易机会或者竞争优势无关的除外。

根据国家工商行政管理局发布的《禁止商业贿赂行为的规定》,上述不正当竞争行为中所称的"财物",是指现金和实物,包括经营者为销售或者购买商品,假借促消费、宣传费、赞助费、科研费、劳务费、咨询费、佣金等名义,或者以报销各种费用等方式,给付对方单位或者个人的财物;所谓"其他手段",是指提供国内外各种名义的旅游、考察等给付财物以外的其他利益的手段。

3. 虚假的商业宣传行为

虚假的商业宣传行为是指经营者对其商品的性能、功能、质量、销售状况、用户评价、曾获荣誉等作虚假或者引人误解的商业宣传,欺骗、误导消费者,以及经营者通过组织虚假交易等方式,帮助其他经营者进行虚假或者引人误解的商业宣传。虚假的广告宣传行为的危害性在于严重影响了消费者的客观判断,违反了商业道德,侵害了竞争者的合法权益和消费者的合法利益。

4. 侵犯商业秘密的行为

侵犯他人商业秘密的行为包括:

(1)以盗窃、贿赂、欺诈、胁迫、电子侵入或者其他不正当手段获取权利人的商业秘密;

(2)披露、使用或者允许他人使用以前项手段获取的权利人的商业秘密;

(3)违反保密义务或者违反权利人有关保守商业秘密的要求,披露、使用或者允许他人使用其所掌握的商业秘密;

(4)教唆、引诱、帮助他人违反保密义务或者违反权利人有关保守商业秘密的要求,获取、披露、使用或者允许他人使用权利人的商业秘密。

经营者以外的其他自然人、法人和非法人组织实施前款所列违法行为的,视为侵犯商业秘密。

第三人明知或者应知商业秘密权利人的员工、前员工或者其他单位、个人实施上述第(1)款所列违法行为,仍获取、披露、使用或者允许他人使用该商业秘密的,视为侵犯商业秘密。

根据《反不正当竞争法》和《禁止侵犯商业秘密行为的规定》,所谓"商业秘密",是指不为公众所知悉、具有商业价值并经权利人采取相应保密措施的技术信息和经营信息等商业信息。该规定中所谓"不为公众所知悉",是指该信息是不能从公开渠道直接获取的;所谓"商业价值",是指事物在生产、消费、交易中的经济价值,通常以货币为单位来表示和测量;所谓"权利人采取保密措施",包括订立保密协议、建立保密制度及采取其他合理的保密措施;所谓"技术信息和经营信息",包括设计、程序、产品配方、制作工艺、制作方法、管理诀窍、客户名单、货源情报、产销策略、招投标中的标底及标书内容等信息。

5. 欺骗性的有奖销售行为

欺骗性的有奖销售行为是指经营者在市场交易中,违反有关法律法规的规定,采取欺骗性的有奖销售手段推销商品的行为。具体包括:

(1)所设奖的种类、兑奖条件、奖金金额或者奖品等有奖销售信息不明确,影响兑奖;

(2)采用谎称有奖或者故意让内定人员中奖的欺骗方式进行有奖销售;

(3)抽奖式的有奖销售,最高奖的金额超过5万元。

这些行为的危害性在于破坏了公认的商业道德,损害了消费者利益和其他经营者的合法权益,造成资金的浪费。

6. 商业诽谤行为

商业诽谤行为是经营者编造、传播虚假信息或者误导性信息,损害竞争对手的商业信誉、商品声誉。其危害性在于严重侵犯了竞争对手的利益,也损害了消费者的利益。

7. 妨碍、破坏网络产品或者服务正常运行的行为

根据《反不正当竞争法》规定,经营者利用网络从事生产经营活动,不得利用技术手段,通过影响用户选择或者其他方式,实施下列妨碍、破坏其他经营者合法提供的网络产品或者服务正常运行的行为:

(1)未经其他经营者同意,在其合法提供的网络产品或者服务中,插入链接、强制进行目标跳转;

(2)误导、欺骗、强迫用户修改、关闭、卸载其他经营者合法提供的网络产品或者服务;

(3)恶意对其他经营者合法提供的网络产品或者服务实施不兼容;

(4)其他妨碍、破坏其他经营者合法提供的网络产品或者服务正常运行的行为。

三、对不正当竞争行为的监督

我国《反不正当竞争法》不但在总则中对有关不正当竞争行为的监督检查作了原则性规定,而且在第3章专门对不正当竞争行为的监督检查作了较为具体的规定。

(一)监督检查部门

《反不正当竞争法》第3条规定:"各级人民政府应当采取措施,制止不正当竞争行为,为公平竞争创造良好的环境和条件。国务院建立反不正当竞争工作协调机制,研究决定反不正当竞争重大政策,协调处理维护市场竞争秩序的重大问题。"《反不正当竞争法》第 4 条规定:"县级以上人民政府履行工商行政管理职责的部门对不正当竞争行为进行查处;法律、行政法规规定由其他部门查处的,依照其规定"。此外,《反不正当竞争法》第 5 条还规定:"国家鼓励、支持和保护一切组织和个人对不正当竞争行为进行社会监督。国家机关及其工作人员不得支持、包庇不正当竞争行为。行业组织应当加强行业自律,引导、规范会员依法竞争,维护市场竞争秩序。"

由上述规定可以看出,在我国,对不正当竞争行为进行的监督检查,既包括专门机构进行的监督检查,也包括其他组织和公民个人进行的社会监督。其中,县级以上人民政府工商行政管理部门是对不正当竞争行为进行监督检查的主管机关,其他部门则是对不正当竞争行为进行监督检查的职能部门。

(二)监督检查部门的职权

监督检查部门在监督检查不正当竞争行为时,有权行使下列职权。

1. 检查权

监督检查部门有权进入涉嫌不正当竞争行为的经营场所进行检查。

2. 询问权

监督检查部门有权询问被调查的经营者、利害关系人及其他有关单位、个人,要求其说明有关情况或者提供与被调查行为有关的其他资料。

3. 查询、复制权

监督检查部门有权查询、复制与涉嫌不正当竞争行为有关的协议、账簿、单据、文件、记录、业务函电和其他资料。

4. 检查权

监督检查部门有权进入涉嫌不正当竞争行为的经营场所进行检查,检查与涉嫌不正当竞争行为有关的财物。

5. 处罚权

对不正当竞争行为,监督检查部门有权对行为人进行相应的处罚,查封、扣押与涉嫌不正当竞争行为有关的财物;查询涉嫌不正当竞争行为的经营者的银行账户。

采取前款规定的措施,应当向监督检查部门主要负责人书面报告,并经批准。采取前款第 4 项、第 5 项规定的措施,应当向设区的市级以上人民政府监督检查部门主要负责人书面报告,并经批准。

监督检查部门调查涉嫌不正当竞争行为,应当遵守《中华人民共和国行政强制法》和其他有关法律、行政法规的规定,并应当将查处结果及时向社会公开。

四、违反《反不正当竞争法》的法律责任

(一)违反《反不正当竞争法》法律责任的种类

不正当竞争行为是一种侵犯其他经营者和消费者的合法权益,危害国家利益,扰乱社会经济秩序的行为,具有严重的社会危害性。因此,我国《反不正当竞争法》对不正当竞争行为规定了严厉的制裁措施。

《反不正当竞争法》对不正当竞争行为规定了三种法律责任。

1. 行政责任

行政责任是指由监督检查部门作出的,违法者因其违反《反不正当竞争法》的规定所应承担的行政处罚后果。其形式主要有:责令停止违法行为、没收违法所得、罚款、吊销营业执照等。

2. 民事责任

民事责任是指由人民法院作出的,违法者因其违反《反不正当竞争法》的规定,必须承担的民事制裁后果。其形式主要有:停止侵害、赔礼道歉、消除影响、恢复名誉、赔偿损失等。

3. 刑事责任

刑事责任是指由人民法院作出的,违法者因其违反《反不正当竞争法》的规定,且情节严重,构成犯罪,所应承担的刑事制裁后果。刑事责任是各种处罚方式中最严厉的一种。我国《反不正当竞争法》只是将个别情节严重的不正当竞争行为作为犯罪,予以刑事制裁,而且也没有规定具体的刑事责任形式,因此,在实践中需要援引《中华人民共和国刑法》及相关刑事法律补充规定的相应条款。

(二)各种不正当竞争行为应当承担的法律责任

经营者违反《反不正当竞争法》规定,给被侵害的经营者造成损害的,应当承担损害赔偿责任。

1. 因不正当竞争行为受到损害的经营者的赔偿数额,按照其因被侵权所受到的实际损失确定;实际损失难以计算的,按照侵权人因侵权所获得的利益确定。经营者恶意实施侵犯商业秘密行为,情节严重的,可以在按照上述方法确定数额的一倍以上五倍以下确定赔偿数额。赔偿数额还应当包括经营者为制止侵权行为所支付的合理开支。权利人因被侵权所受到的实际损失、侵权人因侵权所获得的利益难以确定的,由人民法院根据侵权行为的情节判决给予权利人五百万元以下的赔偿。

2. 经营者违反规定实施混淆行为的,由监督检查部门责令停止违法行为,没收违法商品。违法经营额五万元以上的,可以并处违法经营额五倍以下的罚款;没有违法经营额或者违法经营额不足五万元的,可以并处二十五万元以下的罚款。情节严重的,吊销

营业执照。经营者登记的企业名称违反规定的,应当及时办理名称变更登记;名称变更前,由原企业登记机关以统一社会信用代码代替其名称。

3. 经营者违反规定贿赂他人的,由监督检查部门没收违法所得,处十万元以上三百万元以下的罚款;情节严重的,吊销营业执照。

4. 经营者违反规定对其商品作虚假或者引人误解的商业宣传,或者通过组织虚假交易等方式帮助其他经营者进行虚假或者引人误解的商业宣传的,由监督检查部门责令停止违法行为,处二十万元以上一百万元以下的罚款;情节严重的,处一百万元以上二百万元以下的罚款,可以吊销营业执照。经营者违反规定,属于发布虚假广告的,依照《中华人民共和国广告法》的规定处罚。

5. 经营者以及其他自然人、法人和非法人组织违反规定侵犯商业秘密的,由监督检查部门责令停止违法行为,没收违法所得,处十万元以上一百万元以下的罚款;情节严重的,处五十万元以上五百万元以下的罚款。

6. 经营者违反规定进行有奖销售的,由监督检查部门责令停止违法行为,处五万元以上五十万元以下的罚款。

7. 经营者违反规定损害竞争对手商业信誉、商品声誉的,由监督检查部门责令停止违法行为、消除影响,处十万元以上五十万元以下的罚款;情节严重的,处五十万元以上三百万元以下的罚款。

8. 经营者违反规定妨碍、破坏其他经营者合法提供的网络产品或者服务正常运行的,由监督检查部门责令停止违法行为,处十万元以上五十万元以下的罚款;情节严重的,处五十万元以上三百万元以下的罚款。

9. 经营者从事不正当竞争,有主动消除或者减轻违法行为危害后果等法定情形的,依法从轻或者减轻行政处罚;违法行为轻微并及时纠正,没有造成危害后果的,不予行政处罚。

10. 经营者违反规定从事不正当竞争,受到行政处罚的,由监督检查部门记入信用记录,并依照有关法律、行政法规的规定予以公示。

11. 妨害监督检查部门履行职责,拒绝、阻碍调查的,由监督检查部门责令改正,对个人可以处五千元以下的罚款,对单位可以处五万元以下的罚款,并可以由公安机关依法给予治安管理处罚。此外,当事人对监督检查部门作出的决定不服的,可以依法申请行政复议或者提起行政诉讼。

(三)其他违法行为应当承担的法律责任

其他违法行为的法律责任是指虽不属于《反不正当竞争法》所列举的不正当竞争行为,但因违反《反不正当竞争法》的有关规定,行为人应当承担的法律责任。主要有两种情况:

一是监督检查不正当竞争行为的国家机关工作人员滥用职权、玩忽职守,构成犯罪

的,依法追究刑事责任,不构成犯罪的,给予行政处分;

二是监督检查不正当竞争行为的国家机关工作人员徇私舞弊,对明知有违反《反不正当竞争法》规定构成犯罪的经营者故意包庇不使他受追诉的,依法追究刑事责任。此外,在侵犯商业秘密的民事审判程序中,商业秘密权利人提供初步证据,证明其已经对所主张的商业秘密采取保密措施,且合理表明商业秘密被侵犯,涉嫌侵权人应当证明权利人所主张的商业秘密不属于《反不正当竞争法》规定的商业秘密。

商业秘密权利人提供初步证据合理表明商业秘密被侵犯,且提供以下证据之一的,涉嫌侵权人应当证明其不存在侵犯商业秘密的行为:

(1)有证据表明涉嫌侵权人有渠道或者机会获取商业秘密,且其使用的信息与该商业秘密实质上相同;

(2)有证据表明商业秘密已经被涉嫌侵权人披露、使用或者有被披露、使用的风险;

(3)有其他证据表明商业秘密被涉嫌侵权人侵犯。

第二节 反垄断法

社会主义市场经济的大力发展,不可避免地导致垄断和竞争矛盾的加剧。为了处理好这对矛盾,保护社会主义市场竞争和国家利益,促进竞争机制功能的充分发挥,打破地区封锁和行政性垄断,就必须运用反垄断法这一法律工具。反垄断法是竞争法的主要组成部分,在经济法中处于重要地位,是市场经济的宪法,其对于规范市场竞争、引导企业竞争行为具有至关重要的意义。

一、反垄断法概述

(一)反垄断法的概念和调整对象

垄断是与竞争相对立的范畴。垄断是指经营者以独占、合谋性协议或有组织的联合行动等方式,凭借经济优势或行政权力,操纵或者支配市场,限制和排斥竞争的行为。

反垄断法是指在维护公平竞争、制止垄断行为过程中发生的社会关系的法律规范的总称。《中华人民共和国反垄断法》(以下简称《反垄断法》)由 2007 年 8 月 30 日第十届全国人民代表大会常务委员会第二十九次会议通过,自 2008 年 1 月 1 日起施行。此外,国家先后出台了指导、规范的多份文件。例如,最高人民法院 2012 年 5 月发布的《关于审理因垄断行为引发的民事纠纷案件应用法律若干问题的规定》,市场监管总局、国家发展改革委、财政部、商务部、司法部会同有关部门修订了《公平竞争审查制度实施细则》,于 2021 年 7 月 9 日发布;2021 年 2 月 7 日,国务院反垄断委员会制定发布《国务院反垄断委员会关于平台经济领域的反垄断指南》等。

针对近年来出现的数字平台滥用技术、资本等优势实施垄断进行无序扩张等新问题，根据2022年6月24日十三届全国人民代表大会常务委员会第三十五次会议《关于修改〈中华人民共和国反垄断法〉的决定》进行修正。此次修正的主要变化包括：一是根据反垄断执法体制改革的最新实践，明确"国务院反垄断执法机构"是执法部门；二是进一步明确反垄断相关制度在平台经济领域的具体适用规则；三是完善垄断协议"安全港"规则；四是对未达到申报标准的经营者集中的调查、处理程序进行完善；五是对经营者集中的审查工作提出具体要求。为提高新修正的《反垄断法》可操作性和可执行性，与之配套的六部部门规章的草案征求意见稿相继公布，分别是《经营者集中审查规定（征求意见稿）》《禁止垄断协议规定（征求意见稿）》《国务院关于经营者集中申报标准的规定（修订草案征求意见稿）》《禁止滥用市场支配地位行为规定（征求意见稿）》《制止滥用行政权力排除、限制竞争行为规定（征求意见稿）》《禁止滥用知识产权排除、限制竞争行为规定（征求意见稿）》。

反垄断法的调整对象主要是具有竞争关系的经营者之间的法律关系。经营者是指从事商品生产、经营或者提供服务的自然人、法人和非法人组织。经营者之间的竞争关系主要存在于相关市场中。相关市场是指经营者在一定时期内就特定商品或者服务进行竞争的商品范围和地域范围。此外，结合我国实际，反垄断法将具有行政垄断性质的排除、限制竞争行为也纳入其调整范围。

（二）反垄断法的立法宗旨与适用范围

《反垄断法》第1条规定："为了预防和制止垄断行为，保护市场公平竞争，鼓励创新，提高经济运行效率，维护消费者利益和社会公共利益，促进社会主义市场经济健康发展，制定本法。"可以看出，我国反垄断法主要有六项立法宗旨。相比修订前，鼓励创新新增为反垄断法的立法宗旨之一。强化反垄断、深入推进公平竞争政策实施，需要为创新营造公平的竞争环境，进而通过创新不断提高竞争层次，实现竞争和创新的良性互动，推动经济高质量发展。

《反垄断法》第2条规定："中华人民共和国境内经济活动中的垄断行为，适用本法；中华人民共和国境外的垄断行为，对境内市场竞争产生排除、限制影响的，适用本法。"可见，我国《反垄断法》不仅适用于发生在境内的垄断行为，还适用于部分境外垄断行为。此外，经营者依照有关知识产权的法律、行政法规规定行使知识产权的行为，以及农业生产者及农村经济组织在农产品生产、加工、销售、运输、储存等经营活动中实施的联合或者协同行为，均不适用《反垄断法》。

二、垄断协议规制制度

垄断行为包括垄断协议、滥用市场支配地位、经营者集中以及滥用行政权力排除、限制竞争，《反垄断法》分别对这些行为进行了规制。

(一)垄断协议的概念与类型

垄断协议是指两个或两个以上的竞争者通过协议、决定或者其他协同行为排除、限制竞争的行为。

根据参与垄断协议的经营者之间是否具有竞争关系,可将垄断协议分为横向垄断协议和纵向垄断协议。横向垄断是指两个或两个以上因经营同类产品或服务而在生产或销售过程中处于同一经营阶段的同业竞争者之间的垄断协议。纵向垄断是指两个或两个以上在同一产业中处于不同阶段而有买卖关系的企业间的垄断协议。

我国反垄断法不仅对横向垄断协议和纵向垄断协议有限制规定,还要求经营者不得组织其他经营者达成垄断协议,或者为其他经营者达成垄断协议提供实质性帮助。

(二)我国反垄断法对横向垄断协议的规制

《反垄断法》禁止具有竞争关系的经营者达成下列垄断协议:
(1)固定或者变更商品价格;
(2)限制商品的生产数量或者销售数量;
(3)分割销售市场或者原材料采购市场;
(4)限制购买新技术、新设备或者限制开发新技术、新产品;
(5)联合抵制交易;
(6)国务院反垄断执法机构认定的其他垄断协议。

(三)我国反垄断法对纵向垄断协议的规制

《反垄断法》禁止经营者与交易相对人达成下列垄断协议:
(1)固定向第三人转售商品的价格;
(2)限定向第三人转售商品的最低价格;
(3)国务院反垄断执法机构认定的其他垄断协议。

我国《反垄断法》对纵向协议的处理引入了"安全港",即对第(1)项和第(2)项规定的协议,经营者能够证明其不具有排除、限制竞争效果的,不予禁止;经营者能够证明其在相关市场的市场份额低于国务院反垄断执法机构规定的标准,并符合国务院反垄断执法机构规定的其他条件的,不予禁止。

经营者能够证明所达成的协议属于下列情形之一的,不适用垄断协议的限制规定:
(1)为改进技术、研究开发新产品的;
(2)为提高产品质量、降低成本、增进效率,统一产品规格、标准或者实行专业化分工的;
(3)为提高中小经营者经营效率,增强中小经营者竞争力的;
(4)为实现节约能源、保护环境、救灾救助等社会公共利益的;

(5)因经济不景气,为缓解销售量严重下降或者生产明显过剩的;
(6)为保障对外贸易和对外经济合作中的正当利益的;
(7)法律和国务院规定的其他情形。

属于前款第(1)项至第(5)项情形,经营者还应当证明所达成的协议不会严重限制相关市场的竞争,并且能够使消费者分享由此产生的利益。

《反垄断法》还有对行业协会行为的规制。行业协会应当引导本行业的经营者依法竞争,维护市场竞争秩序,但如果自律约束不够,也容易引发垄断,《反垄断法》专门规定了行业协会不得组织本行业的经营者达成《反垄断法》禁止的垄断协议。

三、滥用市场支配地位规制制度

(一)市场支配地位的概念和认定

1. 市场支配地位的概念

市场支配地位是指经营者在相关市场内具有能够控制商品价格、数量或者其他交易条件,以及能够阻碍、影响其他经营者进入相关市场能力的市场地位。

2. 市场支配地位认定应当考虑的因素

根据有关规定,认定经营者具有市场支配地位,主要依据下列因素:
(1)该经营者在相关市场的市场份额,以及相关市场的竞争状况;
(2)该经营者控制销售市场或者原材料采购市场的能力;
(3)该经营者的财力和技术条件;
(4)其他经营者对该经营者在交易上的依赖程度;
(5)其他经营者进入相关市场的难易程度;
(6)与认定该经营者市场支配地位有关的其他因素。

有下列情形之一的,可以推定经营者具有市场支配地位:
(1)一个经营者在相关市场的市场份额达到二分之一的;
(2)两个经营者在相关市场的市场份额合计达到三分之二的;
(3)三个经营者在相关市场的市场份额合计达到四分之三的。

有前款第(2)项、第(3)项规定的情形,其中,有的经营者市场份额不足十分之一的,不应当推定该经营者具有市场支配地位。被推定具有市场支配地位的经营者,有证据证明不具有市场支配地位的,不应当认定其具有市场支配地位。

(二)要规制的滥用市场支配地位行为

我国《反垄断法》规定,禁止具有市场支配地位的经营者从事下列滥用市场支配地位的行为:
(1)以不公平的高价销售商品或者以不公平的低价购买商品;

(2)没有正当理由,以低于成本的价格销售商品;

(3)没有正当理由,拒绝与交易相对人进行交易;

(4)没有正当理由,限定交易相对人只能与其进行交易或者只能与其指定的经营者进行交易;

(5)没有正当理由搭售商品,或者在交易时附加其他不合理的交易条件;

(6)没有正当理由,对条件相同的交易相对人在交易价格等交易条件上实行差别待遇;

(7)国务院反垄断执法机构认定的其他滥用市场支配地位的行为。

此外,具有市场支配地位的经营者不得利用数据和算法、技术以及平台规则等从事前款规定的滥用市场支配地位的行为。

四、经营者集中规制制度

(一)经营者集中的概念与形式

经营者集中是指两个或者两个以上的经营者以一定的方式或者手段形成的企业间资产、营业和人员的整合。

经营者集中主要包括是指下列三种情形:

(1)经营者合并;

(2)经营者通过取得股权或者资产的方式取得对其他经营者的控制权;

(3)经营者通过合同等方式取得对其他经营者的控制权或者对其他经营者施加决定性影响。

(二)经营者集中的申报

1. 经营者集中的申报标准

经营者集中达到国务院规定的申报标准的,经营者应当事先向国务院反垄断执法机构申报,未申报的不得实施集中。《经营者集中审查暂行规定》《国务院关于经营者集中申报标准的规定》等文件对经营者集中的申报标准进行了详细的规定。

经营者集中未达到国务院规定的申报标准,但有证据证明该经营者集中具有或者可能具有排除、限制竞争效果的,国务院反垄断执法机构可以要求经营者申报。经营者未依照规定进行申报的,国务院反垄断执法机构应当依法进行调查。

2. 申报材料的提交与补正

经营者向国务院反垄断执法机构申报集中,应当提交下列文件、资料:

(1)申报书;

(2)集中对相关市场竞争状况影响的说明;

(3)集中协议;

(4)参与集中的经营者经会计师事务所审计的上一会计年度财务会计报告;

(5)国务院反垄断执法机构规定的其他文件、资料。

申报书应当载明参与集中的经营者的名称、住所、经营范围、预定实施集中的日期和国务院反垄断执法机构规定的其他事项。

经营者提交的文件、资料不完备的,应当在国务院反垄断执法机构规定的期限内补交文件、资料。经营者逾期未补交文件、资料的,视为未申报。

(三)经营者集中的审查

1. 两阶段审查制

根据《反垄断法》,执法机构对经营者集中实施两阶段审查制。国务院反垄断执法机构应当自收到经营者提交的文件、资料之日起三十日内,对申报的经营者集中进行初步审查,作出是否实施进一步审查的决定,并书面通知经营者。国务院反垄断执法机构作出决定前,经营者不得实施集中。国务院反垄断执法机构作出不实施进一步审查的决定或者逾期未作出决定的,经营者可以实施集中。

国务院反垄断执法机构决定实施进一步审查的,则进入第二阶段审查。第二阶段审查应当自国务院反垄断执法机构作出实施进一步审查决定之日起九十日内审查完毕,作出是否禁止经营者集中的决定,并书面通知经营者。作出禁止经营者集中的决定,应当说明理由。审查期间,经营者不得实施集中。

有下列情形之一的,国务院反垄断执法机构经书面通知经营者,可以延长前款规定的审查期限,但最长不得超过六十日:

(1)经营者同意延长审查期限的;

(2)经营者提交的文件、资料不准确,需要进一步核实的;

(3)经营者申报后有关情况发生重大变化的。

国务院反垄断执法机构逾期未作出决定的,经营者可以实施集中。

2. 审查的中止制度

《反垄断法》第三十二条中引入了"停表"制度,即有下列情形之一的,国务院反垄断执法机构可以决定中止计算经营者集中的审查期限,并书面通知经营者:

(1)经营者未按照规定提交文件、资料,导致审查工作无法进行的;

(2)出现对经营者集中审查具有重大影响的新情况、新事实,不经核实将导致审查工作无法进行;

(3)需要对经营者集中附加的限制性条件进一步评估,且经营者提出中止请求的。

自中止计算审查期限的情形消除之日起,审查期限继续计算,国务院反垄断执法机构应当书面通知经营者。

3. 审查决定

经营者集中具有或者可能具有排除、限制竞争效果的,国务院反垄断执法机构应当作出禁止经营者集中的决定。但是,经营者能够证明该集中对竞争产生的有利影响明显大于不利影响,或者符合社会公共利益的,国务院反垄断执法机构可以作出对经营者集中不予禁止的决定。

对不予禁止的经营者集中,国务院反垄断执法机构可以决定附加减少集中对竞争产生不利影响的限制性条件。国务院反垄断执法机构应当将禁止经营者集中的决定或者对经营者集中附加限制性条件的决定,及时向社会公布。

此外,对外资并购境内企业或者以其他方式参与经营者集中,涉及国家安全的,除进行经营者集中审查外,还应当按照国家有关规定进行国家安全审查。

五、滥用行政权力排除、限制竞争规制制度

滥用行政权力排除、限制竞争,是指行政机关和法律、法规授权的具有管理公共事务职能的组织滥用行政权力,排除、限制竞争的行为。

《反垄断法》限制的滥用行政权力排除、限制竞争包括强制交易、地区封锁、强制经营者从事垄断行为等。

1. 强制交易

《反垄断法》限制的强制交易包括下列几种情形:

(1)行政机关和法律、法规授权的具有管理公共事务职能的组织不得滥用行政权力,限定或者变相限定单位或者个人经营、购买、使用其指定的经营者提供的商品;

(2)行政机关和法律、法规授权的具有管理公共事务职能的组织不得滥用行政权力,通过与经营者签订合作协议、备忘录等方式,妨碍其他经营者进入相关市场或者对其他经营者实行不平等待遇,排除、限制竞争。

2. 地区封锁

《反垄断法》限制的地区封锁包括限制商品的自由流动,排斥或者限制招投标行为,排斥或者限制外来投资行为。

首先,行政机关和法律、法规授权的具有管理公共事务职能的组织不得滥用行政权力,实施下列行为,妨碍商品在地区之间的自由流通:

(1)对外地商品设定歧视性收费项目、实行歧视性收费标准,或者规定歧视性价格;

(2)对外地商品规定与本地同类商品不同的技术要求、检验标准,或者对外地商品采取重复检验、重复认证等歧视性技术措施,限制外地商品进入本地市场;

(3)采取专门针对外地商品的行政许可,限制外地商品进入本地市场;

(4)设置关卡或者采取其他手段,阻碍外地商品进入或者本地商品运出;

(5)妨碍商品在地区之间自由流通的其他行为。

其次,行政机关和法律、法规授权的具有管理公共事务职能的组织不得滥用行政权力,以设定歧视性资质要求、评审标准或者不依法发布信息等方式,排斥或者限制经营者参加招标投标以及其他经营活动。

最后,行政机关和法律、法规授权的具有管理公共事务职能的组织不得滥用行政权力,采取与本地经营者不平等待遇等方式,排斥、限制、强制或者变相强制外地经营者在本地投资或者设立分支机构。

3. 强制经营者实施危害竞争的垄断行为与制定含有排除、限制竞争内容的规定

行政机关和法律、法规授权的具有管理公共事务职能的组织不得滥用行政权力,强制或者变相强制经营者从事垄断行为。

行政机关和法律、法规授权的具有管理公共事务职能的组织不得滥用行政权力,制定含有排除、限制竞争内容的规定。

六、反垄断调查

(一)反垄断机构

1. 反垄断委员会

国务院设立反垄断委员会,负责组织、协调、指导反垄断工作,履行下列职责:
(1)研究拟订有关竞争政策;
(2)组织调查、评估市场总体竞争状况,发布评估报告;
(3)制定、发布反垄断指南;
(4)协调反垄断行政执法工作;
(5)国务院规定的其他职责。

国务院反垄断委员会的组成和工作规则由国务院规定。

2. 反垄断执法机构

国务院反垄断执法机构负责反垄断统一执法工作。国务院反垄断执法机构根据工作需要,可以授权省、自治区、直辖市人民政府相应的机构负责有关反垄断执法工作。

(二)反垄断执法机构调查

1. 反垄断执法机构可以采取的措施

反垄断执法机构依法对涉嫌垄断行为进行调查。对涉嫌垄断行为,任何单位和个人有权向反垄断执法机构举报。反垄断执法机构应当为举报人保密。举报采用书面形式并提供相关事实和证据的,反垄断执法机构应当进行必要的调查。

反垄断执法机构调查涉嫌垄断行为,可以采取下列措施:
(1)进入被调查的经营者的营业场所或者其他有关场所进行检查;
(2)询问被调查的经营者、利害关系人或者其他有关单位或者个人,要求其说明有关情况;
(3)查阅、复制被调查的经营者、利害关系人或者其他有关单位或者个人的有关单证、协议、会计账簿、业务函电、电子数据等文件、资料;

(4)查封、扣押相关证据;

(5)查询经营者的银行账户。

采取前款规定的措施,应当向反垄断执法机构主要负责人书面报告,并经批准。

2. 反垄断执法机构与涉案人员与单位的义务

反垄断执法机构调查涉嫌垄断行为,执法人员不得少于二人,并应当出示执法证件。执法人员进行询问和调查,应当制作笔录,并由被询问人或者被调查人签字。反垄断执法机构及其工作人员对执法过程中知悉的商业秘密、个人隐私和个人信息依法负有保密义务。

反垄断执法机构依法对涉嫌滥用行政权力排除、限制竞争的行为进行调查,有关单位或者个人应当配合。被调查的经营者、利害关系人或者其他有关单位或者个人应当配合反垄断执法机构依法履行职责,不得拒绝、阻碍反垄断执法机构的调查。被调查的经营者、利害关系人有权陈述意见。反垄断执法机构应当对被调查的经营者、利害关系人提出的事实、理由和证据进行核实。

(三)反垄断执法机构的决定

反垄断执法机构对涉嫌垄断行为调查核实后,认为构成垄断行为的,应当依法作出处理决定,并可以向社会公布。对反垄断执法机构调查的涉嫌垄断行为,被调查的经营者承诺在反垄断执法机构认可的期限内采取具体措施消除该行为后果的,反垄断执法机构可以决定中止调查。中止调查的决定应当载明被调查的经营者承诺的具体内容。

反垄断执法机构决定中止调查的,应当对经营者履行承诺的情况进行监督。经营者履行承诺的,反垄断执法机构可以决定终止调查。

有下列情形之一的,反垄断执法机构应当恢复调查:

(1)经营者未履行承诺的;

(2)作出中止调查决定所依据的事实发生重大变化的;

(3)中止调查的决定是基于经营者提供的不完整或者不真实的信息作出的。

此外,《反垄断法》还规定了约谈制度。经营者、行政机关和法律、法规授权的具有管理公共事务职能的组织,涉嫌违反规定的,反垄断执法机构可以对其法定代表人或者负责人进行约谈,要求其提出改进措施。

七、法律责任

垄断行为的法律责任主要包括行政责任、民事责任和刑事责任。

(一)行政责任

1. 垄断协议的行政责任

经营者违反规定,达成并实施垄断协议的,由反垄断执法机构责令停止违法行为,没收违法所得,并处上一年度销售额百分之一以上百分之十以下的罚款,上一年度没有销售额的,处五百万元以下的罚款;尚未实施所达成的垄断协议的,可以处三百万元以下的罚款。经营者的法定代表人、主要负责人和直接责任人员对达成垄断协议负有个人责任的,可以处一百万元以下的罚款。

经营者组织其他经营者达成垄断协议或者为其他经营者达成垄断协议提供实质性帮助的,适用前款规定。行业协会组织本行业的经营者达成垄断协议的,由反垄断执法机构责令改正,可以处三百万元以下的罚款;情节严重的,社会团体登记管理机关可以依法撤销登记。

2. 经营者实施集中的行政责任

经营者违反规定实施集中,且具有或者可能具有排除、限制竞争效果的,由国务院反垄断执法机构责令停止实施集中、限期处分股份或者资产、限期转让营业以及采取其他必要措施恢复到集中前的状态,处上一年度销售额百分之十以下的罚款;不具有排除、限制竞争效果的,处五百万元以下的罚款。

3. 滥用市场支配地位的行政责任

经营者违反规定,滥用市场支配地位的,由反垄断执法机构责令停止违法行为,没收违法所得,并处上一年度销售额百分之一以上百分之十以下的罚款。

4. 滥用行政权力排除、限制竞争行为的行政责任

行政机关和法律、法规授权的具有管理公共事务职能的组织滥用行政权力,实施排除、限制竞争行为的,由上级机关责令改正;对直接负责的主管人员和其他直接责任人员依法给予处分。反垄断执法机构可以向有关上级机关提出依法处理的建议。行政机关和法律、法规授权的具有管理公共事务职能的组织应当将有关改正情况书面报告上级机关和反垄断执法机构。

5. 提供虚假信息的行政责任

对反垄断执法机构依法实施的审查和调查,拒绝提供有关材料、信息,或者提供虚假材料、信息,或者隐匿、销毁、转移证据,或者有其他拒绝、阻碍调查行为的,由反垄断执法机构责令改正,对单位处上一年度销售额百分之一以下的罚款,上一年度没有销售额或者销售额难以计算的,处五百万元以下的罚款;对个人处五十万元以下的罚款。

6. 反垄断执法机构工作人员违法的法律责任

反垄断执法机构工作人员滥用职权、玩忽职守、徇私舞弊或者泄露执法过程中知悉的商业秘密、个人隐私和个人信息的,依法给予处分。

(二)民事责任

经营者实施垄断行为,给他人造成损失的,依法承担民事责任。

经营者实施垄断行为,损害社会公共利益的,设区的市级以上人民检察院可以依法向人民法院提起民事公益诉讼。

(三) 刑事责任

《反垄断法》规定了两种情形可构成刑事责任：
(1)阻碍反垄断执法机构依法实施的审查和调查,情节严重构成犯罪的;
(2)反垄断执法机构工作人员滥用职权、玩忽职守、徇私舞弊或者泄露执法过程中知悉的商业秘密,构成犯罪的。

第三节　产品质量法

当今世界各国,特别是一些经济发达国家,都把产品质量当作经济工作中的一个永恒的主题,当作一项长期的发展战略,并十分重视运用法律手段来规范产品的生产和销售,为此制定了一系列有关产品质量方面的法律法规。在我国社会主义市场经济条件下,虽然企业追求的最终目标是经济效益,但经济效益的提高在根本上取决于产品质量。产品质量关系着企业的生存和发展,直接影响着消费者的身体健康和人身、财产安全,也最终影响着我国社会主义市场经济能否持续健康发展。因此,我国必须制定相应的法律法规,加强对产品质量的监督管理,明确产品质量责任,切实保护用户、消费者的合法权益,维护社会经济秩序。

一、产品质量法概述

(一)产品质量法的概念和调整对象

产品质量法是调整在生产、流通和消费过程中因产品质量所发生的社会关系的法律规范的总称。

上述概念中所称的"产品"是指经过加工、制作,用于销售的产品,不包括建设工程。但是,建设工程使用的建筑材料、建筑构配件和设备,属于前述规定的产品范围。军工产品质量监督管理办法,由国务院、中央军事委员会另行制定。上述概念中所称的"产品质量"是由各种要素组成的,这些要素又被称为"产品所具有的特征和特性",主要包括使用性能、可靠性、可维修性、安全性、适应性、经济性、时间性等。

产品质量法的调整对象是在生产、流通和消费过程中因产品质量所发生的社会关系。具体包括以下两个方面。

一是产品质量监督管理关系,即各级产品市场监督管理部门与生产者、销售者之间在产品质量监督管理过程中发生的社会关系。这种关系具有行政管理性质,当事人之间存在着管理与被管理的关系。

二是产品质量责任关系,即生产者、销售者与消费者之间在产品质量方面的权利义务关系以及由此产生的产品质量责任关系。这种关系具有平等的民事法律关系的性质,当事人之间处于平等的法律地位。

新中国成立以来,特别是改革开放以来,我国比较重视产品质量立法工作,相继颁布了一系列有关产品质量方面的法律法规,并逐步建立了在生产领域实行产品质量管理、在流通领域实行产品质量监督、在使用和消费领域为用户和消费者提供保护的全面质量监督管理法律制度,先后制定和颁布了《食品卫生法(试行)》(1982年,现已废止)、《中华人民共和国药品管理法》(1984年,先后于2001年、2013年修订、修正)、《产品质量监督试行办法》(1985年)、《中华人民共和国计量法》(1985年,先后于2009年、2013年修正)、《中华人民共和国工业产品质量责任条例》(1986年)、《兽药管理条例》(1987年,2004年重新公布)、《广告管理条例》(1987年)、《价格管理条例》(1987年)、《中华人民共和国进出口商品检验法》(1989年,先后于2002年、2013年修正)、《中华人民共和国标准化法》(1988年)等。此外,在《中华人民共和国民法典》《中华人民共和国刑法》等法律法规中也有一些关于产品质量和产品质量责任的规定。这些法律法规的贯彻实施虽对提高产品质量水平、明确产品质量责任、保护消费者的合法权益发挥了重要作用,但产品质量较差、物料消耗过高、经济效益低下的现象仍是我国经济生活中十分突出的问题,严重制约了我国经济建设和生产力的发展,影响了我国产品在国际市场上的竞争能力,特别是大量假冒伪劣产品的存在,严重侵犯了广大消费者的合法权益和人身、财产安全,引起了社会公众的强烈不满。

为了适应市场经济的健康发展和进一步改革开放、参与国际竞争的需要,加强对产品质量的监督管理,提高产品质量水平,明确产品质量责任,切实保护广大消费者的合法权益,维护社会经济秩序,七届全国人大常委会第三十次会议于1993年2月22日通过了《中华人民共和国产品质量法》(以下简称《产品质量法》)。该法根据2000年7月8日九届全国人大常委会第十六次会议《关于修改〈中华人民共和国产品质量法〉的决定》进行第一次修正,根据2009年8月27日十一届全国人大常委会第十次会议《关于修改部分法律的决定》进行第二次修正,根据2018年12月29日十三届全国人大常委会第七次会议《关于修改〈中华人民共和国产品质量法〉等五部法律的决定》进行第三次修正。这是我国第一部全面、系统地规定产品质量的基本法。本节主要根据《产品质量法》的规定,对产品质量及产品质量责任等问题进行阐述。

(二)产品质量法的原则

产品质量法除了贯彻市场管理法的基本原则,还应遵循以下原则。

1. 保证和提高产品质量

保证和提高产品质量是《产品质量法》的立法宗旨之一。国家通过制定《产品质量法》等有关法律法规,加强对产品质量的监督管理,对可能危及人体健康和人身、财产安全的产品实行重点监督和管理,同时加强对市场商品质量的监督,全面具体地规定生产者、经营者在保证产品质量方面所负的义务,对不履行或者不适当履行保证产品质量义务的,将依法追究产品质量责任,从而更好地保护消费者的合法权益。

2. 国家对产品质量实行统一立法、区别管理

统一立法是指在产品质量监督管理上,由国家制定统一的产品质量法,地方可以在此基础上制定一些标准更严的地方性法规、规章。区别管理是根据产品的自身特点和要求,确定不同的管理政策和目标。为了贯彻这一原则,国家一方面制定了《产品质量法》,建立了全国统一的产品质量监督管理体制;另一方面对可能危及人体健康和生命、财产安全的产品实行强制管理,对其他产品主要是通过市场竞争和企业自我约束的机制去解决。

3. 对产品质量的监督管理,采取事前保证和事后监督相结合

国家一方面对可能危及人体健康和人身、财产安全的产品实行生产许可证制度;另一方面采取国际通行的企业质量体系认证、产品质量认证等引导方法,同时加强对市场商品质量的管理和监督。

4. 贯彻奖优罚劣

一方面,国家鼓励推行科学的质量管理方法,采用先进的科学技术,并鼓励企业产品质量达到并且超过行业标准、国家标准和国际标准,对产品质量管理先进和产品质量达到国际先进水平、成绩显著的单位和个人,给予奖励。另一方面,禁止伪造或者冒用认证标志等质量标志;禁止伪造产品的产地,伪造或者冒用他人的厂名、厂址;禁止在生产、销售的产品中掺杂、掺假,以假充真,以次充好,违者将受到相应的民事、行政甚至刑事制裁。通过奖优罚劣,鼓励企业积极采用先进的生产技术和科学的管理方法,生产优质产品,制止和限制各种违法行为,切实保护国家、社会和消费者利益,维护社会经济秩序。

二、产品质量的监督制度

产品质量的监督制度是指国家有关部门及由有关部门授权的质量技术监督机构、消费者组织和个人,依照一定的标准体系或者合同要求,采用一定的技术和法律手段,对生产者和销售者生产经营的产品质量进行检查、监督、处罚、奖励的制度体系,包括产品质量的监督体制、标准制度、认证制度、监督检查及检验制度等。

(一)产品质量监督体制

根据《产品质量法》第8条规定,国务院市场监督管理部门主管全国产品质量监督工作,国务院有关部门在各自的职责范围内负责产品质量监督工作;县级以上地方市场监督管理部门主管本行政区域内的产品质量监督工作;县级以上地方人民政府有关部门在各自的职责范围内负责产品质量监督工作。

此外,根据《产品质量法》规定,任何单位和个人有权对违反《产品质量法》规定的行为,向市场监督管理部门或者其他有关部门检举,市场监督管理部门和有关部门应当为检举人保密,并按照省、自治区、直辖市人民政府的规定给予奖励;消费者有权就产品质量问题,向产品的生产者、销售者查询,向市场监督管理部门及有关部门申诉;保护消费者权益的社会组织可以就消费者反映的产品质量问题建议有关部门负责处理,支持消费者对因产品质量造成的损害向人民法院起诉。

任何单位和个人不得排斥非本地区或者非本系统企业生产的质量合格产品进入本地区、本系统。

(二)产品质量标准制度

产品质量要符合有关标准。标准是生产、流通、科研和建设工程等活动中通用的技术依据。产品质量的标准化制度,是关于产品质量标准的制定、实施、监督检查的各项规定的总和,它是产品质量监督和管理的依据和基础。产品质量标准的制定主要由《标准化法》和其他相关法律法规规定,《产品质量法》主要规定产品质量标准监督方面的内容。根据《产品质量法》规定,对于可能危及人体健康和人身、财产安全的工业产品,必须符合保障人体健康和人身、财产安全的国家标准、行业标准;未制定国家标准、行业标准的,必须符合保障人体健康和人身、财产安全的要求。禁止生产、销售不符合保障人体健康和人身、财产安全的标准和要求的工业产品。具体管理办法由国务院规定。

(三)企业质量体系认证制度

国家根据国际通用的质量管理标准,推行企业质量体系认证制度。企业根据自愿原则可以向国务院市场监督管理部门认可的或者国务院市场监督管理部门授权的部门认可的认证机构申请企业质量体系认证。经认证合格的,由认证机构颁发企业质量体系认证证书。

(四)产品质量认证制度

国家参照国际先进的产品标准和技术要求,推行产品质量认证制度。企业根据自愿原则可以向国务院市场监督管理部门认可的或者国务院市场监督管理部门授权的部门认可的认证机构申请产品质量认证。经认证合格的,由认证机构颁发产品质量认证证书,准许企业在产品或者其包装上使用产品质量认证标志。

(五)产品质量的监督检查制度

国家对产品质量实行以抽查为主要方式的监督检查制度。这是政府有关部门依法对产品生产、流通领域内的产品质量推行的一种强制性监督检查措施,也是督促企业提高产品质量的一种有效办法。它的主要内容包括如下。

1. 抽查的产品范围

重点抽查以下三类产品:一是可能危及人体健康和人身、财产安全的产品;二是影响国计民生的重要工业产品；三是消费者、有关组织反映有质量问题的产品。抽查的样品应当在市场上或者企业成品仓库内的待销产品中随机抽取。

2. 组织实施

监督抽查工作由国务院市场监督管理部门规划和组织。县级以上地方市场监督管理部门在本行政区域内也可以组织监督抽查，但要避免重复抽查。

3. 产品质量监督检验制度

根据监督抽查的需要，可以对产品进行检验。检验抽取样品的数量不得超过检验的合理需要，并不得向被检查人收取检验费用。监督抽查所需检验费用按照国务院规定列支。产品质量检验机构必须具备相应的检测条件和能力，经省级以上人民政府部门或者其授权的部门考核合格后，方可承担产品质量检验工作。

生产者、销售者对抽查检验的结果有异议的，可以自收到检验结果之日起十五日内向实施监督抽查的市场监督管理部门或者其上级市场监督管理部门申请复检，由受理复检的市场监督管理部门作出复检结论。

从事产品质量检验、认证的社会中介机构必须依法设立，不得与行政机关和其他国家机关存在隶属关系或者其他利益关系。产品质量检验机构、认证机构必须依法按照有关标准，客观、公正地出具检验结果或者认证证明。产品质量认证机构应当依照国家规定对准许使用认证标志的产品进行认证后的跟踪检查；对不符合认证标准而使用认证标志的，要求其改正；情节严重的，取消其使用认证标志的资格。

对依法进行的产品质量监督检查，生产者、销售者不得拒绝。

县级以上市场监督管理部门根据已经取得的违法嫌疑证据或者举报，对涉嫌违法行为进行查处时，可以行使下列职权：

（1）对当事人涉嫌从事违法的生产、销售活动的场所实施现场检查；

（2）向当事人的法定代表人、主要负责人和其他有关人员调查、了解与涉嫌从事违法的生产、销售活动有关的情况；

（3）查阅、复制当事人有关的合同、发票、账簿以及其他有关资料；

（4）对有根据认为不符合保障人体健康和人身、财产安全的国家标准、行业标准的产品或者有其他严重质量问题的产品，以及直接用于生产、销售该项产品的原辅材料、包装物、生产工具，予以查封或者扣押。

三、生产者、销售者的产品质量责任和义务

《产品质量法》中规定的生产者、销售者的产品质量责任，实际上是指生产者和销售者对产品质量应承担的义务。产品质量义务是指生产者和销售者必须为一定质量行为或者不为一定质量行为，以满足消费者利益的需要。

各国产品质量立法在确定产品质量责任和义务主体时，通常把重点放在生产者一方，这是因为产品的设计、制造是保证产品质量最重要的环节之一。正因为如此，我国

《产品质量法》加重了生产者的产品质量责任和义务。但产品的销售者是产品实现其使用价值的中间环节,也应当承担一定的产品质量责任和义务,因而我国《产品质量法》也确定了销售者的产品质量责任和义务。现分述如下。

(一)生产者的产品质量责任和义务

1. 生产者应当对其生产的产品质量负责

根据有关规定,生产者生产的产品质量应当符合下列要求:

(1)不存在危及人身、财产安全的不合理的危险,有保障人体健康和人身、财产安全的国家标准、行业标准的,应当符合该标准;

(2)具备产品应当具备的使用性能,但是,对产品存在使用性能的瑕疵作出说明的除外;

(3)符合在产品或者其包装上注明采用的产品标准,符合以产品说明、实物样品等方式表明的质量状况。

2. 生产者应当对其生产的产品标识负责

生产者生产的产品或者其包装上的标识必须真实,并符合下列要求:

(1)有产品质量检验合格证明;

(2)有中文标明的产品名称、生产厂厂名和厂址;

(3)根据产品的特点和使用要求,需要标明产品规格、等级、所含主要成分的名称和含量的,用中文相应予以标明,需要事先让消费者知晓的,应当在外包装上标明,或者预先向消费者提供有关资料;

(4)限期使用的产品,应当在显著位置清晰地标明生产日期和安全使用期或者失效日期;

(5)使用不当,容易造成产品本身损坏或者可能危及人身、财产安全的产品,应当有警示标志或者中文警示说明。

对于裸装的食品和其他根据产品的特点难以附加标识的裸装产品,可以不附加产品标识。

此外,易碎、易燃、易爆、有毒、有腐蚀性、有放射性等危险物品以及储运中不能倒置和其他有特殊要求的产品,其包装质量必须符合相应要求,依照国家有关规定作出警示标志或者中文警示说明,标明储运注意事项。

3. 生产者的其他产品质量义务

生产者除了要履行以上产品质量方面的作为义务,还负有以下不作为义务:

(1)不得生产国家明令淘汰的产品;

(2)不得伪造产地,不得伪造或者冒用他人的厂名、厂址;

(3)不得伪造或者冒用认证标志等质量标志;

(4)生产的产品不得掺杂、掺假,不得以假充真、以次充好,不得以不合格产品冒充合格产品。

(二)销售者的产品质量责任和义务

1. 进货时的产品质量验收义务

销售者应当建立并执行进货检查验收制度,验明产品合格证明和其他标识。

2. 进货后的产品质量保持义务

销售者应当采取措施,保持销售产品的质量。

3. 销售时的产品质量保证义务

销售者不得销售国家明令淘汰并停止销售的产品和失效、变质的产品;销售的产品的标识应当符合《产品质量法》的有关规定;不得伪造产地,不得伪造或者冒用他人的厂名、厂址;不得伪造或者冒用认证标志等质量标志;不得掺杂、掺假,不得以假充真、以次充好,不得以不合格产品冒充合格产品。

四、产品质量法律责任

(一)产品质量法律责任的概念

产品质量法律责任是指产品的生产者和销售者因其生产或者销售的产品有缺陷,或者造成消费者或者其他利害关系人人身或者财产损害而依法应承担的法律后果。

产品质量法律责任与前述产品质量责任是两个不同的概念。产品质量法律责任是产品的生产者和销售者因其产品质量有缺陷及造成的损害后果而依法应承担的法律责任。产品质量责任则是指产品的生产者和销售者对产品质量应承担的义务。产品的生产者和销售者只有履行了产品质量义务,才有可能避免承担产品质量法律责任。

(二)产品质量的损害赔偿责任

1. 售出的产品有下列情形之一的,销售者应当负责修理、更换、退货;给购买产品的消费者造成损失的,销售者应当赔偿损失:

(1)不具备产品应当具备的使用性能而事先未作说明的;

(2)不符合在产品或者其包装上注明采用的产品标准的;

(3)不符合以产品说明、实物样品等方式表明的质量状况的。

销售者依照上述规定负责修理、更换、退货、赔偿损失后,属于生产者的责任或者属于向销售者提供产品的其他销售者(以下简称"供货者")的责任的,销售者有权向生产者、供货者追偿。销售者未按照上述规定给予修理、更换、退货或者赔偿损失的,由市场监督管理部门责令改正。生产者之间、销售者之间、生产者与销售者之间订立的买卖合同、承揽合同有不同约定的,合同当事人按照合同约定执行。

2. 因产品存在缺陷造成人身、缺陷产品以外的其他财产(以下简称"他人财产")损害

的,生产者应当承担赔偿责任。但生产者能够证明有下列情形之一的,不承担赔偿责任:

(1)未将产品投入流通的;

(2)产品投入流通时,引起损害的缺陷尚不存在的;

(3)将产品投入流通时的科学技术水平尚不能发现缺陷的存在的。

3.由于销售者的过错使产品存在缺陷,造成人身、他人财产损害的,销售者应当承担赔偿责任。销售者既不能指明缺陷产品的生产者也不能指明缺陷产品的供货者的,销售者应当承担赔偿责任。

4.因产品存在缺陷造成人身、他人财产损害的,受害人可以向产品的生产者要求赔偿,也可以向产品的销售者要求赔偿。属于产品的生产者的责任,产品的销售者赔偿的,产品的销售者有权向产品的生产者追偿。属于产品的销售者的责任,产品的生产者赔偿的,产品的生产者有权向产品的销售者追偿。

5.因产品存在缺陷造成受害人人身伤害的,侵害人应当赔偿医疗费、治疗期间的护理费、因误工减少的收入等费用;造成残疾的,还应当支付残疾者生活自助具费、生活补助费、残疾赔偿金以及由其扶养的人所必需的生活费等费用;造成受害人死亡的,应当支付丧葬费、死亡赔偿金以及由死者生前扶养的人所必需的生活费等费用;造成受害人财产损失的,侵害人应当恢复原状或者折价赔偿。受害人因此遭受其他重大损失的,侵害人应当赔偿损失。

6.产品质量检验机构、认证机构出具的检验结果或者证明不实,造成损失的,应当承担相应的赔偿责任;造成重大损失的,撤销其检验资格、认证资格。

7.社会团体、社会中介机构对产品质量作出承诺、保证,而该产品又不符合其承诺、保证的质量要求,给消费者造成损失的,与产品的生产者、销售者承担连带责任。

根据《产品质量法》第45条规定,因产品存在缺陷造成损害要求赔偿的诉讼时效期间为2年,自当事人知道或者应当知道其权益受到损害时起计算。因产品存在缺陷造成损害要求赔偿的请求权,在造成损害的缺陷产品交付最初消费者满10年丧失;但是,尚未超过明示的安全使用期的除外。所称的"缺陷",是指产品存在危及人身、他人财产安全的不合理的危险。

因产品质量发生民事纠纷时,当事人可以通过协商或者调解解决。当事人不愿通过协商、调解解决或者协商、调解不成的,可以根据当事人各方的协议向仲裁机构申请仲裁;当事人各方没有达成仲裁协议或者仲裁协议无效的,可以直接向人民法院起诉。

(三)产品质量的行政责任和刑事责任

1.对生产、销售不符合保障人体健康和人身、财产安全的国家标准、行业标准的产品的处罚。生产不符合保障人体健康和人身、财产安全的国家标准、行业标准的产品的,责令停止生产、销售,没收违法生产、销售的产品,并处违法生产、销售产品(包括已售出和未售出的产品,下同)货值金额等值以上3倍以下的罚款;有违法所得的,并处没收违法所得;情节严重的,吊销营业执照;构成犯罪的,依法追究刑事责任。

2.对生产、销售伪劣产品的处罚。生产者、销售者在产品中掺杂、掺假,以假充真,以次充好,或者以不合格产品冒充合格产品的,责令停止生产、销售,没收违法生产、销售的产品,并处违法生产、销售产品货值金额50%以上3倍以下的罚款;有违法所得的,并处没收违法所得;情节严重的,吊销营业执照;构成犯罪的,依法追究刑事责任。

3.对生产、销售国家明令淘汰的产品的处罚。生产国家明令淘汰的产品的,销售国家明令淘汰并停止销售的产品的,责令停止生产、销售,没收违法生产、销售的产品,并处违法生产、销售产品货值金额等值以下的罚款;有违法所得的,并处没收违法所得;情节严重的,吊销营业执照。

4.对销售失效、变质产品的处罚。销售失效、变质的产品的,责令停止销售,没收违法销售的产品,并处违法销售产品货值金额2倍以下的罚款;有违法所得的,并处没收违法所得;情节严重的,吊销营业执照;构成犯罪的,依法追究刑事责任。

5.对伪造产品产地、他人厂名和厂址及质量标志的处罚。生产者、销售者伪造产品产地的,伪造或者冒用他人厂名、厂址的,伪造或者冒用认证标志等质量标志的,责令改正,没收违法生产、销售的产品,并处违法生产、销售产品货值金额等值以下的罚款;有违法所得的,并处没收违法所得;情节严重的,吊销营业执照。

6.对产品标识不符合《产品质量法》规定的处罚。产品标识不符合《产品质量法》第27条规定的,责令改正;有包装的产品标识不符合《产品质量法》第27条第(4)项、第(5)项规定,情节严重的,责令停止生产、销售,并处违法生产、销售产品货值金额30%以下的罚款;有违法所得的,并处没收违法所得。

7.对监督抽查的产品不合格的处罚。依照《产品质量法》规定进行监督抽查的产品质量不合格的,由实施监督抽查的市场监督管理部门责令其生产者、销售者限期改正。逾期不改正的,由省级以上人民政府市场监督管理部门予以公告;公告后经复查仍不合格的,责令停业,限期整顿;整顿期满后经复查产品质量仍不合格的,吊销营业执照。

(四)其他违反《产品质量法》规定的行为应当承担的行政责任和刑事责任

1.对拒绝接受产品质量监督检查的处罚。拒绝接受依法进行的产品质量监督检查的,给予警告,责令改正;拒不改正的,责令停业整顿;情节特别严重的,吊销营业执照。

2.对伪造检验结果或者出具虚假证明的处罚。产品质量检验机构、认证机构伪造检验责的主管人员和其他直接责任人员处1万元以上5万元以下的罚款;有违法所得的,并处没收违法所得;情节严重的,取消其检验资格、认证资格;构成犯罪的,依法追究刑事责任。

3.对违反《产品质量法》规定的产品提供运输等便利条件或者生产技术的处罚。知道或者应当知道属于《产品质量法》规定禁止生产、销售的产品而为其提供运输、保管、仓储等便利条件的,或者为以假充真的产品提供制造生产技术的,没收全部运输、保管、仓储或者提供制造生产技术的收入,并处违法收入50%以上3倍以下的罚款;构成犯罪的,依法追究刑事责任。

4. 对隐匿、转移、变卖、损毁被查封、扣押的物品的处罚。隐匿、转移、变卖、损毁被市场监督管理部门查封、扣押的物品的,处被隐匿、转移、变卖、损毁物品货值金额等值以上3倍以下的罚款;有违法所得的,并处没收违法所得。

5. 对国家工作人员违反《产品质量法》规定的处罚。各级人民政府工作人员和其他国家机关工作人员有下列情形之一的,依法给予行政处分;构成犯罪的,依法追究刑事责任。

(1)包庇、放纵产品生产、销售中违反《产品质量法》规定行为的;

(2)向从事违反《产品质量法》规定的生产、销售活动的当事人通风报信,帮助其逃避查处的;

(3)阻挠、干预市场监督管理部门依法对产品生产、销售中违反《产品质量法》规定的行为进行查处,造成严重后果的。

此外,市场监督管理部门的工作人员滥用职权、玩忽职守、徇私舞弊,构成犯罪的,依法追究刑事责任;尚不构成犯罪的,依法给予行政处分。

6. 对阻碍国家工作人员依法执行职务的行为的处罚。以暴力、威胁方法阻碍市场监督管理部门的工作人员依法执行职务的,依法追究刑事责任;拒绝、阻碍未使用暴力、威胁方法的,由公安机关依照《中华人民共和国治安管理处罚法》的规定处罚。

第四节 消费者权益保护法

当今世界各国普遍重视消费者权益保护方面的立法工作。从20世纪初起,一些国家就开始制定相关的单行法规,并逐步形成较为完备的法规体系。与此同时,消费者权益的国际性保护也得到加强,消费者权益保护已成为世界性的潮流。在我国全面深化改革和加快社会主义市场经济体制建设过程中,依法保护消费者的合法权益,对于促进生产和消费、维护市场经济秩序、提高社会经济效益和扩大对外经济合作,都具有十分重要的意义。

一、消费者权益保护法概述

(一)消费者权益保护法的概念和调整对象

消费者权益保护法是调整在保护消费者权益过程中发生的社会关系的法律规范的总称。

消费包括生产资料的消费和生活资料的消费。上述概念中的"消费者"是指生活资料的消费者,即为了满足个人生活消费的需要而购买、使用商品或者接受服务的个体公民。消费者权益是指消费者依法享有的权利及该权利受到保护时而给消费者带来的应得的利益。消费者权益的核心是消费者的权利,而且从广义上讲,消费者的权利也包含了消费者的利益。

自改革开放以来,我国消费者合法权益保护问题日益受到重视。在实际经济生活中,侵犯消费者合法权益的行为时有发生。为了保护消费者的合法权益,维护社会经济秩序,促进社会主义市场经济健康发展,八届全国人大常委会第四次会议于1993年10月31日通过了《中华人民共和国消费者权益保护法》(以下简称《消费者权益保护法》)。这是新中国成立以后颁布的第一部保护消费者权益的专门法律。该法根据2009年8月27日十一届全国人大常委会第十次会议《关于修改部分法律的决定》第一次修正;根据2013年10月25日十二届全国人大常委会第五次会议《关于修改〈中华人民共和国消费者权益保护法〉的决定》第二次修正。

消费者权益保护法的调整对象是在保护消费者合法权益过程中所发生的社会关系。具体包括以下三个方面。

一是国家机关与经营者之间的关系,主要是指国家有关行政部门在对经营者的生产、销售、服务活动进行监督管理,以及维护消费者合法权益过程中所发生的关系。

二是国家机关与消费者之间的关系,主要是指国家有关行政部门在为消费者提供指导、服务与保护过程中所发生的关系。

三是经营者与消费者之间的关系,主要是指经营者因进行违法经营活动给消费者造成损害,消费者请求赔偿,以及消费者对经营者进行监督所发生的关系。

(二)消费者权益保护法的基本原则

1. 保护消费者合法权益不受侵犯的原则

这是国家对市场运行进行必要干预的体现,也是消费者实现其权利的可靠保障。国家通过立法,一方面要求经营者必须尊重消费者享有的权利,在提供商品和服务时,不得侵犯消费者的合法权益;另一方面,当消费者的人身、财产和其他合法权益受到侵害时,消费者能够通过一定的程序和途径得到保护和补救。同时,国家倡导文明、健康、节约资源和保护环境的消费方式,反对浪费。

2. 自愿、平等、公平、诚实信用的原则

根据这一原则,经营者与消费者进行交易,应当基于交易双方当事人的自愿,不可强买强卖;双方当事人的地位是平等的,应公平对待;按照价值规律等价交换,优质优价、劣质劣价;当事人应相互尊重和理解,相互照顾对方的利益;当事人的意思表示要真实、合法;要诚实,守信用,遵守职业道德和社会公德。

3. 倾向性保护原则

消费者和经营者在法律地位上总体上讲是平等的,其权利义务是一致的。但在实践中,消费者由于是分散的无组织的个人,加上受到专业知识、消费经验和时间、精力、财力、场合等因素的限制,在消费关系中往往处于客观不利地位,较易受到经营者不法行为的侵害。因此,消费者权益保护法对消费者侧重于其合法权益的保护,对经营者则侧重于强调其义务。

4. 共同保护原则

保护消费者的合法权益是全社会的共同责任。国家鼓励、支持一切组织和个人对损害消费者合法权益的行为进行社会监督;大众传播媒介应当做好维护消费者合法权益的宣传工作,对损害消费者合法权益的行为进行舆论监督;各级人民政府应当加强领导,组织、协调、督促有关行政部门做好保护消费者合法权益的工作;有关国家机关应当依照法律法规的规定,惩处经营者侵害消费者合法权益的违法犯罪行为,从而形成完备的消费者合法权益的保护体系。

(三)《消费者权益保护法》的立法宗旨和适用范围

《消费者权益保护法》第1条明确规定了该法的立法宗旨是"保护消费者的合法权益,维护社会经济秩序,促进社会主义市场经济健康发展"。

根据《消费者权益保护法》规定,《消费者权益保护法》的适用范围有以下三个方面。

第一,消费者为生活消费需要购买、使用商品或者接受服务,适用《消费者权益保护法》。《消费者权益保护法》保护的主体是消费者,即为生活消费需要而购买、使用商品或者接受服务的个体公民,有时也包括单位。单位作为消费者,是个人通过集体媒介表现出来的购买、使用商品或者接受服务的形式,单位消费实质上还是个人消费。

第二,经营者为消费者提供其生产、销售的商品或者提供服务,适用《消费者权益保护法》。这里所称的"经营者"是指以盈利为目的,从事生产经营活动的法人、其他经济组织和个人,包括生产者、销售者和服务者。经营者的经营活动,包括商品生产、商品销售和提供有偿服务。如果不是以盈利为目的,而是以无偿方式提供商品或者服务,则不属于《消费者权益保护法》的调整范围。

第三,农民购买、使用直接用于农业生产的生产资料,参照《消费者权益保护法》执行。《消费者权益保护法》调整的是生活消费关系,而将农民的农业生产性消费也纳入该法的调整范围,则是考虑到农民的生产性消费和消费者的生活性消费有很多相似之处,也是为了对农业生产提供特殊的法律保护。

二、消费者的权利和经营者的义务

(一)消费者的权利

消费者的权利是消费者利益在法律上的体现。按照《消费者权益保护法》第2章规定,消费者享有以下权利。

1. 安全保障权

消费者在购买、使用商品和接受服务时，享有人身、财产安全不受损害的权利。消费者有权要求经营者提供的商品和服务，符合保障人身、财产安全的要求。

2. 知悉真情权

消费者享有知悉其购买、使用的商品或者接受的服务的真实情况的权利。消费者有权根据商品或者服务的不同情况，要求经营者提供商品的价格、产地、生产者、用途、性能、规格、等级、主要成分、生产日期、有效期限、检验合格证明、使用方法说明书、售后服务，或者服务的内容、规格、费用等有关情况。

3. 自主选择权

消费者享有自主选择商品或者服务的权利。消费者有权自主选择提供商品或者服务的经营者，自主选择商品品种或者服务方式，自主决定购买或者不购买任何一种商品、接受或者不接受任何一项服务。消费者在自主选择商品或者服务时，有权进行比较、鉴别和挑选。

4. 公平交易权

消费者享有公平交易的权利。消费者在购买商品或者接受服务时，有权获得质量保障、价格合理、计量正确等公平交易条件，有权拒绝经营者的强制交易行为。

5. 依法求偿权

消费者因购买、使用商品或者接受服务而受到人身、财产损害的，享有依法获得赔偿的权利。

6. 依法结社权

消费者享有依法成立维护自身合法权益的社会组织的权利。

7. 获得知识权

消费者享有获得有关消费和消费者权益保护方面的知识的权利。作为消费者，应当努力掌握所需商品或者服务的知识和使用技能，正确使用商品，提高自我保护意识。

8. 维护尊严权

消费者在购买、使用商品和接受服务时，享有其人格尊严、民族风俗习惯得到尊重，个人信息依法得到保护的权利。

9. 监督批评权

消费者享有对商品和服务以及保护消费者权益工作进行监督的权利。消费者有权检举、控告侵害消费者权益的行为和国家机关及其工作人员在保护消费者权益工作中的违法失职行为，有权对保护消费者权益的工作提出批评、建议。

(二)经营者的义务

经营者与消费者是消费法律关系中两个对应的主体。消费者的权利，相应的就是经营者的义务，即生产者、销售者和服务提供者的义务。按照《消费者权益保护法》第3

章规定,经营者应当履行以下义务。

1. 依照法律规定或者依照约定履行义务

经营者向消费者提供商品或者服务,应当依照《消费者权益保护法》和其他有关法律、法规的规定履行义务。经营者和消费者有约定的,应当按照约定履行义务,但双方的约定不得违背法律、法规的规定。经营者向消费者提供商品或者服务,应当恪守社会公德,诚信经营,保障消费者的合法权益;不得设定不公平、不合理的交易条件,不得强制交易。

2. 接受监督的义务

经营者应当听取消费者对其提供的商品或者服务的意见,接受消费者的监督。

3. 保证商品和服务安全的义务

经营者应当保证其提供的商品或者服务符合保障人身、财产安全的要求。对可能危及人身、财产安全的商品和服务,经营者应当向消费者作出真实的说明和明确的警示,并说明和标明正确使用商品或者接受服务的方法以及防止危害发生的方法。宾馆、商场、餐馆、银行、机场、车站、港口、影剧院等经营场所的经营者,应当对消费者尽到安全保障义务。经营者发现其提供的商品或者服务存在严重缺陷,有危及人身、财产安全危险的,应当立即向有关行政部门报告和告知消费者,并采取停止销售、警示、召回、无害化处理、销毁、停止生产或者服务等措施。

4. 提供真实信息的义务

经营者向消费者提供有关商品或者服务的质量、性能、用途、有效期限等信息,应当真实、全面,不得作虚假或者引人误解的宣传。经营者对消费者就其提供的商品或者服务的质量和使用方法等问题提出的询问,应当作出真实、明确的答复。商店提供商品或者服务应当明码标价。

5. 标明真实名称和标记的义务

经营者应当标明其真实名称和标记。租赁他人柜台或者场地的经营者,也应当标明其真实名称和标记。

6. 出具购货凭证或者服务单据的义务

经营者提供商品或者服务,应当按照国家有关规定或者商业惯例向消费者出具发票等购货凭证或者服务单据;消费者索要购货凭证或者服务单据的,经营者必须出具。

7. 保证商品和服务质量的义务

经营者应当保证在正常使用商品或者接受服务的情况下,其提供的商品或者服务应当具有的质量、性能、用途和有效期限,但消费者在购买该商品或者接受该服务前已经知道其存在瑕疵,且存在该瑕疵不违反法律强制性规定的除外。经营者以广告、产品说明、实物样品或者其他方式表明商品或者服务的质量状况的,应当保证其提供的商品或者服务的实际质量与表明的质量状况相符。经营者提供的机动车、计算机、电视机、电冰箱、空调器、洗衣机等耐用商品或者装饰装修等服务,消费者自接受商品或者服务之

8. 依照国家规定或者当事人约定承担退货、更换、修理等义务

经营者提供的商品或者服务不符合质量要求的,消费者可以依照国家规定、当事人约定退货,或者要求经营者履行更换、修理等义务。没有国家规定和当事人约定的,消费者可以自收到商品之日起 7 日内退货;7 日后符合法定解除合同条件的,消费者可以及时退货,不符合法定解除合同条件的,可以要求经营者履行更换、修理等义务。依照上述规定进行退货、更换、修理的,经营者应当承担运输等必要费用。对于经营者采用网络、电视、电话、邮购等方式销售商品,消费者有权自收到商品之日起 7 日内退货,且无须说明理由,但消费者定做的商品,鲜活易腐的商品,在线下载或者消费者拆封的音像制品、计算机软件等数字化商品,以及交付的报纸、期刊除外。对于其他根据商品性质并经消费者在购买时确认不宜退货的商品,包括拆封后易导致商品性质改变、影响人身安全或者生命健康的商品,一经激活或者试用后价值贬损较大的商品,销售时已明示的临近保质期的商品、有瑕疵的商品等不适用无理由退货。消费者退货的商品应当完好,即能够保持原有品质、功能,商品本身、配件、商标标识等齐全,消费者基于查验需要而打开商品包装,或者为确认商品的品质、功能而进行合理的调试不影响商品的完好。经营者应当自收到退回商品之日起 7 日内返还消费者支付的商品价款。退回商品的运费由消费者承担,如经营者和消费者另有约定的,按照约定。网络商品销售者可以与消费者约定退货方式,但不应当限制消费者的退货方式。

9. 不得以格式条款、通知、声明、店堂告示等方式,作出对消费者不公平、不合理的规定

经营者在经营活动中使用格式条款的,应当以显著方式提醒消费者注意商品或者服务的数量和质量、价款或者费用、履行期限和方式、安全注意事项和风险警示、售后服务、民事责任等与消费者有重大利害关系的内容,并按照消费者的要求予以说明。经营者不得以格式条款、通知、声明、店堂告示等方式,作出排除或者限制消费者权利、减轻或者免除经营者责任、加重消费者责任等对消费者不公平、不合理的规定,不得利用格式条款并借助于技术手段强制交易。格式条款、通知、声明、店堂告示等含有前款所列内容的,其内容无效。

10. 不得侵犯消费者人身权的义务

经营者不得对消费者进行侮辱、诽谤,不得搜查消费者的身体及其携带的物品,不得侵犯消费者的人身自由。

11. 采用网络、电视、电话、邮购等方式提供商品或者服务的经营者,向消费者提供相关信息的义务

采用网络、电视、电话、邮购等方式提供商品或者服务的经营者,以及提供证券、保险、银行等金融服务的经营者,应当向消费者提供经营地址、联系方式、商品或者服务的数量和质量、价款或者费用、履行期限和方式、安全注意事项和风险警示、售后服务、民事责任等信息。

12. 依照法律规定和约定收集、使用消费者个人信息并进行保密的义务

经营者收集、使用消费者个人信息，应当遵循合法、正当、必要的原则，明示收集、使用信息的目的、方式和范围，并经消费者同意。经营者收集、使用消费者个人信息，应当公开其收集、使用规则，不得违反法律、法规的规定和双方的约定收集、使用信息。经营者及其工作人员对收集的消费者个人信息必须严格保密，不得泄露、出售或者非法向他人提供。经营者应当采取技术措施和其他必要措施，确保信息安全，防止消费者个人信息泄露、丢失。在发生或者可能发生信息泄露、丢失的情况时，应当立即采取补救措施。经营者未经消费者同意或者请求，或者消费者明确表示拒绝的，不得向其发送商业性信息。

三、消费者合法权益的国家保护和社会保护

（一）消费者合法权益的国家保护

国家保护消费者的合法权益不受侵害。国家采取各种措施，保障消费者依法行使权利，维护消费者的合法权益。根据《消费者权益保护法》第 4 章规定，国家对消费者合法权益的保护主要体现在以下几个方面。

1. 立法保护和政策保护

保护消费者合法权益，立法是基础。《消费者权益保护法》是保护消费者合法权益的基本法律。除此之外，我国制定和颁布的《产品质量法》《反不正当竞争法》《广告法》《食品卫生法》等也都体现了对消费者合法权益的保护。不仅如此，国家有关机关还可以制定、发布有关法令、命令、规章等，对保护消费者合法权益进行政策调整。为了充分体现和保护消费者合法权益，国家制定有关消费者权益的法律、法规、规章和强制性标准，应当听取消费者和消费者协会等组织的意见。

2. 行政保护

各级人民政府应当加强领导，组织、协调、督促有关行政部门做好保护消费者合法权益的工作，落实保护消费者合法权益的职责。各级人民政府应当加强监督，预防危害消费者人身、财产安全行为的发生，及时制止危害消费者人身、财产安全的行为。各级人民政府市场监督管理部门和其他有关行政部门应当依照法律、法规的规定，在各自的职责范围内，采取措施，保护消费者的合法权益。有关行政部门应当听取消费者和消费者协会等组织对经营者交易行为、商品和服务质量问题的意见，及时调查处理。有关行政部门在各自的职责范围内，应当定期或者不定期对经营者提供的商品和服务进行抽查检验，并及时向社会公布抽查检验结果。有关行政部门发现并认定经营者提供的商品或者服务存在缺陷，有危及人身、财产安全危险的，应当立即责令经营者采取停止销售、警示、召回、无害化处理、销毁、停止生产或者服务等措施。

3. 司法保护

对违法犯罪行为有惩处权力的有关国家机关，应当依照法律、法规的规定，惩处经

营者在提供商品和服务中侵害消费者合法权益的违法犯罪行为。人民法院应当采取措施，方便消费者提起诉讼。对符合《中华人民共和国民事诉讼法》规定的起诉条件的消费者权益争议，必须受理，及时审理。

(二)消费者合法权益的社会保护

保护消费者合法权益是全社会的共同责任。国家鼓励、支持一切组织和个人对损害消费者合法权益的行为进行社会监督。在保护消费者合法权益方面，各种消费者组织起着十分重要的作用。我国《消费者权益保护法》第5章专门对消费者组织作了明文规定。

根据《消费者权益保护法》的规定，消费者协会和其他消费者组织是依法成立的对商品和服务进行社会监督的保护消费者合法权益的社会组织。消费者组织不得从事商品经营和营利性服务，不得以收取费用或者其他牟取利益的方式向消费者推荐商品和服务。

消费者协会依法履行其职能，各级人民政府应当予以支持。根据《消费者权益保护法》规定，消费者协会履行下列公益性职责：

(1)向消费者提供消费信息和咨询服务，提高消费者维护自身合法权益的能力，引导文明、健康、节约资源和保护环境的消费方式；

(2)参与制定有关消费者权益的法律、法规、规章和强制性标准；

(3)参与有关行政部门对商品和服务的监督、检查；

(4)就有关消费者合法权益的问题，向有关部门反映、查询、提出建议；

(5)受理消费者的投诉，并对投诉事项进行调查、调解；

(6)投诉事项涉及商品和服务质量问题的，可以委托具备资格的鉴定人鉴定，鉴定人应当告知鉴定意见；

(7)就损害消费者合法权益的行为，支持受损害的消费者提起诉讼或者依照《消费者权益保护法》提起诉讼；

(8)对损害消费者合法权益的行为，通过大众传播媒介予以揭露、批评。

消费者协会应当认真履行保护消费者合法权益的职责，听取消费者的意见和建议，接受社会监督。各级人民政府对消费者协会履行职责应当予以必要的经费等支持。

依法成立的其他消费者组织依照法律、法规及其章程的规定，开展保护消费者合法权益的活动。

四、消费者权益争议的解决

(一)消费者权益争议的解决途径

消费者和经营者发生消费者权益争议的，可以通过下列途径解决：

(1)与经营者协商和解；
(2)请求消费者协会调解或者依法成立的其他调解组织；
(3)向有关行政部门投诉；
(4)根据与经营者达成的仲裁协议提请仲裁机构仲裁；
(5)向人民法院提起诉讼。

(二)求偿对象的确定

消费者的合法权益受到损害的,可根据不同情况,分别按照下列规定向有关当事人要求赔偿。

1.消费者在购买、使用商品时,其合法权益受到损害的,可以向销售者要求赔偿。销售者赔偿后,属于生产者的责任或者属于向销售者提供商品的其他销售者的责任的,销售者有权向生产者或者其他销售者追偿。

2.消费者或者其他受害人因商品缺陷造成人身、财产损害的,可以向销售者要求赔偿,也可以向生产者要求赔偿。属于生产者责任的,销售者赔偿后,有权向生产者追偿。属于销售者责任的,生产者赔偿后,有权向销售者追偿。

3.消费者在接受服务时,其合法权益受到损害的,可以向服务者要求赔偿。

4.消费者在购买、使用商品或者接受服务时,其合法权益受到损害,因原企业分立、合并的,可以向变更后承受其权利义务的企业要求赔偿。

5.使用他人营业执照的违法经营者提供商品或者服务,损害消费者合法权益的,消费者可以向其要求赔偿,也可以向营业执照的持有人要求赔偿。

6.消费者在展销会、租赁柜台购买商品或者接受服务,其合法权益受到损害的,可以向销售者或者服务者要求赔偿。展销会结束或者柜台租赁期满后,也可以向展销会的举办者、柜台的出租者要求赔偿。展销会的举办者、柜台的出租者赔偿后,有权向销售者或者服务者追偿。

7.消费者通过网络交易平台购买商品或者接受服务,其合法权益受到损害的,可以向销售者或者服务者要求赔偿。网络交易平台提供者不能提供销售者或者服务者的真实名称、地址和有效联系方式的,消费者也可以向网络交易平台提供者要求赔偿；网络交易平台提供者作出更有利于消费者的承诺的,应当履行承诺。网络交易平台提供者赔偿后,有权向销售者或者服务者追偿。网络交易平台提供者明知或者应知销售者或者服务者利用其平台侵害消费者合法权益,未采取必要措施的,依法与该销售者或者服务者承担连带责任。

8.消费者因经营者利用虚假广告或者其他虚假宣传方式提供商品或者服务,其合法权益受到损害的,可以向经营者要求赔偿。广告经营者、发布者发布虚假广告的,消费者可以请求行政主管部门予以惩处。广告经营者、发布者不能提供经营者的真实名称、地址和有效联系方式的,应当承担赔偿责任。广告经营者、发布者设计、制作、发布关系消费者生命健康商品或者服务的虚假广告,造成消费者损害的,应当与提供该商品或者服务的经营者承担连带责任。社会团体或者其他组织、个人在关系消费者生命健康商品或者服务的虚假广告或者其他虚假宣传中向消费者推荐商品或者服务,造成消费者损害的,应当与提供该商品或者服务的经营者承担连带责任。

消费者向有关行政部门投诉的,该部门应当自收到投诉之日起7个工作日内,予以处理并告知消费者。

对侵害众多消费者合法权益的行为,中国消费者协会以及在省、自治区、直辖市设立的消费者协会,可以向人民法院提起诉讼。

五、侵犯消费者合法权益的法律责任

《消费者权益保护法》第7章规定的侵犯消费者合法权益应承担的法律责任有民事责任、行政责任和刑事责任。

(一)民事责任

1. 经营者承担民事责任的情形

经营者提供的商品或者服务有下列情形之一的,除《消费者权益保护法》另有规定外,应当依照其他有关法律、法规的规定,承担民事责任:

(1)商品或者服务存在缺陷的;
(2)不具备商品应当具备的使用性能而出售时未作说明的;
(3)不符合在商品或者其包装上注明采用的商品标准的;
(4)不符合商品说明、实物样品等方式表明的质量状况的;
(5)生产国家明令淘汰的商品或者销售失效、变质的商品的;
(6)销售的商品数量不足的;
(7)服务的内容和费用违反约定的;
(8)对消费者提出的修理、重作、更换、退货、补足商品数量、退还货款和服务费用或者赔偿损失的要求,故意拖延或者无理拒绝的;
(9)法律、法规规定的其他损害消费者权益的情形。

2. 经营者承担民事责任的具体形式

经营者损害消费者合法权益,分别根据不同的情况承担不同的民事责任。

(1)经营者提供商品或者服务,造成消费者或者其他受害人人身伤害的,应当支付医疗费、护理费、交通费等为治疗和康复支出的合理费用,以及因误工减少的收入。造成残疾的,还应当赔偿残疾生活辅助具费和残疾赔偿金。造成死亡的,还应当赔偿丧葬费和死亡赔偿金。

(2)经营者侵害消费者的人格尊严、侵犯消费者人身自由或者侵害消费者个人信息依法得到保护的权利的,应当停止侵害、恢复名誉、消除影响、赔礼道歉,并赔偿损失。

（3）经营者有侮辱诽谤、搜查身体、侵犯人身自由等侵害消费者或者其他受害人人身权益的行为，造成严重精神损害的，受害人可以要求精神损害赔偿。

（4）经营者提供商品或者服务，造成消费者财产损害的，应当依照法律规定或者当事人约定承担修理、重作、更换、退货、补足商品数量、退还货款和服务费用或者赔偿损失等民事责任。

（5）经营者以预收款方式提供商品或者服务的，应当按照约定提供。未按照约定提供的，应当按照消费者的要求履行约定或者退回预付款，并应当承担预付款的利息、消费者必须支付的合理费用。

（6）依法经有关行政部门认定为不合格的商品，消费者要求退货的，经营者应当负责退货。

（7）经营者提供商品或者服务有欺诈行为的，应当按照消费者的要求增加赔偿其受到的损失，增加赔偿的金额为消费者购买商品的价款或者接受服务的费用的3倍；增加赔偿的金额不足500元的，为500元。法律另有规定的，依照其规定。

（8）经营者明知商品或者服务存在缺陷，仍然向消费者提供，造成消费者或者其他受害人死亡或者健康严重损害的，受害人有权要求经营者依照前述第(1)、第(3)项的规定赔偿损失，并有权要求所受损失2倍以下的惩罚性赔偿。

（二）行政责任

经营者有下列情形之一，除承担相应的民事责任外，其他有关法律、法规对处罚机关和处罚方式有规定的，依照法律、法规的规定执行；法律、法规未作规定的，由工商行政管理部门或者其他有关行政部门责令改正，可以根据情节单处或者并处警告、没收违法所得、处以违法所得1倍以上10倍以下的罚款，没有违法所得的，处以50万元以下的罚款；情节严重的，责令停业整顿、吊销营业执照。

（1）提供的商品或者服务不符合保障人身、财产安全要求的。

（2）在商品中掺杂、掺假，以假充真，以次充好，或者以不合格商品冒充合格商品的。

（3）生产国家明令淘汰的商品或者销售失效、变质的商品的。

（4）伪造商品的产地，伪造或者冒用他人的厂名、厂址，篡改生产日期，伪造或者冒用认证标志等质量标志的。

（5）销售的商品应当检验、检疫而未检验、检疫或者伪造检验、检疫结果的。

（6）对商品或者服务作虚假或者引人误解的宣传的。

（7）拒绝或者拖延有关行政部门责令对缺陷商品或者服务采取停止销售、警示、召回、无害化处理、销毁、停止生产或者服务等措施的。

（8）对消费者提出的修理、重作、更换、退货、补足商品数量、退还货款和服务费用或者赔偿损失的要求，故意拖延或者无理拒绝的。

（9）侵害消费者人格尊严、侵犯消费者人身自由或者侵害消费者个人信息依法得到保护的权利的。

(10)法律、法规规定的对损害消费者权益应当予以处罚的其他情形。

经营者有前款规定情形的,除依照法律、法规规定予以处罚外,处罚机关应当记入信用档案,向社会公布。

经营者对行政处罚决定不服的,可以依法申请行政复议或者提起行政诉讼。

（三）刑事责任

根据《消费者权益保护法》的规定,经营者违反规定提供商品或者服务,侵害消费者合法权益,构成犯罪的,以及以暴力、威胁等方法阻碍有关行政部门工作人员依法执行职务的,应依法追究刑事责任。

此外,对于国家机关工作人员玩忽职守或者包庇经营者侵害消费者合法权益的行为,由其所在单位或者上级机关给予行政处分;情节严重,构成犯罪的,也应当依法追究刑事责任。

六、侵害消费者权益行为的处罚办法

（一）侵害消费者权益行为的概念

侵害消费者权益行为是指经营者在提供商品（以下所称商品包括服务）或者服务中,采取虚假或者其他不正当手段欺骗、误导消费者,使消费者的合法权益受到损害的行为。2015年1月5日,原国家工商行政管理总局公布《侵害消费者权益行为处罚办法》,自2015年3月15日起施行,根据国家市场监督管理总局2020年第9次局务会议审议通过《国家市场监督管理总局关于修改部分规章的决定》修改。

（二）侵害消费者权益行为的种类

1. 欺诈行为

根据《侵害消费者权益行为处罚办法》第五条规定,经营者提供商品或者服务不得有下列行为：

(1)销售的商品或者提供的服务不符合保障人身、财产安全要求；

(2)销售失效、变质的商品；

(3)销售伪造产地、伪造或者冒用他人的厂名、厂址、篡改生产日期的商品；

(4)销售伪造或者冒用认证标志等质量标志的商品；

(5)销售的商品或者提供的服务侵犯他人注册商标专用权；

(6)销售伪造或者冒用知名商品特有的名称、包装、装潢的商品；

(7)在销售的商品中掺杂、掺假,以假充真,以次充好,以不合格商品冒充合格商品；

(8)销售国家明令淘汰并停止销售的商品；

(9)提供商品或者服务中故意使用不合格的计量器具或者破坏计量器具准确度;

(10)骗取消费者价款或者费用而不提供或者不按照约定提供商品或者服务。

根据《侵害消费者权益行为处罚办法》第六条规定,经营者向消费者提供有关商品或者服务的信息应当真实、全面、准确,不得有下列虚假或者引人误解的宣传行为:

(1)不以真实名称和标记提供商品或者服务;

(2)以虚假或者引人误解的商品说明、商品标准、实物样品等方式销售商品或者服务;

(3)作虚假或者引人误解的现场说明和演示;

(4)采用虚构交易、虚标成交量、虚假评论或者雇佣他人等方式进行欺骗性销售诱导;

(5)以虚假的"清仓价""甩卖价""最低价""优惠价"或者其他欺骗性价格表示销售商品或者服务;

(6)以虚假的"有奖销售""还本销售""体验销售"等方式销售商品或者服务;

(7)谎称正品销售"处理品""残次品""等外品"等商品;

(8)夸大或隐瞒所提供的商品或者服务的数量、质量、性能等与消费者有重大利害关系的信息误导消费者;

(9)以其他虚假或者引人误解的宣传方式误导消费者。

此外,根据《侵害消费者权益行为处罚办法》第十三条规定,从事服务业的经营者不得有下列行为:

(1)从事为消费者提供修理、加工、安装、装饰装修等服务的经营者谎报用工用料,故意损坏、偷换零部件或材料,使用不符合国家质量标准或者与约定不相符的零部件或材料,更换不需要更换的零部件,或者偷工减料、加收费用,损害消费者权益的;

(2)从事房屋租赁、家政服务等中介服务的经营者提供虚假信息或者采取欺骗、恶意串通等手段损害消费者权益的。

经营者有第五条规定第(1)项至第(6)项规定行为之一且不能证明自己并非欺骗、误导消费者而实施此种行为的,属于欺诈行为。

经营者有第五条第(7)项至第(10)项、第六条和第十三条规定行为之一的,属于欺诈行为。

2. 收集与使用消费者个人信息的行为

经营者收集、使用消费者个人信息,应当遵循合法、正当、必要的原则,明示收集、使用信息的目的、方式和范围,并经消费者同意。经营者不得有下列行为:

(1)未经消费者同意,收集、使用消费者个人信息;

(2)泄露、出售或者非法向他人提供所收集的消费者个人信息;

(3)未经消费者同意或者请求,或者消费者明确表示拒绝,向其发送商业性信息。

消费者个人信息是指经营者在提供商品或者服务活动中收集的消费者姓名、性别、职业、出生日期、身份证件号码、住址、联系方式、收入和财产状况、健康状况、消费情况等能够单独或者与其他信息结合识别消费者的信息。

(三)侵害消费者权益行为的法律责任

市场监督管理部门依照《消费者权益保护法》等法律法规的规定,保护消费者为生活消费需要购买、使用商品或者接受服务的权益,对经营者侵害消费者权益的行为实施行政处罚。

根据《侵害消费者权益行为处罚办法》规定,经营者有第五条至第十一条规定的情形之一,其他法律、法规有规定的,依照法律、法规的规定执行;法律、法规未作规定的,由市场监督管理部门依照《消费者权益保护法》第五十六条予以处罚。

经营者违反第十二条、第十三条规定,其他法律、法规有规定的,依照法律、法规的规定执行;法律、法规未作规定的,由市场监督管理部门责令改正,可以单处或者并处警告、违法所得三倍以下、但最高不超过三万元的罚款,没有违法所得的,处以一万元以下的罚款。

侵害消费者权益违法行为涉嫌犯罪的,市场监督管理部门应当按照有关规定,移送司法机关追究其刑事责任。

市场监督管理执法人员玩忽职守或者包庇经营者侵害消费者合法权益的行为的,应当依法给予行政处分;涉嫌犯罪的,依法移送司法机关。

思考题

1. 解释下列概念:
反不正当竞争法　不正当竞争　商业秘密反垄断法　产品质量法　产品质量垄断协议　经营者集中　滥用市场支配地位　消费者权益保护法　消费者权益消费者协会　欺诈消费者行为
2. 反不正当竞争法的基本原则有哪些?
3. 简述不正当竞争的特征。
4. 不正当竞争行为的表现形式有哪些?
5. 简述垄断协议规制制度的主要内容。
6. 简述经营者集中规制的主要内容。
7. 简述滥用市场支配地位规制的主要内容。
8. 简述滥用行政权力排除、限制竞争规制的主要内容。
9. 产品质量法的原则有哪些?
10. 试述产品质量监督制度的主要内容。
11. 试述生产者、销售者的产品质量责任和义务。
12. 消费者权益保护法的基本原则有哪些?

13. 消费者享有哪些权利？
14. 经营者应当履行哪些义务？
15. 试述消费者合法权益的国家保护和社会保护制度。
16. 解决消费者权益争议的途径有哪些？
17. 消费者合法权益受到损害时，如何确定求偿对象？

阅读文献

1.《中华人民共和国反不正当竞争法》，1993年9月2日八届全国人民代表大会常务委员会第三次会议通过，根据2017年11月4日经十二届全国人大常委会第三十次会议修订，根据2019年4月23日十三届全国人大常委会第十次会议《关于修改〈中华人民共和国建筑法〉等八部法律的决定》第二次修正。

2.《关于禁止仿冒知名商品特有的名称、包装、装潢的不正当竞争行为的若干规定》，1995年7月6日国家工商行政管理局发布。

3.《关于禁止侵犯商业秘密行为的若干规定》，1995年11月23日国家工商行政管理局发布，1998年12月3日国家工商行政管理局修订。

4.《关于禁止商业贿赂行为的暂行规定》，1996年11月15日国家工商行政管理局发布。

5.《中华人民共和国反垄断法》，2007年8月30日十届全国人民代表大会常务委员会第二十九次会议通过，根据2022年6月24日十三届全国人民代表大会常务委员会第三十五次会议《关于修改〈中华人民共和国反垄断法〉的决定》修正。

6.《关于审理因垄断行为引发的民事纠纷案件应用法律若干问题的规定》，最高人民法院2012年5月3日发布。

7.《国务院反垄断委员会关于平台经济领域的反垄断指南》，国务院反垄断委员会2021年2月7日发布。

8.《中华人民共和国产品质量法》，1993年2月22日七届全国人民代表大会常务委员会第三十次会议通过，根据2000年7月8日九届全国人民代表大会常务委员会第十六次会议《关于修改〈中华人民共和国产品质量法〉的决定》第一次修正，根据2009年8月27日十一届全国人民代表大会常务委员会第十次会议《关于修改部分法律的决定》第二次修正，根据2018年12月29日十三届全国人民代表大会常务委员会第七次会议《关于修改〈中华人民共和国产品质量法〉等五部法律的决定》第三次修正。

9.《中华人民共和国消费者权益保护法》，1993年10月31日八届全国人民代表大会常务委员会第四次会议通过，根据2009年8月27日十一届全国人民代表大会常务委员会第十次会议《关于修改部分法律的决定》第一次修正，根据2013年10月25日十二届全国人民代表大会常务委员会第五次会议《关于修改〈中华人民共和国消费者权益保护法〉的决定》第二次修正。

10.《侵害消费者权益行为处罚办法》,2015年1月5日国家工商行政管理总局令第73号公布,根据国家市场监督管理总局2020年第9次局务会议审议通过《国家市场监督管理总局关于修改部分规章的决定》修改。

11.《网络购买商品七日无理由退货暂行办法》,2017年1月6日国家工商行政管理总局令第90号公布,根据2020年10月23日国家市场监督管理总局令第31号修订。

第九章

预算税收银行法

本章概要

预算和预算法的概念，我国财政预算管理体制，预算收支范围，预算管理程序，预算及决算的监督；税收和税法的概念，税法的构成要素，我国现行的主要税收法规内容，税收征收管理及违反税法的法律责任；有关中国人民银行的地位、职责、组织机构、主要业务及金融监督管理的基本法律规定，有关商业银行经营原则、经营范围、组织形式、组织机构、贷款及其他业务规则的基本法律规定等。

第一节 预算法

财政是经济的重要组成部分,是国家为实现其各种社会职能,凭借国家权力,参与社会产品的分配与再分配的活动,包括财政收入和财政支出两个方面。由于财政收入的主要来源是税收和国债,财政支出的最重要途径是政府采购和转移支付,调整税收关系和国债关系的税法和国债法是调整财政收入管理关系的主要部门法,而政府采购法和转移支付法则是调整财政支出管理关系的重要部门法。此外,预算法对预算关系的调整既涉及财政收入,又涉及财政支出,它从总体上对财政收支活动进行规范,因而它是财政法中的核心制度。这样,广义上的财政法体系包括预算法、税法、国债法、政府采购法和转移支付法。此外,还有狭义上的财政法体系,即不包括税法的财政法体系。对于税法,本章第二节将专门介绍,在此主要介绍预算法。

一、预算和预算法概述

预算又称"国家预算",是指经过法定程序制定的国家机关对未来收入和支出的预计方案。国家预算是国家以年度财政收支计划的形式,对依法征集的部分国民收入进行集中统一分配的活动,是国家职能的一个十分重要和基本的方面。

预算法是调整国家在协调经济运行过程中发生的预算关系的法律规范的总称。所谓"预算关系",是指国家各级财政为了有计划地集中和分配资金,根据国家预算,在各级财政之间、各级财政与各部门预算单位之间,以及各部门预算单位上下级之间发生的组织预算收入、拨付预算资金和进行年终决算的关系。为了规范政府收支行为,强化预算约束,加强对预算的管理和监督,建立健全全面规范、公开透明的预算制度,保障经济社会的健康发展,1994年3月22日八届全国人大第二次会议通过了《中华人民共和国预算法》(以下简称《预算法》),2014年8月31日根据十二届全国人大常委会第十次会议《关于修改〈中华人民共和国预算法〉的决定》第一次修正,根据2018年12月29日十三届全国人大常委会第七次会议《关于修改〈中华人民共和国产品质量法〉等五部法律的决定》第二次修正。此外,1995年11月2日国务院根据《预算法》发布了《中华人民共和国预算法实施条例》(以下简称《实施条例》),根据2020年8月3日中华人民共和国国务院令第729号修订,自2020年10月1日起施行。1996年11月18日,中华人民共和国财政部根据《国务院关于加强预算外资金管理的决定》(国发[1996]29号)的要求,发布了《预算外资金管理实施办法》。为更好地发挥中央预算在发展国民经济、促进社会进步、改善人民生活和深化改革、扩大开放中的作用,1999年12月25日九届全国人大常委会第十三次会议通过了《关于加强中央预算审查监督的决定》。为加强财政资金拨付管理,保障资金使用安全,2001年11月3日,中华人民共和国财政部根据有关法律法规和制度规定,发布了《财政预算资金拨付管理暂行办法》。至此,我国比较完备的预算法律制度体系初步建立起来了。

二、预算管理职权

国家的预算活动必须依法进行管理,这样才能有效地实现预算法的宗旨。而预算管理必须依照法定的职权进行,由此就会涉及预算管理体制问题。预算管理体制是财政管理体制的重要组成部分,是划分国家机关之间、中央和地方之间预算管理权限的制度。我国《预算法》对各级预算管理权限的划分主要有以下规定。

(一)全国人民代表大会及其常务委员会的预算职权

全国人民代表大会审查中央和地方预算草案及中央和地方预算执行情况的报告;批准中央预算和中央预算执行情况的报告;改变或者撤销全国人大常委会关于预算、决算的不适当的决议。

全国人大常委会监督中央和地方预算的执行;审查和批准中央预算的调整方案;审查和批准中央决算;撤销国务院制定的同宪法、法律相抵触的关于预算、决算的行政法规、决定和命令;撤销省、自治区、直辖市人民代表大会及其常务委员会制定的同宪法、法律和行政法规相抵触的关于预算、决算的地方性法规和决议。

(二)地方各级人民代表大会及其常务委员会的预算职权

县级以上地方各级人民代表大会审查本级总预算草案及本级总预算执行情况的报告;批准本级预算和本级预算执行情况的报告;改变或者撤销本级人大常委会关于预算、决算的不适当的决议;撤销本级政府关于预算、决算的不适当的决定和命令。

县级以上地方各级人大常委会监督本级总预算的执行;审查和批准本级预算的调整方案;审查和批准本级政府决算(以下简称本级决算);撤销本级政府和下一级人大及其常委会关于预算、决算的不适当的决定、命令和决议。

设立预算的乡、民族乡、镇的人民代表大会审查和批准本级预算和本级预算执行情况的报告;监督本级预算的执行;审查和批准本级预算的调整方案;审查和批准本级决算;撤销本级政府关于预算、决算的不适当的决定和命令。

(三)财政经济委员会、有关专门委员会的预算职权

全国人民代表大会财政经济委员会对中央预算草案初步方案及上一年预算执行情况、中央预算调整初步方案和中央决算草案进行初步审查,提出初步审查意见。

省、自治区、直辖市人民代表大会有关专门委员会对本级预算草案初步方案及上一年预算执行情况、本级预算调整初步方案和本级决算草案进行初步审查,提出初步审查意见。

设区的市、自治州人民代表大会有关专门委员会对本级预算草案初步方案及上一年预算执行情况、本级预算调整初步方案和本级决算草案进行初步审查,提出初步审查意见,未设立专门委员会的,由本级人民代表大会常务委员会有关工作机构研究提出意见。

县、自治县、不设区的市、市辖区人民代表大会常务委员会对本级预算草案初步方案及上一年预算执行情况进行初步审查,提出初步审查意见。县、自治县、不设区的市、市辖区人民代表大会常务委员会有关工作机构对本级预算调整初步方案和本级决算草案研究提出意见。

设区的市、自治州以上各级人民代表大会有关专门委员会进行初步审查、常务委员会有关工作机构研究提出意见时,应当邀请本级人民代表大会代表参加。

全国人民代表大会常务委员会和省、自治区、直辖市、设区的市、自治州人民代表大会常务委员会有关工作机构,依照本级人民代表大会常务委员会的决定,协助本级人民代表大会财政经济委员会或者有关专门委员会承担审查预算草案、预算调整方案、决算草案和监督预算执行等方面的具体工作。

(四)各级人民政府的预算职权

国务院编制中央预算、决算草案;向全国人民代表大会作关于中央和地方预算草案的报告;将省、自治区、直辖市政府报送备案的预算汇总后报全国人大常委会备案;组织中央和地方预算的执行;决定中央预算预备费的动用;编制中央预算调整方案;监督中央各部门和地方政府的预算执行;改变或者撤销中央各部门和地方政府关于预算、决算的不适当的决定、命令;向全国人大、全国人大常委会报告中央和地方预算的执行情况。

县级以上地方各级政府编制本级预算、决算草案;向本级人大作关于本级总预算草案的报告;将下一级政府报送备案的预算汇总后报本级人大常委会备案;组织本级总预算的执行;决定本级预算预备费的动用;编制本级预算的调整方案;监督本级各部门和下级政府的预算执行;改变或者撤销本级各部门和下级政府关于预算、决算的不适当的决定、命令;向本级人民代表大会、本级人大常委会报告本级总预算的执行情况。

乡、民族乡、镇政府编制本级预算、决算草案;向本级人大作关于本级预算草案的报告;组织本级预算的执行;决定本级预算预备费的动用;编制本级预算的调整方案;向本级人民代表大会报告本级预算的执行情况。

经省、自治区、直辖市政府批准,乡、民族乡、镇政府本级预算草案、预算调整方案、决算草案可以由上一级政府代编,并依照规定报乡、民族乡、镇政府的人民代表大会审查和批准。

(五)各级财政部门的预算职权

国务院财政部门具体编制中央预算、决算草案;具体组织中央和地方预算的执行;

提出中央预算预备费动用方案;具体编制中央预算的调整方案;定期向国务院报告中央和地方预算的执行情况。

地方各级政府财政部门具体编制本级预算、决算草案;具体组织本级总预算的执行;提出本级预算预备费动用方案;具体编制本级预算的调整方案;定期向本级政府和上一级政府财政部门报告本级总预算的执行情况。

(六)各部门、各单位的预算职权

各部门编制本部门预算、决算草案;组织和监督本部门预算的执行;定期向本级政府财政部门报告预算的执行情况。

各单位编制本单位预算、决算草案;按照国家规定上缴预算收入,安排预算支出,并接受国家有关部门的监督。

三、预算收支范围

完整的预算由预算收入和预算支出组成。政府的全部收入和支出都应当纳入预算。预算包括一般公共预算、政府性基金预算、国有资本经营预算、社会保险基金预算。一般公共预算、政府性基金预算、国有资本经营预算、社会保险基金预算应当保持完整、独立。政府性基金预算、国有资本经营预算、社会保险基金预算应当与一般公共预算相衔接。

一般公共预算是对以税收为主体的财政收入,安排用于保障和改善民生、推动经济社会发展、维护国家安全、维持国家机构正常运转等方面的收支预算。政府性基金预算是对依照法律、行政法规的规定在一定期限内向特定对象征收、收取或者以其他方式筹集的资金,专项用于特定公共事业发展的收支预算。国有资本经营预算是对国有资本收益作出支出安排的收支预算。社会保险基金预算是对社会保险缴款、一般公共预算安排和其他方式筹集的资金,专项用于社会保险的收支预算。

一般公共预算收入包括各项税收收入、行政事业性收费收入、国有资源(资产)有偿使用收入、转移性收入和其他收入。一般公共预算支出按照其功能分类,包括一般公共服务支出,外交、公共安全、国防支出,农业、环境保护支出,教育、科技、文化、卫生、体育支出,社会保障及就业支出和其他支出。一般公共预算支出按照其经济性质分类,包括工资福利支出、商品和服务支出、资本性支出和其他支出。

政府性基金预算、国有资本经营预算和社会保险基金预算的收支范围,按照法律、行政法规和国务院的规定执行。

中央预算与地方预算有关收入和支出项目的划分、地方向中央上解收入、中央对地方税收返还或者转移支付的具体办法,由国务院规定,报全国人民代表大会常务委员会备案。

根据《预算法》规定,上级政府不得在预算之外调用下级政府预算的资金。下级政府不得挤占或者截留属于上级政府预算的资金。

四、预算管理程序

国家预算的组织管理主要包括预算编制、预算审查和批准、预算执行、预算调整、决算等环节。

(一)预算的编制

预算的编制是指制定集中和分配预算资金年度计划的活动,是国家管理预算活动的第一道程序。国务院应当及时下达关于编制下一年预算草案的通知。编制预算草案的具体事项由国务院财政部门部署。各级政府、各部门、各单位应当按照国务院规定的时间编制预算草案。各级预算应当根据年度经济社会发展目标、国家宏观调控总体要求和跨年度预算平衡的需要,参考上一年预算执行情况、有关支出绩效评价结果和本年度收支预测,按照规定程序征求各方面意见后,进行编制。

各级预算收入的编制应当与经济社会发展水平相适应,与财政政策相衔接。各级政府、各部门、各单位应当依照规定,将所有政府收入全部列入预算,不得隐瞒、少列。各级预算支出的编制,应当贯彻勤俭节约的原则,严格控制各部门、各单位的机关运行经费和楼堂馆所等基本建设支出。各级一般公共预算支出的编制,应当统筹兼顾,在保证基本公共服务合理需要的前提下,优先安排国家确定的重点支出。

中央预算和有关地方预算中应当安排必要的资金,用于扶助革命老区、民族地区、边疆地区、贫困地区发展经济社会建设事业。

各级一般公共预算应当按照本级一般公共预算支出额的百分之一至百分之三设置预备费,用于当年预算执行中的自然灾害等突发事件处理增加的支出及其他难以预见的开支。

(二)预算的审查和批准

预算的审查和批准是指国家各级权力机关对同级政府所提出的预算草案进行审查与批准的活动。中央预算由全国人民代表大会审查和批准。地方各级预算由本级人民代表大会审查和批准。

1. 对预算草案的初步审查

国务院财政部门应当在每年全国人民代表大会会议举行的四十五日前,将中央预算草案的初步方案提交全国人民代表大会财政经济委员会进行初步审查。

省、自治区、直辖市政府财政部门应当在本级人民代表大会会议举行的三十日前,将本级预算草案的初步方案提交本级人民代表大会有关专门委员会进行初步审查。

设区的市、自治州政府财政部门应当在本级人民代表大会会议举行的三十日前,将本级预算草案的初步方案提交本级人民代表大会有关专门委员会进行初步审查,或者送交本级人民代表大会常务委员会有关工作机构征求意见。

县、自治县、不设区的市、市辖区政府应当在本级人民代表大会会议举行的三十日前,将本级预算草案的初步方案提交本级人民代表大会常务委员会进行初步审查。

2. 报告预算的执行情况

国务院在全国人民代表大会举行会议时,向大会作关于中央和地方预算草案以及中央和地方预算执行情况的报告。地方各级政府在本级人民代表大会举行会议时,向大会作关于总预算草案和总预算执行情况的报告。

全国人民代表大会和地方各级人民代表大会对预算草案及其报告、预算执行情况的报告重点审查下列内容:

(1)上一年预算执行情况是否符合本级人民代表大会预算决议的要求;

(2)预算安排是否符合规定;

(3)预算安排是否贯彻国民经济和社会发展的方针政策,收支政策是否切实可行;

(4)重点支出和重大投资项目的预算安排是否适当;

(5)预算的编制是否完整,是否符合规定;

(6)对下级政府的转移性支出预算是否规范、适当;

(7)预算安排举借的债务是否合法、合理,是否有偿还计划和稳定的偿还资金来源;

(8)与预算有关重要事项的说明是否清晰。

3. 提出预算的审查结果报告

全国人民代表大会财政经济委员会向全国人民代表大会主席团提出关于中央和地方预算草案及中央和地方预算执行情况的审查结果报告。省、自治区、直辖市、设区的市、自治州人民代表大会有关专门委员会,县、自治县、不设区的市、市辖区人民代表大会常务委员会,向本级人民代表大会主席团提出关于总预算草案及上一年总预算执行情况的审查结果报告。

审查结果报告应当包括下列内容:

(1)对上一年预算执行和落实本级人民代表大会预算决议的情况作出评价;

(2)对本年度预算草案是否符合规定、是否可行作出评价;

(3)对本级人民代表大会批准预算草案和预算报告提出建议;

(4)对执行年度预算、改进预算管理、提高预算绩效、加强预算监督等提出意见和建议。

4. 报有关部门备案

乡、民族乡、镇政府应当及时将经本级人民代表大会批准的本级预算报上一级政府备案。县级以上地方各级政府应当及时将经本级人民代表大会批准的本级预算及下一级政府报送备案的预算汇总,报上一级政府备案。

县级以上地方各级政府将下一级政府依照前款规定报送备案的预算汇总后,报本级人民代表大会常务委员会备案。国务院将省、自治区、直辖市政府依照前款规定报送备案的预算汇总后,报全国人民代表大会常务委员会备案。

5. 批复预算

各级预算经本级人民代表大会批准后,本级政府财政部门应当在二十日内向本级各部门批复预算。各部门应当在接到本级政府财政部门批复的本部门预算后十五日内向所属各单位批复预算。

中央对地方的一般性转移支付应当在全国人民代表大会批准预算后三十日内正式下达。中央对地方的专项转移支付应当在全国人民代表大会批准预算后九十日内正式下达。

省、自治区、直辖市政府接到中央一般性转移支付和专项转移支付后,应当在三十日内正式下达到本行政区域县级以上各级政府。

县级以上地方各级预算安排对下级政府的一般性转移支付和专项转移支付,应当分别在本级人民代表大会批准预算后的三十日和六十日内正式下达。

(三)预算的执行

预算的执行是指各级财政部门和其他预算主体组织预算收入和划拨预算支出的活动。预算年度开始后,各级政府预算草案在本级人民代表大会批准前,本级政府可以先按照上一年同期的预算支出数额安排支出;预算经本级人民代表大会批准后,按照批准的预算执行。各级预算由本级政府组织执行,具体工作由本级政府财政部门负责。

预算收入征收部门和单位,必须依照法律、行政法规的规定,及时、足额征收应征的预算收入,不得违反法律、行政法规规定,多征、提前征收或者减征、免征、缓征应征的预算收入,不得截留、占用或者挪用预算收入。政府的全部收入应当上缴国家金库(以下简称"国库"),任何部门、单位和个人不得截留、占用、挪用或者拖欠。各级政府财政部门必须依照法律、行政法规和国务院财政部门的规定,及时、足额地拨付预算支出资金,加强对预算支出的管理和监督。各级政府、各部门、各单位的支出必须按照预算执行,不得虚假列支。

县级以上各级预算必须设立国库;具备条件的乡、民族乡、镇政府也应当设立国库。中央国库业务由中国人民银行经理,地方国库业务依照国务院的有关规定办理。各级国库必须按照国家有关规定,及时准确地办理预算收入的收纳、划分、留解、退付和预算支出的拨付。各级国库库款的支配权属于本级政府财政部门。除法律、行政法规另有规定外,未经本级政府财政部门的同意,任何部门、单位和个人都无权冻结、动用国库库款或者以其他方式支配已入国库的库款。各级政府应当加强对本级国库的管理和监督,按照国务院的规定完善国库现金管理,合理调节国库资金余额。

各级政府应当加强对预算执行的领导,支持政府财政、税务、海关等预算收入的征收部门依法组织预算收入,支持政府财政部门严格管理预算支出。财政、税务、海关等部门在预算执行中,应当加强对预算执行的分析,发现问题应当及时建议本级政府采取措施予以解决。各部门、各单位应当加强对预算收入和支出的管理,不得截留或者动用应当上缴的预算收入,不得擅自改变预算支出的用途。

(四)预算的调整

预算调整是指经全国人民代表大会批准的中央预算和经地方各级人民代表大会批准的本级预算,在执行中因特殊情况需要增加支出或者减少收入,使原批准的收支平衡预算的总支出超过总收入,或者使原批准的预算中举借债务的数额增加的部分变更。

经全国人民代表大会批准的中央预算和经地方各级人民代表大会批准的地方各级预算,在执行中出现下列情况之一的,应当进行预算调整:

(1)需要增加或者减少预算总支出的;
(2)需要调入预算稳定调节基金的;
(3)需要调减预算安排的重点支出数额的;
(4)需要增加举借债务数额的。

在预算执行中,各级政府一般不制定新的增加财政收入或者支出的政策和措施,也不制定减少财政收入的政策和措施;必须作出并需要进行预算调整的,应当在预算调整方案中作出安排。

在预算执行中,各级政府对于必须进行的预算调整,应当编制预算调整方案。预算调整方案应当说明预算调整的理由、项目和数额。在预算执行中,由于发生自然灾害等突发事件,必须及时增加预算支出的,应当先动支预备费;预备费不足支出的,各级政府可以先安排支出,属于预算调整的,列入预算调整方案。

国务院财政部门应当在全国人民代表大会常务委员会举行会议审查和批准预算调整方案的三十日前,将预算调整初步方案送交全国人民代表大会财政经济委员会进行初步审查。

省、自治区、直辖市政府财政部门应当在本级人民代表大会常务委员会举行会议审查和批准预算调整方案的三十日前,将预算调整初步方案送交本级人民代表大会有关专门委员会进行初步审查。

设区的市、自治州政府财政部门应当在本级人民代表大会常务委员会举行会议审查和批准预算调整方案的三十日前,将预算调整初步方案送交本级人民代表大会有关专门委员会进行初步审查,或者送交本级人民代表大会常务委员会有关工作机构征求意见。

县、自治县、不设区的市、市辖区政府财政部门应当在本级人民代表大会常务委员会举行会议审查和批准预算调整方案的三十日前,将预算调整初步方案送交本级人民代表大会常务委员会有关工作机构征求意见。

中央预算的调整方案应当提请全国人民代表大会常务委员会审查和批准。县级以上地方各级预算的调整方案应当提请本级人民代表大会常务委员会审查和批准;乡、民族乡、镇政府预算的调整方案应当提请本级人民代表大会审查和批准。未经批准，不得调整预算。

(五)决算

决算是年度预算执行情况的总结，是年度国家预算收支的最终反映。在每一预算年度终了后，各级政府、各部门、各单位应当按照国务院规定的时间和财政部的部署，编制决算草案。

编制决算草案必须符合法律、行政法规，做到收支真实、数额准确、内容完整、报送及时。决算草案应当与预算相对应，按预算数、调整预算数、决算数分别列出。一般公共预算支出应当按其功能分类编列到项，按其经济性质分类编列到款。各部门对所属各单位的决算草案，应当审核并汇总编制本部门的决算草案，在规定的期限内报本级政府财政部门审核。

国务院财政部门编制中央决算草案，经国务院审计部门审计后，报国务院审定，由国务院提请全国人民代表大会常务委员会审查和批准。县级以上地方各级政府财政部门编制本级决算草案，经本级政府审计部门审计后，报本级政府审定，由本级政府提请本级人民代表大会常务委员会审查和批准。乡、民族乡、镇政府编制本级决算草案，提请本级人民代表大会审查和批准。

县级以上各级人民代表大会常务委员会和乡、民族乡、镇的人民代表大会对本级决算草案，重点审查下列内容：

(1)预算收入情况；
(2)支出政策实施情况和重点支出、重大投资项目资金的使用及绩效情况；
(3)结转资金的使用情况；
(4)资金结余情况；
(5)本级预算调整及执行情况；
(6)财政转移支付安排执行情况；
(7)经批准举借债务的规模、结构、使用、偿还等情况；
(8)本级预算周转金规模和使用情况；
(9)本级预备费使用情况；
(10)超收收入安排情况，预算稳定调节基金的规模和使用情况；
(11)本级人民代表大会批准的预算决议落实情况；
(12)其他与决算有关的重要情况。

县级以上各级人民代表大会常务委员会应当结合本级政府提出的上一年度预算执行和其他财政收支的审计工作报告，对本级决算草案进行审查。

各级决算经批准后，财政部门应当在二十日内向本级各部门批复决算。各部门应当在接到本级政府财政部门批复的本部门决算后十五日内向所属单位批复决算。

地方各级政府应当将经批准的决算及下一级政府上报备案的决算汇总,报上一级政府备案。县级以上各级政府应当将下一级政府报送备案的决算汇总后,报本级人民代表大会常务委员会备案。

五、预算和决算的监督

预算和决算的监督是指对各级政府实施的预算和决算活动所进行的监督。我国《预算法》将预算监督和决算监督并提,并从监督主体的角度将预算和决算监督分为立法机关的监督、行政机关的监督、政府专门机构的监督。

根据《预算法》规定,全国人民代表大会及其常务委员会对中央和地方预算、决算进行监督;县级以上地方各级人民代表大会及其常务委员会对本级和下级政府预算、决算进行监督;乡、民族乡、镇的人民代表大会对本级预算、决算进行监督。

各级人民代表大会和县级以上各级人民代表大会常务委员会有权就预算、决算中的重大事项或者特定问题组织调查,有关的政府、部门、单位和个人应当如实反映情况和提供必要的材料。各级人民代表大会和县级以上各级人民代表大会常务委员会举行会议时,人民代表大会代表或者常务委员会组成人员,依照法定程序就预算、决算中的有关问题提出询问或者质询,受询问或者受质询的有关的政府或者财政部门必须及时给予答复。

国务院和县级以上地方各级政府应当在每年六月至九月期间向本级人民代表大会常务委员会报告预算执行情况。各级政府监督下级政府的预算执行,下级政府应当定期向上一级政府工作报告预算执行情况。各级政府财政部门负责监督检查本级各部门及其所属各单位预算管理有关工作,并向本级政府和上一级政府财政部门报告预算执行情况。县级以上政府审计部门依法对预算执行、决算实行审计监督。对预算执行和其他财政收支的审计工作报告应当向社会公开。

六、违反预算法的法律责任

违反预算法的法律责任是指行为人因违反预算法的规定所应承担的法律后果。我国《预算法》对违反预算法的法律责任主要作出以下规定。

1.各级政府及有关部门有下列行为之一的,责令改正,对负有直接责任的主管人员和其他直接责任人员追究行政责任:

(1)未依照规定,编制、报送预算草案、预算调整方案、决算草案和部门预算、决算以及批复预算、决算的;

(2)违反《预算法》规定,进行预算调整的;

(3)未依照《预算法》规定对有关预算事项进行公开和说明的;

(4)违反规定设立政府性基金项目和其他财政收入项目的;

(5)违反法律、法规规定使用预算预备费、预算周转金、预算稳定调节基金、超收收入的;

(6)违反《预算法》规定开设财政专户的。

2.各级政府及有关部门、单位有下列行为之一的,责令改正,对负有直接责任的主管人员和其他直接责任人员依法给予降级、撤职、开除的处分:

(1)未将所有政府收入和支出列入预算或者虚列收入和支出的;

(2)违反法律、行政法规的规定,多征、提前征收或者减征、免征、缓征应征预算收入的;

(3)截留、占用、挪用或者拖欠应当上缴国库的预算收入的;

(4)违反《预算法》规定,改变预算支出用途的;

(5)擅自改变上级政府专项转移支付资金用途的;

(6)违反《预算法》规定拨付预算支出资金,办理预算收入收纳、划分、留解、退付,或者违反冻结、动用国库库款或者以其他方式支配已入国库库款的。

3.各级政府、各部门、各单位违反规定举借债务或者为他人债务提供担保,或者挪用重点支出资金,或者在预算之外及超预算标准建设楼堂馆所,责令改正,对负有直接责任的主管人员和其他直接责任人员给予撤职、开除的处分。

4.各级政府有关部门、单位及其工作人员有下列行为之一的,责令改正,追回骗取、使用的资金,有违法所得的没收违法所得,对单位给予警告或者通报批评;对负有直接责任的主管人员和其他直接责任人员依法给予处分:

(1)违反法律、法规的规定,改变预算收入上缴方式的;

(2)以虚报、冒领等手段骗取预算资金的;

(3)违反规定扩大开支范围、提高开支标准的;

(4)其他违反财政管理规定的行为。

5.对上述各项违法行为,其他法律对其处理、处罚另有规定的,依照其规定。违反《预算法》规定,构成犯罪的,依法追究刑事责任。

第二节 税 法

税收活动是国家参与社会产品分配和再分配的重要手段,税收收入是国家财政收入的最主要的来源,税收杠杆是国家用以加强宏观调控的重要工具。税收通过调节收入,调整各种分配关系,解决社会分配过程中的公平问题;同时,通过调节社会再生产过程中的生产、流通和分配,解决经济的效率、稳定和发展问题。国家通过制定税法,对各种税收关系进行调整,解决在税收征纳过程中产生的利益冲突,以保障税收职能充分有效地实现,同时给税收关系中的各方主体维护自身的合法权益提供法律依据。因此,税法是经济法律制度体系中的一个重要组成部分,也是调整社会分配关系的基本法律规范。

一、税收和税法概述

(一)税收的概念和特征

税收是指国家为了实现其职能,凭借政治权力,按照法律规定,强制地、无偿地征收一定货币和实物,参与国民收入的分配和再分配,取得财政收入的活动。税收不仅是国家取得财政收入的主要形式,也是国家宏观调控经济的重要的经济杠杆。税收具有以下主要特征。

第一,强制性。税收是国家通过法律规定强制征收的,负有纳税义务的任何单位和个人,都必须按时、足额地缴纳税款,履行纳税义务,否则就要受到法律的制裁。

第二,无偿性。国家征收的税款归国家所有,不再返还给纳税人,也不必向纳税人支付任何报酬或者代价。

第三,固定性。国家通过税收立法,规定了课税对象的范围、征收数额、征收比例和征收期限等内容,使税收具有法律制度保证的稳定性,从而决定了税收的固定性。

(二)税收的分类

根据不同的标准,可以对税收进行不同的分类。如根据征税对象的不同,可以将税收分为五大类,即流转税、所得税、财产税、行为税和资源税。

1. 流转税

流转税是根据商品或者非商品的流转额为征税对象的一种税,主要包括增值税、消费税、营业税等。

2. 所得税

所得税是以纳税人的所得额或者收益额为征税对象的一种税,主要包括企业所得税、个人所得税等。

3. 资源税

资源税是国家对在我国境内从事资源开发、利用的单位和个人,就其资源生产和开发条件的差异而形成的级差收入征收的一种税,主要包括资源税、城镇土地使用税等。

4. 财产税

财产税是以纳税人所拥有或者支配的某些财产为征税对象的一种税,主要包括房产税、车船税等。

5. 行为税

行为税是以某些特定行为为征税对象的一种税,主要包括印花税、屠宰税、契税等。

(三)税法的概念

税法是调整国家通过税务机关与纳税人之间产生的,无偿征收一定货币或者实物的税收征纳关系的法律规范的总称。税法是国家取得财政收入的重要保障，是国家税务机关对纳税人征税的法律依据，也是纳税人履行纳税义务的基本准则。

为了加强国家对国民经济进行宏观经济调控，保障国家财政收入的稳定增长，我国制定和颁布了一系列有关税收方面的法律、法规和规章。

由全国人大及全国人大常委会制定的税收法律主要有：《中华人民共和国个人所得税法》（以下简称《个人所得税法》）、《中华人民共和国外商投资企业和外国企业所得税法》（现已废止）、《中华人民共和国税收征收管理法》（以下简称《税收征收管理法》）、《中华人民共和国企业所得税法》（以下简称《企业所得税法》）等。

由全国人大及全国人大常委会授权国务院或者国务院根据行政立法权限制定的有关税收方面的规范性文件主要有：《中华人民共和国城市维护建设税暂行条例》《中华人民共和国进出口关税条例》（以下简称《关税条例》）、《中华人民共和国房产税暂行条例》《中华人民共和国车船使用税暂行条例》（现已废止）、《中华人民共和国印花税暂行条例》《中华人民共和国城镇土地使用税暂行条例》《中华人民共和国外商投资企业和外国企业所得税法实施细则》（现已废止）、《中华人民共和国税收征收管理法实施细则》《中华人民共和国增值税暂行条例》（以下简称《增值税暂行条例》）、《中华人民共和国消费税暂行条例》（以下简称《消费税暂行条例》）、《中华人民共和国营业税暂行条例》（以下简称《营业税暂行条例》）、《中华人民共和国企业所得税暂行条例》（现已废止）、《中华人民共和国土地增值税暂行条例》（以下简称《土地增值税暂行条例》）、《中华人民共和国资源税暂行条例》《中华人民共和国个人所得税法实施条例》《中华人民共和国契税暂行条例》《中华人民共和国企业所得税法实施条例》等。

由国务院税务主管部门制定的税收部门规章主要有：《中华人民共和国印花税暂行条例施行细则》《中华人民共和国增值税暂行条例实施细则》《中华人民共和国消费税暂行条例实施细则》《中华人民共和国营业税暂行条例实施细则》《中华人民共和国资源税暂行条例实施细则》《中华人民共和国企业所得税暂行条例实施细则》《中华人民共和国土地增值税暂行条例实施细则》《中华人民共和国契税暂行条例细则》等。

（四）税法的构成要素

我国税法的构成要素主要包括如下。

1. 纳税人

纳税人又称为"纳税主体"，是指税法规定的直接负有纳税义务的社会组织和个人。税法对每一种税都规定了特定的纳税人，有的税收法规还规定有扣缴义务人，即负有代扣纳税人应纳税款并代缴给征税机关的义务的单位和个人。

2. 征税对象

征税对象又称为"征税客体"，是指对什么征税。征税对象可以是商品、劳务所得，也可以是财产、资源、行为等。根据征税对象的不同，可把我国的税收分为五大类，即流转税、所得税、资源税、财产税和行为税。

3. 税种和税目

税种是指国家税法规定的税收种类,它通常是按照上述征税对象划分的。税目是指税法规定的各税种中具体应纳税的项目,它是征税对象的具体化,反映征税的范围和广度。

4. 税率

税率是指应纳税额与征税对象之间的比例或者征收额度。它是计算应纳税额的主要尺度,是税法中的核心要素。税率的高低直接关系到国家财政收入的多少和纳税人负担的大小。我国现行税法采用的税率有比例税率、累进税率和定额税率三种。其中,比例税率是指对同一征税对象只规定一个百分比,不论数量或者金额多少,都按这个比例征收。累进税率是指按征税对象数额的大小将其划分为若干个等级,各定一个税率递增幅度征税,数额越大,税率越高。定额税率是指对征税对象的每一单位,直接规定固定税额,税额的多少同征税对象的数量成正比,它一般适用于从量定额征收,如资源税、车船税等都采用定额税率。

5. 纳税环节

纳税环节是指税法规定的应税商品在从生产到消费的流转过程中应缴纳税款的环节。商品从生产到消费需要经过许多环节,但在税收上只选择其中一定环节作为应缴纳税款的环节。

6. 纳税期限

纳税期限是指税法规定的纳税人应当缴纳税款的期限。纳税人不按纳税期限缴纳税款的,要加收滞纳金。

7. 减税、免税

减税、免税是指税法规定的对特定的纳税人或者征税对象给予鼓励和照顾,减轻或者免除其税负的一种优惠措施。其中,减税是指对应征税款少征收一部分,免税是对应征税款全部予以免征。

8. 法律责任

法律责任是指违反税法规定的行为人应当承担的法律后果,它体现了税收的强制性和税法的严肃性。

二、我国现行主要税种的基本法律规定

（一）增值税的基本法律规定

增值税是以从事销售货物或者加工、修理修配劳务以及进口货物的单位和个人取得的增值额为计税依据而征收的一种税。这里所说的"增值额"是指纳税人在生产、经营或者提供劳务服务活动中所创造的新增价值,即纳税人在一定时期内销售产品或者提

供劳务服务所取得的收入大于其购进商品或者取得劳务服务时所支付金额的差额。2016年3月18日召开的国务院常务会议决定,自2016年5月1日起全面推开营改增试点。随后,财政部、国家税务总局向社会公布了《营业税改增值税试点实施办法》《营业税改证增值税试点有关事项的规定》等,至此营业税全部改为增值税,营业税正式退出历史舞台。

关于增值税的基本法律规定,包括以下主要内容。

1. 纳税主体

根据《增值税暂行条例》规定,在我国境内销售货物或者加工、修理修配劳务(以下简称"劳务"),销售服务、无形资产、不动产以及进口货物的单位和个人,为增值税的纳税人(以下简称"纳税人")。增值税的纳税人可分为一般纳税人和小规模纳税人。小规模纳税人是指生产经营规模较小,销售额在规定标准以下,会计核算制度不健全的纳税人。其余纳税人为一般纳税人。

2. 征收范围

根据《增值税暂行条例》及其《实施细则》的规定,在中国境内销售货物(销售不动产除外)或者提供加工、修理修配劳务以及进口货物的,都属于增值税的征收范围。销售货物是指有偿转让货物的所有权。货物是指除土地、房屋和其他建筑物等不动产之外的有形动产,包括电力、热力、气体在内。提供加工、修理修配劳务,又称为"销售应税劳务",是指在中国境内有偿提供加工、修理修配劳务。加工是指受托加工货物,即由委托方提供原料及主要材料,受托方按照委托方的要求制造货物并收取加工费的业务。修理修配是指受托对损伤和丧失功能的货物进行修复,使其恢复原状和功能的业务。进口货物是指进入中国关境的货物,除依法征收关税外,还要征收增值税。

3. 税率

根据《增值税暂行条例》规定,增值税主要采用三种不同的比例税率。其中:基本税率为17%,适用于纳税人销售货物、劳务、有形动产租赁服务或者进口货物;优惠税率为11%,适用于纳税人销售交通运输、邮政、基础电信、建筑、不动产租赁服务,销售不动产,转让土地使用权,销售或者进口下列货物包括粮食等农产品、食用植物油、食用盐;自来水、暖气、冷气、热水、煤气、石油液化气、天然气、二甲醚、沼气、居民用煤炭制品;图书、报纸、杂志、音像制品、电子出版物;饲料、化肥、农药、农机、农膜以及国务院规定的其他货物;低税率为6%,适用于纳税人销售服务、无形资产。零税率适用于纳税人出口货物,但是,境内单位和个人跨境销售国务院规定范围内的服务、无形资产。

税率的调整,由国务院决定。纳税人兼营不同税率的项目,应当分别核算不同税率项目的销售额;未分别核算销售额的,从高适用税率。

4. 减税、免税

增值税的减免项目由国务院规定,任何地区、部门均不得规定减免税项目。根据《增值税暂行条例》规定,下列项目免征增值税:

(1)农业生产者销售的自产农产品；
(2)避孕药品和用具；
(3)古旧图书；
(4)直接用于科学研究、科学试验和教学的进口仪器、设备；
(5)外国政府、国际组织无偿援助的进口物资和设备；
(6)由残疾人的组织直接进口供残疾人专用的物品；
(7)销售的自己使用过的物品。

纳税人兼营免税、减税项目的，应当分别核算免税、减税项目的销售额；未分别核算销售额的，不得免税、减税。

此外，纳税人销售额未达到国务院财政、税务主管部门规定的增值税起征点的，免征增值税；达到起征点的，依照规定全额计算缴纳增值税。中华人民共和国境外的单位或者个人在境内销售劳务，在境内未设有经营机构的，以其境内代理人为扣缴义务人；在境内没有代理人的，以购买方为扣缴义务人。

(二)消费税的基本法律规定

消费税是以特定的消费品的流转额为计税依据而征收的一种税。其主要特点是：征税范围具有选择性，即只对特定的消费品和消费行为征税；征税环节具有单一性，即仅在消费品生产、流通或者消费的某一环节征税；税率和税额具有差别性，即根据消费品的不同种类制定差别税率和税额；税负具有转嫁性，即任何一种消费品的消费税都是价内税，最终要转嫁到消费者身上，由消费者负担。开征消费税的目的在于调节消费结构，正确引导消费方向，保证国家的财政收入。

关于消费税的基本法律规定，包括以下主要内容。

1. 纳税主体

根据《消费税暂行条例》规定，在中华人民共和国境内生产、委托加工和进口本条例规定的消费品的单位和个人，以及国务院确定的销售本条例规定的消费品的其他单位和个人，为消费税的纳税人。

2. 征收范围

消费税的征收范围主要是特殊消费品、奢侈品，对生活必需品则不征收消费税。根据《消费税暂行条例》规定，对下列14类产品征收消费税：烟、酒及酒精、化妆品、贵重首饰及珠宝玉石、鞭炮及焰火、成品油、汽车轮胎、摩托车、小汽车、高尔夫球及球具、高档手表、游艇、木制一次性筷子、实木地板等。

3. 税率

根据《消费税暂行条例》规定，消费税实行从价定率、从量定额，或者从价定率和从量定额复合计税的办法计算应纳税额。税率主要有比例税率(多数应税消费品)、定额税率(如成品油、啤酒、黄酒)、复合税率(如卷烟和白酒)。应纳税额计算公式分别为：实行从价定率办法计算的应纳税额＝销售额×比例税率；实行从量定额办法计算的应纳税额＝销售数量×定额税率；实行复合计税办法计算的应纳税额＝销售额×比例税率＋销售数量×定额税率。在《消费税暂行条例》的附件中详细列举了"消费税税目税率表"，对各类消费品的税目、税率进行规定。例如：在烟类产品中，甲类卷烟45％加0.003元/支，乙类卷烟30％加0.003元/支，雪茄烟25％，烟丝30％等；在酒及酒精类产品中，白酒20％加0.5元/500克（或者500毫升），黄酒240元/吨，甲类啤酒250元/吨，乙类啤酒220元/吨，其他酒10％，酒精5％；化妆品30％；在贵重首饰及珠宝玉石类产品中，金银首饰、铂金首饰和钻石及钻石饰品5％，其他贵重首饰和珠宝玉石10％；鞭炮、焰火15％；在成品油类产品中，含铅汽油0.28元/升，无铅汽油0.20元/升，柴油0.10元/升，航空煤油0.10元/升等；汽车轮胎3％；对于摩托车，气缸容量（排气量，下同）在250毫升（含250毫升）以下的3％，气缸容量在250毫升以上的10％；在小汽车产品中，乘用车气缸容量（排气量，下同）在1.0升（含1.0升）以下的1％，气缸容量在1.0升以上至1.5升（含1.5升）的3％，气缸容量在1.5升以上至2.0升（含2.0升）的5％等，中轻型商用客车5％；高尔夫球及球具10％；高档手表20％；游艇10％；木制一次性筷子5％；实木地板5％。

上述税目、税率也不是一成不变的，可以根据需要进行调整，但税目、税率的调整，由国务院决定。例如：根据2009年5月26日财政部、国家税务总局《关于调整烟产品消费税政策的通知》（[2009]84号），经国务院批准，调整卷烟生产环节（含进口）消费税的从价税税率，甲类卷烟税率调整为56％，乙类卷烟税率调整为36％，卷烟的从量定额税率不变，即0.003元/支；调整雪茄烟生产环节（含进口）消费税的从价税税率，将雪茄烟生产环节的税率调整为36％。在卷烟批发环节加征一道从价税，适用税率为5％。根据2014年11月25日财政部、国家税务总局《关于调整消费税政策的通知》（财税〔2014〕93号），经国务院批准，取消气缸容量250毫升（不含）以下的小排量摩托车消费税；取消汽车轮胎税目；取消车用含铅汽油消费税，汽油税目不再划分二级子目，统一按照无铅汽油税率征收消费税；取消酒精消费税，取消酒精消费税后，"酒及酒精"品目相应改为"酒"，并继续按现行消费税政策执行。

4. 减税、免税

根据《消费税暂行条例》规定，对纳税人出口应税消费品，免征消费税，国务院另有规定的除外。出口应税消费品的免征办法，由国家税务总局规定。

（三）土地增值税的基本法律规定

土地增值税是对转让国有土地使用权、地上的定着物及其附着物并取得收入的单位和个人，就其转让房地产所取得的增值额所征收的一种税。其主要特点是：增值多的多征，增值少的少征，无增值的不征。我国开征土地增值税的目的在于规范土地、房地产市场交易秩序，合理调节土地增值收益，维护国家权益，促进土地资源的合理配置和房地产业的健康发展。

关于土地增值税的基本法律规定,包括以下主要内容。

1. 纳税主体

根据《土地增值税暂行条例》规定,土地增值税的纳税主体是转让国有土地使用权、地上的建筑物及其附着物(以下简称转让房地产)并取得收入的单位和个人。

2. 征税对象

土地增值税的征税对象是转让房地产所取得的增值额,即纳税人转让房地产所取得的收入减除法定扣除项目金额后的余额。其扣除项目包括:取得土地使用权所支付的金额;开发土地的成本、费用;新建房及配套设施的成本、费用,或者旧房及建筑物的评估价格;与转让房地产有关的税金;财政部规定的其他扣除项目。

3. 税率

土地增值税实行四级超率累进税率,即:增值额未超过扣除项目金额50%的部分,税率为30%;增值额超过扣除项目金额50%、未超过扣除项目金额100%的部分,税率为40%;增值额超过扣除项目金额100%、未超过扣除项目金额200%的部分,税率为50%;增值额超过扣除项目金额200%的部分,税率为60%。

4. 减税、免税

根据《土地增值税暂行条例》规定,纳税人建造普通标准住宅出售,增值额未超过扣除项目金额20%的,或者因国家建设需要依法征用、收回的房地产,免征土地增值税。

(四)关税的基本法律规定

关税是由海关对进出国境或者关境的物品和货物征收的一种税。关税分为进口关税和出口关税。关税作为一种古老的税种,在各国开征十分普遍,且具有较强的政策性,它对一国的对外经济贸易和国民经济的发展具有重要影响。

关于关税的基本法律规定,包括以下主要内容。

1. 纳税主体

根据《关税条例》规定,关税的纳税主体是进口货物的收货人、出口货物的发货人以及进境物品的所有人。

2. 征税对象

关税的征税对象主要包括进出我国关境的货物和物品。其中,货物是指贸易性的进出口货物,物品是指非贸易性的与特定的个人相关的物品,包括入境旅客随身携带的行李和物品、个人邮递物品、各种运输工具上的服务人员携带进口的自用物品、馈赠物品以及以其他方式入境的个人物品。

3. 税率

我国关税实行差别比例税率,且同一税目的货物适用的税率可分为进口税率和出口税率两类。进口关税设置最惠国税率、协定税率、特惠税率、普通税率、关税配额税率等税率。对进口货物在一定期限内可以实行暂定税率、出口关税设置出口税率,对出口货物在一定期限内可以实行暂定税率。

原产于共同适用最惠国待遇条款的世界贸易组织成员的进口货物,原产于与中华人民共和国签订含有相互给予最惠国待遇条款的双边贸易协定的国家或者地区的进口货物,以及原产于中华人民共和国境内的进口货物,适用最惠国税率。

原产于与中华人民共和国签订含有关税优惠条款的区域性贸易协定的国家或者地区的进口货物,适用协定税率。

原产于与中华人民共和国签订含有特殊关税优惠条款的贸易协定的国家或者地区的进口货物,适用特惠税率。

原产于以上三条所列以外国家或者地区的进口货物,以及原产地不明的进口货物,适用普通税率。

4. 减税、免税

关税减免可分为法定减免、特定减免和临时减免三类。其中,法定减免是指根据关税基本法规的规定实施的税收减免。特定减免是指国务院及其授权机关在法定减免以外,对特定地区、特定企业、特定用途、特定范围的进出口商品给予关税优惠,以鼓励对外贸易的发展。临时减免是指对某个具体纳税人的某次进出口货物临时给予的减免,如因不可抗力引起的纳税人无力承担纳税所给予的临时减免。

(五)企业所得税的基本法律规定

企业所得税是对在中华人民共和国境内从事生产经营活动并有盈利的企业,就其生产、经营所得和其他所得所征收的一种税。这里所称的"企业",包括居民企业和非居民企业,但不包括个人独资企业和合伙企业。居民企业是指依法在中国境内成立,或者依照外国(地区)法律成立但实际管理机构在中国境内的企业。非居民企业是指依照外国(地区)法律成立且实际管理机构不在中国境内,但在中国境内设立机构、场所的,或者在中国境内未设立机构、场所,但有来源于中国境内所得的企业。

十届全国人大第五次会议于2007年3月16日通过了《中华人民共和国企业所得税法》,该法根据2017年2月24日十二届全国人大常委会第二十六次会议《关于修改〈中华人民共和国企业所得税法〉的决定》第一次修正,根据2018年12月29日十三届全国人大常委会第七次会议《关于修改〈中华人民共和国电力法〉等四部法律的决定》第二次修正。该法的颁布实施是我国税收法治建设进程中的一件大事,适应了我国社会主义市场经济的发展,是市场经济成熟的标志。实现了内资、外资企业适用统一的企业所得税法,统一并适当降低企业所得税税率,统一和规范税前扣除办法和标准,统一税收优惠政策,建立"产业优惠为主、区域优惠为辅"的新税收优惠体系。

关于企业所得税的基本法律规定,包括以下主要内容。

1. 纳税主体

根据《企业所得税法》规定,企业所得税的纳税主体是指在中华人民共和国境内实行独立经济核算的企业和其他取得收入的组织,包括国有企业、集体企业、私营企业、联营企业、股份制企业、外商投资企业、外国企业以及有生产、经营所得和其他所得的其他组织。

2. 征税对象

企业所得税的征税对象是实行独立经济核算的企业或者组织的生产、经营所得和其他所得,包括来源于中国境内、境外的生产、经营所得和其他所得,主要是销售货物所得、提供劳务所得、转让财产所得、股息红利等权益性投资所得、利息所得、租金所得、特许权使用费所得、接受捐赠所得和其他所得。纳税人每一纳税年度的收入总额,减除不征税收入、免税收入、各项扣除以及允许弥补的以前年度亏损后的余额,为应纳税所得额。

3. 税率

企业所得税实行比例税率,税率为25%。非居民企业在中国境内未设立机构、场所的,或者虽设立机构、场所但取得的所得与其所设机构、场所没有实际联系的,应当就其来源于中国境内的所得缴纳企业所得税,其适用税率为20%。另外,符合条件的小型微利企业,减按20%的税率征收企业所得税。国家需要重点扶持的高新技术企业,减按15%的税率征收企业所得税。

4. 减税、免税

国家对重点扶持和鼓励发展的产业和项目,给予企业所得税优惠。根据《企业所得税法》规定,企业的下列收入为免税收入:

(1)国债利息收入;

(2)符合条件的居民企业之间的股息、红利等权益性投资收益;

(3)在中国境内设立机构、场所的非居民企业从居民企业取得与该机构、场所有实际联系的股息、红利等权益性投资收益;

(4)符合条件的非营利组织的收入。

企业的下列所得,可以免征、减征企业所得税:

(1)从事农、林、牧、渔业项目的所得;

(2)从事国家重点扶持的公共基础设施项目投资经营的所得;

(3)从事符合条件的环境保护、节能节水项目的所得;

(4)符合条件的技术转让所得;

(5)《企业所得税法》规定的非居民企业在中国境内未设立机构、场所的,或者虽设立机构、场所但取得的所得与其所设机构、场所没有实际联系的,其来源于中国境内的所得。

民族自治地方的自治机关对本民族自治地方的企业应缴纳的企业所得税中属于地方分享的部分,可以决定减征或者免征。自治州、自治县决定减征或者免征的,须报省、自治区、直辖市人民政府批准。

此外,下列所得可以免征企业所得税:

(1)外国政府向中国政府提供贷款取得的利息所得;

(2)国际金融组织向中国政府和居民企业提供优惠贷款取得的利息所得;

(3)经国务院批准的其他所得。

(六)个人所得税的基本法律规定

个人所得税是对个人的工资、薪金所得和其他所得所征收的一种税。个人所得税是各国开征十分普遍的一个税种,在保障财政收入和实现社会政策方面具有重要作用。我国现行的个人所得税是根据2018年8月31日十三届全国人大常委会第五次会议《关于修改〈中华人民共和国个人所得税法〉的决定》进行第七次修正的《个人所得税法》进行征收的。

关于个人所得税的基本法律规定,包括以下主要内容。

1. 纳税主体

个人所得税的纳税主体是在我国境内有住所,或者无住所而一个纳税年度内在中国境内居住累计满一百八十三天的个人,为居民个人。居民个人从中国境内和境外取得的所得,依照规定缴纳个人所得税。在中国境内无住所又不居住,或者无住所而一个纳税年度内在中国境内居住累计不满一百八十三天的个人,为非居民个人。非居民个人从中国境内取得的所得,依照规定缴纳个人所得税。其中,前者可称为"居民纳税人",负有无限纳税义务,其所取得的应纳税所得,无论来源于中国境内还是中国境外,都要在中国缴纳个人所得税;后者可称为"非居民纳税人",承担有限纳税义务,即仅就其来源于中国境内的所得,向中国缴纳个人所得税。此外,根据2000年9月19日财政部、国家税务总局制定的《关于个人独资企业和合伙企业投资者征收个人所得税的规定》,从2000年1月1日起,个人独资企业和合伙企业投资者也为个人所得税的纳税人。

2. 征税对象

根据《个人所得税法》规定,个人所得税的征税对象是纳税人的个人各项所得。包括:工资、薪金所得;劳务报酬所得;稿酬所得;特许权使用费所得;经营所得;利息、股息、红利所得;财产租赁所得;财产转让所得;偶然所得;经国务院财政部门确定征税的其他所得。

其中,工资、薪金所得,劳务报酬所得,稿酬所得和特许权使用费所得(以下称"综合所得"),按纳税年度合并计算个人所得税;非居民个人取得前项综合所得,按月或者按次分项计算个人所得税。纳税人取得经营所得,利息、股息、红利所得,财产租赁所得,财产转让所得和偶然所得,依照规定分别计算个人所得税。

3. 税率

个人所得税分别实行超额累进税率和比例税率。

(1)综合所得,适用超额累进税率,税率为3%~45%的税率,以居民个人取得综合所得以每一纳税年度收入额减除费用六万元以及专项扣除、专项附加扣除和依法确定的其他扣除后的余额。

(2)经营所得,适用5%～35%的超额累进税率。

(3)利息、股息、红利所得,财产租赁所得,财产转让所得和偶然所得,适用比例税率,税率为20%。

4. 减税、免税

根据《个人所得税法》规定,有下列情形之一的,经批准可以减征个人所得税:

(1)残疾、孤老人员和烈属的所得;

(2)因严重自然灾害造成重大损失的;

国务院可以规定其他减税情形,报全国人民代表大会常务委员会备案。

根据《个人所得税法》规定,下列各项个人所得,可以免征个人所得税:

(1)省级人民政府、国务院部委和中国人民解放军军以上单位,以及外国组织、国际组织颁发的科学、教育、技术、文化、卫生、体育、环境保护等方面的奖金;

(2)国债和国家发行的金融债券利息;

(3)按照国家统一规定发给的补贴、津贴;

(4)福利费、抚恤金、救济金;

(5)保险赔款;

(6)军人的转业费、复员费、退役金;

(7)按照国家统一规定发给干部、职工的安家费、退职费、基本养老金或者退休费、离休费、离休生活补助费;

(8)依照有关法律规定应予免税的各国驻华使馆、领事馆的外交代表、领事官员和其他人员的所得;

(9)中国政府参加的国际公约、签订的协议中规定免税的所得;

(10)经国务院规定的其他免税所得。

三、税收征收管理

税收征收管理是指国家税务机关行使征税职能,指导纳税人履行纳税义务,对税收进行组织、管理、监督、检查的活动。为了加强税收征收管理,规范税收征收和缴纳行为,保障国家税收收入,保护纳税人的合法权益,促进经济和社会发展,1992年9月4日七届全国人大常委会第二十七次会议通过了《中华人民共和国税收征收管理法》(以下简称《税收征收管理法》),该法根据1995年2月28日八届全国人大常委会第十二次会议通过的《关于修改〈中华人民共和国税收征收管理法〉的决定》进行第一次修正,2001年4月28日九届全国人大常委会第二十一次会议进行修订,根据2013年6月29日十二届全国人大常委会第三次会议《关于修改〈中华人民共和国文物保护法〉等十二部法律的决定》进行第二次修正,根据2015年4月24日十二届全国人大常委会第十四次会议《关

于修改〈中华人民共和国港口法〉等七部法律的决定》进行第三次修正。根据《税收征收管理法》的规定,2002年9月7日国务院公布了《中华人民共和国税收征收管理法实施细则》(以下简称《税收征收管理法实施细则》),该细则根据2012年11月9日《国务院关于修改和废止部分行政法规的决定》进行第一次修订,根据2013年7月18日《国务院关于废止和修改部分行政法规的决定》进行第二次修订,根据2016年2月6日发布的国务院令第666号《国务院关于修改部分行政法规的决定》进行第三次修正。凡依法由税务机关征收的各种税收的征收管理,均适用《税收征收管理法》及《税收征收管理法实施细则》的有关规定。

现根据2015年4月24日修正的《税收征收管理法》的有关规定,就税收征收管理制度分述如下。

(一)税务管理

1. 税务登记

《税收征收管理法》规定,国家实行统一的纳税人识别号制度,纳税人识别号由税务机关统一登记管理。纳税人识别号是税务部门按照国家标准为企业、公民等纳税人编制的唯一且终身不变的确认其身份的数字代码标识。税务部门通过纳税人识别号进行税务管理,实现社会全覆盖。纳税人签订合同、协议,缴纳社会保险费,不动产登记以及办理其他涉税事项时,应当使用纳税人识别号。纳税人识别号制度的建立,有助于夯实纳税人诚信体系,有利于实现"信息管税",也能为未来房地产税法的制定、个人所得税法的完善打下坚实的基础。

企业及企业在外地设立的分支机构和从事生产、经营的场所,个体工商户和从事生产、经营的事业单位(以下统称从事生产、经营的纳税人),自领取营业执照之日起30日内,持有关证件,向税务机关申报办理税务登记,税务机关应当于收到申报的当日办理登记并发给税务登记证件。

从事生产、经营的纳税人,税务登记内容发生变化的,自工商行政管理机关办理变更登记之日起三十日内或者在向工商行政管理机关申请办理注销登记之前,持有关证件向税务机关申报办理变更或者注销税务登记。

从事生产、经营的纳税人应当按照国家有关规定,持税务登记证件,在银行或者其他金融机构开立基本存款账户和其他存款账户,并将其全部账号向税务机关报告。银行和其他金融机构应当在从事生产、经营的纳税人的账户中登录税务登记证件号码,并在税务登记证件中登录从事生产、经营的纳税人的账户账号。

纳税人按照国务院税务主管部门的规定使用税务登记证件。税务登记证件不得转借、涂改、损毁、买卖或者伪造。

2. 账簿、凭证管理

账簿、凭证是纳税人进行生产经营活动必不可少的原始凭证,也是税务机关进行纳税检查，控制税源的主要依据。纳税人、扣缴义务人应当按照有关法律、行政法规和国务院财政、税务主管部门的规定设置账簿，根据合法、有效凭证记账，进行核算。

从事生产、经营的纳税人的财务、会计制度或者财务、会计处理办法和会计核算软件，应当报送税务机关备案。纳税人、扣缴义务人的财务、会计制度或者财务、会计处理办法与国务院或者国务院财政、税务主管部门有关税收的规定抵触的，依照国务院或者国务院财政、税务主管部门有关税收的规定计算应纳税款、代扣代缴和代收代缴税款。

税务机关是发票的主管机关，负责发票印制、领购、开具、取得、保管、缴销的管理和监督。单位、个人在购销商品、提供或者接受经营服务以及从事其他经营活动中，应当按照规定开具、使用、取得发票。增值税专用发票由国务院税务主管部门指定的企业印制；其他发票，按照国务院税务主管部门的规定，分别由省、自治区、直辖市国家税务总局、地方税务局指定企业印制。

国家根据税收征收管理的需要，积极推广使用税控装置。纳税人应当按照规定安装、使用税控装置，不得损毁或者擅自改动税控装置。

从事生产、经营的纳税人、扣缴义务人必须按照国务院财政、税务主管部门规定的保管期限保管账簿、记账凭证、完税凭证及其他有关资料。账簿、会计凭证、完税凭证及其他有关资料不得伪造、变造或者擅自损毁。

3. 纳税申报

纳税申报是纳税人为了正确履行纳税义务，扣缴义务人履行代扣代缴、代收代缴税款义务，将已发生的纳税和扣缴税款事项向税务机关提出书面报告的一项税务管理制度，也是纳税人、扣缴义务人的一项法定义务。

按照规定，纳税人必须依照法律、行政法规规定或者税务机关依照法律、行政法规的规定确定的申报期限、申报内容如实办理纳税申报，报送纳税申报表、财务会计报表以及税务机关根据实际需要要求纳税人报送的其他纳税资料。

扣缴义务人必须依照法律、行政法规规定或者税务机关依照法律、行政法规的规定确定的申报期限、申报内容如实报送代扣代缴、代收代缴税款报告表以及税务机关根据实际需要要求扣缴义务人报送的其他有关资料。纳税人、扣缴义务人可以直接到税务机关办理纳税申报或者报送代扣代缴、代收代缴税款报告表，也可以按照规定采取邮寄、数据电文或者其他方式办理上述申报、报送事项。

纳税人、扣缴义务人不能按期办理纳税申报或者报送代扣代缴、代收代缴税款报告表的，经税务机关核准，可以延期申报。经核准延期办理前款规定的申报、报送事项的，应当在纳税期内按照上期实际缴纳的税额或者税务机关核定的税额预缴税款，并在核准的延期内办理税款结算。

(二) 税款征收

税款征收是税务机关依照法律、行政法规的规定征收税款。税务机关不得违反法律、行政法规的规定开征、停征、多征、少征、提前征收、延缓征收或者摊派税款。除税务机关、税务人员以及经税务机关依照法律、行政法规委托的单位和人员外,任何单位和个人不得进行税款征收活动。

1. 纳税人、扣缴义务人的义务

扣缴义务人依照法律、行政法规的规定履行代扣、代收税款的义务。对法律、行政法规没有规定负有代扣、代收税款义务的单位和个人,税务机关不得要求其履行代扣、代收税款义务。扣缴义务人依法履行代扣、代收税款义务时,纳税人不得拒绝。纳税人拒绝的,扣缴义务人应当及时报告税务机关处理。税务机关按照规定付给扣缴义务人代扣、代收手续费。

纳税人、扣缴义务人需按照法律、行政法规规定或者税务机关依照法律、行政法规的规定确定的期限,缴纳或者解缴税款。纳税人因有特殊困难,不能按期缴纳税款的,经省、自治区、直辖市国家税务总局、地方税务局批准,可以延期缴纳税款,但是最长不得超过三个月。纳税人未按照规定期限缴纳税款的,扣缴义务人未按照规定期限解缴税款的,税务机关除责令限期缴纳外,从滞纳税款之日起,按日加收滞纳税款万分之五的滞纳金。

税务机关征收税款时,必须给纳税人开具完税凭证。扣缴义务人代扣、代收税款时,纳税人要求扣缴义务人开具代扣、代收税款凭证的,扣缴义务人应当开具。

2. 税务机关核定应纳税额

纳税人有下列情形之一的,税务机关有权核定其应纳税额:

(1)依照法律、行政法规的规定可以不设置账簿的;

(2)依照法律、行政法规的规定应当设置账簿但未设置的;

(3)擅自销毁账簿或者拒不提供纳税资料的;

(4)虽设置账簿,但账目混乱或者成本资料、收入凭证、费用凭证残缺不全,难以查账的;

(5)发生纳税义务,未按照规定的期限办理纳税申报,经税务机关责令限期申报,逾期仍不申报的;

(6)纳税人申报的计税依据明显偏低,又无正当理由的。

税务机关核定应纳税额的具体程序和方法由国务院税务主管部门规定。

企业或者外国企业在中国境内设立的从事生产、经营的机构、场所与其关联企业之间的业务往来,应当按照独立企业之间的业务往来收取或者支付价款、费用;不按照独立企业之间的业务往来收取或者支付价款、费用,而减少其应纳税的收入或者所得额的,税务机关有权进行合理调整。

对未按照规定办理税务登记的从事生产、经营的纳税人以及临时从事经营的纳税人,由税务机关核定其应纳税额,责令缴纳;不缴纳的,税务机关可以扣押其价值相当于应纳税款的商品、货物。扣押后缴纳应纳税款的,税务机关必须立即解除扣押,并归还所扣押的商品、货物;扣押后仍不缴纳应纳税款的,经县以上税务局(分局)局长批准,依法拍卖或者变卖所扣押的商品、货物,以拍卖或者变卖所得抵缴税款。

3. 税收保全措施

税务机关有根据认为从事生产、经营的纳税人有逃避纳税义务行为的,可以在规定的纳税期之前,责令限期缴纳应纳税款;在限期内发现纳税人有明显的转移、隐匿其应纳税的商品、货物以及其他财产或者应纳税的收入的迹象的,税务机关可以责成纳税人提供纳税担保。如果纳税人不能提供纳税担保,经县以上税务局(分局)局长批准,税务机关可以采取下列税收保全措施:

(1)书面通知纳税人开户银行或者其他金融机构冻结纳税人的金额相当于应纳税款的存款;

(2)扣押、查封纳税人的价值相当于应纳税款的商品、货物或者其他财产。

纳税人在前款规定的限期内缴纳税款的,税务机关必须立即解除税收保全措施;限期期满仍未缴纳税款的,经县以上税务局(分局)局长批准,税务机关可以书面通知纳税人开户银行或者其他金融机构从其冻结的存款中扣缴税款,或者依法拍卖或者变卖所扣押、查封的商品、货物或者其他财产,以拍卖或者变卖所得抵缴税款。

个人及其所扶养家属维持生活必需的住房和用品,不在税收保全措施的范围之内。

4. 强制执行措施

从事生产、经营的纳税人、扣缴义务人未按照规定的期限缴纳或者解缴税款,纳税担保人未按照规定的期限缴纳所担保的税款,由税务机关责令限期缴纳,逾期仍未缴纳的,经县以上税务局(分局)局长批准,税务机关可以采取下列强制执行措施:

(1)书面通知其开户银行或者其他金融机构从其存款中扣缴税款;

(2)扣押、查封、依法拍卖或者变卖其价值相当于应纳税款的商品、货物或者其他财产,以拍卖或者变卖所得抵缴税款。

税务机关采取强制执行措施时,对前款所列纳税人、扣缴义务人、纳税担保人未缴纳的滞纳金同时强制执行。

个人及其所扶养家属维持生活必需的住房和用品,不在强制执行措施的范围之内。

5. 其他规定

纳税人超过应纳税额缴纳的税款,税务机关发现后应当立即退还;纳税人自结算缴纳税款之日起三年内发现的,可以向税务机关要求退还多缴的税款并加算银行同期存款利息,税务机关及时查实后应当立即退还;涉及从国库中退库的,依照法律、行政法规有关国库管理的规定退还。

因税务机关的责任,致使纳税人、扣缴义务人未缴或者少缴税款的,税务机关在三年内可以要求纳税人、扣缴义务人补缴税款,但是不得加收滞纳金。

因纳税人、扣缴义务人计算错误等失误,未缴或者少缴税款的,税务机关在三年内可以追征税款、滞纳金;有特殊情况的,追征期可以延长到五年。

对偷税、抗税、骗税的,税务机关追征其未缴或者少缴的税款、滞纳金或者所骗取的税款,不受前款规定期限的限制。

(三)税务检查

税务检查是税务机关依法对纳税人、扣缴义务人履行纳税义务和扣缴义务的情况进行的审查监督活动。根据《税收征收管理法》规定,税务机关有权进行下列税务检查:

(1)检查纳税人的账簿、记账凭证、报表和有关资料,检查扣缴义务人代扣代缴、代收代缴税款账簿、记账凭证和有关资料;

(2)到纳税人的生产、经营场所和货物存放地检查纳税人应纳税的商品、货物或者其他财产,检查扣缴义务人与代扣代缴、代收代缴税款有关的经营情况;

(3)责成纳税人、扣缴义务人提供与纳税或者代扣代缴、代收代缴税款有关的文件、证明材料和有关资料;

(4)询问纳税人、扣缴义务人与纳税或者代扣代缴、代收代缴税款有关的问题和情况;

(5)到车站、码头、机场、邮政企业及其分支机构检查纳税人托运、邮寄应纳税商品、货物或者其他财产的有关单据、凭证和有关资料;

(6)经县以上税务局(分局)局长批准,凭全国统一格式的检查存款账户许可证明,查询从事生产、经营的纳税人、扣缴义务人在银行或者其他金融机构的存款账户。税务机关在调查税收违法案件时,经设区的市、自治州以上税务局(分局)局长批准,可以查询案件涉嫌人员的储蓄存款。税务机关查询所获得的资料,不得用于税收以外的用途。

税务机关对从事生产、经营的纳税人以前纳税期的纳税情况依法进行税务检查时,发现纳税人有逃避纳税义务行为,并有明显的转移、隐匿其应纳税的商品、货物以及其他财产或者应纳税的收入的迹象的,可以按照规定的批准权限采取税收保全措施或者强制执行措施。

纳税人、扣缴义务人必须接受税务机关依法进行的税务检查,如实反映情况,提供有关资料,不得拒绝、隐瞒。

税务机关依法进行税务检查时,有权向有关单位和个人调查纳税人、扣缴义务人和其他当事人与纳税或者代扣代缴、代收代缴税款有关的情况,有关单位和个人有义务向税务机关如实提供有关资料及证明材料。税务机关调查税务违法案件时,对与案件有关的情况和资料,可以记录、录音、录像、照相和复制。

税务机关派出的人员进行税务检查时,应当出示税务检查证和税务检查通知书,并有责任为被检查人保守秘密;未出示税务检查证和税务检查通知书的,被检查人有权拒绝检查。

四、违反税法的法律责任

对违反税收法律制度的违法行为应当承担的法律责任,《税收征收管理法》《中华人民共和国刑法》及其他相关法律、行政法规作出了明确的规定。

1. 纳税人违反税务登记、账簿、凭证管理规定应承担的法律责任

根据《税收征收管理法》的规定,纳税人有下列行为之一的,由税务机关责令限期改正,可以处 2000 元以下的罚款;情节严重的,处 2000 元以上 10000 元以下的罚款:

(1)未按照规定的期限申报办理税务登记、变更或者注销登记的;

(2)未按照规定设置、保管账簿或者保管记账凭证和有关资料的;

(3)未按照规定将财务、会计制度或者财务、会计处理办法和会计核算软件报送税务机关备查的;

(4)未按照规定将其全部银行账号向税务机关报告的;

(5)未按照规定安装、使用税控装置,或者损毁或者擅自改动税控装置的。

纳税人不办理税务登记的,由税务机关责令限期改正;逾期不改正的,经税务机关提请,由工商行政管理机关吊销其营业执照。

纳税人未按照规定使用税务登记证件,或者转借、涂改、损毁、买卖、伪造税务登记证件的,处 2000 元以上 10000 元以下的罚款;情节严重的,处 10000 元以上 50000 元以下的罚款。

2. 扣缴义务人违反账簿、凭证管理规定应承担的法律责任

根据《税收征收管理法》规定,扣缴义务人未按照规定设置、保管代扣代缴、代收代缴税款账簿或者保管代扣代缴、代收代缴税款会计凭证及有关资料的,由税务机关责令限期改正,可以处 2000 元以下的罚款;情节严重的,处 2000 元以上 5000 元以下的罚款。

3. 纳税人、扣缴义务人未按照规定期限办理纳税申报应承担的法律责任

根据《税收征收管理法》规定,纳税人未按照规定的期限办理纳税申报和报送纳税资料的,或者扣缴义务人未按照规定的期限向税务机关报送代扣代缴、代收代缴税款报告表和有关资料的,由税务机关责令限期改正,可以处 2000 元以下的罚款;情节严重的,可以处 2000 元以上 10000 元以下的罚款。

4. 纳税人进行虚假纳税申报,逃避缴纳税款应承担的法律责任

根据《税收征收管理法》的规定,纳税人伪造、变造、隐匿、擅自销毁账簿、记账凭证,或者在账簿上多列支出或者不列、少列收入,或者经税务机关通知申报而拒不申报或者进行虚假的纳税申报,不缴或者少缴应纳税款的,是偷税。对纳税人偷税的,由税务机关追缴其不缴或者少缴的税款、滞纳金,并处不缴或者少缴的税款百 50% 以上 5 倍以下的罚款;构成犯罪的,依法追究刑事责任。

5. 扣缴义务人不缴或者少缴已扣已收税款应承担的法律责任

根据《税收征收管理法》的规定,扣缴义务人采取前款所列手段,不缴或者少缴已扣、已收税款,由税务机关追缴其不缴或者少缴的税款、滞纳金,并处不缴或者少缴的税款 50% 以上 5 倍以下的罚款;构成犯罪的,依法追究刑事责任。

6. 纳税人、扣缴义务人编造虚假计税依据应承担的法律责任

根据《税收征收管理法》的规定,纳税人、扣缴义务人编造虚假计税依据的,由税务机关责令限期改正,并处 50000 元以下的罚款。纳税人不进行纳税申报,不缴或者少缴应纳税款的,由税务机关追缴其不缴或者少缴的税款、滞纳金,并处不缴或者少缴的税款 50%以上 5 倍以下的罚款。

7. 纳税人欠缴应纳税款并妨碍税务机关追缴欠缴的税款的法律责任

根据《税收征收管理法》的规定,纳税人欠缴应纳税款,采取转移或者隐匿财产的手段,妨碍税务机关追缴欠缴的税款的,由税务机关追缴欠缴的税款、滞纳金,并处欠缴税款 50%以上 5 倍以下的罚款;构成犯罪的,依法追究刑事责任。

8. 以假报出口或者其他欺骗手段,骗取国家出口退税款的法律责任

根据《税收征收管理法》的规定,以假报出口或者其他欺骗手段,骗取国家出口退税款的,由税务机关追缴其骗取的退税款,并处骗取税款 1 倍以上 5 倍以下的罚款;构成犯罪的,依法追究刑事责任。

9. 以暴力、威胁方法拒不缴纳税款的法律责任

根据《税收征收管理法》的规定,以暴力、威胁方法拒不缴纳税款的,是抗税,除由税务机关追缴其拒缴的税款、滞纳金外,依法追究刑事责任。情节轻微,未构成犯罪的,由税务机关追缴其拒缴的税款、滞纳金,并处拒缴税款 1 倍以上 5 倍以下的罚款。

10. 纳税人、扣缴义务人违反规定未缴或者少缴税款应承担的法律责任

根据《税收征收管理法》的规定,纳税人、扣缴义务人在规定期限内不缴或者少缴应纳或者应解缴的税款,经税务机关责令限期缴纳,逾期仍未缴纳的,税务机关除依照规定采取强制执行措施追缴其不缴或者少缴的税款外,可以处不缴或者少缴的税款 50%以上 5 倍以下的罚款。

11. 扣缴义务人应扣未扣、应收而不收税款的法律责任

根据《税收征收管理法》的规定,扣缴义务人应扣未扣、应收而不收税款的,由税务机关向纳税人追缴税款,对扣缴义务人处应扣未扣、应收未收税款 50%以上 3 倍以下的罚款。

12. 纳税人、扣缴义务人逃避追缴欠税应承担的法律责任

根据《税收征收管理法》的规定,纳税人、扣缴义务人逃避、拒绝或者以其他方式阻挠税务机关检查的,由税务机关责令改正,可以处 10000 元以下的罚款;情节严重的,处 10000 元以上 50000 元以下的罚款。

13. 非法印制发票的法律责任

根据《税收征收管理法》的规定,非法印制发票的,由税务机关销毁非法印制的发票,没收违法所得和作案工具,并处 10000 元以上 50000 元以下的罚款;构成犯罪的,依法追究刑事责任。

14. 银行及其他金融机构不履行税收法规规定职责应承担的法律责任

根据《税收征收管理法》的规定,纳税人、扣缴义务人的开户银行或者其他金融机构拒绝接受税务机关依法检查纳税人、扣缴义务人存款账户,或者拒绝执行税务机关作出的冻结存款或者扣缴税款的决定,或者在接到税务机关的书面通知后帮助纳税人、扣缴义务人转移存款,造成税款流失的,由税务机关处100000元以上500000元以下的罚款,对直接负责的主管人员和其他直接责任人员处1000元以上10000元以下的罚款。

15. 税务机关、税务人员违反有关规定应承担的法律责任

根据《税收征收管理法》的规定,税务机关、税务人员违反有关规定,分别按照以下规定进行处理。

(1)税务机关违反规定擅自改变税收征收管理范围和税款入库预算级次的,责令限期改正,对直接负责的主管人员和其他直接责任人员依法给予降级或者撤职的行政处分。

(2)税务人员徇私舞弊,对依法应当移交司法机关追究刑事责任的不移交的,情节严重的,依法追究刑事责任。

(3)未经税务机关依法委托征收税款的,责令退还收取的财物,依法给予行政处分或者行政处罚;致使他人合法权益受到损失的,依法承担赔偿责任;构成犯罪的,依法追究刑事责任。

(4)税务机关、税务人员查封、扣押纳税人个人及其所扶养家属维持生活必需的住房和用品的,责令退还,依法给予行政处分;构成犯罪的,依法追究刑事责任。

(5)税务人员与纳税人、扣缴义务人勾结,唆使或者协助纳税人、扣缴义务人有违反规定的行为,构成犯罪的,依法追究刑事责任;尚不构成犯罪的,依法给予行政处分。

(6)税务人员利用职务上的便利,收受或者索取纳税人、扣缴义务人财物或者谋取其他不正当利益的,已构成犯罪的,依法追究刑事责任;尚不构成犯罪的,依法给予行政处分。

(7)税务人员徇私舞弊或者玩忽职守,不征或者少征应征税款,致使国家税收遭受重大损失,构成犯罪的,依法追究刑事责任;尚不构成犯罪的,依法给予行政处分。税务人员滥用职权,故意刁难纳税人、扣缴义务人的,调离税收工作岗位,并依法给予行政处分。

税务人员对控告、检举税收违法违纪行为的纳税人、扣缴义务人以及其他检举人进行打击报复的,依法给予行政处分;构成犯罪的,依法追究刑事责任。

税务人员违反法律、行政法规的规定,故意高估或者低估农业税计税产量,致使多征或者少征税款,侵犯农民合法权益或者损害国家利益,构成犯罪的,依法追究刑事责任;尚不构成犯罪的,依法给予行政处分。

(8)违反法律、行政法规的规定提前征收、延缓征收或者摊派税款的,由其上级机关或者行政监察机关责令改正,对直接负责的主管人员和其他直接责任人员依法给予行政处分。

(9)违反法律、行政法规的规定,擅自作出税收的开征、停征或者减税、免税、退税、补税以及其他同税收法律、行政法规相抵触的决定的,除依照规定撤销其擅自作出的决定外,补征应征未征税款,退还不应征收而征收的税款,并由上级机关追究直接负责的主管人员和其他直接责任人员的行政责任;构成犯罪的,依法追究刑事责任。

(10)税务人员在征收税款或者查处税收违法案件时,未按照规定进行回避的,对直接负责的主管人员和其他直接责任人员,依法给予行政处分。

16. 其他违法行为应承担的法律责任

未按照规定为纳税人、扣缴义务人、检举人保密的,对直接负责的主管人员和其他直接责任人员,由所在单位或者有关单位依法给予行政处分。

第三节 银行法

在我国,财政与金融成为国家宏观调控的两种有效手段,也是筹集和分配资金的两条主要渠道。金融意为货币资金的融通,即以银行为中心的各种信用活动以及在信用基础上组织起来的货币流通。经过多年的改革和发展,我国已初步形成了以中央银行为核心,以商业银行为主体,包括政策性金融机构、股份制商业银行、其他非银行金融机构并存,分工协作的金融组织体系。金融法是调整金融关系的法律规范的总称,是由包括银行法、货币法(含外汇法)、信托法、证券法、期货法、保险法、票据法等关于金融活动和金融管理的一系列法律、法规组成的法律体系。由于金融活动主要由商业银行进行,金融管理权力主要集中于中央银行,银行法实际上就成为基本的金融法,是现代金融法的核心。

一、中国人民银行法

中国人民银行自1949年12月1日成立起,长期以来政企合一,1983年改革之后专门行使中央银行的职能。为了确立中国人民银行的地位,明确其职责,保证国家货币政策的正确制定和执行,建立和完善中央银行宏观调控体系,维护金融稳定,1995年3月18日八届全国人大第三次会议通过了《中华人民共和国中国人民银行法》(以下简称《中国人民银行法》)。该法根据2003年12月27日十届全国人大常委会第六次会议《关于修改〈中华人民共和国中国人民银行法〉的决定》进行修正。此外,为了有助于国家货币政策的正确制定,国务院根据《中国人民银行法》的规定,于1997年4月15日发布了《中国人民银行货币政策委员会条例》,对货币政策委员会的职责范围、组织机构、委员的权利和义务、工作程序等作出规定。2018年3月13日,《国务院机构改革方案》公布,对中国银行业监督管理委员会、中国保险监督管理委员会的职能进行整合,组建中国银行保险监督管理委员会(以下简称"中国银保监会")。

(一)中国人民银行的法律地位和职责

中国人民银行是中华人民共和国的中央银行。所谓"中央银行"是指国家赋予其制定和执行货币政策,防范和化解金融风险,维护金融稳定并从事有关金融业务活动的特殊金融机构。作为国家的中央银行,从操作的服务功能看,中国人民银行是发行的银行、政府的银行、银行的银行,处于我国金融活动的中心和金融体系的最高地位。从政策功能看,它主要代表国家制定和推行统一的货币金融政策。

根据《中国人民银行法》规定,中国人民银行履行下列职责:
(1)发布与履行其职责有关的命令和规章;
(2)依法制定和执行货币政策;
(3)发行人民币,管理人民币流通;
(4)监督管理银行间同业拆借市场和银行间债券市场;
(5)实施外汇管理,监督管理银行间外汇市场;
(6)监督管理黄金市场;
(7)持有、管理、经营国家外汇储备、黄金储备;
(8)经理国库;
(9)维护支付、清算系统的正常运行;
(10)指导、部署金融业反洗钱工作,负责反洗钱的资金监测;
(11)负责金融业的统计、调查、分析和预测;
(12)作为国家的中央银行,从事有关的国际金融活动;
(13)国务院规定的其他职责。

中国人民银行应当向全国人民代表大会常务委员会提出有关货币政策情况和金融业运行情况的工作报告。中国人民银行在国务院领导下依法独立执行货币政策,履行职责,开展业务,不受地方政府、各级政府部门、社会团体和个人的干涉。中国人民银行就年度货币供应量、利率、汇率和国务院规定的其他重要事项作出的决定,须报国务院批准后执行。

(二)中国人民银行的组织机构

中国人民银行设行长1人,副行长若干人。中国人民银行行长是我国中央银行最高行政领导人,是中国人民银行的法定代表人,对外代表中国人民银行。中国人民银行行长的人选,根据国务院总理的提名,由全国人民代表大会决定;全国人民代表大会闭会期间,由全国人民代表大会常务委员会决定,由中华人民共和国主席任免。副行长由国务院总理任免。中国人民银行实行行长负责制。行长领导中国人民银行的工作,副行长协助行长工作。

中国人民银行的行长、副行长及其他工作人员,应当依法保守国家秘密,并有责任为与履行其职责有关的金融机构及当事人保守秘密;应当恪尽职守,不得滥用职权、徇私舞弊,不得在任何金融机构、企业、基金会兼职。

中国人民银行设立货币政策委员会。货币政策委员会在国家宏观调控、货币政策制定和调整中发挥重要作用。货币政策委员会是中国人民银行制定货币政策的咨询机构和议事机构,不是决策机构,其设立目的是保证中国人民银行在制定货币政策时更加民主化和科学化。货币政策委员会的职责、组成和工作程序,由国务院规定,报全国人民代表大会常务委员会备案。

中国人民银行根据履行职责的需要设立分支机构,作为中国人民银行的派出机构。中国人民银行的分支机构根据中国人民银行的授权,维护本辖区的金融稳定,承办有关业务。中国人民银行对分支机构实行统一领导和管理。

(三)货币发行和管理制度

我国的法定货币是人民币。以人民币支付境内的一切公共的和私人的债务,任何单位和个人不得拒收。中国人民银行依法制定和执行货币政策,发行人民币,并管理人民币流通。

人民币的发行关系到国计民生,发行适当,则币值稳定,有利于经济持续、健康、稳定地发展;发行过量,则币值不稳,容易发生通货膨胀,给经济运行带来不利的影响。

人民币的单位是元,辅币单位为角、分。人民币由中国人民银行统一印制、发行,任何单位和个人不得印制、发售代币票券,以代替人民币在市场上流通。中国人民银行发行新版人民币,应当将发行时间、面额、图案、式样、规格予以公告。

法律禁止伪造、变造人民币;禁止出售、购买伪造、变造的人民币;禁止运输、持有、使用伪造、变造的人民币;禁止故意毁损人民币;禁止在宣传品、出版物或者其他商品上非法使用人民币图样。残缺、污损的人民币,按照中国人民银行的规定兑换,并由中国人民银行负责收回、销毁。

中国人民银行设立人民币发行库,在其分支机构设立分支库。分支库调拨人民币发行基金,应当按照上级库的调拨命令办理。任何单位和个人不得违反规定,动用发行基金。

(四)中国人民银行的业务

中国人民银行作为国家管理金融业的特殊金融机构,它的金融业务活动与一般的金融业务活动有着本质的区别。一般的金融活动是商业银行和非银行金融机构所从事的金融业务活动,以营利为目的;而中央银行的金融业务活动则是为了执行货币政策、保证货币政策目标的实现,不以营利为目的。因此,中央银行的各项金融业务活动都要体现货币政策的要求。其主要业务包括以下方面。

1. 中国人民银行可以运用的货币政策工具。中国人民银行为执行货币政策,可以运用下列货币政策工具:

(1)要求银行业金融机构按照规定的比例交存存款准备金;

(2)确定中央银行基准利率;

(3)为在中国人民银行开立账户的银行业金融机构办理再贴现;

(4)向商业银行提供贷款;

(5)在公开市场上买卖国债、其他政府债券和金融债券及外汇;

(6)国务院确定的其他货币政策工具。

中国人民银行为执行货币政策,运用上述货币政策工具时,可以规定具体的条件和程序。

2. 中国人民银行依照法律、行政法规的规定经理国库。

3. 中国人民银行可以代理国务院财政部门向各金融机构组织发行、兑付国债和其他政府债券。

4. 中国人民银行可以根据需要,为银行业金融机构开立账户,但不得对银行业金融机构的账户透支。

5. 中国人民银行应当组织或者协助组织银行业金融机构相互之间的清算系统,协调银行业金融机构相互之间的清算事项,提供清算服务。中国人民银行会同国务院银行业监督管理机构制定支付结算规则。

6. 中国人民银行根据执行货币政策的需要,可以决定对商业银行贷款的数额、期限、利率和方式,但贷款的期限不得超过1年。

为使货币政策得以顺利实施,保证中央银行依法履行其职责,规范自身行为,《中国人民银行法》规定,中国人民银行在执行业务时不得违反下列禁止性规定:

(1)不得对政府财政透支,不得直接认购、包销国债和其他政府债券;

(2)不得向地方政府、各级政府部门提供贷款,不得向非银行金融机构以及其他单位和个人提供贷款,但国务院决定中国人民银行可以向特定的非银行金融机构提供贷款的除外;

(3)不得向任何单位和个人提供担保。

(五)中国人民银行的金融监督管理

金融监督是指中央银行或金融监管当局依据法律、行政法规,为了社会公众利益的需要,运用政策手段和法律手段,对各类金融机构、金融活动进行直接限制和约束的一系列行为的总称。

根据《中国人民银行法》规定,中国人民银行依法监测金融市场的运行情况,对金融市场实施宏观调控,促进其协调发展,并有权对金融机构以及其他单位和个人的下列行为进行检查监督:

(1)执行有关存款准备金管理规定的行为;

(2)与中国人民银行特种贷款有关的行为;

(3)执行有关人民币管理规定的行为;

(4)执行有关银行间同业拆借市场、银行间债券市场管理规定的行为;

(5)执行有关外汇管理规定的行为;
(6)执行有关黄金管理规定的行为;
(7)代理中国人民银行经理国库的行为;
(8)执行有关清算管理规定的行为;
(9)执行有关反洗钱规定的行为。

中国人民银行除有权对金融机构以及其他单位和个人的下列行为进行检查监督外,还可以根据执行货币政策和维护金融稳定的需要,建议国务院银行业监督管理机构对银行业金融机构进行检查监督;当银行业金融机构出现支付困难,可能引发金融风险时,为了维护金融稳定,中国人民银行经国务院批准,有权对银行业金融机构进行检查监督;根据履行职责的需要,有权要求银行业金融机构报送必要的资产负债表、利润表以及其他财务会计、统计报表和资料。

中国人民银行应当建立、健全本系统的稽核、检查制度,加强内部的监督管理;应当和国务院银行业监督管理机构、国务院其他金融监督管理机构建立监督管理信息共享机制;负责统一编制全国金融统计数据、报表,并按照国家有关规定予以公布。

(六)中国人民银行的财务会计

中国人民银行实行独立的财务预算管理制度。中国人民银行的预算经国务院财政部门审核后,纳入中央预算,接受国务院财政部门的预算执行监督。中国人民银行每一会计年度的收入减除该年度支出,并按照国务院财政部门核定的比例提取总准备金后的净利润,全部上缴中央财政。中国人民银行的亏损由中央财政拨款弥补。

中国人民银行的财务收支和会计事务,应当执行法律、行政法规和国家统一的财务、会计制度,接受国务院审计机关和财政部门依法分别进行的审计和监督。

中国人民银行的会计年度自公历1月1日起至12月31日止。中国人民银行应当于每一会计年度结束后的3个月内,编制资产负债表、损益表和相关的财务会计报表,并编制年度报告,按照国家有关规定予以公布。

(七)违反中国人民银行法的法律责任

《中国人民银行法》专章规定了法律责任。根据《中国人民银行法》的规定,对违反《中国人民银行法》的行为,依照其侵害的客体、行为性质、违法程度等不同,分别承担以下法律责任。

1.伪造、变造人民币,出售伪造、变造的人民币,或者明知是伪造、变造的人民币而运输,构成犯罪的,依法追究刑事责任;尚不构成犯罪的,由公安机关处15日以下拘留、1万元以下罚款。

2.购买伪造、变造的人民币或者明知是伪造、变造的人民币而持有、使用,构成犯罪的,依法追究刑事责任;尚不构成犯罪的,由公安机关处以15日以下拘留、1万元以下罚款。

3.在宣传品、出版物或者其他商品上非法使用人民币图样的,中国人民银行应当责令改正,并销毁非法使用的人民币图样,没收违法所得,并处以5万元以下罚款。

4.印制、发售代币票券,以代替人民币在市场上流通的,中国人民银行应当责令停止违法行为,并处以20万元以下罚款。

5.对金融机构以及其他单位和个人执行有关存款准备金管理规定的行为、与中国人民银行特种贷款有关的行为、执行有关人民币管理规定的行为、执行有关银行间同业拆借市场及银行间债券市场管理规定的行为、执行有关外汇管理规定的行为、执行有关黄金管理规定的行为、代理中国人民银行经理国库的行为、执行有关清算管理规定的行为、执行有关反洗钱规定的行为,违反有关规定,有关法律、行政法规有处罚规定的,依照其规定给予处罚;有关法律、行政法规未作处罚规定的,由中国人民银行区别不同情形给予警告,没收违法所得,违法所得50万元以上的,并处违法所得1倍以上5倍以下罚款;没有违法所得或者违法所得不足50万元的,处50万元以上200万元以下罚款;对负有直接责任的董事、高级管理人员和其他直接责任人员给予警告,处5万元以上50万元以下罚款;构成犯罪的,依法追究刑事责任。

6.中国人民银行违反法律规定向地方政府、各级政府部门提供贷款,向非银行金融机构以及其他单位和个人提供贷款,对单位和个人提供担保,擅自动用发行基金,对负有直接责任的主管人员和其他直接责任人员,依法给予行政处分;构成犯罪的,依法追究刑事责任;造成损失的,负有直接责任的主管人员和其他直接责任人员应当承担部分或者全部赔偿责任。

7.地方政府、各级政府部门、社会团体和个人强令中国人民银行及其工作人员违反规定提供贷款或者担保的,对负有直接责任的主管人员和其他直接责任人员,依法给予行政处分;构成犯罪的,依法追究刑事责任;造成损失的,应当承担部分或者全部赔偿责任。

8.中国人民银行的工作人员泄露国家秘密或者所知悉的商业秘密,构成犯罪的,依法追究刑事责任;尚不构成犯罪的,依法给予行政处分。

9.中国人民银行的工作人员贪污受贿、徇私舞弊、滥用职权、玩忽职守,构成犯罪的,依法追究刑事责任;尚不构成犯罪的,依法给予行政处分。

二、商业银行法

商业银行是我国金融体系的主体。经过多年的改革,我国已形成由国有商业银行、股份制商业银行、城市商业银行、农村商业银行、邮政储蓄银行等组成的商业银行体系。为了保护商业银行、存款人和其他客户的合法权益,规范商业银行的行为,提高信贷资产质量,加强监督管理,保障商业银行的稳健运行,维护金融秩序,促进社会主义市场经济的发展,1995年5月10日八届全国人大常委会第十三次会议通过了《中华人民共和国商业银行法》(以下简称《商业银行法》),该法根据 2003 年 12 月 27 日十届全国人大常委会第六次会议《关于修改〈中华人民共和国商业银行法〉的决定》进行第一次修正,根据 2015 年 8 月 29 日第十二届全国人大常委会第十六次会议《关于修改〈中华人民共和国商业银行法〉的决定》进行第二次修正。

(一)商业银行的概念

我国的商业银行是指依照《商业银行法》和《公司法》设立的吸收公众存款、发放贷款、办理结算等业务的企业法人。商业银行具有以下基本特征。

第一,商业银行是依照《商业银行法》和《公司法》规定设立的金融企业法人。商业银行作为现代公司的特殊形态,必须按照法定条件和程序设立,其经营活动要受到《商业银行法》和《公司法》的制约。

第二,商业银行是以盈利为目的的金融企业。商业银行作为商事主体,以效益为原则,是自主经营、自担风险、自负盈亏、自我约束的企业法人。商业银行的这一特征,使得商业银行与作为管理金融事业国家机关的中央银行和执行国家经济政策的政策性银行有所不同。

第三,商业银行是综合性、多功能的金融企业。商业银行与投资银行、信托公司、金融租赁公司、财务公司、保险公司等金融机构相比,其业务领域较为广泛,功能较为齐全。

(二)商业银行的分类

截至 2022 年底,我国的商业银行主要包括:6 家大型国有商业银行(中国工商银行、中国邮政储蓄银行、中国农业银行、中国银行、中国建设银行、交通银行),12 家全国性股份制商业银行(浦发银行、招商银行、中信银行、光大银行、华夏银行、民生银行、兴业银行、广发银行、平安银行、渤海银行、恒丰银行、浙商银行),125 家城市商业银行(如:北京银行、天津银行、上海银行、广州银行、重庆银行等),1606 家农村商业银行(如:北京农商银行、天津农村商业银行、上海农村商业银行、深圳农村商业银行、重庆农村商业银行等),外加中国邮政储蓄银行。另外,自 2007 年 3 月首家村镇银行四川仪陇惠民村镇银行开业以来,截至 2022 年末,全国共组建村镇银行 1645 家。此外,商业银行还包括中外合资银行(如:中德住房储蓄银行、华一银行、华商银行等)、外资银行(如:花旗银行(中国)、汇丰银行(中国)、渣打银行(中国)等)、港资银行(如:东亚银行(中国)、恒生银行(中国)、永亨银行(中国)等)。

(三)商业银行的经营原则和经营范围

商业银行以安全性、流动性、效益性为经营原则,实行自主经营、自担风险、自负盈亏、自我约束。商业银行以其全部法人财产独立承担民事责任。

1. 商业银行的经营原则

商业银行依法开展业务,不受任何单位和个人的干涉,但应遵循以下原则和规定:

(1)商业银行与客户的业务往来,应当遵循平等、自愿、公平和诚实信用的原则;

(2)商业银行应当保障存款人的合法权益不受任何单位和个人的侵犯;

(3)商业银行开展信贷业务,应当严格审查借款人的资信,实行担保,保障按期收回贷款。商业银行依法向借款人收回到期贷款的本金和利息,受法律保护。

(4)商业银行开展业务,应当遵守法律、行政法规的有关规定,不得损害国家利益、社会公共利益;

(5)商业银行开展业务,应当遵守公平竞争的原则,不得从事不正当竞争;

(6)商业银行依法接受国务院银行业监督管理机构的监督管理,但法律规定其有关业务接受其他监督管理部门或者机构监督管理的,依照其规定。

2. 商业银行的经营范围

根据《商业银行法》规定,商业银行可以经营下列部分或者全部业务:

(1)吸收公众存款;

(2)发放短期、中期和长期贷款;

(3)办理国内外结算;

(4)办理票据承兑与贴现;

(5)发行金融债券;

(6)代理发行、代理兑付、承销政府债券;

(7)买卖政府债券、金融债券;

(8)从事同业拆借;

(9)买卖、代理买卖外汇;

(10)从事银行卡业务;

(11)提供信用证服务及担保;

(12)代理收付款项及代理保险业务;

(13)提供保管箱服务;

(14)经国务院银行业监督管理机构批准的其他业务。

商业银行经中国人民银行批准,可以经营结汇、售汇业务。商业银行的经营范围由商业银行章程规定,报国务院银行业监督管理机构批准。

(四)商业银行的组织形式和组织机构

根据《商业银行法》规定,商业银行的组织形式、组织机构适用《公司法》的规定。《公司法》中所规定的公司形式包括有限责任公司和股份有限公司两种,国有独资公司是有限责任公司的特殊组织形式。因此,我国商业银行的组织形式有三种,即有限责任公司形式的商业银行、国有独资商业银行和股份有限公司形式的商业银行。

有限责任公司和股份有限公司形式的商业银行的组织机构包括股东(大)会、董事会、高级管理层(由行长、副行长、财务负责人等组成)、监事会。《商业银行法》还对国有独资商业银行的组织机构作了一些特殊规定,即国有独资商业银行设立监事会,监事会的产生办法由国务院规定。监事会对国有独资商业银行的信贷资产质量、资产负债比例、国有资产保值增值等情况以及高级管理人员违反法律、行政法规或者章程的行为和损害银行利益的行为进行监督。

(五)商业银行的设立和变更

1. 关于商业银行的设立

商业银行的设立是指商业银行的创办人依照法律规定的程序,通过人力、物力、财力投资,经法定主管部门审批,取得法律关系主体资格的行为。

根据《商业银行法》规定,设立商业银行应当经国务院银行保险监督管理委员会审查批准。未经银行保险监督管理委员会批准,任何单位和个人不得从事吸收公众存款等商业银行业务,任何单位不得在名称中使用"银行"字样。

设立商业银行,应当具备下列条件:

(1)有符合《商业银行法》和《公司法》规定的章程;

(2)有符合《商业很行法》规定的注册资本最低限额,其中设立全国性商业银行的注册资本最低限额为10亿元人民币,设立城市商业银行的注册资本最低限额为1亿元人民币,设立农村商业银行的注册资本最低限额为5000万元人民币,注册资本应当是实缴资本;

(3)有具备任职专业知识和业务工作经验的董事、高级管理人员;

(4)有健全的组织机构和管理制度;

(5)有符合要求的营业场所、安全防范措施和与业务有关的其他设施。

设立商业银行,还应当符合其他审慎性条件。

设立商业银行,申请人应当向国务院银行业监督管理机构提交有关文件、资料,包括:申请书,其中应当载明拟设立的商业银行的名称、所在地、注册资本、业务范围等;可行性研究报告;国务院银行业监督管理机构规定提交的其他文件、资料。

设立商业银行的申请经审查符合规定的,申请人应当填写正式申请表,并提交下列文件、资料:

(1)章程草案;

(2)拟任职的董事、高级管理人员的资格证明;

(3)法定验资机构出具的验资证明;

(4)股东名册及其出资额、股份;

(5)持有注册资本5%以上的股东的资信证明和有关资料;

(6)经营方针和计划;

(7)营业场所、安全防范措施和与业务有关的其他设施的资料;

(8)国务院银行业监督管理机构规定的其他文件、资料。

经批准设立的商业银行,由国务院银行业监督管理机构颁发经营许可证,并凭该许可证向工商行政管理部门办理登记,领取营业执照。

商业银行根据业务需要可以在中国境内外设立分支机构。设立分支机构必须经国务院银行业监督管理机构审查批准。在中国境内的分支机构,不按行政区划设立。商业银行在中国境内设立分支机构,应当按照规定拨付与其经营规模相适应的营运资金额,拨付各分支机构营运资金额的总和,不得超过总行资本金总额的60%。经批准设立的商业银行分支机构,由国务院银行业监督管理机构颁发经营许可证,并凭该许可证向工商行政管理部门办理登记,领取营业执照。

商业银行对其分支机构实行全行统一核算、统一调度资金、分级管理的财务制度。商业银行分支机构不具有法人资格,在总行授权范围内依法开展业务,其民事责任由总行承担。

2. 关于商业银行的变更

商业银行的变更是指经批准设立的商业银行,在经营过程中发生一些重大事项的变化,包括分立、合并和其他重大事项的变更。

商业银行变更名称、变更注册资本、变更总行或者分支行所在地、调整业务范围、变更持有资本总额或者股份总额5%以上的股东、修改章程等,应当经国务院银行业监督管理机构批准。更换董事、高级管理人员时,应当报经国务院银行业监督管理机构审查其任职条件。

商业银行的分立、合并,适用《公司法》的规定,并应当经国务院银行业监督管理机构审查批准。

(六)对存款人的保护

吸收公众存款是商业银行的基本业务。根据《商业银行法》规定,商业银行办理个人储蓄存款业务,应当遵循存款自愿、取款自由、存款有息、为存款人保密的原则。对个人储蓄存款,商业银行有权拒绝任何单位或者个人查询、冻结、扣划,但法律另有规定的除外。对单位存款,商业银行有权拒绝任何单位或者个人查询,但法律、行政法规另有规定的除外;有权拒绝任何单位或者个人冻结、扣划,但法律另有规定的除外。

根据《商业银行法》规定,商业银行应当按照中国人民银行规定的存款利率的上下限,确定存款利率,并予以公告;应当按照中国人民银行的规定,向中国人民银行交存存款准备金,留足备付金;应当保证存款本金和利息的支付,不得拖延、拒绝支付存款本金和利息。

(七)贷款和其他业务的基本规则

贷款是指贷款人对借款人提供的并按约定的利率和期限还本付息的货币资金。银行贷款是一种商业行为,也是商业银行的一项重要业务。

1. 根据《商业银行法》规定,商业银行的贷款业务应当符合下列规则要求

(1)根据国民经济和社会发展的需要,在国家产业政策指导下开展贷款业务。

(2)应当实行审贷分离、分级审批的制度,应当对借款人的借款用途、偿还能力、还款方式等情况进行严格审查。

(3)借款人应当提供担保。商业银行应当对保证人的偿还能力,抵押物、质物的权属和价值以及实现抵押权、质权的可行性进行严格审查。经商业银行审查、评估,确认借款人资信良好,确能偿还贷款的,可以不提供担保。

(4)应当与借款人订立书面合同。合同应当约定贷款种类、借款用途、金额、利率、还款期限、还款方式、违约责任和双方认为需要约定的其他事项。

(5)应当按照中国人民银行规定的贷款利率的上下限,确定贷款利率。

(6)应当遵守《商业银行法》关于资产负债比例管理的规定。

(7)不得向关系人发放信用贷款;向关系人发放担保贷款的条件不得优于其他借款人同类贷款的条件。

任何单位和个人不得强令商业银行发放贷款或者提供担保,商业银行有权拒绝任何单位和个人强令要求其发放贷款或者提供担保。

借款人应当按期归还贷款的本金和利息。借款人到期不归还担保贷款的,商业银行依法享有要求保证人归还贷款本金和利息或者就该担保物优先受偿的权利。商业银行因行使抵押权、质权而取得的不动产或者股权,应当自取得之日起2年内予以处分。借款人到期不归还信用贷款的,应当按照合同约定承担责任。

2. 根据《商业银行法》规定,商业银行的其他业务应当符合下列规则要求

(1)在我国境内不得从事信托投资和证券经营业务,不得向非自用不动产投资或者向非银行金融机构和企业投资,但国家另有规定的除外。

(2)办理票据承兑、汇兑、委托收款等结算业务,应当按照规定的期限兑现、收付入账,不得压单、压票或者违反规定退票。有关兑现、收付入账期限的规定应当公布。

(3)发行金融债券或者到境外借款,应当依照法律、行政法规的规定报经批准。

(4)同业拆借应当遵守中国人民银行的规定。禁止利用拆入资金发放固定资产贷款或者用于投资。拆出资金限于交足存款准备金、留足备付金和归还中国人民银行到期贷款之后的闲置资金。拆入资金用于弥补票据结算、联行汇差头寸的不足和解决临时性周转资金的需要。

3. 《商业银行法》还规定了商业银行应当遵守的其他规则

它包括:不得违反规定提高或者降低利率以及采用其他不正当手段,吸收存款,发放贷款;营业时间应当方便客户,并予以公告;办理业务,提供服务,按照规定收取手续费;应当按照国家有关规定保存财务会计报表、业务合同以及其他资料。商业银行的工作人员应当遵守法律、行政法规和其他各项业务管理的规定,不得利用职务上的便利,索取、收受贿赂或者违反国家规定收受各种名义的回扣、手续费;不得利用职务上的便利,贪污、挪用、侵占本行或者客户的资金;不得违反规定徇私向亲属、朋友发放贷款或者提供担保;不得在其他经济组织兼职;不得有违反法律、行政法规和业务管理规定的其他行为;不得泄露其在任职期间知悉的国家秘密、商业秘密。

(八)商业银行的财务会计

商业银行应当依照法律和国家统一的会计制度以及国务院银行业监督管理机构的有关规定,建立、健全本行的财务、会计制度;应当按照国家有关规定,真实记录并全面反映其业务活动和财务状况,编制年度财务会计报告,及时向国务院银行业监督管理机构、中国人民银行和国务院财政部门报送。商业银行不得在法定的会计账册外另立会计账册。

商业银行的会计年度自公历1月1日起至12月31日止。商业银行应当于每一会计年度终了3个月内,按照国务院银行业监督管理机构的规定,公布其上一年度的经营业绩和审计报告,并应当按照国家有关规定,提取呆账准备金,冲销呆账。

(九)商业银行的监督管理

商业银行的监督管理包括内部的监督管理和外部的监督管理。

根据《商业银行法》规定,商业银行应当按照有关规定,制定本行的业务规则,建立、健全本行的风险管理和内部控制制度;应当建立、健全本行对存款、贷款、结算、呆账等各项情况的稽核、检查制度;对分支机构应当进行经常性的稽核和检查监督。

商业银行外部的监督管理,一是来自国务院银行业监督管理机构的监督管理。商业银行应当按照规定向国务院银行业监督管理机构、中国人民银行报送资产负债表、利润表以及其他财务会计、统计报表和资料。国务院银行业监督管理机构有权依照《商业银行法》的有关规定,随时对商业银行的存款、贷款、结算、呆账等情况进行检查监督。商业银行应当按照国务院银行业监督管理机构的要求,提供财务会计资料、业务合同和有关经营管理方面的其他信息。二是来自中国人民银行的监督。中国人民银行有权依照《中国人民银行法》的有关规定对商业银行进行检查监督。三是来自国家审计机关的监督管理。商业银行应当依法接受审计机关的审计监督。

(十)商业银行的接管和终止

1. 关于商业银行的接管

商业银行的接管是指国务院银行业监督管理机构在商业银行已经或者可能发生信用危机,严重影响存款人利益时,对该银行采取的整顿、改组等措施,是对商业银行监管的一种手段。

根据《商业银行法》规定,商业银行已经或者可能发生信用危机,严重影响存款人的利益时,国务院银行业监督管理机构可以对该银行实行接管。接管的目的是对被接管的商业银行采取必要措施,以保护存款人的利益,恢复商业银行的正常经营能力。被接管的商业银行的债权债务关系不因接管而变化。

商业银行的接管由国务院银行业监督管理机构决定,并组织实施。接管决定由国务院银行业监督管理机构予以公告。接管自接管决定实施之日起开始。自接管开始之日起,由接管组织行使商业银行的经营管理权力。接管期限届满,国务院银行业监督管理机构可以决定延期,但接管期限最长不得超过2年。

根据《商业银行法》规定,有下列情形之一的,接管终止:

(1)接管决定规定的期限届满或者国务院银行业监督管理机构决定的接管延期届满;

(2)接管期限届满前,该商业银行已恢复正常经营能力;

(3)接管期限届满前,该商业银行被合并或者被依法宣告破产。

2. 关于商业银行的终止与清算

商业银行的终止包括因解散而终止、因被撤销而终止和因被宣告破产而终止。

商业银行因分立、合并或者出现公司章程规定的解散事由需要解散的,应当向国务院银行业监督管理机构提出申请,并附解散的理由和支付存款的本金和利息等债务清偿计划,经国务院银行业监督管理机构批准后解散。商业银行解散的,应当依法成立清算组,进行清算,并按照清偿计划及时偿还存款本金和利息等债务。国务院银行业监督管理机构监督清算过程。

商业银行因吊销经营许可证被撤销的,国务院银行业监督管理机构应当依法及时组织清算组,进行清算,并按照清偿计划及时偿还存款本金和利息等债务。

商业银行不能支付到期债务,经国务院银行业监督管理机构同意,由人民法院依法宣告其破产。商业银行被宣告破产的,由人民法院组织国务院银行业监督管理机构等有关部门和有关人员成立清算组,进行清算。商业银行破产清算时,在支付清算费用、所欠职工工资和劳动保险费用后,应当优先支付个人储蓄存款的本金和利息。

(十一)违反商业银行法的法律责任

《商业银行法》专章规定了法律责任。违反《商业银行法》的法律责任的主体不仅包括商业银行和商业银行的工作人员,还包括借款人以及其他单位和个人。承担的法律责任的形式不仅包括民事责任、行政责任,还包括刑事责任。现分述如下。

1.商业银行有下列情形之一,对存款人或者其他客户造成财产损害的,应当承担支付迟延履行的利息以及其他民事责任:

(1)无故拖延、拒绝支付存款本金和利息的;

(2)违反票据承兑等结算业务规定,不予兑现,不予收付入账,压单、压票或者违反规定退票的;

(3)非法查询、冻结、扣划个人储蓄存款或者单位存款的;

(4)违反《商业银行法》规定对存款人或者其他客户造成损害的其他行为。

有上述规定情形的,由国务院银行业监督管理机构责令改正,有违法所得的,没收违法所得,违法所得5万元以上的,并处违法所得1倍以上5倍以下罚款;没有违法所得或者违法所得不足5万元的,处5万元以上50万元以下罚款。

2.商业银行有下列情形之一,由国务院银行业监督管理机构责令改正,有违法所得的,没收违法所得,违法所得50万元以上的,并处违法所得1倍以上5倍以下罚款;没有违法所得或者违法所得不足50万元的,处50万元以上200万元以下罚款;情节特别严重或者逾期不改正的,可以责令停业整顿或者吊销其经营许可证;构成犯罪的,依法追究刑事责任:

(1)未经批准设立分支机构的;

(2)未经批准分立、合并或者违反规定对变更事项不报批的;

(3)违反规定提高或者降低利率以及采用其他不正当手段,吸收存款,发放贷款的;

(4)出租、出借经营许可证的;

(5)未经批准买卖、代理买卖外汇的;

(6)未经批准买卖政府债券或者发行、买卖金融债券的;

(7)违反国家规定从事信托投资和证券经营业务、向非自用不动产投资或者向非银行金融机构和企业投资的;

(8)向关系人发放信用贷款或者发放担保贷款的条件优于其他借款人同类贷款的条件的。

3.商业银行有下列情形之一,由国务院银行业监督管理机构责令改正,并处20万元以上50万元以下罚款;情节特别严重或者逾期不改正的,可以责令停业整顿或者吊销其经营许可证;构成犯罪的,依法追究刑事责任:

(1)拒绝或者阻碍国务院银行业监督管理机构检查监督的;

(2)提供虚假的或者隐瞒重要事实的财务会计报告、报表和统计报表的;

(3)未遵守资本充足率、资产流动性比例、同一借款人贷款比例和国务院银行业监督管理机构有关资产负债比例管理的其他规定的。

4.商业银行有下列情形之一,由中国人民银行责令改正,有违法所得的,没收违法所得,违法所得50万元以上的,并处违法所得1倍以上5倍以下罚款;没有违法所得或者违法所得不足50万元的,处50万元以上200万元以下罚款;情节特别严重或者逾期不改正的,中国人民银行可以建议国务院银行业监督管理机构责令停业整顿或者吊销其经营许可证;构成犯罪的,依法追究刑事责任:

(1)未经批准办理结汇、售汇的;

(2)未经批准在银行间债券市场发行、买卖金融债券或者到境外借款的;

(3)违反规定同业拆借的。

5.商业银行有下列情形之一,由中国人民银行责令改正,并处20万元以上50万元以下罚款;情节特别严重或者逾期不改正的,中国人民银行可以建议国务院银行业监督管理机构责令停业整顿或者吊销其经营许可证;构成犯罪的,依法追究刑事责任:

(1)拒绝或者阻碍中国人民银行检查监督的;

(2)提供虚假的或者隐瞒重要事实的财务会计报告、报表和统计报表的;

(3)未按照中国人民银行规定的比例交存存款准备金的。

商业银行有上述第1至第5条规定情形的,对直接负责的董事、高级管理人员和其他直接责任人员,应当给予纪律处分;构成犯罪的,依法追究刑事责任。

6.有下列情形之一,由国务院银行业监督管理机构责令改正,有违法所得的,没收违法所得,违法所得5万元以上的,并处违法所得1倍以上5倍以下罚款;没有违法所得或者违法所得不足5万元的,处5万元以上50万元以下罚款:

(1)未经批准在名称中使用"银行"字样的;

(2)未经批准购买商业银行股份总额5%以上的;

(3)将单位的资金以个人名义开立账户存储的。

7.商业银行不按照规定向国务院银行业监督管理机构报送有关文件、资料的,由国务院银行业监督管理机构责令改正,逾期不改正的,处10万元以上30万元以下罚款;商业银行不按照规定向中国人民银行报送有关文件、资料的,由中国人民银行责令改正,逾期不改正的,处10万元以上30万元以下罚款。

8.未经国务院银行业监督管理机构批准,擅自设立商业银行,或者非法吸收公众存款、变相吸收公众存款,构成犯罪的,依法追究刑事责任;并由国务院银行业监督管理机构予以取缔;伪造、变造、转让商业银行经营许可证,构成犯罪的,依法追究刑事责任。上述行为,尚不构成犯罪的,由国务院银行业监督管理机构没收违法所得,违法所得50万元以上的,并处违法所得1倍以上5倍以下罚款;没有违法所得或者违法所得不足50万元的,处50万元以上200万元以下罚款。

9.借款人采取欺诈手段骗取贷款,构成犯罪的,依法追究刑事责任。尚不构成犯罪的,由国务院银行业监督管理机构没收违法所得,违法所得50万元以上的,并处违法所得1倍以上5倍以下罚款;没有违法所得或者违法所得不足50万元的,处50万元以上200万元以下罚款。

10.商业银行工作人员利用职务上的便利,索取、收受贿赂或者违反国家规定收受各种名义的回扣、手续费,构成犯罪的,依法追究刑事责任;尚不构成犯罪的,应当给予纪律处分。因有上述违反规定的行为发放贷款或者提供担保造成损失的,应当承担全部或者部分赔偿责任。

11.商业银行工作人员利用职务上的便利,贪污、挪用、侵占本行或者客户资金,构成犯罪的,依法追究刑事责任;尚不构成犯罪的,应当给予纪律处分。

12.商业银行工作人员违反《商业银行法》规定玩忽职守造成损失的,应当给予纪律处分;构成犯罪的,依法追究刑事责任;违反规定徇私向亲属、朋友发放贷款或者提供担保造成损失的,应当承担全部或者部分赔偿责任。

13. 商业银行工作人员泄露在任职期间知悉的国家秘密、商业秘密的,应当给予纪律处分;构成犯罪的,依法追究刑事责任。

14. 单位或者个人强令商业银行发放贷款或者提供担保的,应当对直接负责的主管人员和其他直接责任人员或者个人给予纪律处分;造成损失的,应当承担全部或者部分赔偿责任。商业银行的工作人员对单位或者个人强令其发放贷款或者提供担保未予拒绝的,应当给予纪律处分;造成损失的,应当承担相应的赔偿责任。

此外,商业银行违反《商业银行法》规定的,国务院银行业监督管理机构可以区别不同情形,取消其直接负责的董事、高级管理人员一定期限直至终身的任职资格,禁止直接负责的董事、高级管理人员和其他直接责任人员一定期限直至终身从事银行业工作。商业银行的行为尚不构成犯罪的,对直接负责的董事、高级管理人员和其他直接责任人员,给予警告,处 5 万元以上 50 万元以下罚款。

思 考 题

1. 解释下列概念:
预算　预算管理体制　预算收入　预算支出　预算的编制　预算的审批
预算的执行　预算的调整　决算　税收　纳税主体　征税对象　税种　税目
纳税环节　增值税　消费税　营业税　土地增值税　关税　企业所得税
个人所得税　税收征收管理　申报纳税　税款追征　税务检查　中央银行
商业银行

2. 简述我国预算收支的范围。
3. 预算管理程序包括哪些基本环节?
4. 根据征税对象的不同,我国税收可以划分为哪些种类?
5. 我国税法的构成要素有哪些?
6. 简述有关增值税纳税主体和税率的基本法律规定。
7. 简述有关企业所得税的基本法律规定。
8. 简述有关个人所得税税率的基本法律规定。
9. 税收征收管理包括哪些主要内容。
10. 简述中国人民银行的地位和职责。
11. 中国人民银行的主要业务包括哪些方面?
12. 简述商业银行的经营原则和经营范围。
13. 商业银行的组织形式有哪些?
14. 设立商业银行应当具备哪些条件。
15. 商业银行贷款应当符合哪些规则要求?

阅读文献

1.《中华人民共和国预算法》,1994年3月22日八届全国人民代表大会第二次会议通过,根据2014年8月31日十二届全国人民代表大会常务委员会第十次会议《关于修改〈中华人民共和国预算法〉的决定》修正,根据2018年12月29日十三届全国人民代表大会常务委员会第七次会议《关于修改〈中华人民共和国产品质量法〉等五部法律的决定》第二次修正。

2.《中华人民共和国预算法实施条例》,1995年11月2日国务院发布,根据2020年8月3日中华人民共和国国务院令第729号修订。

3.《中华人民共和国增值税暂行条例》,1993年12月13日国务院发布,2008年11月10日国务院修订公布,根据2016年2月6日《国务院关于修改部分行政法规的决定》第一次修订,根据2017年11月19日《国务院关于废止〈中华人民共和国营业税暂行条例〉和修改〈中华人民共和国增值税暂行条例〉的决定》第二次修订。

4.《中华人民共和国增值税暂行条例实施细则》,2008年12月18日财政部、国家税务总局公布,根据2011年10月28日财政部《关于修改〈中华人民共和国增值税暂行条例实施细则〉和〈中华人民共和国营业税暂行条例实施细则〉的决定》进行修订。

5.《中华人民共和国消费税暂行条例》,1993年12月13日国务院发布,2008年11月10日国务院修订公布。

6.《中华人民共和国消费税暂行条例实施细则》,1993年12月25日中华人民共和国财政部发布,2008年12月15日财政部、国家税务总局修订发布。

7.《中华人民共和国土地增值税暂行条例》,1993年12月13日国务院发布,根据2011年1月8日《国务院关于废止和修改部分行政法规的决定》修订。

8.《中华人民共和国土地增值税暂行条例实施细则》,1995年1月27日财政部发布。

9.《中华人民共和国进出口关税条例》,2003年11月23日国务院公布,根据2011年1月8日《国务院关于废止和修改部分行政法规的决定》第一次修订,根据2013年12月7日《国务院关于修改部分行政法规的决定》第二次修订,根据2016年2月6日《国务院关于修改部分行政法规的决定》第三次修订,根据2017年3月1日《国务院关于修改和废止部分行政法规的决定》第四次修订。

10.《中华人民共和国企业所得税法》,2007年3月16日第十届全国人民代表大会第五次会议通过,根据2017年2月24日十二届全国人大常委会第二十六次会议《关于修改〈中华人民共和国企业所得税法〉的决定》第一次修正,根据2018年12月29日十三届全国人大常委会第七次会议《关于修改〈中华人民共和国电力法〉等四部法律的决定》第二次修正。

11.《中华人民共和国企业所得税法实施条例》,2007年12月6日国务院公布,根据

2019年4月23日中华人民共和国国务院令第714号公布的《国务院关于修改部分行政法规的决定》第一次修订。

12.《中华人民共和国个人所得税法》,1980年9月10日五届全国人民代表大会第三次会议通过,根据1993年10月31日八届全国人民代表大会常务委员会第四次会议《关于修改〈中华人民共和国个人所得税法〉的决定》第一次修正,根据1999年8月30日九届全国人民代表大会常务委员会第十一次会议《关于修改〈中华人民共和国个人所得税法〉的决定》第二次修正,根据2005年10月27日十届全国人民代表大会常务委员会第十八次会议《关于修改〈中华人民共和国个人所得税法〉的决定》第三次修正,根据2007年6月29日十届全国人民代表大会常务委员会第二十八次会议《关于修改〈中华人民共和国个人所得税法〉的决定》第四次修正,根据2007年12月29日十届全国人民代表大会常务委员会第三十一次会议《关于修改〈中华人民共和国个人所得税法〉的决定》第五次修正,根据2011年6月30日十一届全国人民代表大会常务委员会第二十一次会议《关于修改〈中华人民共和国个人所得税法〉的决定》第六次修正,根据2018年8月31日十三届全国人大常委会第五次会议《关于修改〈中华人民共和国个人所得税法〉的决定》第七次修正。

13.《中华人民共和国个人所得税法实施条例》,1994年1月28日国务院发布,根据2005年12月19日《国务院关于修改〈中华人民共和国个人所得税法实施条例〉的决定》第一次修订,根据2008年2月18日《国务院关于修改〈中华人民共和国个人所得税法实施条例〉的决定》第二次修订,根据2011年7月19日《国务院关于修改〈中华人民共和国个人所得税法实施条例〉的决定》第三次修订,根据2018年12月18日中华人民共和国国务院令第707号第四次修订。

14.《中华人民共和国税收征收管理法》,1992年9月4日七届全国人民代表大会常务委员会第二十七次会议通过,根据1995年2月28日八届全国人民代表大会常务委员会第十二次会议《关于修改〈中华人民共和国税收征收管理法〉的决定》第一次修正,2001年4月28日九届全国人民代表大会常务委员会第二十一次会议修订,根据2013年6月29日十二届全国人民代表大会常务委员会第三次会议《关于修改〈中华人民共和国文物保护法〉等十二部法律的决定》第二次修正,根据2015年4月24日十二届全国人民代表大会常务委员会第十四次会议《关于修改〈中华人民共和国港口法〉等七部法律的决定》第三次修正。

15.《中华人民共和国税收征收管理法实施细则》,2002年9月7日国务院公布,根据2012年11月9日《国务院关于修改和废止部分行政法规的决定》进行第一次修订,根据2013年7月18日《国务院关于废止和修改部分行政法规的决定》第二次修订,根据2016年2月6日发布的国务院令第666号《国务院关于修改部分行政法规的决定》第三次修正。

16.《中华人民共和国中国人民银行法》,1995年3月18日八届全国人民代表大会第三次会议通过,根据 2003 年 12 月 27 日十届全国人民代表大会常务委员会第六次会议《关于修改〈中华人民共和国中国人民银行法〉的决定》修正,2020 年 10 月 23 日,中国人民银行就《中华人民共和国中国人民银行法(修订草案征求意见稿)》发布公开征求意见通知。

17.《中国人民银行货币政策委员会条例》,1997 年 4 月 15 日国务院发布。

18.《中华人民共和国商业银行法》,1995 年 5 月 10 日八届全国人民代表大会常务委员会第六次会议通过,根据 2003 年 12 月 27 日十届全国人民代表大会常务委员会第六次会议《关于修改〈中华人民共和国商业银行法〉的决定》修正,根据 2015 年 8 月 29 日十二届全国人大常委会第十六次会议《关于修改〈中华人民共和国商业银行法〉的决定》第二次修正。

第十章

会计审计统计法

本章概要

会计和会计法的概念,我国会计工作管理体制,会计机构和会计人员的设置及其职责,有关会计核算和会计监督的基本法律规定,违反会计法的法律责任;审计和审计法的概念,审计监督体系,审计机关的职责和权限,审计的基本程序,违反审计法的法律责任;统计和统计法的概念,统计的任务和原则,统计调查计划和统计制度,违反统计法的法律责任等。

第一节 会计法

会计是随着生产的发展,逐渐从生产职能中分离出来的一种管理职能,其本质是对单位的经济业务进行确认、计量、记录和报告,并通过所提供的会计资料作出预测,参与决策,实行监督,以实现最优的经济效益。会计的基本职能是进行会计核算,实行会计监督。会计首先表现为单位内部的一项管理活动,但会计在处理经济业务事项中所涉及的经济利益关系则超出了本单位的范围,直接或者间接地影响了有关方面的利益。因此,会计在处理各种经济业务事项时必须有一个具有约束力的规范,在这种情况下,作为调整经济关系中各种会计关系的法律规范的会计法便应运而生了。会计法是经济监督法中的一项重要内容。了解和掌握会计的立法规定,对于监督经济的运行,维护经济秩序,促进经济的健康发展,具有十分重要的现实意义。

一、会计和会计法概述

(一)会计的概念

会计是以货币作为主要计量单位,采用专门方法,对各单位的经济活动和财务收支情况进行连续、系统、全面地记录、计算、分析、检查和监督的一种管理活动。

(二)会计法的概念和适用范围

从广义上理解,会计法是调整会计关系的法律规范的总称。会计关系是会计机构和会计人员在办理会计事务过程中以及国家在管理会计工作过程中发生的经济关系。

我国的会计法律制度包括会计法律、会计行政法规、会计规章及其他会计规范性文件。

为了规范会计行为,保证会计资料真实、完整,加强经济管理和财务管理,提高经济效益,维护社会经济秩序,1985年1月21日六届全国人大常委会第九次会议通过了《中华人民共和国会计法》(以下简称《会计法》),并于1993年12月29日根据八届全国人大常委会第五次会议通过的《关于修改〈中华人民共和国会计法〉的决定》进行修正。1999年10月31日九届全国人大常委会第十二次会议对《会计法》进行了全面修订,并于2000年7月1日起施行;根据2017年11月4日十二届全国人大常委会第三十次会议《关于修改〈中华人民共和国会计法〉等十一部法律的决定》进行第二次修正,根据2024年6月28日十四届全国人大常委会第十次会议《关于修改〈中华人民共和国会计法〉的决定》第三次修正。

关于《会计法》的适用范围,《会计法》明确规定,国家机关、社会团体、公司、企业、事业单位和其他组织(以下统称"单位"),必须依照《会计法》规定办理会计事务。

《会计法》是我国会计法律制度中层次最高的法律规范,是制定其他会计法规的依据,也是指导会计工作的最高准则。

会计行政法规是调整经济生活中某些方面的会计关系的法律规范,由国务院制定并发布,或者国务院有关部门拟定经国务院批准发布。例如,2000年6月21日国务院发布的《企业财务会计报告条例》等。

会计规章是由财政部制定,并由部门首长签署命令予以公布的制度办法。例如,2001年2月20日以财政部第10号令形式发布的《财政部门实施会计监督办法》等。

其他会计规范性文件是指以主管全国会计工作的行政部门,即国务院财政部门的名义,就会计工作中的某些方面所制定的文件。如2005年1月22日财政部发布的《会计从业资格管理办法》(2012年12月5日修订)等。

(三)会计法的基本原则

为了保障会计立法宗旨的实现,充分发挥《会计法》的作用,《会计法》规定了以下基本原则。

1. 真实性原则

确保会计资料真实是对会计工作的基本要求,也是为单位经营管理、业务活动和国家宏观经济管理以及为投资人、债权人提供准确、可靠的会计信息的重要保证。根据《会计法》规定,各单位必须依法设置会计账簿,并保证其真实、完整;单位负责人对本单位的会计工作和会计资料的真实性、完整性负责。任何单位或者个人不得以任何方式授意、指使、强令会计机构、会计人员伪造、变造会计凭证、会计账簿和其他会计资料,提供虚假财务会计报告。

2. 完整性原则

各单位必须根据实际发生的经济业务事项进行会计核算,填制会计凭证,登记会计账簿,编制财务会计报告,不得残缺、丢失、隐匿和损毁,确保其完整。

3. 合法性原则

各项会计工作必须依法进行,各单位必须依法设置会计账簿,会计机构、会计人员要遵守法律法规,依照《会计法》规定办理会计事务,进行会计核算,实行会计监督。单位负责人应当保证会计机构、会计人员依法履行职责,不得授意、指使、强令会计机构、会计人员违法办理会计事项。

二、会计工作管理体制

(一)会计工作的主管部门

根据《会计法》规定,国务院财政部门主管全国的会计工作。县级以上地方各级人民政府财政部门管理本行政区域内的会计工作。单位负责人对本单位的会计工作和会计资料的真实性、完整性负责。

(二)会计制度的制定权限

根据《会计法》规定,国家实行统一的会计制度。国家统一的会计制度由国务院财政部门根据《会计法》制定并公布。

国务院有关部门可以依照《会计法》和国家统一的会计制度,制定对会计核算和会计监督有特殊要求的行业实施国家统一的会计制度的具体办法或者补充规定,报国务院财政部门审核批准。

中国人民解放军总后勤部可以依照《会计法》和国家统一的会计制度,制定军队实施国家统一的会计制度的具体办法,报国务院财政部门备案。

(三)会计人员的管理

根据《会计法》和有关法规的规定,财政部门负责会计人员的业务管理,包括会计从业资格管理、会计专业技术资格管理、会计人员评优表彰及会计人员的继续教育等。

(四)单位内部的会计工作管理

根据《会计法》及有关制度规定,单位负责人对本单位的会计工作和会计资料的真实性、完整性负责。单位负责人是指法定代表人或者法律、行政法规规定代表单位行使职权的主要负责人。

三、会计机构和会计人员

(一)会计机构和会计人员的设置

根据《会计法》规定,各单位应当根据会计业务的需要,依法采取下列一种方式组织本单位的会计工作:

(1)设置会计机构;
(2)在有关机构中设置会计岗位并指定会计主管人员;
(3)委托经批准设立从事会计代理记账业务的中介机构代理记账;
(4)国务院财政部门规定的其他方式。

国有和国有资本占控股地位或者主导地位的大、中型企业必须设置总会计师。总会计师的任职资格、任免程序、职责权限由国务院规定。

会计机构内部应当建立稽核制度。出纳人员不得兼任稽核、会计档案保管和收入、支出、费用、债权债务账目的登记工作。

从事会计工作的人员,应当具备从事会计工作所需要的专业能力。担任单位会计机构负责人(会计主管人员)的,应当具备会计师以上专业技术职务资格或者从事会计工作3年以上经历。会计人员的范围由国务院财政部门规定。

(二)会计机构和会计人员的职责

会计人员应当遵守职业道德,提高业务素质,严格遵守国家有关保密规定。对会计人员的教育和培训工作应当加强。因有提供虚假财务会计报告,做假账,隐匿或者故意销毁会计凭证、会计账簿、财务会计报告,贪污、挪用公款,职务侵占等与会计职务有关的违法行为被依法追究刑事责任的人员,不得再从事会计工作。

(三)会计人员的工作交接

会计人员调动工作或者离职,必须与接管人员办清交接手续。一般会计人员办理交接手续,由会计机构负责人(会计主管人员)监交;会计机构负责人(会计主管人员)办理交接手续,由单位负责人监交,必要时主管单位可以派人会同监交。

(四)总会计师的职责和职权

总会计师是在单位负责人领导下,主管经济核算和财务会计工作的负责人。总会计师是单位行政领导成员,协助单位负责人工作,直接对单位负责人负责。总会计师作为单位财务会计的主要负责人,全面负责本单位的财务会计管理和经济核算,参与本单位的重大经营决策活动,是单位负责人的参谋和助手。1990年12月31日国务院发布了《总会计师条例》(2011年1月8日修订),对总会计师的地位、职责、权限、任免与奖惩作了全面、系统、具体的规定。

1. 根据《总会计师条例》规定,总会计师依法履行下列职责

(1)具体组织本单位执行国家有关财经法律、法规、方针、政策和制度,保护国家财产。

(2)负责组织本单位的下列工作:

①编制和执行预算、财务收支计划、信贷计划,拟订资金筹措和使用方案,开辟财源,有效地使用资金;

②进行成本费用预测、计划、控制、核算、分析和考核,督促本单位有关部门降低消耗、节约费用、提高经济效益;

③建立、健全经济核算制度,利用财务会计资料进行经济活动分析;

④承担单位负责人交办的其他工作。

(3)负责对本单位财会机构的设置和会计人员的配备、会计专业职务的设置和聘任提出方案;组织会计人员的业务培训和考核;支持会计人员依法行使职权。

(4)协助单位负责人对企业的生产经营、行政事业单位的业务发展以及基本建设投资等问题作出决策。

(5)参与新产品开发、技术改造、科技研究、商品(劳务)价格和工资奖金等方案的制定;参与重大经济合同和经济协议的研究、审查。

2. 根据《总会计师条例》规定,总会计师依法行使下列职权

(1)对违反国家财经法律、法规、方针、政策、制度和有可能在经济上造成损失、浪费的行为,有权制止和纠正。制止或者纠正无效时,提请单位负责人处理。

(2)组织领导本单位的财务管理、成本管理、预算管理、会计核算和会计监督等方面的工作,参与本单位重大经济问题的分析和决策。

(3)主管审批财务收支工作。除一般的财务收支可以由总会计师授权的财会机构负责人或者其他指定人员审批外,重大的财务收支须经总会计师审批或者由总会计师报单位负责人批准。

(4)预算、财务收支计划、成本和费用计划、信贷计划、财务专题报告、会计决算报表,须经总会计师签署。涉及财务收支的重大业务计划、经济合同、经济协议等,在单位内部须经总会计师会签。

(5)会计人员的任用、晋升、调动、奖惩,应当事先征求总会计师的意见。财会机构负责人或者会计主管人员的人选,应当由总会计师进行业务考核,依照有关规定审批。

企业的总会计师由本单位负责人提名,政府主管部门任命或者聘任。事业单位和业务主管部门的总会计师依照干部管理权限任命或者聘任。免职或者解聘程序与任命或者聘任程序相同。

四、注册会计师、会计师事务所和注册会计师协会

为了发挥注册会计师在社会经济活动中的鉴证和服务作用,加强对注册会计师的管理,维护社会公共利益和投资者的合法权益,促进社会主义市场经济的健康发展,1993年10月31日八届全国人大常委会第四次会议通过了《中华人民共和国注册会计师法》(以下简称《注册会计师法》)。该法根据2014年8月31日十二届全国人大常委会第十次会议《关于修改〈中华人民共和国保险法〉等五部法律的决定》进行修正。该法的颁布和实施,使我国注册会计师事业向规范化方向迈进,在我国注册会计师事业发展史上具有重要意义。

(一)注册会计师

注册会计师是依法取得注册会计师证书并接受委托从事审计和会计咨询、会计服务业务的执业人员。国家实行注册会计师全国统一考试制度。参加注册会计师全国统一考试成绩合格,并从事审计业务工作2年以上的,可以向省、自治区、直辖市注册会计师协会申请注册。

根据《注册会计师法》规定,注册会计师承办下列审计业务:

(1)审查企业会计报表,出具审计报告;

(2)验证企业资本,出具验资报告;
(3)办理企业合并、分立、清算事宜中的审计业务,出具有关报告;
(4)法律、行政法规规定的其他审计业务。

注册会计师依法执行审计业务出具的报告,具有证明效力。注册会计师可以承办会计咨询、会计服务业务。

注册会计师依法独立、公正执行业务,受法律保护。注册会计师执行业务时,可以根据需要查阅委托人的有关会计资料和文件,查看委托人的业务现场和设施,要求委托人提供其他必要的协助。注册会计师与委托人有利害关系的,应当回避;委托人有权要求其回避。注册会计师对执行业务中知悉的商业秘密,负有保密义务。注册会计师执行业务,必须遵守法律、行政法规。

(二)会计师事务所

会计师事务所是依法设立并承办注册会计师业务的机构。注册会计师执行业务,应当加入会计师事务所。设立会计师事务所,须由国务院财政部门或者省、自治区、直辖市人民政府财政部门批准。

会计师事务所可以由注册会计师合伙设立。合伙设立的会计师事务所的债务,由合伙人按照出资比例或者协议的约定,以各自的财产承担责任。合伙人对会计师事务所的债务承担连带责任。

会计师事务所符合下列条件的,可以是负有限责任的法人:
(1)不少于30万元的注册资本;
(2)有一定数量的专职从业人员,其中至少有5名注册会计师;
(3)国务院财政部门规定的业务范围和其他条件。

负有限责任的会计师事务所以全部资产对其债务承担责任。

设立会计师事务所,由省、自治区、直辖市人民政府财政部门批准。申请设立会计师事务所,申请者应当向审批机关报送下列文件:
(1)申请书;
(2)会计师事务所的名称、组织机构和业务场所;
(3)会计师事务所章程,有合伙协议的并应报送合伙协议;
(4)注册会计师名单、简历及有关证明文件;
(5)会计师事务所主要负责人、合伙人的姓名、简历及有关证明文件;
(6)负有限责任的会计师事务所的出资证明;
(7)审批机关要求的其他文件。

审批机关应当自收到申请文件之日起三十日内决定批准或者不批准。会计师事务所设立分支机构,须经分支机构所在地的省、自治区、直辖市人民政府财政部门批准。

注册会计师承办业务,由其所在的会计师事务所统一受理并与委托人签订委托合同。会计师事务所受理业务,不受行政区域、行业的限制,但法律、行政法规另有规定的除外。会计师事务所依法独立、公正执行业务,受法律保护。委托人委托会计师事务所办理业务,任何单位和个人不得干预。会计师事务所执行业务,必须遵守法律、行政法规。

会计师事务所对本所注册会计师依照该所与委托人签订的委托合同承办的业务,承担民事责任。会计师事务所要依法纳税。同时,还要按照国务院财政部门的规定建立职业风险基金,办理职业保险。

(三)注册会计师协会

注册会计师协会是由注册会计师组成的社会团体,依法取得社会团体法人资格。

中国注册会计师协会是注册会计师的全国性组织,省、自治区、直辖市注册会计师协会是注册会计师的地方性组织。中国注册会计师协会依法拟订注册会计师执业准则、规则,报国务院财政部门批准后施行。注册会计师协会应当支持注册会计师依法执行业务,维护其合法权益,向有关方面反映其意见和建议,同时要对注册会计师的任职资格和执业情况进行年度检查。

五、会计核算

会计核算是指以货币为计量单位,运用专门的会计方法,对生产经营活动或者预算执行过程及其结果进行连续、系统、全面地记录、计算、分析,定期编制并提供财务会计报告和其他一系列内部管理所需的会计资料,为作出经营决策和宏观经济管理提供依据的一项会计活动。会计核算是会计工作的核心和重点,也是会计的基本职能之一。

(一)会计核算的内容

根据《会计法》规定,各单位应当对下列经济业务事项办理会计手续,进行会计核算:
(1)资产的增减和使用;
(2)负债的增减;
(3)净资产(所有者权益)的增减;
(4)收入、支出、费用、成本的增减;
(5)财务成果的计算和处理;
(6)需要办理会计手续、进行会计核算的其他事项。

(二)会计年度和记账本位币

会计年度是以年度为单位进行会计核算的时间区间,是反映单位财务状况、核算经营成果的时间界限。我国自新中国成立以来一直实行公历制会计年度,目的是与我国的财政年度、计划年度、统计年度取得一致,以便于国家进行宏观经济管理。根据《会计法》规定,会计年度自公历1月1日起至12月31日止。

记账本位币是指用于日常登记账簿和编制财务会计报告时表示计量的货币。根据《会计法》规定,会计核算以人民币为记账本位币。业务收支以人民币以外的货币为主的单位,可以选定其中一种货币作为记账本位币,但是编制的财务会计报告应当折算为人民币。

(三)会计核算的基本要求

会计核算总的原则是要求各单位必须根据实际发生的经济业务事项进行会计核算,填制会计凭证,登记会计账簿,编制财务会计报告。任何单位不得以虚假的经济业务事项或者资料进行会计核算。

会计凭证、会计账簿、财务会计报告和其他会计资料,必须符合国家统一的会计制度的规定。使用电子计算机进行会计核算的,其软件及其生成的会计凭证、会计账簿、财务会计报告和其他会计资料,也必须符合国家统一的会计制度的规定。任何单位和个人不得伪造、变造会计凭证、会计账簿及其他会计资料,不得提供虚假的财务会计报告。

(四)会计核算的基本环节

1. 填制和审核会计凭证

会计凭证包括原始凭证和记账凭证。办理经济业务事项,必须填制或者取得原始凭证并及时送交会计机构。会计机构、会计人员必须按照国家统一的会计制度的规定对原始凭证进行审核,对不真实、不合法的原始凭证有权不予接受,并向单位负责人报告;对记载不准确、不完整的原始凭证予以退回,并要求按照国家统一的会计制度的规定更正、补充。

原始凭证记载的各项内容均不得涂改;原始凭证有错误的,应当由出具单位重开或者更正,更正处应当加盖出具单位印章。原始凭证金额有错误的,应当由出具单位重开,不得在原始凭证上更正。记账凭证应当根据经过审核的原始凭证及有关资料编制。

2. 设置和登记会计账簿

会计账簿登记必须以经过审核的会计凭证为依据,并符合有关法律、行政法规和国家统一的会计制度的规定。会计账簿包括总账、明细账、日记账和其他辅助性账簿。会计账簿应当按照连续编号的页码顺序登记。会计账簿记录发生错误或者隔页、缺号、跳行的,应当按照国家统一的会计制度规定的方法更正,并由会计人员和会计机构负责人(会计主管人员)在更正处盖章。使用电子计算机进行会计核算的,其会计账簿的登记、更正,应当符合国家统一的会计制度的规定。各单位发生的各项经济业务事项应当在依法设置的会计账簿上统一登记、核算,不得违反《会计法》和国家统一的会计制度的规定私设会计账簿登记、核算。

各单位应当定期将会计账簿记录与实物、款项及有关资料相互核对,保证会计账簿记录与实物及款项的实有数额相符、会计账簿记录与会计凭证的有关内容相符、会计账簿之间相对应的记录相符、会计账簿记录与会计报表的有关内容相符。各单位采用的会计处理方法,前后各期应当一致,不得随意变更;确有必要变更的,应当按照国家统一的会计制度的规定变更,并将变更的原因、情况及影响在财务会计报告中说明。

3. 编制财务会计报告

财务会计报告应当根据经过审核的会计账簿记录和有关资料编制,并符合《会计法》和国家统一的会计制度关于财务会计报告的编制要求、提供对象和提供期限的规定;其他法律、行政法规另有规定的,从其规定。

向不同的会计资料使用者提供的财务会计报告,其编制依据应当一致。有关法律、行政法规规定财务会计报告须经注册会计师审计的,注册会计师及其所在的会计师事务所出具的审计报告应当随同财务会计报告一并提供。

财务会计报告应当由单位负责人和主管会计工作的负责人、会计机构负责人(会计主管人员)签名并盖章;设置总会计师的单位,还须由总会计师签名并盖章。单位负责人应当保证财务会计报告真实、完整。

(五)会计资料的保管

根据《会计法》规定,各单位对会计凭证、会计账簿、财务会计报告和其他会计资料应当建立档案,妥善保管。会计档案的保管期限、销毁、安全保护等具体管理办法,由国务院财政部门会同有关部门制定。

(六)公司、企业会计核算的特殊规定

公司、企业必须根据实际发生的经济业务事项,按照国家统一的会计制度的规定确认、计量和记录资产、负债、所有者权益、收入、费用、成本和利润。

根据《会计法》规定,各单位进行会计核算不得有下列行为:

(1)随意改变资产、负债、净资产(所有者权益)的确认标准或者计量方法,虚列、多列、不列或者少列资产、负债、净资产(所有者权益);

(2)虚列或者隐瞒收入,推迟或者提前确认收入;

(3)随意改变费用、成本的确认标准或者计量方法,虚列、多列、不列或者少列费用、成本;

(4)随意调整利润的计算、分配的方法,编造虚假利润或者隐瞒利润;

(5)违反国家统一的会计制度规定的其他行为。

六、会计监督

会计监督是会计的基本职能之一,也是我国经济监督体系的重要组成部分。有效发挥会计的监督职能,不但可以维护财经纪律和社会经济秩序,而且对建立和健全会计

基础工作、规范会计工作秩序,起到重要作用。会计监督不仅可以分为单位内部会计监督、以政府财政部门为主体的国家监督和以注册会计师为主体的社会监督,也可以分为内部监督和外部监督。

(一)内部监督

内部监督是指各单位的会计机构、会计人员对本单位实行的会计监督。各单位应当建立、健全本单位内部会计监督制度,并将其纳入本单位内部控制制度。根据《会计法》规定,单位内部会计监督制度应当符合下列要求:

(1)记账人员与经济业务事项和会计事项的审批人员、经办人员、财物保管人员的职责权限应当明确,并相互分离、相互制约;

(2)重大对外投资、资产处置、资金调度和其他重要经济业务事项的决策和执行的相互监督、相互制约程序应当明确;

(3)财产清查的范围、期限和组织程序应当明确;

(4)对会计资料定期进行内部审计的办法和程序应当明确;

(5)国务院财政部门规定的其他要求。

单位负责人应当保证会计机构、会计人员依法履行职责,不得授意、指使、强令会计机构、会计人员违法办理会计事项。

会计机构、会计人员对违反《会计法》和国家统一的会计制度规定的会计事项,有权拒绝办理或者按照职权予以纠正。会计机构、会计人员发现会计账簿记录与实物、款项及有关资料不相符的,按照国家统一的会计制度的规定有权自行处理的,应当及时处理;无权处理的,应当立即向单位负责人报告,请求查明原因,作出处理。

(二)外部监督

外部监督是指财政、审计、税务、金融管理等部门依据法律、行政法规的规定和部门的职责权限,对有关单位的会计行为、会计资料进行监督检查,以及社会中介机构如会计师事务所的注册会计师接受委托,依法对有关单位的经济活动进行审计,并据实作出客观评价。

各单位必须依法接受有关监督检查部门依法实施的监督检查,如实提供会计凭证、会计账簿、财务会计报告和其他会计资料以及有关情况,不得拒绝、隐匿、谎报。

有关法律、行政法规规定,须经注册会计师进行审计的单位,应当向受委托的会计师事务所如实提供会计凭证、会计账簿、财务会计报告和其他会计资料以及有关情况。任何单位或者个人不得以任何方式要求或者示意注册会计师及其所在的会计师事务所出具不实或者不当的审计报告。财政部门有权对会计师事务所出具审计报告的程序和内容进行监督。

依法对有关单位的会计资料实施监督检查的部门及其工作人员对在监督检查中知

悉的国家秘密、工作秘密、商业秘密、个人隐私、个人信息负有保密义务。

七、违反会计法的法律责任

根据《会计法》的规定,违反《会计法》的法律责任主要涉及行政责任和刑事责任两种责任形式。对违反《会计法》有关规定,情节轻微,不构成犯罪的,应当予以行政制裁,包括行政处罚和行政处分。对违反《会计法》有关规定,造成严重后果,构成犯罪的,根据《中华人民共和国刑法》有关规定追究刑事责任。

1. 违反《会计法》规定,有下列行为之一的,由县级以上人民政府财政部门责令限期改正,给予警告、通报批评,对单位可以并处 20 000 元以下的罚款,对其直接负责的主管人员和其他直接责任人员可以处 5 0000 元以下的罚款;情节严重的,对单位可以并处 20 0000 元以上 100 0000 元以下的罚款,对其直接负责的主管人员和其他直接责任人员可以处 5 0000 元以上 50 0000 元以下的罚款;属于公职人员的,还应当依法给予处分:

(1) 不依法设置会计账簿的;

(2) 私设会计账簿的;

(3) 未按照规定填制、取得原始凭证或者填制、取得的原始凭证不符合规定的;

(4) 以未经审核的会计凭证为依据登记会计账簿或者登记会计账簿不符合规定的;

(5) 随意变更会计处理方法的;

(6) 向不同的会计资料使用者提供的财务会计报告编制依据不一致的;

(7) 未按照规定使用会计记录文字或者记账本位币的;

(8) 未按照规定保管会计资料,致使会计资料毁损、灭失的;

(9) 未按照规定建立并实施单位内部会计监督制度或者拒绝依法实施的监督或者不如实提供有关会计资料及有关情况的;

(10) 任用会计人员不符合《会计法》规定的。

有上述所列行为之一,构成犯罪的,依法追究刑事责任。会计人员有上述所列行为之一,情节严重的,五年内不得从事会计工作。

2. 伪造、变造会计凭证、会计账簿,编制虚假财务会计报告或者隐匿、故意销毁依法应当保存的会计凭证、会计账簿、财务会计报告,由县级以上人民政府财政部门责令限期改正,给予警告、通报批评,没收违法所得,违法所得 20 0000 元以上的,对单位可以并处违法所得 1 倍以上 10 倍以下的罚款,没有违法所得或者违法所得不足 20 0000 元的,可以并处 20 0000 元以上 200 0000 元以下的罚款;对其直接负责的主管人员和其他直接责任人员可以处 10 000 元以上 50 0000 元以下的罚款,情节严重的,可以处 50 0000 元以上 200 0000 元以下的罚款;属于公职人员的,还应当依法给予处分;其中的会计人员,五年内不得从事会计工作;构成犯罪的,依法追究刑事责任。

3. 授意、指使、强令会计机构、会计人员及其他人员伪造、变造会计凭证、会计账簿,编制虚假财务会计报告或者隐匿、故意销毁依法应当保存的会计凭证、会计账簿、财务会计报告,由县级以上人民政府财政部门给予警告、通报批评,可以并处 20 0000 元以上 100 0000 元以下的罚款;情节严重的,可以并处 100 0000 元以上 500 0000 元以下的罚款;属于公职人员的,还应当依法给予处分;构成犯罪的,依法追究刑事责任。

4. 单位负责人对依法履行职责、抵制违反《会计法》规定行为的会计人员以降级、撤职、调离工作岗位、解聘或者开除等方式实行打击报复,依法给予处分;构成犯罪的,依法追究刑事责任。对受打击报复的会计人员,应当恢复其名誉和原有职务、级别。

5. 财政部门及有关行政部门的工作人员在实施监督管理中滥用职权、玩忽职守、徇私舞弊或者泄露国家秘密、工作秘密、商业秘密、个人隐私、个人信息的,依法给予处分;构成犯罪的,依法追究刑事责任。

6. 违反《会计法》有关规定,将检举人姓名和检举材料转给被检举单位和被检举人个人的,由所在单位或者有关单位依法给予处分。

7. 违反《会计法》规定,但具有《中华人民共和国行政处罚法》规定的从轻、减轻或者不予处罚情形的,依照其规定从轻、减轻或者不予处罚。

8. 因违反《会计法》规定受到处罚的,按照国家有关规定记入信用记录。

第二节 审计法

审计现已成为各国管理监督国民经济活动的重要手段。通过审计这种经济监督手段,能够确保经济活动的合法性和合理性,确保经济管理活动的正确性和有效性,确保经济资料的真实性和准确性。通过审计审查,不仅能够有效地监督经济资源的利用情况,提高财政资金使用效益,也能够及时地发现错误和问题,制止违纪违法行为,严肃财经纪律,促进廉政建设,维护国家财政经济秩序,保障国民经济和社会健康发展。

一、审计和审计法概述

(一)审计的概念及特点

审计是指由专职机构和专业人员依法对被审计单位的会计资料及其所反映的财政收支、财务收支以及有关经济活动进行审查、评价的一种监督活动。

审计的特点主要表现在以下三个方面。

一是独立性。审计机关依照法律规定独立行使审计监督权,不受其他行政机关、社会团体和个人的干涉。

二是强制性。审计活动是具有强制性的国家监督活动,被审计单位和有关人员必须积极配合,不得阻挠、拒绝,不得设置障碍,不得隐瞒真相和伪造证据,否则,要追究直接责任人员和有关人员的法律责任。

三是客观性。审计机关和审计人员办理审计事项应当客观公正,实事求是,廉洁奉公,保守秘密。

(二)审计法的概念及立法概况

审计法是调整审计关系的法律规范的总称。审计关系是指从事审计工作的专职机构和专业人员在审计过程中以及国家在管理审计工作过程中发生的社会关系。

我国现有的审计法律规范,首先表现于宪法之中。1982年颁布的《中华人民共和国宪法》(2018年3月11日修正)规定:"国务院设立审计机关,对国务院各部门和地方各级政府的财政收支,对国家的财政金融机构和企业事业组织的财务收支,进行审计监督。""县级以上的地方各级人民政府设立审计机关。地方各级审计机关依据法律规定独立行使审计监督权,对本级人民政府和上一级审计机关负责。"其次表现为专门的审计法律、法规。1985年8月29日国务院发布了《关于审计工作的暂行规定》(现已废止),1988年11月30日国务院发布了《中华人民共和国审计条例》(现已废止),1989年6月审计署制定并发布了《中华人民共和国审计条例施行细则》。为了加强国家的审计监督,维护国家财政经济秩序,提高财政资金使用效益,促进廉政建设,保障国民经济和社会健康发展,1994年8月31日八届全国人大常委会第九次会议通过了《中华人民共和国审计法》(以下简称《审计法》),该法根据2006年2月28日十届全国人大常委会第二十次会议通过的《关于修改〈中华人民共和国审计法〉的决定》进行第一次修正,根据2021年10月23日十三届全国人民代表大会常务委员会第三十一次会议《关于修改〈中华人民共和国审计法〉的决定》进行第二次修正。1997年10月21日国务院发布了《中华人民共和国审计法实施条例》(以下简称《实施条例》),2010年2月2日国务院对该条例进行了修订。《审计法》及其《实施条例》是现行审计工作的基本准则。

二、审计监督体系

《审计法》明确坚持中国共产党对审计工作的领导,构建集中统一、全面覆盖、权威高效的审计监督体系。按审计主体的不同,我国的审计体系包括国家审计、内部审计和社会审计。其中,国家审计是主体,内部审计和社会审计是重要组成部分。

(一)国家审计机关审计

国家审计机关是代表国家行使审计监督职能的机关。根据《审计法》规定,国家实行审计监督制度。国务院和县级以上地方人民政府设立审计机关。国务院设立审计署,在国务院总理领导下,主管全国的审计工作。审计长是审计署的行政首长。省、自治区、直辖市、设区的市、自治州、县、自治县、不设区的市、市辖区的人民政府的审计机关,分别在省长、自治区主席、市长、州长、县长、区长和上一级审计机关的领导下,负责本行政区域内的审计工作。

地方各级审计机关对本级人民政府和上一级审计机关负责并报告工作,审计业务以上级审计机关领导为主。

审计机关根据工作需要,经本级人民政府批准,可以在其审计管辖范围内设立派出机构。派出机构根据审计机关的授权,依法进行审计工作。

审计机关根据被审计单位的财政、财务隶属关系或者国有资源、国有资产监督管理关系,确定审计管辖范围。审计机关之间对审计管辖范围有争议的,由其共同的上级审计机关确定。上级审计机关可以将其审计管辖范围内的审计事项,授权下级审计机关进行审计,但是《审计法》第十八条至第二十条规定的审计事项(见下文审计机关职责的前三项)不得进行授权;上级审计机关对下级审计机关审计管辖范围内的重大审计事项,可以直接进行审计,但是应当防止不必要的重复审计。

审计机关应当建设信念坚定、为民服务、业务精通、作风务实、敢于担当、清正廉洁的高素质专业化审计队伍。审计机关应当加强对审计人员遵守法律和执行职务情况的监督,督促审计人员依法履职尽责。审计机关和审计人员应当依法接受监督。

(二)内部审计

内部审计是指由本部门和本单位内部设置的审计机构或者配备的专职审计人员依法独立地对本部门、本单位及下属单位的财务及有关经济活动的真实性、合法性和效益性进行的评价和监督的活动。

根据《审计法》规定,被审计单位应当加强对内部审计工作的领导,按照国家有关规定建立健全内部审计制度。审计机关应当对被审计单位的内部审计工作进行业务指导和监督。

(三)社会审计

社会审计是指由社会审计机构接受委托对被审计单位的财务收支及其有关的经济活动所进行的审计。我国的社会审计机构主要有会计师事务所和审计师事务所。社会审计机构实行有偿服务、自收自支、独立核算、依法纳税,同时,还要接受审计机关的指导、监督和管理。

根据《审计法》规定,社会审计机构审计的单位依法属于被审计单位的,审计机关按照国务院的规定,有权对该社会审计机构出具的相关审计报告进行核查。

三、审计机关的职责和权限

(一)审计机关的职责

审计机关对本级各部门(含直属单位)和下级政府预算的执行情况和决算以及其他财政收支情况,进行审计监督。审计机关的职责因不同的单位而有所不同,具体包括以下方面。

1. 审计署在国务院总理领导下，对中央预算执行情况、决算草案以及其他财政收支情况进行审计监督，向国务院总理提出审计结果报告；地方各级审计机关分别在省长、自治区主席、市长、州长、县长、区长和上一级审计机关的领导下，对本级预算执行情况、决算草案以及其他财政收支情况进行审计监督，向本级人民政府和上一级审计机关提出审计结果报告。

2. 审计署对中央银行的财务收支，进行审计监督；审计机关对国有金融机构的资产、负债、损益，进行审计监督。

3. 审计机关对国家的事业组织和使用财政资金的其他事业组织的财务收支，进行审计监督。

4. 审计机关对国有企业、国有金融机构和国有资本占控股地位或者主导地位的企业、金融机构的资产、负债、损益以及其他财务收支情况，进行审计监督。遇有涉及国家财政金融重大利益情形，为维护国家经济安全，经国务院批准，审计署可以对前款规定以外的金融机构进行专项审计调查或者审计。

5. 审计机关对政府投资和政府投资为主的建设项目的预算执行情况和决算，对其他关系国家利益和公共利益的重大公共工程项目的资金管理使用和建设运营情况，进行审计监督。

6. 审计机关对国有资源、国有资产，进行审计监督。审计机关对政府部门管理的和其他单位受政府委托管理的社会保险基金、全国社会保障基金、社会捐赠资金以及其他公共资金的财务收支，进行审计监督。

7. 审计机关对国际组织和外国政府援助、贷款项目的财务收支，进行审计监督。

8. 根据经批准的审计项目计划安排，审计机关可以对被审计单位贯彻落实国家重大经济社会政策措施情况进行审计监督。

9. 审计机关可以对被审计单位依法应当接受审计的事项进行全面审计，也可以对其中的特定事项进行专项审计。

10. 审计机关按照国家有关规定，对国家机关和依法属于审计机关审计监督对象的其他单位的主要负责人，在任职期间对本地区、本部门或者本单位的财政收支、财务收支以及有关经济活动应负经济责任的履行情况，进行审计监督。

11. 除《审计法》规定的审计事项外，审计机关对其他法律、行政法规规定应当由审计机关进行审计的事项，依照《审计法》和有关法律、行政法规的规定进行审计监督。

此外，审计机关有权对与国家财政收支有关的特定事项，向有关地方、部门、单位进行专项审计调查，并向本级人民政府和上一级审计机关报告审计调查结果。审计机关履行审计监督职责，发现经济社会运行中存在风险隐患的，应当及时向本级人民政府报告或者向有关主管机关、单位通报。审计机关和军队审计机构应当建立健全协作配合机制，按照国家有关规定对涉及军地经济事项实施联合审计。

(二)审计机关的权限

根据《审计法》的有关规定,审计机关进行审计时,行使以下职权。

1. 审计机关有权要求被审计单位按照审计机关的规定提供财务、会计资料以及与财政收支、财务收支有关的业务、管理等资料,包括电子数据和有关文档。被审计单位不得拒绝、拖延、谎报。被审计单位负责人应当对本单位提供资料的及时性、真实性和完整性负责。审计机关对取得的电子数据等资料进行综合分析,需要向被审计单位核实有关情况的,被审计单位应当予以配合。

国家政务信息系统和数据共享平台应当按照规定向审计机关开放。审计机关通过政务信息系统和数据共享平台取得的电子数据等资料能够满足需要的,不得要求被审计单位重复提供。

2. 审计机关进行审计时,有权检查被审计单位的财务、会计资料以及与财政收支、财务收支有关的业务、管理等资料和资产,有权检查被审计单位信息系统的安全性、可靠性、经济性,被审计单位不得拒绝。

3. 审计机关进行审计时,有权就审计事项的有关问题向有关单位和个人进行调查,并取得有关证明材料。有关单位和个人应当支持、协助审计机关工作,如实向审计机关反映情况,提供有关证明材料。

4. 审计机关经县级以上人民政府审计机关负责人批准,有权查询被审计单位在金融机构的账户。审计机关有证据证明被审计单位违反国家规定将公款转入其他单位、个人在金融机构账户的,经县级以上人民政府审计机关主要负责人批准,有权查询有关单位、个人在金融机构与审计事项相关的存款。

5. 审计机关进行审计时,被审计单位不得转移、隐匿、篡改、毁弃财务、会计资料以与财政收支、财务收支有关的业务、管理等资料,不得转移、隐匿、故意毁损所持有的违反国家规定取得的资产。审计机关对被审计单位违反上述规定的行为,有权予以制止;必要时经县级以上人民政府审计机关负责人批准,有权封存有关资料和违反国家规定取得的资产;对其中在金融机构的有关存款需要予以冻结的,应当向人民法院提出申请。

6. 审计机关对被审计单位正在进行的违反国家规定的财政收支、财务收支行为,有权予以制止;制止无效的,经县级以上人民政府审计机关负责人批准,通知财政部门和有关主管机关、单位暂停拨付与违反国家规定的财政收支、财务收支行为直接有关的款项,已经拨付的,暂停使用。

7. 审计机关认为被审计单位所执行的上级主管机关、单位有关财政收支、财务收支的规定与法律、行政法规相抵触的,应当建议有关主管机关、单位纠正;有关主管机关、单位不予纠正的,审计机关应当提请有权处理的机关、单位依法处理。

8. 审计机关可以向政府有关部门通报或者向社会公布审计结果。审计机关通报或者公布审计结果,应当依法保守国家秘密、工作秘密、商业秘密、个人隐私和个人信息,遵守法律、行政法规和国务院的有关规定。

审计机关履行审计监督职责,可以提请公安、财政、自然资源、生态环境、海关、税务、市场监督管理等机关予以协助。有关机关应当依法予以配合。

四、审计程序

审计程序是指审计机关和审计人员对审计项目实施审计的一系列工作过程。根据《审计法》的规定,审计工作程序一般经过四个阶段。

(一)准备阶段

审计机关根据经批准的审计项目计划确定的审计事项组成审计组,并应当在实施审计3日前,向被审计单位送达审计通知书;遇有特殊情况,经县级以上人民政府审计机关负责人批准,审计机关可以直接持审计通知书实施审计。被审计单位应当配合审计机关的工作,并提供必要的工作条件。

(二)实施阶段

审计人员通过审查财务、会计资料,查阅与审计事项有关的文件、资料,检查现金、实物、有价证券和信息系统,向有关单位和个人调查等方式进行审计,并取得证明材料。审计人员向有关单位和个人进行调查时,审计人员应当不少于2人,并出示其工作证件和审计通知书副本。

(三)报告阶段

审计组对审计事项实施审计后,应当向审计机关提出审计组的审计报告。审计组的审计报告报送审计机关前,应当征求被审计单位的意见。被审计单位应当自接到审计组的审计报告之日起10日内,将其书面意见送交审计组。审计组应当将被审计单位的书面意见一并报送审计机关。

(四)审定和决定阶段

审计机关按照审计署规定的程序对审计组的审计报告进行审议,并对被审计单位对审计组的审计报告提出的意见一并研究后,出具审计机关的审计报告。对违反国家规定的财政收支、财务收支行为,依法应当给予处理、处罚的,审计机关在法定职权范围内作出审计决定;需要移送有关主管机关、单位处理、处罚的,审计机关应当依法移送。

审计机关应当将审计机关的审计报告和审计决定送达被审计单位和有关主管机关、单位,并报上一级审计机关。审计决定自送达之日起生效。

上级审计机关认为下级审计机关作出的审计决定违反国家有关规定的,可以责成下级审计机关予以变更或者撤销,必要时也可以直接作出变更或者撤销的决定。

五、违反审计法的法律责任

根据《审计法》的有关规定,违反《审计法》的法律责任可以分为两类,一是被审计单位及有关人员的法律责任,二是审计人员的法律责任。

(一)被审计单位及有关人员的法律责任

1. 被审计单位违反《审计法》规定,拒绝、拖延提供与审计事项有关的资料的,或者提供的资料不真实、不完整的,或者拒绝、阻碍检查、调查、核实有关情况的,由审计机关责令改正,可以通报批评,给予警告;拒不改正的,依法追究法律责任。

2. 被审计单位违反《审计法》规定,转移、隐匿、篡改、毁弃财务、会计资料以及其他与财政收支、财务收支有关的业务、管理等资料,或者转移、隐匿、故意毁损所持有的违反国家规定取得的资产,审计机关认为对直接负责的主管人员和其他直接责任人员依法应当给予处分的,应当向被审计单位提出处理建议,或者移送监察机关和有关主管机关、单位处理,有关机关、单位应当将处理结果书面告知审计机关;构成犯罪的,依法追究刑事责任。

3. 对本级各部门(含直属单位)和下级政府违反预算的行为或者其他违反国家规定的财政收支行为,审计机关、人民政府或者有关主管机关、单位在法定职权范围内,依照法律、行政法规的规定,区别情况采取下列处理措施:责令限期缴纳应当上缴的款项;限期退还被侵占的国有资产;限期退还违法所得;按照国家统一的财务、会计制度的有关规定进行处理;其他处理措施。

对被审计单位违反国家规定的财务收支行为,审计机关、人民政府或者有关主管机关、单位在法定职权范围内,依照法律、行政法规的规定,也可以区别情况采取上述处理措施,并可以依法给予处罚。

4. 审计机关在法定职权范围内作出的审计决定,被审计单位应当执行。审计机关依法责令被审计单位缴纳应当上缴的款项,被审计单位拒不执行的,审计机关应当通报有关主管机关、单位,有关主管机关、单位应当依照有关法律、行政法规的规定予以扣缴或者采取其他处理措施,并将处理结果书面告知审计机关。

5. 被审计单位应当按照规定时间整改审计查出的问题,将整改情况报告审计机关,同时向本级人民政府或者有关主管机关、单位报告,并按照规定向社会公布。各级人民政府和有关主管机关、单位应当督促被审计单位整改审计查出的问题。审计机关应当对被审计单位整改情况进行跟踪检查。审计结果以及整改情况应当作为考核、任免、奖惩领导干部和制定政策、完善制度的重要参考;拒不整改或者整改时弄虚作假的,依法追究法律责任。

6. 被审计单位的财政收支、财务收支违反国家规定,审计机关认为对直接责任的主管人员和其他直接责任人员依法应当给予处分的,应当向被审计单位提出处理建议,或者移送监察机关和有关主管机关、单位处理,有关机关、单位应当将处理结果书面告知审计机关。

7. 被审计单位的财政收支、财务收支违反法律、行政法规的规定,构成犯罪的,依法追究刑事责任。

8. 报复陷害审计人员的,依法给予处分;构成犯罪的,依法追究刑事责任。

(二)审计人员的法律责任

审计人员办理审计事项,与被审计单位或者审计事项有利害关系的,应当回避。审计机关和审计人员对在执行职务中知悉的国家秘密、工作秘密、商业秘密、个人隐私和个人信息,应当予以保密,不得泄露或者向他人非法提供。

审计人员滥用职权、徇私舞弊、玩忽职守或者泄露、向他人非法提供所知悉的国家秘密、工作秘密、商业秘密、个人隐私和个人信息的,依法给予处分;构成犯罪的,依法追究刑事责任。

第三节 统计法

统计活动具有收集、整理和提供信息的功能,为科学决策和科学管理提供各种咨询意见和对策方案的咨询功能,以及正确反映经济、社会和科技的运行并进行全面系统的定量检查、监督、预警的监督功能。随着我国社会主义市场经济体制的建立和完善,统计调查领域不断扩大,调查和监督内容不断更新,这就要求我们必须认真学习和研究统计法,充分发挥统计信息、咨询、监督等整体功能的作用。

一、统计和统计法概述

(一)统计的概念及特征

统计包括统计工作、统计资料和统计学。统计工作是人们对客观事物数量方面进行调查、整理和分析的活动及过程;统计资料是统计工作的成果,是进行统计活动所调查、整理和分析的各种统计数字资料;统计学是统计活动中提炼出来的关于统计活动的理论和方法的科学。

就社会经济统计而言,统计具有以下基本特征。

第一,数量性。社会经济统计的研究对象是社会经济现象的数量方面,具体是指社会经济现象的规模、水平、结构、比例、速度等,也即数量的多少、数量关系和质与量互变的数量界限。

第二,总体性。社会经济统计研究社会经济的数量方面,指的是总体的数量方面,而不是个别事物的数量方面。

第三，具体性。社会经济统计研究社会经济的数量必须是具体的数量，而不是抽象的数量，即统计研究的数量是社会经济现象在一定时间、地点、条件下的数量表现。

第四，社会性。社会经济统计研究的是社会经济现象，具有明显的社会性。

(二)统计法的概念

统计法是调整统计关系的法律规范的总称。统计关系是指国家机关、社会团体和公民在搜集、整理、分析、提供、公布、监督和保存统计资料的统计活动中所发生的社会关系。统计法是国家统计机关行使统计职能的法律依据，也是国家进行社会经济监督的有力工具。

为了科学、有效地组织统计工作，保障统计资料的真实性、准确性、完整性和及时性，发挥统计在了解国情国力、服务经济社会发展中的重要作用，促进社会主义现代化建设事业发展，1983年12月8日六届全国人大常委会第三次会议通过了《中华人民共和国统计法》(以下简称《统计法》)，该法于1996年5月15日根据八届全国人大常委会第十九次会议通过的《关于修改〈中华人民共和国统计法〉的决定》进行修正，2009年6月27日十一届全国人大常委会第九次会议进行修订。经国务院1987年1月19日批准，国家统计局于1987年2月15日发布了《中华人民共和国统计法实施细则》(以下简称《统计法实施细则》)。经国务院2000年6月2日批准，国家统计局于2000年6月15日发布了修订后的《统计法实施细则》，并根据2005年12月16日《国务院关于修改〈中华人民共和国统计法实施细则〉的决定》进行再次修订。为确保统计数据真实准确、维护调查对象合法权益以及提升统计工作效能，2017年4月12日国务院第168次常务会议通过《中华人民共和国统计法实施条例》(以下简称《统计法实施条例》)，2017年5月28日中华人民共和国国务院令第681号公布，自2017年8月1日起施行，原《中华人民共和国统计法实施细则》同时废止。

(三)统计的任务

统计的基本任务又称为"统计的基本职能"，是指政府和政府统计机构及有关部门组织实施统计活动，应当完成的主要任务和实现的主要功能。根据《统计法》的规定，统计的基本任务是对国民经济和社会发展情况进行统计调查、统计分析，提供统计资料和统计咨询意见，实行统计监督。据此理解，统计的基本任务有三个方面。

1. 进行统计调查和统计分析

统计调查是指按照统计调查制度规定的调查目的、调查内容、调查方法、调查组织方式等，向统计调查对象搜集原始统计资料的一系列活动。统计分析是指运用统计分析方法和统计技术手段，对获得的统计资料进行深入、系统的比较、研究，以获得对经济社会运行规律、内在联系及其发展趋势等方面认识的一系列活动。

2. 提供统计资料和统计咨询意见

统计资料是指通过统计调查、统计分析所取得的、反映国民经济和社会发展情况的各种数据信息。政府统计机构和有关部门应当依照《统计法》和国家有关规定,及时向政府、其他有关部门提供统计资料,按照有关规定定期公布统计资料,在已有统计资料的基础上,对国民经济和社会发展情况进行综合分析,开展专题研究,为政府管理和决策提供参考意见和对策建议。

3. 实行统计监督

统计监督是对统计信息和咨询职能的进一步拓展,是指在统计调查取得统计资料并进行分析的基础上,对国民经济和社会运行情况、趋势等进行定量检查、监测和预警,以保障经济社会全面、协调、可持续发展。

(四)统计的基本原则

综合《统计法》的有关规定,统计工作必须遵循以下原则。

1. 建立集中统一的统计系统,加强对统计工作的组织领导

统计工作是政府管理经济社会事务的一项重要的基础性工作。为了科学、有效地开展统计工作,加强对统计工作的组织领导,我国建立起了集中统一的统计系统和统计管理体制,国务院和县级以上地方人民政府设有专门的统计机构,乡镇人民政府设置统计工作岗位,配备专职或者兼职统计人员,独立开展统计工作,依法履行管理职责。根据《统计法》的规定,国家建立集中统一的统计系统,实行统一领导、分级负责的统计管理体制。国务院和地方各级人民政府、各有关部门应当加强对统计工作的组织领导,为统计工作提供必要的保障。《统计法实施条例》还规定,县级以上地方人民政府统计机构受本级人民政府和上级人民政府统计机构的双重领导,在统计业务上以上级人民政府统计机构的领导为主。乡、镇人民政府应当设置统计工作岗位,配备专职或者兼职统计人员,履行统计职责,在统计业务上受上级人民政府统计机构领导。乡、镇统计人员的调动,应当征得县级人民政府统计机构的同意。县级以上人民政府有关部门在统计业务上受本级人民政府统计机构指导。

2. 提高统计的科学性,加强统计工作的信息化建设

统计是按照一定的统计指标体系,运用科学的统计调查方法,对国民经济和社会发展情况进行调查、分析、研究的活动,具有很强的专业性、科学性、技术性,而且随着现代信息技术的发展,在统计工作中广泛应用现代信息技术,加强统计信息资源的开发,对于提高统计工作效率也具有重要作用。因此,为了提高统计的科学性,保障统计资料的真实、准确、完整、及时,根据《统计法》的规定,国家加强统计科学研究,健全科学的统计指标体系,不断改进统计调查方法,提高统计的科学性,同时要有计划地加强统计信息化建设,推进统计信息搜集、处理、传输、共享、存储技术和统计数据库体系的现代化。

3. 切实保障统计机构和统计人员依法独立行使职权

统计机构和统计人员是统计活动实施的主体,只有依法保障统计机构和统计人员独立行使职权,才能保证他们独立、客观地进行统计调查,提出统计报告,实行统计监督,才能更好地发挥统计在了解国情国力、服务经济社会发展方面的重要作用。因此,《统计法》规定,统计机构和统计人员依法独立行使统计调查、统计报告、统计监督的职权,不受侵犯。地方各级人民政府、政府统计机构和有关部门以及各单位的负责人,不得自行修改统计机构和统计人员依法搜集、整理的统计资料,不得以任何方式要求统计机构、统计人员及其他机构、人员伪造、篡改统计资料,不得对依法履行职责或者拒绝、抵制统计违法行为的统计人员打击报复。

4. 统计调查对象应依法履行报送统计资料义务

统计调查对象,是指在政府统计调查活动中,提供关于自身情况的统计资料的单位和个人。真实、准确、完整和及时地提供统计调查所需的资料,是各类统计调查对象必须履行的法定义务。根据《统计法》的规定,国家机关、企业事业单位和其他组织以及个体工商户和个人等统计调查对象,必须依照有关规定,真实、准确、完整、及时地提供统计调查所需的资料,不得提供不真实或者不完整的统计资料,不得迟报、拒报统计资料。任何单位和个人不得利用虚假统计资料骗取荣誉称号、物质利益或者职务晋升。

5. 统计工作应依法接受社会监督

为了使统计工作规范、有序进行,保障统计资料的真实性、准确性、完整性和及时性,有效预防和惩处各种统计违法行为,《统计法》规定,统计工作应当接受社会公众的监督,任何单位和个人有权检举统计中弄虚作假等违法行为,对检举有功的单位和个人应当给予表彰和奖励。

6. 统计机构和统计人员负有依法保密的义务

统计机构和统计人员拥有统计调查、统计监督的职权,在统计工作中,能够获得统计调查对象的大量资料,知悉统计调查对象的商业秘密或者公民个人信息,有的统计资料甚至还涉及国家秘密。统计机构和统计人员在依法履行统计职权的同时,还负有保密的义务。对此,《统计法》规定,统计机构和统计人员对在统计工作中知悉的国家秘密、商业秘密和个人信息,应当予以保密。

二、统计调查管理

统计调查是统计的首要任务,在整个统计工作中处于十分重要的地位。通过统计调查获得统计资料,是统计工作的基础工作和直接目的。只有搞好统计调查工作,才能保障统计资料的真实性、准确性、完整性,才能更好地发挥统计在了解国情国力、服务经济社会发展以促进社会主义现代化建设事业发展中的作用。因此,对统计调查工作必须依法进行,严格管理。

(一)统计调查项目

1. 关于统计调查项目的分类

我国《统计法》中所称的"统计调查",是由各级人民政府、县级以上人民政府统计机构和有关部门组织实施的,故又称为"政府统计调查"。《统计法》中所称的"统计调查项目",是指在一定时期为实现特定统计调查目的而组织实施的政府统计调查项目。鉴于政府统计调查的强制性和调查主体的多元化,为了有效规范政府及其有关部门的统计行为,维护统计调查对象的合法权益,我国《统计法》在总结实践经验的基础上,对统计调查项目实行分类管理,将统计调查项目分为国家统计调查项目、部门统计调查项目、地方统计调查项目和涉外统计调查项目,并规定国家统计调查项目、部门统计调查项目、地方统计调查项目应当明确分工,互相衔接,不得重复。

(1)国家统计调查项目是指全国性基本情况的统计调查项目,这类调查往往是为了国家管理和宏观决策的需要,对基本国情国力进行统计调查,如全国经济普查、人口与就业情况统计等。

(2)部门统计调查项目是指国务院有关部门的专业性统计调查项目,这类调查所要搜集的资料,大都是国务院有关部门业务管理所需要的数据,专业性较强。

(3)地方统计调查项目是指县级以上地方人民政府及其部门的地方性统计调查项目,这类调查具有一定的地域性,只能在本行政区域内组织实施。

(4)涉外统计调查项目是中华人民共和国境外的组织、个人需要在中华人民共和国境内进行统计调查活动的。

《统计法实施条例》规定,统计资料能够通过行政记录取得的,不得组织实施调查;通过抽样调查、重点调查能够满足统计需要的,不得组织实施全面调查。部门统计调查项目、地方统计调查项目的主要内容不得与国家统计调查项目的内容重复、矛盾。

2. 关于统计调查项目的制定、审批或者备案权限

在对统计调查项目实行分类管理的基础上,为了明确责任主体,《统计法》和《统计法实施条例》还对国家统计调查项目、部门统计调查项目、地方统计调查项目和涉外统计调查项目的制定、审批或者备案权限作出了如下明确规定。

(1)国家统计调查项目由国家统计局制定,或者由国家统计局和国务院有关部门共同制定,报国务院备案;重大的国家统计调查项目报国务院审批。

(2)部门统计调查项目由国务院有关部门制定。统计调查对象属于本部门管辖系统的,报国家统计局备案;统计调查对象超出本部门管辖系统的,报国家统计局审批。

(3)地方统计调查项目由县级以上地方人民政府统计机构和有关部门分别制定或者共同制定。其中,由省级人民政府统计机构单独制定或者和有关部门共同制定的,报国家统计局审批;由省级以下人民政府统计机构单独制定或者和有关部门共同制定的,报省级人民政府统计机构审批;由县级以上地方人民政府有关部门制定的,报本级人民政府统计机构审批。

(4)涉外统计调查项目应当委托中华人民共和国境内具有涉外统计调查资格的机构进行。涉外统计调查资格应当依法报经批准。统计调查范围限于省、自治区、直辖市行政区域内的,由省级人民政府统计机构审批;统计调查范围跨省、自治区、直辖市行政区域的,由国家统计局审批。

调查项目需进行必要性、可行性和科学性论证,征求统计调查对象和专家意见,县级以上人民政府和有关部门不得组织实施营利性统计调查。

统计调查项目有下列情形之一的,审批机关或者备案机关应当简化审批或者备案程序,缩短期限:

(1)发生突发事件需要迅速实施统计调查;

(2)统计调查制度内容未作变动,统计调查项目有效期届满需要延长期限。

3. 关于统计调查项目审批原则

随着经济社会的快速发展,政府和公众对统计数据的需求大量增加,统计调查项目也在不断增多。为了保障政府统计调查的权威性,维护正常的统计工作秩序,《统计法》还对统计调查项目的审批原则作出了明确规定,要求统计调查项目的审批机关应当对调查项目的必要性、可行性、科学性进行审查,对符合法定条件的,作出予以批准的书面决定,并公布;对不符合法定条件的,作出不予批准的书面决定,并说明理由。

《统计法实施条例》规定,统计调查项目符合下列条件的,审批机关应当作出予以批准的书面决定:

(1)具有法定依据或者确为公共管理和服务所必需;

(2)与已批准或者备案的统计调查项目的主要内容不重复、不矛盾;

(3)主要统计指标无法通过行政记录或者已有统计调查资料加工整理取得;

(4)统计调查制度符合统计法律法规规定,科学、合理、可行;

(5)采用的统计标准符合国家有关规定;

(6)制定机关具备项目执行能力。

不符合前款规定条件的,审批机关应当向制定机关提出修改意见;修改后仍不符合前款规定条件的,审批机关应当作出不予批准的书面决定并说明理由。

审批机关应当自受理统计调查项目审批申请之日起20日内作出决定。20日内不能作出决定的,经审批机关负责人批准可以延长10日,并应当将延长审批期限的理由告知制定机关。

(二)统计调查制度

每项统计调查都有其相应的统计调查制度。统计调查制度是指实施一项统计调查必须遵守的技术性规范,是统计调查项目的核心内容。制定统计调查项目,应当同时制定该项目的统计调查制度,并依照《统计法》关于统计调查项目的审批或者备案权限一并报经审批或者备案。

根据《统计法》的规定,制定统计调查制度,应当对以下内容作出明确规定。

1. 调查目的,即通过调查要实现的目标。

2. 调查内容,即为了达到统计调查目的,需要搜集的统计调查对象的相关原始数据和资料等。如对城市住户的统计调查,其主要内容包括:城市居民家庭成员情况、住房情况、就业情况、收入情况和基本消费支出情况等。

3. 调查方法,即确定或选取统计调查对象的方法。经常被采用的统计调查方法有:普查、抽样调查、定期全面统计报表、重点调查等。

4. 调查对象,在政府统计调查活动中,具有统计资料报送义务,应当提供属于调查内容的自身情况相关资料的单位和个人。

5. 调查组织方式,即统计调查实施过程的组织管理方式,包括向调查对象送达统计调查表的方式、统计调查对象提供统计资料的方式、统计资料的审核和汇总方式等。

6. 调查表式,即要求被调查对象填报的、用于搜集原始数据和资料的统计调查表的格式。

7. 统计资料的报送,包括报送的时间、报送的方式等。

8. 统计资料的公布,包括公布的主体、审批程序、公布的时间、公布的方式等。

统计调查制度一经批准或者备案即产生法律效力,统计调查应当严格按照依法经批准或者备案的统计调查制度组织实施。需要变更统计调查制度内容的,应当报经原审批机关批准或者原备案机关备案。

统计机构、统计人员组织实施统计调查,应当就统计调查对象的法定填报义务、主要指标涵义和有关填报要求等,向统计调查对象作出说明。

县级以上人民政府统计机构和有关部门应当及时公布主要统计指标涵义、调查范围、调查方法、计算方法、抽样调查样本量等信息,对统计数据进行解释说明。

(三)统计调查表

统计调查表是指由统计调查的组织实施者根据统计调查的需要制作的,用以对统计调查对象进行登记、搜集相关原始数据和资料,要求调查对象按照统一规定填报的表格。

统计调查表是统计调查内容的具体化,具有法定效力,调查对象必须依法填报。同时,为了维护统计调查工作秩序,杜绝违法统计调查,有效维护统计调查对象的合法权益,统计调查表的制作必须符合法律规定。根据《统计法》的规定,统计调查表应当标明表号、制定机关、批准或者备案文号、有效期限等标志。对未标明规定的标志或者超过有效期限的统计调查表,统计调查对象有权拒绝填报,县级以上人民政府统计机构应当依法责令停止有关统计调查活动。

(四)统计调查方法

统计调查方法是指统计资料的搜集方法,即确定或选取统计调查对象的方法。常用的统计调查方法主要有普查、抽样调查、全面调查、重点调查等。

根据《统计法》的规定,搜集、整理统计资料应当以周期性普查为基础,以经常性抽样调查为主体,综合运用全面调查、重点调查等方法,并充分利用行政记录等资料。鉴于重大国情国力的普查涉及面较广、工作量较大、时间性较强,需要社会各方面的大力支持与配合。因此,《统计法》规定,重大国情国力普查,由国务院统一领导,国务院和地方人民政府组织统计机构和有关部门共同实施。

(五)统计标准

统计标准是指按照国家有关规定,对各种统计指标的涵义、计算方法、分类目录、调查表式和统计编码等作出的统一规范。

统计标准可以分为国家统计标准、部门统计标准和其他统计标准。国家统计标准是在全国范围内强制执行的标准;部门统计标准是在一个部门范围内强制执行的统计标准;其他统计标准是在既没有国家标准也没有部门标准的情况下,根据国家统计局和国务院有关部门制定统计标准的基本原则而制定的补充性的统计标准。

制定统一的统计标准,是整个统计工作中的一项重要基础工作,是实现统计信息交流的共同语言,也是保障统计数据准确性、统一性、可比性、连续性的一种技术手段,为此《统计法》规定,国家制定统一的统计标准,保障统计调查采用的指标涵义、计算方法、分类目录、调查表式和统计编码等的标准化。

为了提高统计工作质量,维护统计标准的权威性和统一性,《统计法》对统计标准的制定机关及其权限也作出了明确规定,即:国家统计标准由国家统计局制定,或者由国家统计局和国务院标准化主管部门共同制定;国务院有关部门可以制定补充性的部门统计标准,报国家统计局审批,但部门统计标准不得与国家统计标准相抵触。

三、统计资料的管理和公布

统计资料是指在统计活动中产生的反映国民经济和社会发展情况的资料以及与之相关的其他资料的总称。统计资料包括原始统计资料、汇总资料、有关说明、分析材料以及统计报告等。加强统计资料的管理,对于保障统计资料的真实性、准确性、完整性和及时性,防止统计数据失真、数据混乱、资料遗失和统计泄密等行为的发生,具有重要的作用。鉴于此,《统计法》对统计资料的管理和公布作出了明确规定,这主要包括以下内容。

(一)关于统计资料的保存、管理和统计信息的共享与备份制度

统计资料的保存和管理是对统计调查所获得的统计资料进行存储、登记、审核、调整、归档、发布等一系列活动的总称,是统计工作的一项重要内容。建立统计信息共享机制是发挥统计资料的作用、服务经济社会发展、服务广大社会公众的有效途径,也是降低统计成本的重要手段。根据《统计法》的规定,县级以上人民政府统计机构和有关部门以及乡、镇人民政府,应当按照国家有关规定建立统计资料的保存、管理制度,建立健全统计信息共享机制。《统计法实施条例》规定,国家建立统计资料灾难备份系统。统计调

查中取得的统计调查对象的原始资料,应当至少保存2年。汇总性统计资料应当至少保存10年,重要的汇总性统计资料应当永久保存。法律法规另有规定的,从其规定。

(二)关于统计调查对象的统计资料管理制度

为了加强统计基础工作,统计调查对象应依法建立严格规范的统计资料管理制度,增强统计资料审核、签署人员的工作责任意识,以保障统计资料来源的真实性、准确性、完整性和及时性。根据《统计法》的规定,国家机关、企业事业单位和其他组织等统计调查对象,应当按照国家有关规定设置原始记录、统计台账,建立健全统计资料的审核、签署、交接、归档等管理制度。统计资料的审核、签署人员应当对其审核、签署的统计资料的真实性、准确性和完整性负责。

(三)关于政府有关部门和政府统计机构互相提供有关资料的义务

政府有关部门和政府统计机构之间互相提供统计资料和其他有关资料,有利于提高统计资料和其他行政资料的利用效率,也有利于减少统计报表,减轻统计调查对象的负担,降低统计成本,提高统计工作效率。根据《统计法》的规定,县级以上人民政府有关部门应当及时向本级人民政府统计机构提供统计所需的行政记录资料和国民经济核算所需的财务资料、财政资料及其他资料,并按照统计调查制度的规定及时向本级人民政府统计机构报送其组织实施统计调查取得的有关资料。县级以上人民政府统计机构应当及时向本级人民政府有关部门提供有关统计资料。

(四)关于政府统计机构和政府有关部门公布统计资料的规定

统计资料的公布是指按照一定的程序和方式向社会公开统计调查和国民经济核算取得的有关资料和数据的行为。建立统计资料的公布制度,其目的是让各类组织和社会公众及时了解统计信息。根据《统计法》的规定,县级以上人民政府统计机构按照国家有关规定,定期公布统计资料。国家统计数据以国家统计局公布的数据为准。县级以上人民政府有关部门统计调查取得的统计资料,由本部门按照国家有关规定公布。县级以上人民政府统计机构和有关部门统计调查取得的统计资料,除依法应当保密的外,应当及时公开,供社会公众查询。目前,政府统计机构定期公布统计资料在我国已经形成制度,如每年按时发表国民经济和社会发展统计公报,定期出版统计年鉴、统计月报,定期召开新闻发布会公布年度、季度、月度社会经济发展情况等。

四、统计机构和统计人员

(一)统计机构和统计人员的设置

为了加强对统计工作的组织领导,国家建立了集中统一的统计系统,实行统一领导、分级负责的统计管理体制,《统计法》对统计机构和统计人员的设置作出了明确规定。

关于政府统计机构和乡镇统计工作岗位的设置,《统计法》规定,国务院设立国家统计局,依法组织领导和协调全国的统计工作。国家统计局根据工作需要设立的派出调查机构,承担国家统计局布置的统计调查等任务。县级以上地方人民政府设立独立的统计机构,乡、镇人民政府设置统计工作岗位,配备专职或者兼职统计人员,依法管理、开展统计工作,实施统计调查。这里所称的"国家统计局的派出调查机构",是指国家统计局的各级调查队,它独立于地方人民政府,其主要职责是依法承担国家统计局布置的统计调查任务,向国家统计局直接上报统计调查结果,并负责查处其组织实施的统计调查活动中发生的违法行为。目前,国家统计局在全国31个省、自治区、直辖市以及新疆生产建设兵团、15个副省级城市、318个市(地、州、盟)以及887个县(市、区、旗)都设有派出调查队。

关于政府有关部门统计机构、统计人员的设置,《统计法》规定,县级以上人民政府有关部门根据统计任务的需要设立统计机构,或者在有关机构中设置统计人员,并指定统计负责人,依法组织、管理本部门职责范围内的统计工作,实施统计调查,在统计业务上受本级人民政府统计机构的指导。在县级以上人民政府有关部门设立专门统计机构,或者在有关机构中设置统计人员,组织开展统计工作,也是我国政府统计系统的重要组成部分。由于政府有关部门的实际情况不同,对于统计信息需求量大的部门,可以设置专门的统计机构;对于统计信息需求量小的部门,也可以不设置专门的统计机构,而在有关局处或者科室设置统计人员。

(二)统计机构和统计人员的职责

《统计法》在赋予统计机构、统计人员独立进行统计调查、统计报告、统计监督权力的同时,也对统计机构、统计人员的职责进行了规定。根据《统计法》的规定,统计机构、统计人员应当依法履行职责,如实搜集、报送统计资料,不得伪造、篡改统计资料,不得以任何方式要求任何单位和个人提供不真实的统计资料,不得有其他违反《统计法》规定的行为。

"依法履行职责"是对统计机构、统计人员职责的原则性要求,即要求统计机构、统计人员应当依照法律法规规定的权限、程序、准则履行职责,不得有超越职权、滥用职权、违反程序、违背职业准则的行为。

"如实搜集、报送统计资料"是对统计机构、统计人员基本职责的要求,即要求统计机构和统计人员应当搜集、报送真实、准确的统计资料。

"不得伪造、篡改统计资料"和"不得以任何方式要求任何单位和个人提供不真实的统计资料",也是统计机构、统计人员的一项基本职责,即要求统计机构和统计人员不得凭空捏造虚假的统计资料,不得对汇总统计资料或者统计调查对象提供的统计资料进行随意修改,也不得以暗示、授意、强令、胁迫等方式要求任何单位和个人提供与客观情况不符的统计资料。

"不得有其他违反《统计法》规定的行为",是对统计机构、统计人员其他法定职责的概括性要求,如不得泄露统计调查对象的商业秘密和个人信息,不得违反法定程序公布统计资料等。

统计人员除应当依法履行上述职责外,还应当坚持实事求是,恪守职业道德,对其负责搜集、审核、录入的统计资料与统计调查对象报送的统计资料的一致性负责。

(三)统计人员的权力和专业素质

依法进行统计调查,既是统计人员的权力,也是统计人员的基本职责和工作任务。为了保障统计调查工作的顺利进行,《统计法》对统计人员在统计调查活动中享有的权利、应当履行的义务及其专业素质的要求也作出了明确规定。

根据《统计法》的规定,统计机构和统计人员依照《统计法》规定独立行使统计调查、统计报告、统计监督的职权,不受侵犯。统计人员进行统计调查时,有权就与统计有关的问题询问有关人员,要求其如实提供有关情况、资料并改正不真实、不准确的资料。但为了维护统计调查对象的合法权益,防止其他人员假冒统计人员的名义非法开展统计调查,《统计法》要求统计人员进行统计调查时,应当出示县级以上人民政府统计机构或者有关部门颁发的工作证件,未出示的,统计调查对象有权拒绝调查。

为了提高统计工作的质量和水平,需要建立一支有良好职业道德和专业素质的统计队伍。根据《统计法》的规定,国家实行统计专业技术职务资格考试、评聘制度,提高统计人员的专业素质,保障统计队伍的稳定性。统计人员应当具备与其从事的统计工作相适应的专业知识和业务能力。县级以上人民政府统计机构和有关部门应当加强对统计人员的专业培训和职业道德教育。

五、监督检查

统计机构和统计人员有依法独立行使统计调查、统计报告、统计监督的权力。为了督促和保证政府统计机构和有关部门依法履行职责,完成统计调查、统计报告、统计监督等方面的任务,保护统计调查对象的合法权益,《统计法》对统计的监督检查制度也作出了明确规定。

(一)统计监督权限及统计违法行为的查处

1. 关于统计监督权限的划分

根据《统计法》的规定,县级以上人民政府及其监察机关对下级人民政府、本级人民政府统计机构和有关部门执行《统计法》的情况实施监督。这就是说,县级以上人民政府有权对下级人民政府、本级人民政府统计机构和有关部门执行《统计法》的情况进行监督,同时要加强对统计工作的组织领导,对统计工作给予必要的支持,但是不得违法干预统计工作。监察机关作为政府行使监察职能的专门机关,负责对国家行政机关及其工作人员执行国家法律、法规和政策情况进行监督、检查,对其违法违纪行为进行查处。因此,县级以上人民政府监察机关也有权对下级人民政府、本级人民政府统计机构和有关部门执行《统计法》的情况进行监督。

2. 关于政府统计机构和有关部门对统计违法行为的查处

根据《统计法》的规定,国家统计局组织管理全国统计工作的监督检查,查处重大统计违法行为。县级以上地方人民政府统计机构依法查处本行政区域内发生的统计违法行为,但是,国家统计局派出的调查机构组织实施的统计调查活动中发生的统计违法行为,由组织实施该项统计调查的调查机构负责查处。法律、行政法规对有关部门查处统计违法行为另有规定的,从其规定。这就是说,国家统计局作为国务院的直属机构,依法组织领导和协调全国的统计工作,承担着确保统计数据真实、准确、完整、及时的责任,因此,国家统计局负责对全国统计工作实施监督检查,查处重大统计违法行为。同时,根据属地管辖原则,县级以上地方人民政府统计机构负责对本行政区域内发生的统计违法行为予以查处。

3. 政府有关部门负有协助政府统计机构查处统计违法行为的义务

除法律、行政法规另有规定外,统计违法行为应当由国家统计局及其派出调查机构和县级以上地方人民政府统计机构进行查处。但由于有些统计调查是由政府有关部门组织实施的,组织实施该项调查的有关部门掌握了统计调查和违法行为的具体情况,为了保证统计违法行为得到及时、有效查处,《统计法》规定,县级以上人民政府有关部门应当积极协助本级人民政府统计机构查处统计违法行为,及时向本级人民政府统计机构移送有关统计违法案件材料。

(二)政府统计机构监督检查的职权和职责

根据《统计法》的规定,县级以上人民政府统计机构在调查统计违法行为或者核查统计数据时,有权采取下列措施:

(1)发出统计检查查询书,向检查对象查询有关事项;

(2)要求检查对象提供有关原始记录和凭证、统计台账、统计调查表、会计资料及其他相关证明和资料;

(3)就与检查有关的事项询问有关人员;

(4)进入检查对象的业务场所和统计数据处理信息系统进行检查、核对;

(5)经本机构负责人批准,登记保存检查对象的有关原始记录和凭证、统计台账、统计调查表、会计资料及其他相关证明和资料;

(6)对与检查事项有关的情况和资料进行记录、录音、录像、照相和复制。

县级以上人民政府统计机构进行监督检查时,监督检查人员不得少于2人,并应当出示执法证件;未出示的,有关单位和个人有权拒绝检查。

县级以上人民政府统计机构履行监督检查职责时，有关单位和个人应当如实反映情况，提供相关证明和资料，不得拒绝、阻碍检查，不得转移、隐匿、篡改、毁弃原始记录和凭证、统计台账、统计调查表、会计资料及其他相关证明和资料。

六、法律责任

2009年修改的《统计法》对违反《统计法》规定的违法行为及其法律责任，作出了更加明确的规定，具体包括以下几个方面。

（一）地方人民政府、政府统计机构或者有关部门、单位的负责人的违法行为及其法律责任

根据《统计法》的规定，地方人民政府、政府统计机构或者有关部门、单位的负责人有下列行为之一的，由任免机关或者监察机关依法给予处分，并由县级以上人民政府统计机构予以通报：

(1)自行修改统计资料、编造虚假统计数据的；
(2)要求统计机构、统计人员或者其他机构、人员伪造、篡改统计资料的；
(3)对依法履行职责或者拒绝、抵制统计违法行为的统计人员打击报复的；
(4)对本地方、本部门、本单位发生的严重统计违法行为失察的。

根据《统计法实施条例》，严重统计违法行为的失察包括：
(1)本地方、本部门、本单位大面积发生或者连续发生统计造假、弄虚作假；
(2)本地方、本部门、本单位统计数据严重失实，应当发现而未发现；
(3)发现本地方、本部门、本单位统计数据严重失实不予纠正。

（二）政府统计机构、有关部门及有关人员在组织实施统计调查活动中的违法行为及其法律责任

根据《统计法》的规定，县级以上人民政府统计机构或者有关部门在组织实施统计调查活动中有下列行为之一的，由本级人民政府、上级人民政府统计机构或者本级人民政府统计机构责令改正，予以通报；对直接负责的主管人员和其他直接责任人员，由任免机关或者监察机关依法给予处分：

(1)未经批准擅自组织实施统计调查的；
(2)未经批准擅自变更统计调查制度的内容的；
(3)伪造、篡改统计资料的；
(4)要求统计调查对象或者其他机构、人员提供不真实的统计资料的；
(5)未按照统计调查制度的规定报送有关资料的。

其中，统计人员有上述第(3)项至第(5)项所列行为之一的，责令改正，依法给予处分。

此外,根据《统计法实施条例》,县级以上人民政府统计机构或者有关部门组织实施营利性统计调查的,由本级人民政府、上级人民政府统计机构或者本级人民政府统计机构责令改正,予以通报;有违法所得的,没收违法所得。

对违法从事涉外统计调查活动的单位、个人,由国家统计局或者省级人民政府统计机构责令改正或者责令停止调查,有违法所得的,没收违法所得;违法所得50万元以上的,并处违法所得1倍以上3倍以下的罚款;违法所得不足50万元或者没有违法所得的,处200万元以下的罚款;情节严重的,暂停或者取消涉外统计调查资格,撤销涉外社会调查项目批准决定;构成犯罪的,依法追究刑事责任。

(三)政府统计机构、有关部门及有关人员违反有关统计资料的公布、保密和保存规定的法律责任

根据《统计法》的规定,县级以上人民政府统计机构或者有关部门有下列行为之一的,对直接负责的主管人员和其他直接责任人员由任免机关或者监察机关依法给予处分:

(1)违法公布统计资料的;

(2)泄露统计调查对象的商业秘密、个人信息或者提供、泄露在统计调查中获得的能够识别或者推断单个统计调查对象身份的资料的;

(3)违反国家有关规定,造成统计资料毁损、灭失的。

上述"能够识别或者推断单个统计调查对象身份的资料"包括:

(1)直接标明单个统计调查对象身份的资料;

(2)虽未直接标明单个统计调查对象身份,但是通过已标明的地址、编码等相关信息可以识别或者推断单个统计调查对象身份的资料;

(3)可以推断单个统计调查对象身份的汇总资料。

统计人员有上述所列行为之一的,依法给予处分。统计机构、统计人员泄露国家秘密的,依法追究法律责任。单个统计调查对象身份的资料,除作为统计执法依据外,不得直接作为对统计调查对象实施行政许可、行政处罚等具体行政行为的依据。

根据《统计法实施条例》,违反国家有关规定对外提供尚未公布的统计资料或者利用尚未公布的统计资料谋取不正当利益的,由任免机关或者监察机关依法给予处分,并由县级以上人民政府统计机构予以通报。

(四)作为统计调查对象的有关单位及有关人员在统计调查和执法检查活动中的违法行为及其法律责任

根据《统计法》的规定,作为统计调查对象的国家机关、企业事业单位或者其他组织有下列行为之一的,由县级以上人民政府统计机构责令改正,给予警告,可以予以通报;其直接负责的主管人员和其他直接责任人员属于国家工作人员的,由任免机关或者监

察机关依法给予处分：

(1)拒绝提供统计资料或者经催报后仍未按时提供统计资料的；

(2)提供不真实或者不完整的统计资料的；

(3)拒绝答复或者不如实答复统计检查查询书的；

(4)拒绝、阻碍统计调查、统计检查的；

(5)转移、隐匿、篡改、毁弃或者拒绝提供原始记录和凭证、统计台账、统计调查表及其他相关证明和资料的。

企业事业单位或者其他组织有上述所列行为之一的，可以并处 5 万元以下的罚款；情节严重的，并处 5 万元以上 20 万元以下的罚款。个体工商户有上述所列行为之一的，由县级以上人民政府统计机构责令改正，给予警告，可以并处 1 万元以下的罚款。

(五)作为统计调查对象的有关单位及个体工商户，迟报统计资料或者未按照规定设置原始记录、统计台账的法律责任

根据《统计法》的规定，作为统计调查对象的国家机关、企业事业单位或者其他组织迟报统计资料，或者未按照国家有关规定设置原始记录、统计台账的，由县级以上人民政府统计机构责令改正，给予警告。企业事业单位或者其他组织有上述所列行为之一的，可以并处 1 万元以下的罚款。个体工商户迟报统计资料的，由县级以上人民政府统计机构责令改正，给予警告，可以并处 1000 元以下的罚款。

(六)作为统计调查对象的个人在普查中的违法行为及法律责任

根据《统计法》的规定，作为统计调查对象的个人在重大国情国力普查活动中拒绝、阻碍统计调查，或者提供不真实或者不完整的普查资料的，由县级以上人民政府统计机构责令改正，予以批评教育。

(七)利用虚假统计资料骗取相关利益的法律责任

根据《统计法》的规定，违反《统计法》有关规定，利用虚假统计资料骗取荣誉称号、物质利益或者职务晋升的，除对其编造虚假统计资料或者要求他人编造虚假统计资料的行为依法追究法律责任外，由作出有关决定的单位或者其上级单位、监察机关取消其荣誉称号，追缴获得的物质利益，撤销晋升的职务。

当事人对县级以上人民政府统计机构作出的行政处罚决定不服的，可以依法申请行政复议或者提起行政诉讼。其中，对国家统计局在省、自治区、直辖市派出的调查机构作出的行政处罚决定不服的，向国家统计局申请行政复议；对国家统计局派出的其他调查机构作出的行政处罚决定不服的，向国家统计局在该派出机构所在的省、自治区、直辖市派出的调查机构申请行政复议。

统计违法行为涉嫌犯罪的，县级以上人民政府统计机构应当将案件移送司法机关

处理。对于违反《统计法》规定,构成犯罪的,依法追究刑事责任。

思考题

1. 解释下列概念:
会计　会计法　注册会计师　会计核算　审计　审计法　内部审计　社会审计
统计法　统计调查　统计资料　统计监督　统计调查对象　统计调查项目
统计调查制度　统计标准
2. 简述会计法的基本原则。
3. 简述我国的会计工作管理体制。
4. 会计核算的内容有哪些?
5. 简述会计核算的基本要求和基本环节。
6. 单位内部会计监督制度应当符合哪些基本要求?
7. 简述我国的审计管理体制。
8. 审计机关进行审计时行使哪些职权?
9. 简述我国审计工作的基本程序。
10. 简述统计的任务和原则。
11. 统计调查制度一般包括哪些内容?
12. 统计调查方法有哪些?
13. 统计资料一般包括哪些内容?
14. 统计机构和统计人员的职责有哪些?

阅读文献

1.《中华人民共和国会计法》,1985年1月21日六届全国人民代表大会常务委员会第九次会议通过,根据1993年12月29日八届全国人民代表大会常务委员会第五次会议《关于修改〈中华人民共和国会计法〉的决定》第一次修正,1999年10月31日九届全国人民代表大会常务委员会第十二次会议重新修订颁布,根据2017年11月4日十二届全国人大常委会第三十次会议《关于修改〈中华人民共和国会计法〉等十一部法律的决定》第二次修正,根据2024年6月28日十四届全国人大常委会第十次会议《关于修改〈中华人民共和国会计法〉的决定》第三次修正。

2.《中华人民共和国注册会计师法》,1993年10月31日八届全国人民代表大会常务委员会第四次会议通过,根据2014年8月31日十二届全国人大常委会第十次会议《关于修改〈中华人民共和国保险法〉等五部法律的决定》修正。

3.《总会计师条例》,1990年12月31日国务院发布,根据2011年1月8日《国务院关于废止和修改部分行政法规的决定》修订。

4.《会计基础工作规范》,1996年6月17日财政部发布,根据2019年3月14日《财政部关于修改〈代理汇账管理办法〉等工商部门规章的决定》修改。

5.《中华人民共和国审计法》,1994年8月31日八届全国人民代表大会常务委员会第九次会议通过,根据2006年2月28日十届全国人民代表大会常务委员会第二十次会议通过的《关于修改〈中华人民共和国审计法〉的决定》第一次修正,根据2021年10月23日十三届全国人民代表大会常务委员会第三十一次会议《关于修改〈中华人民共和国审计法〉的决定》第二次修正。

6.《中华人民共和国审计法实施条例》,1997年10月21日国务院发布,2010年2月2日国务院修订。

7.《中华人民共和国统计法》,1983年12月8日六届全国人民代表大会常务委员会第三次会议通过,根据1996年5月15日八届全国人民代表大会常务委员会第十九次会议《关于修改〈中华人民共和国统计法〉的决定》修正,2009年6月27日十一届全国人民代表大会常务委员会第九次会议修订。

8.《中华人民共和国统计法实施条例》,2017年4月12日国务院第168次常务会议通过,2017年5月28日中华人民共和国国务院令第681号公布,自2017年8月1日起施行,原《中华人民共和国统计法实施细则》同时废止。

第十一章

证券票据法

本章概要

证券和证券法的概念,证券发行的条件和程序,申请证券上市交易的条件和程序,证券交易的程序及法律禁止的交易行为,信息披露制度,上市公司收购,相关的证券机构及违反证券法的法律责任;票据和票据法的概念,票据权利,票据行为,票据抗辩,票据的丧失及补救,有关汇票、本票、支票的基本法律规定,涉外票据的法律适用及违反票据法的法律责任等。

第一节 证券法

在发达的市场经济国家中,作为证券基本形式的股票和债券已成为金融市场中最活跃、最重要的长期融资工具和金融资产,证券市场也相应成为资本市场的核心。证券市场极大地促进了经济的发展,但其内在的投机性质也对经济的发展构成了潜在的威胁。因此,客观上需要建立一套完整、系统而又严格、具体的法律规范,来规范、约束证券市场主体的行为,创造一个公平、合理、有序的证券市场环境,以保护投资者的合法权益,维护社会经济秩序,促进市场经济的健康发展。

一、证券及证券法概述

(一)证券的概念及特征

证券是一种权利证明,是发行人为了证明或者设定财产权利,依照法定程序,以书面形式或者电子记账的形式交付给债权人的一种凭证。

证券有广义和狭义之分。广义的证券包括资本证券、货币证券、货物证券等。资本证券是证明持有人资本所有权与收益权的证券,一般用于筹集资金或者投资活动,如股票、债券等。货币证券是证明持有人享有一定数额货币请求权的证券,如票据和银行信用卡等。货物证券是证明持有人享有一定数量货物请求权的证券,权利的标的物是特定的货物,如提单、仓单等。狭义的证券是指资本证券,也是证券法和本节所要研究的内容。

证券具有以下特征。

第一,证券是一种投资凭证。投资者的权利是通过证券证明的,并凭借证券获取相应的收益。

第二,证券是一种权益凭证。证券代表的是一定的权利,如股票代表的是股权,债券代表的是债权。

第三,证券可以变现和流通。证券可以转让,所以证券具有流通性,投资者可以随时将持有的证券转让给他人,或者就期满的债券请求发行人兑换成现款,以实现自己的权利。

(二)证券的种类

目前,我国证券市场上发行和流通的主要有以下几种证券。

1. 股票

股票是股份有限公司依法发行的,证明股东所持股份的凭证。我国目前发行的股票可以作以下分类。

根据股票是否记载股东姓名或者名称，可分为记名股票和无记名股票。记名股票要求将股东的姓名或者名称记载于股票和公司股东名册；无记名股票无须将股东的姓名或者名称记载于股票和公司股东名册。

根据股东承担风险和享有权利的不同，可分为普通股、优先股。普通股是公司的普通股份，持有普通股的股东对公司的管理和收益享有平等权利，在公司中的法律地位一律平等；优先股属于公司特别股的范围，持有优先股的股东对公司资产、利润分配等享有比普通股优先的权利。

根据投资主体不同，可分为国家股、法人股、社会公众股。其中，国家股是指由国家授权投资机构或者授权投资部门向公司投资而形成的股份；法人股是指具有法人资格的企业事业单位和社会团体以其依法占有或者支配的资产向公司投资而形成的股份；社会公众股是指股份有限公司向普通社会公众发行的股份。

根据投资者身份和上市地点不同，可分为 A 股、B 股、H 股、N 股、S 股等。其中，A 股是指境内上市内资股，供国内投资人用人民币认购和买卖的股票；B 股是指境内上市外资股，供境内外投资人用外币认购和买卖；H 股、N 股、S 股是指境外上市外资股，是公司向境外投资人募集并在境外上市的股票，其中，H 股是指在香港挂牌上市的外资股，N 股是指在纽约挂牌上市的外资股，S 股是指在新加坡挂牌上市的外资股。

2. 债券

债券是政府、金融机构、公司等依法发行的，约定在一定期限内还本付息的有价证券。根据发行主体不同，可分为政府债券、金融债券和公司债券。政府债券又称"国债券"，包括国库券、财政债券、国家建设债券等。政府债券由国家信用作担保，被称为"金边债券"。金融债券是由银行和非银行金融机构依法发行的债券。公司债券是公司为筹措资金，依照法定程序发行的，约定在一定期限内还本付息的有价证券。公司债券按照能否转换为股票为标准，可分为可转换公司债券和不可转换公司债券。可转换公司债券是指在一定期限内，可以按照约定条件转换为普通股股票的特殊公司债券。

3. 证券投资基金

证券投资基金是指一种利益共享、风险共担的集合证券投资方式，即通过发行基金份额，集中基金投资者的资金，由基金托管人托管，由基金管理人管理和运用资金，从事股票、债券等金融工具投资的方式。

(三)证券市场

证券市场是指各种有价证券发行和流通交易的场所。证券市场以证券交易所为主要形式，它是现代金融市场的重要组成部分。证券市场分为证券发行市场和证券流通市场。证券发行市场又称为"一级市场"，是进行证券发行活动的市场，其功能是为资金需要者提供筹集资金服务，为投资者提供投资收益的机会。证券流通市场即证券交易市场,又称为"二级市场",是供投资者买卖证券的场所。证券交易市场又可分为场内交易市场和场外交易市场。场内交易市场是指通过证券交易所买卖证券的市场,场外交易市场是指在证券交易所外由证券买卖双方议价成交的市场。

(四)证券法的概念及适用范围

1. 证券法的概念

证券法是调整证券发行、交易和证券监管过程中发生的社会关系的法律规范的总称。为了规范证券发行与交易行为,保护投资者的合法权益,维护社会经济秩序和社会公共利益,促进社会主义市场经济的发展,1998年12月29日九届全国人大常委会第六次会议通过了《中华人民共和国证券法》(以下简称《证券法》)。该法根据2004年8月28日十届全国人大常委会第十一次会议《关于修改〈中华人民共和国证券法〉的决定》进行第一次修正,2005年10月27日十届全国人大常委会第十八次会议进行第一次修订,根据2013年6月29日十二届全国人大常委会第三次会议《关于修改〈中华人民共和国文物保护法〉等十二部法律的决定》进行第二次修正,根据2014年8月31日十二届全国人大常委会第十次会议《关于修改〈中华人民共和国保险法〉等五部法律的决定》进行第三次修正,2019年12月28日十三届全国人大常委会第十五次会议第二次修订。

从广义上讲,我国的证券法除包括《证券法》外,还包括其他法律中有关证券管理方面的内容、国务院颁发的有关证券管理方面的行政法规、证券管理部门发布的部门规章、地方立法部门颁布的证券管理方面的地方性法规和规章等。在《证券法》颁布之前,1993年4月25日国务院发布了《股票发行与交易管理暂行条例》,对股票的发行与交易进行了规范。1993年12月29日八届全国人大常委会第五次通过了《中华人民共和国公司法》,对股票、公司债券的发行和上市作出了规定。1997年3月14日八届全国人大第五次会议通过的修订后的《中华人民共和国刑法》,增列了有关证券犯罪和处罚的规定。其他行政法规还包括《国库券条例》(1992年12月18日发布)、《企业债券管理条例》(1993年8月2日发布)、《国务院关于股份有限公司境外募集股份及上市的特别规定》(1994年8月4日发布,现已废止)、《国务院关于股份有限公司境内上市外资股的规定》(1995年12月25日发布)等。其他行政规章包括国务院证券委员会发布的《证券交易所管理暂行办法》(1993年7月7日发布,现已废止)、《禁止证券欺诈行为暂行办法》(1993年9月2日发布,现已废止)、《证券业从业人员资格管理暂行规定》(1995年5月13日发布)、《可转换公司债券管理暂行办法》(1997年3月25日发布,现已废止)、《证券投资基金管理暂行办法》(1997年11月14日发布,现已废止)等。其他规范性文件如中国证券监督管理委员会(以下简称"中国证监会")发布的《公开发行股票公司信息披露实施细则(试行)》(1993年6月12日发布,现已废止)、《国债期货交易管理暂行办法》(1995年2月23日中国证监会与中华人民共和国财政部联合发布,现已废止)、《关于股票发行与认购方式的暂行规定》(1996年12月26日发布)、《证券市场禁入暂行规定》

(1997年3月3日发布,现已废止)等。在《证券法》颁布之后,中国证监会于2001年11月30日重新修订发布了《亏损上市公司暂行上市和终止上市实施办法》,于2001年12月12日重新公布了《证券交易所管理办法》,于2001年12月28日发布了《证券公司管理办法》(现已废止),于2006年4月26日通过了《上市公司证券发行管理办法》,于2006年5月17日通过了《首次公开发行股票并上市管理办法》(现已废止),2023年2月17日通过《首次公开发行股票注册管理办法》等。至此,我国基本上形成了以《证券法》为核心,包括证券法规、规章和其他规范性文件在内的比较完备的证券法律法规体系。

本节主要以《证券法》为依据,结合其他有关法律和法规,介绍我国证券法律制度的主要内容。

2. 证券法的适用范围

关于我国《证券法》的适用范围,根据《证券法》第2条规定:"在中华人民共和国境内,股票、公司债券、存托凭证和国务院依法认定的其他证券的发行和交易,适用本法;本法未规定的,适用《中华人民共和国公司法》和其他法律、行政法规的规定。""政府债券、证券投资基金份额的上市交易,适用本法;其他法律、行政法规有特别规定的,适用其规定。""资产支持证券、资产管理产品发行、交易的管理办法,由国务院依照本法的原则规定。""在中华人民共和国境外的证券发行和交易活动,扰乱中华人民共和国境内市场秩序,损害境内投资者合法权益的,依照本法的有关规定处理并追究法律责任"。

综上,我国《证券法》的适用范围主要包括股票、公司债券和国务院依法认定的其他证券的发行和交易,以及政府债券、证券投资基金份额的上市交易。

(五)证券法的基本原则

证券法的基本原则是指对证券立法、执法和守法起指导作用的证券活动的基本准则。依据《证券法》的有关规定,在证券活动和证券管理中应遵循以下基本原则。

1. 公开、公平、公正原则

根据《证券法》规定,证券的发行、交易活动,必须实行公开、公平、公正的原则。公开、公平、公正原则是证券活动和证券管理的最基本原则,也是证券市场法律制度的精神和灵魂。公开原则又称为"信息披露原则",它要求在证券发行和交易过程中,必须真实、准确、完整地披露与证券发行和交易相关的各种重要信息,避免任何信息披露中的虚假陈述、信息误导和重大遗漏。公平原则是指证券发行和交易活动中的当事人具有平等的法律地位,各自的合法权益平等地受到法律保护,任何机构或者个人不得超越证券法规定的范围而享有特殊权利。按照这一原则,证券市场应当为投资者提供进行交易和投资的平等机会,并保证投资者按照相同的规则进行交易。公正原则是针对证券监督管理机构的监管行为而言的,它要求证券监督管理部门在公开、公平的基础上,对一切证券市场参与者都应当给予公正待遇,对所有的人都应当平等地、公开地适用法律,禁止欺诈、操纵市场以及内幕交易等证券违法行为。

2. 当事人法律地位平等和自愿、有偿、诚实信用原则

根据《证券法》规定，证券发行、交易活动的当事人具有平等的法律地位，应当遵守自愿、有偿、诚实信用的原则。证券发行和交易活动是重要的民事活动，民事活动的当事人法律地位平等，权利义务对等，任何一方不得随意扩大自己的权利，加重对方的义务。这里所称的"自愿原则"，是指在遵守国家法律、行政法规并不损害国家、集体和其他公民合法权益的前提下，当事人按照自己的意愿参与证券发行与交易活动，依法行使自己的民事权利，不受任何人的干涉。有偿原则，是指证券市场主体在证券发行、交易活动中，一方当事人不得无偿占有他方当事人的财产，不得损害他人的利益。诚实信用原则，是指当事人在证券发行、交易中要遵守诺言，客观真实，不欺不诈，认真履行承诺。

3. 守法原则

根据《证券法》规定，证券发行、交易活动，必须遵守法律、行政法规，禁止欺诈、内幕交易和操纵证券交易市场的行为。证券发行、交易活动，关系到社会各方面的利益，牵动到若干经济领域，由此形成多方面的经济和法律关系。因此，证券发行和交易活动必须遵守法律、行政法规的规定，禁止各种不当证券行为和非法证券行为，以防范和化解证券发行和交易风险，保护投资者的合法权益，维护社会经济秩序，促进市场经济的健康发展。

4. 证券业与其他金融业分业经营、分业管理原则

根据《证券法》规定，证券业和银行业、信托业、保险业实行分业经营、分业管理，证券公司与银行、信托、保险业务机构分别设立，国家另有规定的除外。金融业是为其他行业提供金融服务的行业，一般可以分为银行业、信托业、保险业和证券业。鉴于证券市场是一个高风险的市场，为国家金融安全和投资者利益保护考虑，最新修改的《证券法》仍实行证券业和银行业、信托业、保险业分业经营、分业管理的原则，为有利于金融创新，同时"国家另有规定的除外"的规定以法律的形式为我国金融体制的进一步改革预留了空间。

5. 政府统一监管与行业自律相结合原则

我国对证券业实行政府统一监管与行业自律相结合的监管模式。根据《证券法》规定，国务院证券监督管理机构依法对全国证券市场实行集中统一监督管理。国务院证券监督管理机构根据需要可以设立派出机构，按照授权履行监督管理职责。在国家对证券发行、交易活动实行集中统一监督管理的前提下，依法设立证券业协会，实行自律性管理。近些年来，随着我国证券市场的快速发展，投资者的投资领域和投资规模不断扩大。为了有效保护投资者的合法权益，促进证券市场的健康发展，对全国证券市场实行统一监督管理是非常必要的。但在国家对证券发行、交易活动实行集中统一监督管理的前提下，还应当建立和完善证券业自律管理体制，依法设立证券业协会，实行自律性管理。

6. 国家审计监督原则

国家审计机关进行审计监督，是我国宪法和审计法确立的一种国家经济监督制度。

从全局来看,审计监督的目的是要维护国家财政经济秩序,保障国民经济的健康发展。证券交易所、证券公司、证券登记结算机构、证券监督管理机构在证券发行、交易及监管活动中扮演重要角色,对投资者合法权益的保护和证券市场的健康发展具有重要影响,因此,《证券法》规定,国家审计机关依法对证券交易所、证券公司、证券登记结算机构、证券监督管理机构进行审计监督。

二、证券发行

(一)证券发行的概念和分类

证券发行是指证券发行人以筹集资金为目的,在证券发行市场,依照法定条件和程序向投资者出售证券的行为。证券发行根据不同标准,可以作不同分类。

1. 根据发行对象的不同,可以分为公开发行和私募发行

公开发行又称为"公募",是指证券发行人通过中介机构向不特定的社会公众发售证券的方式。在公募发行情况下,所有合法的社会投资者都可以参加认购。私募发行又称为"不公开发行"或者"内部发行",是指面向特定的投资人发行证券的方式。

2. 根据发行是否借助于中介机构,可以分为直接发行和间接发行

直接发行是指证券发行人不通过证券承销机构,直接与证券投资人签订合同发售证券的方式。间接发行是指证券发行人委托证券承销机构,以协议方式协助证券发行人发行证券的方式。间接发行又可以分为代销和包销两种方式。

3. 根据发行目的的不同,可以分为设立发行和增资发行

设立发行是指在股份有限公司设立的同时向发起人和社会公众发行股票的发行方式。增资发行是指已成立的股份有限公司因生产经营需要而追加资本的发行方式。增资发行可以向社会公开发行,也可以向原股东配售。

4. 根据发行价格和票面金额的关系,可以分为溢价发行、平价发行与折价发行

溢价发行是指发行人按照高于票面金额的价格发行证券。平价发行是指证券发行价格与票面金额相同,也称为"等额发行"或者"面额发行"。折价发行是指发行人按照低于票面金额的价格发行证券。

(二)证券发行的一般规定

1. 公开发行证券的有关规定

根据《证券法》规定,公开发行证券必须符合法律、行政法规规定的条件,并依法报经国务院证券监督管理机构或者国务院授权的部门注册;未经依法注册,任何单位和个人不得公开发行证券。证券发行注册制的具体范围、实施步骤,由国务院规定。

有下列情形之一的,为公开发行:

(1)向不特定对象发行证券的;

(2)向特定对象发行证券累计超过200人的,但依法实施员工持股计划的员工人数不计算在内;

(3)法律、行政法规规定的其他发行行为。

非公开发行证券,不得采用广告、公开劝诱和变相公开方式。

2. 公开发行证券实行保荐制度的有关规定

根据《证券法》规定,发行人申请公开发行股票、可转换为股票的公司债券,依法采取承销方式的,或者公开发行法律、行政法规规定实行保荐制度的其他证券的,应当聘请证券公司担任保荐人。保荐人应当遵守业务规则和行业规范,诚实守信,勤勉尽责,对发行人的申请文件和信息披露资料进行审慎核查,督导发行人规范运作。

(三)公开发行股票的条件及应当报送的文件

1. 设立股份有限公司公开发行股票的条件及报送文件

根据《证券法》规定,设立股份有限公司公开发行股票,应当符合《公司法》规定的条件和经国务院批准的国务院证券监督管理机构规定的其他条件,向国务院证券监督管理机构报送募股申请和下列文件:

(1)公司章程;

(2)发起人协议;

(3)发起人姓名或者名称,发起人认购的股份数、出资种类及验资证明;

(4)招股说明书;

(5)代收股款银行的名称及地址;

(6)承销机构名称及有关的协议。

依照《证券法》规定聘请保荐人的,还应当报送保荐人出具的发行保荐书。法律、行政法规规定设立公司必须报经批准的,还应当提交相应的批准文件。

这里所说的"应当符合《公司法》规定的条件",主要是指《公司法》中规定的设立股份有限公司应当具备的下列条件:发起人符合法定人数;发起人认购和募集的股本达到法定资本最低限额;股份发行、筹办事项符合法律规定;发起人制定公司章程,采用募集方式设立的经创立大会通过;有公司名称,建立符合股份有限公司要求的组织机构;有公司住所。

2. 公司公开发行新股的条件及报送文件

根据《证券法》规定,公司公开发行新股,应当符合下列条件:

(1)具备健全且运行良好的组织机构;

(2)具有持续经营能力;

(3)最近三年财务会计报告被出具无保留意见审计报告;

(4)发行人及其控股股东、实际控制人最近三年不存在贪污、贿赂、侵占财产、挪用财产或者破坏社会主义市场经济秩序的刑事犯罪;

(5)经国务院批准的国务院证券监督管理机构规定的其他条件。

上市公司发行新股,应当符合经国务院批准的国务院证券监督管理机构规定的条件,具体管理办法由国务院证券管理机构规定。公开发行存托凭证的,应当符合首次公开发行新股的条件以及国务院证券管理机构规定的其他条件。

公司公开发行新股,应当报送募股申请和下列文件:

(1)公司营业执照;

(2)公司章程;

(3)股东会决议;

(4)招股说明书或者其他公开发行募集文件;

(5)财务会计报告;

(6)代收股款银行的名称及地址;

依照《证券法》规定聘请保荐人的,还应当报送保荐人出具的发行保荐书。依照《证券法》规定实行承销的,还应当报送承销机构名称及有关的协议。

为了规范公开发行股票所募集资金的使用,公司对公开发行股票所募集资金,必须按照招股说明书所列资金用途使用。改变招股说明书所列资金用途,必须经股东会作出决议。擅自改变用途而未作纠正的,或者未经股东会认可的,不得公开发行新股。

(四)公开发行公司债券的条件及应当报送的文件

1. 公开发行公司债券的条件及报送文件

根据《证券法》规定,公开发行公司债券,应当符合下列条件:

(1)具备健全且运行良好的组织机构;

(2)最近三年平均可分配利润足以支付公司债券一年的利息;

(3)国务院规定的其他条件。

公开发行公司债券筹集的资金,必须按照公司债券募集办法所列资金用途使用;改变资金用途,必须经债券持有人会议作出决议。公开发行公司债券筹集的资金,不得用于弥补亏损和非生产性支出。

上市公司发行可转换为股票的公司债券,除应当符合上述规定条件外,还应当符合《证券法》关于公开发行股票的条件。但是,按照公司债券募集办法,上市公司通过收购本公司股份的方式进行公司债券转换的除外。

申请公开发行公司债券,应当向国务院授权的部门或者国务院证券监督管理机构报送下列文件:

(1)公司营业执照;

(2)公司章程;

(3)公司债券募集办法;

(4)国务院授权的部门或者国务院证券监督管理机构规定的其他文件。

依照《证券法》规定聘请保荐人的,还应当报送保荐人出具的发行保荐书。

2. 不得再次公开发行公司债券的情形

根据《证券法》规定,有下列情形之一的,不得再次公开发行公司债券:

(1)对已公开发行的公司债券或者其他债务有违约或者延迟支付本息的事实,仍处于继续状态;

(2)违反《证券法》规定,改变公开发行公司债券所募资金的用途。

(五)证券的发行程序

1. 证券发行的核准

发行人发行证券,除了必须符合法律、行政法规规定的条件,还应当依照法定程序向国务院证券监督管理机构或者国务院授权的部门报送证券发行申请文件,并报经国务院证券监督管理机构或者国务院授权的部门核准;未经依法核准,任何单位和个人不得公开发行证券。

关于证券发行的核准,《证券法》作出如下规定。

(1)关于发行人报送的证券发行申请文件真实性、准确性和完整性的规定。发行人报送的证券发行申请文件,应当充分披露投资者作出价值判断和投资决策所必需的信息,内容应当真实、准确、完整。为证券发行出具有关文件的证券服务机构和人员,必须严格履行法定职责,保证其所出具文件的真实性、准确性和完整性。

(2)关于发行人预先披露有关申请文件的规定。发行人申请首次公开发行股票的,在提交申请文件后,应当按照国务院证券监督管理机构的规定预先披露有关申请文件。

(3)关于证券发行申请的注册、审核的规定。国务院证券监督管理机构或者国务院授权的部门依照法定条件负责证券发行申请的注册。证券公开发行注册的具体办法由国务院规定。按照国务院的规定,证券交易所等可以审核公开发行证券申请,判断发行人是否符合发行条件、信息披露要求,督促发行人完善信息披露内容。

(4)关于参与证券发行申请注册的人员行为规则的规定。参与证券发行申请注册的人员,不得与发行申请人有利害关系,不得直接或者间接接受发行申请人的馈赠,不得持有所注册的发行申请的证券,不得私下与发行申请人进行接触。

(5)关于核准证券发行申请期限的规定。国务院证券监督管理机构或者国务院授权的部门应当自受理证券发行申请文件之日起3个月内,依照法定条件和法定程序作出予以注册或者不予注册的决定,发行人根据要求补充、修改发行申请文件的时间不计算在内;不予核准的,应当说明理由。

(6)关于证券发行申请注册后发行人公告发行文件的规定。证券发行申请经注册后,发行人应当依照法律、行政法规的规定,在证券公开发行前,公告公开发行募集文件,并将该文件置备于指定场所供公众查阅。发行证券的信息依法公开前,任何知情人不得公开或者泄露该信息。发行人不得在公告公开发行募集文件前发行证券。

(7)关于已注册的证券发行的决定不符合法定条件和程序如何处理的规定。国务院证券监督管理机构或者国务院授权的部门对已作出的证券发行注册的决定,发现不符合法定条件或者法定程序,尚未发行证券的,应当予以撤销,停止发行;已经发行尚未上市的,撤销发行注册决定,发行人应当按照发行价并加算银行同期存款利息返还证券持有人;发行人的控股股东、实际控制人以及保荐人,应当与发行人承担连带责任,但是能够证明自己没有过错的除外。

股票的发行人在招股说明书等证券发行文件中隐瞒重要事实或者编造重大虚假内容,已经发行并上市的,国务院证券监督管理机构可以责令发行人回购证券,或者责令负有责任的控股股东、实际控制人买回证券。

2.证券的承销

证券承销是指证券经营机构依照协议包销或者代销发行人向社会公开发行的证券的行为。发行人向不特定对象公开发行的证券,法律、行政法规规定应当由证券公司承销的,发行人应当同证券公司签订承销协议。证券承销业务采取代销或者包销方式。证券代销是指证券公司代发行人发售证券,在承销期结束时,将未售出的证券全部退还给发行人的承销方式。证券包销是指证券公司将发行人的证券按照协议全部购入或者在承销期结束时将售后剩余证券全部自行购入的承销方式。

关于证券的承销,《证券法》作出如下规定。

(1)关于发行人有权自主选择证券公司进行承销的规定。公开发行证券的发行人有权依法自主选择承销的证券公司。证券公司不得以不正当竞争手段招揽证券承销业务。

(2)关于证券公司与发行人签订承销协议的规定。证券公司承销证券,应当同发行人签订代销或者包销协议,载明下列事项:当事人的名称、住所及法定代表人姓名;代销、包销证券的种类、数量、金额及发行价格;代销、包销的期限及起止日期;代销、包销的付款方式及日期;代销、包销的费用和结算办法;违约责任;国务院证券监督管理机构规定的其他事项。

(3)关于证券公司承担发行文件核查义务的规定。证券公司承销证券,应当对公开发行募集文件的真实性、准确性、完整性进行核查;发现有虚假记载、误导性陈述或者重大遗漏的,不得进行销售活动;已经销售的,必须立即停止销售活动,并采取纠正措施。

证券公司承销证券,不得有下列行为:进行虚假的或者误导投资者的广告宣传或者其他宣传推介活动;以不正当竞争手段招揽承销业务以及其他违反证券承销业务规定的行为。证券公司有前述所列行为,给其他证券承销机构或者投资者造成损失的,应当依法承担赔偿责任。

(4)关于由承销团承销的规定。向不特定对象发行证券聘请承销团承销的,承销团应当由主承销和参与承销的证券公司组成。

(5)关于证券承销的期限和不得预留承销证券的规定。证券的代销、包销期限最长不得超过90日。证券公司在代销、包销期内,对所代销、包销的证券应当保证先行出售给认购人,证券公司不得为本公司预留所代销的证券和预先购入并留存所包销的证券。

(6)关于股票溢价发行价格如何确定的规定。股票发行采取溢价发行的,其发行价格由发行人与承销的证券公司协商确定。

(7)关于发行失败及如何处理的规定。股票发行采用代销方式,代销期限届满,向投资者出售的股票数量未达到拟公开发行股票数量70%的,为发行失败。发行人应当按照发行价并加算银行同期存款利息返还股票认购人。

(8)关于股票发行情况备案管理的规定。公开发行股票,代销、包销期限届满,发行人应当在规定的期限内将股票发行情况报国务院证券监督管理机构备案。

(六)证券投资基金的发行

为了规范证券投资基金活动,保护投资人及相关当事人的合法权益,促进证券投资基金和资本市场的健康发展,十届全国人大常委会第五次会议于2003年10月28日通过了《中华人民共和国证券投资基金法》(以下简称《证券投资基金法》),分别对基金管理人、基金托管人、基金的募集、基金份额的交易、基金份额的申购与赎回、基金的运作与信息披露、基金合同的变更终止与基金财产清算、基金份额持有人权利及其行使、监督管理等作出了规定。2012年12月28日十一届全国人大常委会第三十次会议对该法进行了修订,根据2015年4月24日十二届全国人大常委会第十四次会议《关于修改〈中华人民共和国港口法〉等七部法律的决定》进行修正。

关于《证券投资基金法》的适用范围,《证券投资基金法》规定,"在中华人民共和国境内,公开或者非公开募集资金设立证券投资基金(以下简称"基金"),由基金管理人管理,基金托管人托管,为基金份额持有人的利益,进行证券投资活动,适用本法;本法未规定的,适用《中华人民共和国信托法》《中华人民共和国证券法》和其他有关法律、行政法规的规定。"

1. 证券投资基金的概念及特点

证券投资基金是指一种利益共享、风险共担的集合证券投资方式,即通过发行基金份额,集中基金投资者的资金,由基金托管人托管,由基金管理人管理和运用资金,从事股票、债券等金融工具投资的方式。

这里的基金投资者是指基金出资人、基金资产所有者和基金投资收益受益人。基金托管人是指投资人权益的代表,是基金资产的名义持有人或管理机构,由依法设立的商业银行或者其他机构担任。基金管理人是指具有专业的投资知识与经验,根据法律、法规及基金章程或基金契约的规定,经营管理基金资产,谋求基金资产的不断增值,以使基金持有人收益最大化的机构,由依法设立的公司或者合伙企业担任。

证券投资基金主要有如下特点。

第一,单位份额面值一般较低。在我国,每份基金单位面值为人民币1元。

第二,实行专家管理。证券投资基金一般由聘请具有专业投资知识和经验的专家组成的基金管理公司去管理使用资产。

第三,实行组合投资。基金管理人运用基金财产进行证券投资,应当采用资产组合的方式。

2. 证券投资基金的种类

根据《证券投资基金法》规定,基金运作方式可以采用封闭式、开放式或者其他方式。采用封闭式运作方式的基金,简称"封闭式基金",是指经核准的基金份额总额在基金合同期限内固定不变,基金份额持有人不得申请赎回的基金。采用开放式运作方式的基金,简称"开放式基金",是指基金份额总额不固定,基金份额可以在基金合同约定的时间和场所申购或者赎回的基金。

采用其他运作方式的基金,其基金份额发售、交易、申购、赎回的办法,由国务院另行规定。

3. 基金管理公司的设立条件及职责

根据《证券投资基金法》的规定,基金管理人由依法设立的公司或者合伙企业担任。担任公开募集基金的基金管理人,由基金管理公司或者经国务院证券监督管理机构按照规定核准的其他机构担任。设立管理公开募集基金的基金管理公司,应当具备下列条件,并经国务院证券监督管理机构批准:

(1)有符合《证券投资基金法》和《公司法》规定的章程;

(2)注册资本不低于1亿元人民币,且必须为实缴货币资本;

(3)主要股东应当具有经营金融业务或者管理金融机构的良好业绩、良好的财务状况和社会信誉,资产规模达到国务院规定的标准,最近3年没有违法记录;

(4)取得基金从业资格的人员达到法定人数;

(5)董事、监事、高级管理人员具备相应的任职条件;

(6)有符合要求的营业场所、安全防范设施和与基金管理业务有关的其他设施;

(7)有良好的内部治理结构、完善的内部稽核监控制度、风险控制制度;

(8)法律、行政法规规定的和经国务院批准的国务院证券监督管理机构规定的其他条件。

公开募集基金的基金管理人应当履行下列职责:

(1)依法募集基金,办理基金份额的发售和登记事宜;

(2)办理基金备案手续;

(3)对所管理的不同基金财产分别管理、分别记账,进行证券投资;

(4)按照基金合同的约定确定基金收益分配方案,及时向基金份额持有人分配收益;

(5)进行基金会计核算并编制基金财务会计报告;

(6)编制中期和年度基金报告;

(7)计算并公告基金资产净值,确定基金份额申购、赎回价格;

(8)办理与基金财产管理业务活动有关的信息披露事项;

(9)按照规定召集基金份额持有人大会;

(10)保存基金财产管理业务活动的记录、账册、报表和其他相关资料;

(11)以基金管理人名义,代表基金份额持有人利益行使诉讼权利或者实施其他法律行为;

(12)国务院证券监督管理机构规定的其他职责。

4. 证券投资基金的募集

公开募集基金应当经国务院证券监督管理机构注册。未经注册,不得公开或者变相公开募集基金。

注册公开募集基金,由拟任基金管理人向国务院证券监督管理机构提交下列文件:

(1)申请报告;

(2)基金合同草案;

(3)基金托管协议草案;

(4)招募说明书草案;

(5)律师事务所出具的法律意见书;

(6)国务院证券监督管理机构规定提交的其他文件。

国务院证券监督管理机构应当自受理公开募集基金的募集注册申请之日起6个月内依照法律、行政法规及国务院证券监督管理机构的规定进行审查,作出注册或者不予注册的决定,并通知申请人;不予注册的,应当说明理由。

基金募集申请经注册后,方可发售基金份额。基金份额的发售,由基金管理人或者其委托的基金销售机构办理。基金管理人应当在基金份额发售的3日前公布招募说明书、基金合同及其他有关文件。基金管理人应当自收到准予注册文件之日起6个月内进行基金募集。超过6个月开始募集,原注册的事项未发生实质性变化的,应当报国务院证券监督管理机构备案;发生实质性变化的,应当向国务院证券监督管理机构重新提交注册申请。

基金募集不得超过国务院证券监督管理机构准予注册的基金募集期限。基金募集期限自基金份额发售之日起计算。基金募集期限届满,封闭式基金募集的基金份额总额达到准予注册规模的80%以上,开放式基金募集的基金份额总额超过准予注册的最低募集份额总额,并且基金份额持有人人数符合国务院证券监督管理机构规定的,基金管理人应当自募集期限届满之日起10日内聘请法定验资机构验资,自收到验资报告之日起10日内,向国务院证券监督管理机构提交验资报告,办理基金备案手续,并予以公告。

基金募集期间募集的资金应当存入专门账户,在基金募集行为结束前,任何人不得动用。

三、证券交易

(一)证券交易的一般规定

证券交易又称为"证券买卖",是指证券持有人在证券市场转让证券的行为。证券交易是证券转让的一种形式。证券转让除证券交易以外,还有赠与转让、继承转让等。我国目前可以交易的证券有股票、公司债券、证券投资基金、政府债券和企业债券等。

根据交易场所的不同,证券交易可以分为场内交易和场外交易。场内交易是指通过证券交易所进行证券买卖的交易。经依法核准的上市交易的股票、公司债券及其他证券,应当在证券交易所挂牌交易。场外交易也称为"柜台交易",是指在证券交易所以外的交易柜台上与客户直接进行的证券交易,其特点是交易价格不是通过集中竞价方式确定,而是由证券交易双方以协商等方式确定。

《证券法》对在证券交易中应当遵守的基本规则作出如下规定。

1. 证券交易的标的物必须合法

《证券法》规定,证券交易当事人依法买卖的证券必须是依法发行并交付的证券,非依法发行的证券,不得买卖。也就是说,证券交易当事人依法买卖的证券,首先必须是依照《证券法》《公司法》等有关法律、行政法规规定发行的证券,只有依法发行的证券,才能作为证券交易的标的物。其次,证券交易当事人依法买卖的证券必须是已经由发行人实际交付给购买人的证券,未交付的证券,不得进行买卖。

2. 禁止证券在限制转让的期限内进行买卖

《证券法》规定,依法发行的证券,《中华人民共和国公司法》和其他法律对其转让期限有限制性规定的,在限定的期限内不得转让。证券的一个基本特征就是具有自由流通性,但证券的交易必须依法进行。如果出于某种法律上或者政策上的考虑,法律禁止证券在一定期限内进行转让,那么在法律禁止转让的期限内,就不得对这些证券进行交易。另外,《证券法》规定,上市公司持有百分之五以上股份的股东、实际控制人、董事、监事、高级管理人员,以及其他持有发行人首次公开发行前发行的股份或者上市公司向特定对象发行的股份的股东,转让其持有的本公司股份的,不得违反法律、行政法规和国务院证券监督管理机构关于持有期限、卖出时间、卖出数量、卖出方式、信息披露等规定,并应当遵守证券交易所的业务规则。

3. 证券交易活动的场所必须合法

《证券法》规定,公开发行的证券应当在依法设立的证券交易所上市交易或者在经国务院批准的其他全国性证券交易场所交易。非公开发行的证券可以在证券交易所、国务院批准的其他全国性证券交易场所、按照国务院规定设立的区域性股权市场转让。

4. 证券交易的方式必须合法

《证券法》规定,证券在证券交易所上市交易,应当采用公开的集中交易方式或者国务院证券监督管理机构批准的其他方式。集中交易方式是指在集中交易市场以竞价交易的方式进行交易。集中交易方式分为集中竞价交易和大宗交易。集中竞价，又称为"集合竞价"，是指在证券交易所市场内，所有参与证券买卖的各方当事人公开报价，按照价格优先、时间优先的原则撮合成交的证券交易方式。所谓"价格优先"，即在买入申报时，买价高的申报优先于买价低的申报；在卖出申报时，卖价低的申报优先于卖价高的申报。所谓"时间优先"，即在同价位的买卖申报情况下，依照申报时间的先后顺序确定。大宗交易是指单笔交易规模远大于市场平均单笔交易规模的交易。根据上海证券交易所、深圳证券交易所交易规则规定，证券单笔买卖申报达到一定数额的，交易所可以采用大宗交易方式进行交易。除集中交易方式外，证券的交易方式还包括其他交易方式，但为了防止金融风险、保护投资者合法权益，《证券法》规定，证券交易所采取公开的集中交易方式以外的其他方式进行证券交易的，必须经国务院证券监督管理机构批准。

5. 关于交易证券的凭证形式

《证券法》规定，证券交易当事人买卖的证券可以采用纸面形式或者国务院证券监督管理机构规定的其他形式。传统的资本证券都采用纸面形式，但随着电脑技术在证券业的应用，证券的无纸化迅速发展起来。证券无纸化是指将有关事项输入电脑，以电脑储存的有关信息作为股权或者债权的法律凭证。采用非纸面的其他形式的，必须符合国务院证券监督管理机构的规定。

6. 禁止相关人员在规定期限内从事股票交易

《证券法》规定，证券交易所、证券公司和证券登记结算机构的从业人员、证券监督管理机构的工作人员以及法律、行政法规禁止参与股票交易的其他人员，在任期或者法定限期内，不得直接或者以化名、借他人名义持有、买卖股票或者其他具有股权性质的证券，也不得收受他人赠送的股票或者其他具有股权性质的证券。任何人在成为上述人员时，其原已持有的股票或者其他具有股权性质的证券，必须依法转让。实施股权激励计划或者员工持股计划的证券公司的从业人员，可以按照国务院证券监督管理机构的规定持有、卖出本公司股票或者其他具有股权性质的证券。上述证券业从业人员、证券管理人员和其他有关人员，由于其地位、职务等便利条件，有先于其他投资者获得相关信息的机会。因此，为了保证证券交易的公开、公平、公正，《证券法》作出上述禁止性规定。

7. 证券机构负有为客户账户进行保密的义务

《证券法》规定，证券交易场所、证券公司、证券登记结算机构、证券服务机构及其工作人员应当依法为投资者的信息保密，不得非法买卖、提供或者公开投资者的信息。证券交易场所、证券公司、证券登记结算机构、证券服务机构及其工作人员不得泄露所知悉的商业秘密。证券交易所、证券公司、证券登记结算机构知悉投资者有关重要信息数据和商业秘密，除法律规定的情形以外，不得向任何个人或者机构泄露投资者的账户信息，否则将承担相应的法律责任。

8. 禁止有关的证券服务机构及其人员在法定期限内买卖证券

《证券法》规定,为证券发行出具审计报告或者法律意见书等文件的证券服务机构和人员,在该证券承销期内和期满后6个月内,不得买卖该证券。除此之外,为发行人及其控股股东、实际控制人,或者收购人、重大资产交易方出具审计报告或者法律意见书等文件的证券服务机构和人员,自接受委托之日起至上述文件公开后5日内,不得买卖该证券。实际开展上述有关工作之日早于接受委托之日的,自实际开展上述有关工作之日起至上述文件公开后五日内,不得买卖该证券。上述为证券发行提供有关服务的机构和人员,知悉公司的财务状况,了解证券发行的具体情况,具有获取公司内幕信息的便利条件。因此,为了确保证券交易的公平公正,《证券法》禁止上述证券服务机构及其人员在法定期限内买卖证券。

9. 关于证券交易的收费及其管理

《证券法》规定,证券交易的收费必须合理,并公开收费项目、收费标准和管理办法。证券交易的收费项目、收费标准和管理办法由国务院有关主管部门统一规定。

10. 禁止公司有关人员和大股东进行短线交易

《证券法》规定,上市公司、股票在国务院批准的其他全国性证券交易场所交易的公司持有5%以上股份的股东、董事、监事、高级管理人员,将其持有的该公司的股票或者具有股权性质的证券在买入后6个月内卖出,或者在卖出后6个月内又买入,由此所得收益归该公司所有,公司董事会应当收回其所得收益。但是,证券公司因购入包销售后剩余股票而持有百分之五以上股份,以及有国务院证券监督管理机构规定的其他情形的除外。上述所称董事、监事、高级管理人员、自然人股东持有的股票或者其他具有股权性质的证券,包括其配偶、父母、子女持有的及利用他人账户持有的股票或者其他具有股权性质的证券。公司董事会不按照上述规定执行的,股东有权要求董事会在30日内执行。公司董事会未在上述期限内执行的,股东有权为了公司的利益以自己的名义直接向人民法院提起诉讼。

11. 关于通过计算机程序进行程序化交易的规定

《证券法》规定,通过计算机程序自动生成或者下达交易指令进行程序化交易的,应当符合国务院证券监督管理机构的规定,并向证券交易所报告,不得影响证券交易所系统安全或者正常交易秩序。

(二)证券上市

证券上市是指证券发行人发行的证券依照法定条件和程序,在法定场所挂牌交易的法律行为。根据《证券法》规定,申请证券上市交易,应当向证券交易所提出申请,由证券交易所依法审核同意,并由双方签订上市协议;证券交易所根据国务院授权的部门的决定安排政府债券上市交易。申请证券上市交易,应当符合证券交易所上市规则规定的上市条件。证券交易所上市规则规定的上市条件,应当对发行人的经营年限、财务状况、最低公开发行比例和公司治理、诚信记录等提出要求。

上市交易的证券,有证券交易所规定的终止上市情形的,由证券交易所按照业务规则终止其上市交易。证券交易所决定终止证券上市交易的,应当及时公告,并报国务院证券监督管理机构备案。对证券交易所作出的不予上市交易、终止上市交易决定不服的,可以向证券交易所设立的复核机构申请复核。

《证券法》《证券投资基金法》以及各证券交易所相关上市规则等对股票、公司债券和证券投资基金申请上市交易的条件和程序、应当报送的文件、暂停上市交易和终止上市交易的情形作出了明确规定。

1. 股票上市

根据《证券法》规定,股份有限公司申请股票上市交易,应当符合证券交易所上市规则规定的上市条件。

证券交易所上市规则规定的上市条件,应当对发行人的经营年限、财务状况、最低公开发行比例和公司治理、诚实信用等提出要求。

自2023年2月17日《首次公开发行股票注册管理办法》实施以来,各证券交易所均发布了全面实行股票发行注册制配套业务规则,如上海证券交易所于2023年2月17日集中发布了26部业务规则,其中11部为首发、再融资、并购重组、优先股等发行上市年检类规则。

2. 证券投资基金上市

根据《证券投资基金法》规定,申请基金份额上市交易,基金管理人应当向证券交易所提出申请,证券交易所依法审核同意的,双方应当签订上市协议。

基金份额上市交易,应当符合下列条件:

(1)基金的募集符合《证券投资基金法》的规定;

(2)基金合同期限为5年以上;

(3)基金募集金额不低于2亿元人民币;

(4)基金份额持有人不少于1000人;

(5)基金份额上市交易规则规定的其他条件。

基金份额上市交易规则由证券交易所制定,报国务院证券监督管理机构批准。

证券交易所对符合上市条件并经核准上市的基金,自收到上述规定的文件之日起30个工作日内安排基金上市。基金获准上市的,基金管理人应在基金上市日前3个工作日,公开披露基金上市交易公告书。

根据《证券投资基金法》规定,基金份额上市交易后,有下列情形之一的,由证券交易所终止其上市交易,并报国务院证券监督管理机构备案:

(1)不再具备《证券投资基金法》规定的上市交易条件;

(2)基金合同期限届满;

(3)基金份额持有人大会决定提前终止上市交易;

(4)基金合同约定的或者基金份额上市交易规则规定的终止上市交易的其他情形。

(三)证券交易的程序

证券交易程序是指在证券交易市场买进卖出证券的具体步骤。股票、公司债券、证券投资基金的具体交易程序基本一致,一般要经过开户、委托、成交、清算、交割、过户等阶段。

1. 开户

开户是指证券投资者在证券公司开立证券交易的账户。我国上海证券交易所和深圳证券交易所均已实现无纸化交易,股票的交易都以转账的方式进行。因此,投资者进行证券交易应首先到证券公司开立证券交易账户,包括证券账户和资金账户。投资者开户后,即与证券公司建立了委托关系。

2. 委托

委托是指投资人向证券公司发出的表明以某种价格买进或者卖出一定数量的某种证券的意思表示。开户后,投资者即可委托证券公司进行证券买卖。委托可以采用当面委托、书面委托、电话委托、电子委托等方式。委托内容应详细具体并符合要求。委托一般当日有效。随着证券无纸化的发展,目前主要证券买卖的委托都是通过电子委托方式进行的,投资者凭证券交易卡刷卡或者通过电脑输入账号及密码进入证券公司委托系统,即可直接发出委托指令。

3. 成交

成交是指证券交易双方委托证券公司按规定的程序就买卖证券的价格和数量达成一致的行为。证券公司在接受投资者委托后,应按投资者的委托指令即刻通知其在交易所内的交易员申报竞价或者通过电脑向交易所的电脑申报。证券交易所按集中竞价的规则撮合成交。委托未成交前,投资者可以变更或者撤销委托。

4. 清算

证券成交后,买卖即告成立,接着就要进行证券和价格的清算。证券的清算是为减少证券和价格的交割数量,分别冲抵多次买卖证券的数量和价格的特定程序。

5. 交割

交割是指证券卖方将卖出的证券交付给买方,买方将买进证券的价款交付给卖方的行为。交割是清算的延续,是对清算的确认和补充。

6. 过户

过户是指证券原所有人向新所有人转移证券权利的活动,一般在买卖成交后的下一个营业日由证券登记结算公司的计算机自动、统一完成。只有办理过户,才能保证所有人享有相应权利,承担相应义务。

(四)禁止的交易行为

禁止的交易行为是指依照我国证券法律、行政法规以及其他有关规定,证券市场的参与者在证券交易过程中不得从事的行为。《证券法》对禁止的交易行为作出了明确规定,主要包括以下几个方面。

1. 禁止内幕交易行为

内幕交易是指证券交易内幕信息的知情人和非法获取内幕信息的人利用内幕信息从事证券交易活动。这里所称的"证券交易内幕信息的知情人"包括：

(1)发行人及其董事、监事、高级管理人员;

(2)持有公司5%以上股份的股东及其董事、监事、高级管理人员,公司的实际控制人及其董事、监事、高级管理人员;

(3)发行人控股或者实际控股的公司及其董事、监事、高级管理人员;

(4)由于所任公司职务或者因与公司业务往来可以获取公司有关内幕信息的人员;

(5)上市公司收购人或者重大资产交易方及其控股股东、实际控制人、董事、监事和高级管理人员;

(6)因职务、工作可以获取内幕信息的证券交易场所、证券公司、证券登记结算机构、证券服务机构的有关人员;

(7)因职责、工作可以获取内幕信息的证券监督管理机构工作人员;

(8)因法定职责对证券的发行、交易或者对上市公司及其收购、重大资产交易进行管理可以获取内幕信息的有关主管部门、监管机构的工作人员;

(9)国务院证券监督管理机构规定的可以获取内幕信息的其他人员。

这里所称的"内幕信息",是指证券交易活动中,涉及发行人的经营、财务或者对该发行人证券的市场价格有重大影响的尚未公开的信息,包括公司的重大投资行为以及债券信用评级变化等重大事件信息。

《证券法》规定,禁止证券交易内幕信息的知情人和非法获取内幕信息的人利用内幕信息从事证券交易活动。证券交易内幕信息的知情人和非法获取内幕信息的人,在内幕信息公开前,不得买卖该公司的证券,或者泄露该信息,或者建议他人买卖该证券。持有或者通过协议、其他安排与他人共同持有公司5%以上股份的自然人、法人、非法人组织收购上市公司的股份,《证券法》另有规定的,适用其规定。内幕交易行为给投资者造成损失的,应当依法承担赔偿责任。

同时《证券法》又规定,禁止证券交易场所、证券公司、证券登记结算机构、证券服务机构和其他金融机构的从业人员、有关监管部门或者行业协会的工作人员,利用因职务便利获取的内幕信息以外的其他未公开的信息,违反规定,从事与该信息相关的证券交易活动,或者明示、暗示他人从事相关交易活动。利用未公开信息进行交易给投资者造成损失的,应当依法承担赔偿责任。

2. 禁止操纵证券市场的行为

操纵证券市场是指行为人以获取利益或者减少损失为目的,利用其资金、信息优势或者滥用职权,影响证券市场价格,制造证券市场假象,诱导或者致使投资者在不了解事实真相的情况下作出买卖证券的决定,扰乱证券市场秩序的行为。《证券法》规定,禁止任何人以下列手段操纵证券市场,影响或者意图影响证券交易价格或者证券交易量:

(1)单独或者通过合谋,集中资金优势、持股优势或者利用信息优势联合或者连续买卖;

(2)与他人串通,以事先约定的时间、价格和方式相互进行证券交易;

(3)在自己实际控制的账户之间进行证券交易;

(4)不以成交为目的,频繁或者大量申报并撤销申报;

(5)利用虚假或者不确定的重大信息,诱导投资者进行证券交易;

(6)对证券、发行人公开作出评价、预测或者投资建议,并进行反向证券交易;

(7)利用在其他相关市场的活动操纵证券市场;

(8)操纵证券市场的其他手段。

操纵证券市场行为给投资者造成损失的,应当依法承担赔偿责任。

3. 禁止制造虚假信息的行为

制造虚假信息包括编造、传播虚假信息或者误导性信息,扰乱证券市场。《证券法》规定,禁止证券交易场所、证券公司、证券登记结算机构、证券服务机构及其从业人员,证券业协会、证券监督管理机构及其工作人员,在证券交易活动中作出虚假陈述或者信息误导。各种传播媒介传播证券市场信息必须真实、客观,禁止误导。传播媒介及其从事证券市场信息报道的工作人员不得从事与其工作职责发生利益冲突的证券买卖。编造、传播虚假信息或者误导性信息,扰乱证券市场,给投资者造成损失的,应当依法承担赔偿责任。

4. 禁止欺诈客户的行为

欺诈客户是指证券公司及其从业人员从事的违背客户的真实意愿,严重损害客户利益的欺诈行为。《证券法》规定,禁止证券公司及其从业人员从事下列损害客户利益的行为:

(1)违背客户的委托为其买卖证券;

(2)不在规定时间内向客户提供交易的确认文件;

(3)未经客户的委托,擅自为客户买卖证券,或者假借客户的名义买卖证券;

(4)为牟取佣金收入,诱使客户进行不必要的证券买卖;

(5)其他违背客户真实意思表示,损害客户利益的行为。

违反上述规定给客户造成损失的,应当依法承担赔偿责任。

5. 禁止的其他交易行为

除上述四种行为外,《证券法》还规定了其他一些禁止的交易行为,包括:任何单位和个人不得违反规定,出借自己的证券账户或者借用他人的证券账户从事证券交易;禁止资金违规流入股市;禁止投资者违规利用财政资金、银行信贷资金买卖证券。

四、上市公司的收购

(一)上市公司收购概述

上市公司收购是指投资者可以采取要约收购、协议收购及其他合法方式收购上市公司已经依法发行的股份,以取得上市公司控股权的法律行为。上市公司的收购具有以下几个特征。

第一,上市公司的收购是对上市公司的收购,不是对非上市公司的收购。

第二,上市公司的收购是对上市公司股份的收购,不是对上市公司资产的收购,收购的对象是上市公司的股份。

第三,上市公司收购的收购主体为投资者。《证券法》没有明确规定能够收购上市公司的主体范围,上市公司收购的投资者一般包括自然人和法人。

第四,上市公司的收购是一种股份转让行为。由于上市公司的股份通常由上市公司的股东所持有,其收购实质上是投资者与上市公司股东之间,即投资者与投资者之间进行股份转让的行为。

第五,上市公司收购的目的是取得对上市公司的控制权。

上市公司的收购,根据不同标准可以作出不同的分类:根据收购方式的不同,可以分为要约收购和协议收购;根据收购支付方式的不同,可以分为现金收购、换股收购和混合收购;根据收购方和被收购方的关系,可以分为善意收购和敌意收购;根据要约收购者的意愿,可以分为自愿收购和强制收购;根据上市公司收购的范围,可以分为全面收购和部分收购。

根据《证券法》和《上市公司收购管理办法》的规定,投资者可以采取要约收购、协议收购及其他合法方式收购上市公司。要约收购是指收购人为取得上市公司的控股权,通过向目标公司的股东发出收购要约的方式进行的收购。协议收购是指收购人通过与目标公司的股票持有人就收购该公司股票的有关事宜达成协议的方式进行的收购。要约收购和协议收购是《证券法》规定的上市公司收购的两种最基本的方式。除了这两种收购方式,还有其他的收购方式,如公开市场收购等。但采用其他的收购方式必须符合法律、行政法规的规定。

(二)要约收购

关于要约收购,《证券法》作出如下规定。

1. 强制投资者发出收购要约的情形

强制收购要约是指当投资者收购一个公司的股份使其有表决权股份的持有量达到该公司有表决权股份总数的一定比例时,法律强制其向所有股东发出收购要约。《证券法》规定,通过证券交易所的证券交易,投资者持有或者通过协议、其他安排与他人共同持有一个上市公司已发行有表决权的股份达到30%时,继续进行收购的,应当依法向该上市公司所有股东发出收购上市公司全部或者部分股份的要约。收购上市公司部分股份的收购要约应当约定,被收购公司股东承诺出售的股份数额超过预定收购的股份数额的,收购人按比例进行收购。

在上述情形下发出收购要约,收购人必须公告上市公司收购报告书,并载明下列事项:

(1)收购人的名称、住所;
(2)收购人关于收购的决定;
(3)被收购的上市公司名称;
(4)收购目的;
(5)收购股份的详细名称和预定收购的股份数额;
(6)收购期限、收购价格;
(7)收购所需的资金额及资金保证;
(8)公告上市公司收购报告书时所持有被收购公司股份数占该上市公司已发行的股份总数的比例。

2. 收购要约期限的约定

根据《证券法》规定,收购要约约定的收购期限不得少于30日,并不得超过60日。

3. 收购要约的撤销和变更

在收购要约确定的承诺期限内,收购人不得撤销其收购要约。收购人需要变更收购要约的,应当及时公告,载明具体变更事项,且不得存在下列情形:

(1)降低收购价格;
(2)减少预定收购股份数额;
(3)缩短收购期限;
(4)国务院证券监督管理机构规定的其他情形。

4. 收购要约的适用

收购要约提出的各项收购条件,适用于被收购公司的所有股东。这就是说,收购行为必须贯彻公平的原则。一方面,要约收购的条件应当具有统一性,应当适用于被收购的上市公司的全体股东;另一方面,被收购的上市公司的股东具有平等参与要约收购的权利。上市公司发行不同种类股份的,收购人可以针对不同种类股份提出不同的收购条件。

5. 收购人买卖被收购公司股票的限制

采取要约收购方式的,收购人在收购期限内,不得卖出被收购公司的股票,也不得采取要约规定以外的形式和超出要约的条件买入被收购公司的股票。

(三)协议收购

关于协议收购,《证券法》作出如下规定。

1. 收购协议的订立和报告

采取协议收购方式的，收购人可以依照法律、行政法规的规定同被收购公司的股东以协议方式进行股份转让。以协议方式收购上市公司时，达成协议后，收购人必须在3日内将该收购协议向国务院证券监督管理机构及证券交易所作出书面报告，并予公告。在公告前不得履行收购协议。

2. 协议收购履行的保全性措施

采取协议收购方式的，协议双方可以临时委托证券登记结算机构保管协议转让的股票，并将资金存放于指定的银行。

3. 协议收购改变为要约收购的条件

采取协议收购方式的，收购人收购或者通过协议、其他安排与他人共同收购一个上市公司已发行的有表决权股份达到30％时，继续进行收购的，应当依法向该上市公司所有股东发出收购上市公司全部或者部分股份的要约。但是，按照国务院证券监督管理机构免除发出要约的除外。

（四）上市公司收购者的披露义务

根据《证券法》规定，通过证券交易所的证券交易，投资者持有或者通过协议、其他安排与他人共同持有一个上市公司已发行的有表决权股份达到5％时，应当在该事实发生之日起3日内，向国务院证券监督管理机构、证券交易所作出书面报告，通知该上市公司，并予公告；在上述期限内，不得再行买卖该上市公司的股票，但国务院证券监督管理机构规定的情形除外。投资者持有或者通过协议、其他安排与他人共同持有一个上市公司已发行的有表决权股份达到5％后，其所持该上市公司已发行的有表决权股份比例每增加或者减少5％，应当依照上述规定进行报告和公告。在该事实发生之日起至公告后3日内，不得再行买卖该上市公司的股票，但国务院证券监督管理机构规定的情形除外。

投资者持有或者通过协议、其他安排与他人共同持有一个上市公司已发行的有表决权股份达到5％后，其所持该上市公司已发行的有表决权股份比例每增加或者减少1％，应当在该事实发生的次日通知该上市公司，并予公告。违反上述规定买入上市公司有表决权的股份的，在买入后的36个月内，对该超过规定比例部分的股份不得行使表决权。

（五）关于上市公司收购的其他规定

1. 关于因收购行为而终止上市或者变更公司形式的规定

收购期限届满，被收购公司股权分布不符合证券交易所规定的上市交易要求的，该上市公司的股票应当由证券交易所依法终止上市交易；其余仍持有被收购公司股票的股东，有权向收购人以收购要约的同等条件出售其股票，收购人应当收购。收购行为完成后,被收购公司不再具备股份有限公司条件的,应当依法变更企业形式。

2. 关于收购人在法定期限内不得转让股票的规定

在上市公司收购中,收购人持有的被收购的上市公司的股票,在收购行为完成后的18个月内不得转让。

3. 关于收购导致被收购公司解散的规定

收购行为完成后,收购人与被收购公司合并,并将该公司解散的,被解散公司的原有股票由收购人依法更换。

4. 关于收购行为完成后的报告义务

收购行为完成后,收购人应当在15日内将收购情况报告国务院证券监督管理机构和证券交易所,并予公告。

5. 关于上市公司分立或者合并的规定

国务院证券监督管理机构依照制定上市公司收购的具体办法。上市公司分立或者被其他公司合并,应当向国务院证券监督管理机构报告,并予公告。

五、信息披露

信息披露是指在证券的发行和流通环节中,依法将与其证券有关的一切真实信息予以公告,以供投资者作证券投资判断、参考的法律制度。从信息公开环节来看,一般要求证券发行要进行信息披露,证券上市交易要进行信息披露,与证券发行、上市交易有关的信息也要进行披露。从信息公开时点来看,主要包括证券发行时初次信息公开和证券交易中的信息公开。证券发行时初次信息公开,是指证券首次公开发行时对发行人、拟发行的证券以及与发行证券有关的信息进行披露。证券交易中的信息公开,又称为持续信息公开,是指证券上市交易过程中发行人、上市公司对证券上市交易及与证券交易有关的信息要进行持续性的披露。我国《证券法》《公司法》《股票发行与交易管理暂行条例》《首次公开发行股票注册管理办法》以及上海证券交易所、深圳证券交易所发布的《证券投资基金上市规则》等法律、法规以及其他规范性文件,对证券发行、交易中的信息公开制度均作出了详细规定。

根据《证券法》规定,发行人及法律、行政法规和国务院证券监督管理机构规定的其他信息披露义务人,应当及时依法履行信息披露义务。信息披露义务人披露的信息,应当真实、准确、完整,简明清晰,通俗易懂,不得有虚假记载、误导性陈述或者重大遗漏。证券同时在境内境外公开发行、交易的,其信息披露义务人在境外披露的信息,应当在境内同时披露。上市公司、公司债券上市交易的公司、股票在国务院批准的其他全国性证券交易场所交易的公司,应当按照国务院证券监督管理机构和证券交易场所规定的内容和格式编制定期报告,并按照规定报送和公告,主要包括上市公司定期报告即中期报告和年度报告,上市公司临时报告即重大事件公告。此外,《首次公开发行股票注册管理办法》针对不同板块的企业特点,规定企业应当按照拟上市板块要求进行专门披露,以及规定存在特别表决权股份的披露要求等。

(一)中期报告

根据《证券法》规定,上市公司、公司债券上市交易的公司、股票在国务院批准的其他全国性证券交易场所交易的公司,应当在每一会计年度的上半年结束之日起2个月内,报送并公告中期报告。

上述中期报告即半年度报告,应当按照《证券法》《公司法》《股票发行与交易管理暂行条例》以及中国证券会2016年12月16日修订公布的《公开发行证券的公司信息披露内容与格式准则第3号——半年度报告的内容与格式》等有关规定编制。

此外,根据有关规定,从2002年起,所有上市公司必须编制并披露季度报告。季度报告应在会计年度前3个月、9个月结束后的30日内编制。季度报告注意披露公司所发生的重大事项,一般不重复已披露过的信息。季度报告属于广义上的中期报告的范畴,也应当按照中国证券会2016年12月16日修订公布的《公开发行证券的公司信息披露编报规则第13号——季度报告内容与格式特别规定》的要求进行编制并披露。证券交易所可以对未按规定披露季报的上市公司的股票及其衍生品种实施停牌,直至其披露季报,同时对上市公司及其相关人员予以公开谴责。

(二)年度报告

根据《证券法》规定,上市公司、公司债券上市交易的公司、股票在国务院批准的其他全国性证券交易场所交易的公司,应当在每一会计年度结束之日起4个月内,报送并公告年度报告,其中的年度财务会计报告应当经符合《证券法》规定的会计师事务所审计。

年度报告应当按照《证券法》《公司法》《股票发行与交易管理暂行条例》以及中国证券会2016年12月16日修订公布的《公开发行证券的公司信息披露内容与格式准则第2号——年度报告的内容与格式》等有关规定编制。

(三)临时报告

根据《证券法》规定,发生可能对上市公司、股票在国务院批准的其他全国性证券交易场所交易的公司的股票交易价格产生较大影响的重大事件,投资者尚未得知时,公司应当立即将有关该重大事件的情况向国务院证券监督管理机构和证券交易所报送临时报告,并予公告,说明事件的起因、目前的状态和可能产生的法律后果。这里所称的"重大事件"主要包括以下情况:

(1)公司的经营方针和经营范围的重大变化;

(2)公司的重大投资行为,公司在1年内购买、出售重大资产超过公司资产总额30%,或者公司营业用主要资产的抵押、质押、出售或者报废一次超过该资产的30%;

(3)公司订立重要合同、提供重大担保或者从事关联交易,可能对公司的资产、负债、权益和经营成果产生重要影响；

(4)公司发生重大债务和未能清偿到期重大债务的违约情况；

(5)公司发生重大亏损或者重大损失；

(6)公司生产经营的外部条件发生的重大变化；

(7)公司的董事、1/3以上监事或者经理发生变动，董事长或者经理无法履行职责；

(8)持有公司5%以上股份的股东或者实际控制人持有股份或者控制公司的情况发生较大变化，公司的实际控制人及其控制的其他企业从事与公司相同或者相似业务的情况发生较大变化；

(9)公司分配股利、增资的计划，公司股权结构的重要变化，公司减资、合并、分立、解散及申请破产的决定，或者依法进入破产程序、被责令关闭；

(10)涉及公司的重大诉讼、仲裁，股东会、董事会决议被依法撤销或者宣告无效；

(11)公司涉嫌犯罪被依法立案调查，公司的控股股东、实际控制人、董事、监事、高级管理人员涉嫌犯罪被依法采取强制措施；

(12)国务院证券监督管理机构规定的其他事项。

公司的控股股东或者实际控制人对重大事件的发生、进展产生较大影响的，应当及时将其知悉的有关情况书面告知公司，并配合公司履行信息披露义务。

发生可能对上市交易公司债券的交易价格产生较大影响的重大事件，投资者尚未得知时，公司应当立即将有关该重大事件的情况向国务院证券监督管理机构和证券交易场所报送临时报告，并予公告，说明事件的起因、目前的状态和可能产生的法律后果。

上述所称重大事件包括：

(1)公司股权结构或者生产经营状况发生重大变化；

(2)公司债券信用评级发生变化；

(3)公司重大资产抵押、质押、出售、转让、报废；

(4)公司发生未能清偿到期债务的情况；

(5)公司新增借款或者对外提供担保超过上年末净资产的20%；

(6)公司放弃债权或者财产超过上年末净资产的10%；

(7)公司发生超过上年末净资产10%的重大损失；

(8)公司分配股利，作出减资、合并、分立、解散及申请破产的决定，或者依法进入破产程序、被责令关闭；

(9)涉及公司的重大诉讼、仲裁；

(10)公司涉嫌犯罪被依法立案调查，公司的控股股东、实际控制人、董事、监事、高级管理人员涉嫌犯罪被依法采取强制措施；

(11)国务院证券监督管理机构规定的其他事项。

(四)有关信息公开的其他规定

1.发行人的内部机构及有关人员应当保证信息披露的真实性、准确性和完整性。发行人的董事、高级管理人员应当对证券发行文件和定期报告签署书面确认意见。发行人的监事会应当对董事会编制的证券发行文件和定期报告进行审核并提出书面审核意见。监事应当签署书面确认意见。发行人的董事、监事、高级管理人员应当保证发行人及时、公平地披露信息,所披露的信息真实、准确、完整。

2.信息披露义务人及相关责任人因信息披露违反规定应当承担民事赔偿责任。信息披露义务人披露的信息应当同时向所有投资者披露,不得提前向任何单位和个人泄露。但是,法律、行政法规另有规定的除外。任何单位和个人不得非法要求信息披露义务人提供依法需要披露但尚未披露的信息。任何单位和个人提前获知的前述信息,在依法披露前应当保密。除依法需要披露的信息之外,信息披露义务人可以自愿披露与投资者作出价值判断和投资决策有关的信息,但不得与依法披露的信息相冲突,不得误导投资者。

发行人及其控股股东、实际控制人、董事、监事、高级管理人员等作出公开承诺的,应当披露。不履行承诺给投资者造成损失的,应当依法承担赔偿责任。信息披露义务人未按照规定披露信息,或者公告的证券发行文件、定期报告、临时报告及其他信息披露资料存在虚假记载、误导性陈述或者重大遗漏,致使投资者在证券交易中遭受损失的,信息披露义务人应当承担赔偿责任;发行人的控股股东、实际控制人、董事、监事、高级管理人员和其他直接责任人员以及保荐人、承销的证券公司及其直接责任人员,应当与发行人承担连带赔偿责任,但是能够证明自己没有过错的除外。

3.关于信息披露的方式,《证券法》规定,依法披露的信息,应当在证券交易场所的网站和符合国务院证券监督管理机构规定条件的媒体发布,同时将其置备于公司住所、证券交易所,供社会公众查阅。

4.国务院证券监督管理机构和证券交易场所应对信息披露及有关情况进行监督。国务院证券监督管理机构对信息披露义务人的信息披露行为进行监督管理。证券交易场所应当对其组织交易的证券的信息披露义务人的信息披露行为进行监督,督促其依法及时、准确地披露信息。

5.发行人应当以投资者需求为导向,基于板块定位,结合所属行业及发展趋势,充分披露业务模式、公司治理、发展战略、经营政策、会计政策、财务状况分析及相关信息。首次公开发行股票并在不同板块上市的,还应按照规定披露其他信息,存在特别表决板股份的企业申请首次公开发行股票并上市,还需按照规定披露相关信息等。

六、投资者保护

投资者是我国资本市场的重要参与者,其合法权益能否得到切实保护关乎投资者对资本市场的信心,一定程度上决定了资本市场的稳定和繁荣。我国证券法立法伊始,就确立了保护投资者合法权益的立法宗旨和基本原则,但其实施效果却并不尽如人意。《证券法》此次修订,按照顶层制度设计要求,立足投资者作为市场主体兼具投资者和证券交易者双重身份的特性,不仅有利于唤起整个市场对投资者保护的关注,增强市场各方对投资者保护的法律意识,也为证券市场全面深化改革落实落地,提高上市公司质量、保护投资者权益等,提供了坚强的法治保障。

《证券法》对投资者保护方面作了如下规定。

1. 证券公司向投资者销售证券、提供服务时,应当按照规定充分了解投资者的基本情况、财产状况、金融资产状况、投资知识和经验、专业能力等相关信息;如实说明证券、服务的重要内容,充分揭示投资风险;销售、提供与投资者上述状况相匹配的证券、服务。投资者在购买证券或者接受服务时,应当按照证券公司明示的要求提供上述所列真实信息。拒绝提供或者未按照要求提供信息的,证券公司应当告知其后果,并按照规定拒绝向其销售证券、提供服务。证券公司违反规定导致投资者损失的,应当承担相应的赔偿责任。

2. 根据财产状况、金融资产状况、投资知识和经验、专业能力等因素,投资者可以分为普通投资者和专业投资者。专业投资者的标准由国务院证券监督管理机构规定。普通投资者与证券公司发生纠纷的,证券公司应当证明其行为符合法律、行政法规以及国务院证券监督管理机构的规定,不存在误导、欺诈等情形。证券公司不能证明的,应当承担相应的赔偿责任。

3. 上市公司董事会、独立董事、持有1%以上有表决权股份的股东或者依照法律、行政法规或者国务院证券监督管理机构的规定设立的投资者保护机构(以下简称投资者保护机构),可以作为征集人,自行或者委托证券公司、证券服务机构,公开请求上市公司股东委托其代为出席股东会,并代为行使提案权、表决权等股东权利。依照上述规定征集股东权利的,征集人应当披露征集文件,上市公司应当予以配合。禁止以有偿或者变相有偿的方式公开征集股东权利。公开征集股东权利违反法律、行政法规或者国务院证券监督管理机构有关规定,导致上市公司或者其股东遭受损失的,应当依法承担赔偿责任。

4. 上市公司应当在章程中明确分配现金股利的具体安排和决策程序,依法保障股东的资产收益权。上市公司当年税后利润,在弥补亏损及提取法定公积金后有盈余的,应当按照公司章程的规定分配现金股利。

5. 公开发行公司债券的,应当设立债券持有人会议,并应当在募集说明书中说明债券持有人会议的召集程序、会议规则和其他重要事项。公开发行公司债券的,发行人应当为债券持有人聘请债券受托管理人,并订立债券受托管理协议。受托管理人应当由本次发行的承销机构或者其他经国务院证券监督管理机构认可的机构担任,债券持有人会议可以决议变更债券受托管理人。债券受托管理人应当勤勉尽责,公正履行受托管理职责,不得损害债券持有人利益。债券发行人未能按期兑付债券本息的,债券受托管理人可以接受全部或者部分债券持有人的委托,以自己名义代表债券持有人提起、参加民事诉讼或者清算程序。

6. 发行人因欺诈发行、虚假陈述或者其他重大违法行为给投资者造成损失的,发行人的控股股东、实际控制人、相关的证券公司可以委托投资者保护机构,就赔偿事宜与受到损失的投资者达成协议,予以先行赔付。先行赔付后,可以依法向发行人以及其他连带责任人追偿。

7. 投资者与发行人、证券公司等发生纠纷的,双方可以向投资者保护机构申请调解。普通投资者与证券公司发生证券业务纠纷,普通投资者提出调解请求的,证券公司不得拒绝。投资者保护机构对损害投资者利益的行为,可以依法支持投资者向人民法院提起诉讼。

发行人的董事、监事、高级管理人员执行公司职务时违反法律、行政法规或者公司章程的规定给公司造成损失,发行人的控股股东、实际控制人等侵犯公司合法权益给公司造成损失,投资者保护机构持有该公司股份的,可以以自己的名义向人民法院提起诉讼,持股比例和持股期限不受《公司法》规定的限制。

8. 投资者提起虚假陈述等证券民事赔偿诉讼时,诉讼标的是同一种类,且当事人一方人数众多的,可以依法推选代表人进行诉讼。对按照上述规定提起的诉讼,可能存在有相同诉讼请求的其他众多投资者的,人民法院可以发出公告,说明该诉讼请求的案件情况,通知投资者在一定期间向人民法院登记。人民法院作出的判决、裁定,对参加登记的投资者发生效力。投资者保护机构受五十名以上投资者委托,可以作为代表人参加诉讼,并为经证券登记结算机构确认的权利人依照前款规定向人民法院登记,但投资者明确表示不愿意参加该诉讼的除外。

七、相关的证券机构

(一)证券交易所

1. 证券交易所的概念

证券交易所、国务院批准的其他全国性证券交易场所是指为证券集中交易提供场所和设施,组织和监督证券交易,实行自律管理,依法登记并取得法人资格。按照证券交易所的组织形式划分,证券交易所可分为会员制证券交易所和公司制证券交易所两类。会员制证券交易所由会员自愿出资共同组成,交易所为会员所有和控制,只对会员服务,只有会员才能利用交易所的交易系统进行交易。会员制证券交易所的会员由证券公司组成,会员依章程规定出资,其对交易所承担的责任,以其出资额为限。公司制证券交易所由股东出资设立,并以股东出资为限对外承担有限责任,按照《证券法》《公司法》的要求,建立股东会、董事会、监事会、总经理的运行机制。《证券法》规定,进入证券交易所参与集中交易的，必须是证券交易所的会员。我国证券交易所的组织形式为会员制。

证券交易所、国务院批准的其他全国性证券交易场所的设立、变更和解散由国务院决定。国务院批准的其他全国性证券交易场所的组织机构、管理办法等，由国务院规定。证券交易所、国务院批准的其他全国性证券交易场所可以根据证券品种、行业特点、公司规模等因素设立不同的市场层次。按照国务院规定设立的区域性股权市场为非公开发行证券的发行、转让提供场所和设施，具体管理办法由国务院规定。证券交易所必须在其名称中标明证券交易所字样，其他任何单位或者个人不得使用证券交易所或者近似的名称。

2. 证券交易所的职责

综合《证券法》的规定，证券交易所的职责主要包括如下。

（1）为组织公平的集中交易提供保障。证券交易所应当为组织公平的集中交易提供保障，实时公布证券交易即时行情，并按交易日制作证券市场行情表，予以公布。证券交易即时行情的权益由证券交易所依法享有。未经证券交易所许可，任何单位和个人不得发布证券交易即时行情。

（2）采取技术性停牌、临时停市措施。上市公司可以向证券交易所申请其上市交易股票的停牌或者复牌，但不得滥用停牌或者复牌损害投资者的合法权益。证券交易所可以按照业务规则的规定，决定上市交易股票的停牌或者复牌。

因不可抗力、意外事件、重大技术故障、重大人为差错等突发性事件而影响证券交易正常进行时，为维护证券交易正常秩序和市场公平，证券交易所可以按照业务规则采取技术性停牌、临时停市等处置措施，并应当及时向国务院证券监督管理机构报告。因上述规定的突发性事件导致证券交易结果出现重大异常，按交易结果进行交收将对证券交易正常秩序和市场公平造成重大影响的，证券交易所按照业务规则可以采取取消交易、通知证券登记结算机构暂缓交收等措施，并应当及时向国务院证券监督管理机构报告并公告。

（3）对证券交易实行实时监控，加强对证券交易的风险预测。证券交易所对证券交易实行实时监控，并按照国务院证券监督管理机构的要求，对异常的交易情况提出报告。证券交易所根据需要，可以按照业务规则对出现重大异常交易情况的证券账户的投资者限制交易，并及时报告国务院证券监督管理机构。证券交易所应当加强对证券交易的风险监测，出现重大异常波动的，证券交易所可以按照业务规则采取限制交易、强制停牌等处置措施，并向国务院证券监督管理机构报告；严重影响证券市场稳定的，证券交易所可以按照业务规则采取临时停市等处置措施并公告。

（4）筹集并管理好证券风险基金。证券交易所应当从其收取的交易费用和会员费、席位费中提取一定比例的金额设立风险基金。风险基金由证券交易所理事会管理。风险基金提取的具体比例和使用办法，由国务院证券监督管理机构会同国务院财政部门规定。证券交易所应当将收存的风险基金存入开户银行专门账户，不得擅自使用。

(5)制定有关规则。证券交易所依照证券法律、行政法规和国务院证券监督管理机构的规定,制定上市规则、交易规则、会员管理规则和其他有关规则,并报国务院证券监督管理机构批准。

(6)决定上市交易股票的停牌或者复牌的事务。上市公司可以向证券交易所申请其上市交易股票的停牌或者复牌,但不得滥用停牌或者复牌损害投资者的合法权益。证券交易所可以按照业务规则的规定,决定上市交易股票的停牌或者复牌。

根据2021年10月30日修订的《证券交易所管理办法》,证券交易所还履行下列职能,包括提供非公开发行证券转让服务、对会员进行监督、对证券上市交易公司及相关信息披露义务人进行监督、管理和公布市场信息、开展投资者教育和保护等。

(二)证券公司

1. 证券公司的概念和组织形式

证券公司是指依照《公司法》和《证券法》的规定设立的经营证券业务的有限责任公司或者股份有限公司。

2. 证券公司的业务范围

根据《证券法》的规定,经国务院证券监督管理机构批准,取得经营证券业务许可证,证券公司可以经营下列部分或者全部证券业务:

(1)证券经纪;

(2)证券投资咨询;

(3)与证券交易、证券投资活动有关的财务顾问;

(4)证券承销与保荐;

(5)证券融资融券;

(6)证券做市交易;

(7)证券自营;

(8)其他证券业务。

证券公司经营上述第(1)项至第(3)项业务的,注册资本最低限额为人民币5000万元;经营第(4)项至第(8)项业务之一的,注册资本最低限额为人民币1亿元;经营第(4)项至第(8)项业务中两项以上的,注册资本最低限额为人民币5亿元。证券公司的注册资本应当是实缴资本。国务院证券监督管理机构根据审慎监管原则和各项业务的风险程度,可以调整注册资本最低限额,但不得少于前款规定的限额。

国务院证券监督管理机构应当自受理前款规定事项申请之日起三个月内,依照法定条件和程序进行审查,作出核准或者不予核准的决定,并通知申请人;不予核准的,应当说明理由。证券公司经营证券资产管理业务的,应当符合《证券投资基金法》等法律、行政法规的规定。除证券公司外,任何单位和个人不得从事证券承销、证券保荐、证券经纪和证券融资融券业务。

3. 设立证券公司的条件和程序

设立证券公司必须经国务院证券监督管理机构审查批准,未经批准,任何单位和个人不得经营证券业务。根据《证券法》规定,设立证券公司应当具备下列条件:

(1)有符合法律、行政法规规定的公司章程;

(2)主要股东及公司的实际控制人具有良好的财务状况和诚信记录,最近3年无重大违法违规记录;

(3)有符合《证券法》规定的公司注册资本;

(4)董事、监事、高级管理人员、从业人员符合规定的条件;

(5)有完善的风险管理与内部控制制度;

(6)有合格的经营场所、业务设施和信息技术系统;

(7)法律、行政法规规定的和经国务院批准的国务院证券监督管理机构规定的其他条件。

未经国务院证券监督管理机构批准,任何单位和个人不得以证券公司名义开展证券业务活动。

国务院证券监督管理机构应当自受理证券公司设立申请之日起6个月内,依照法定条件和法定程序并根据审慎监管原则进行审查,作出批准或者不予批准的决定,并通知申请人;不予批准的,应当说明理由。证券公司设立申请获得批准的,申请人应当在规定的期限内向公司登记机关申请设立登记,领取营业执照。证券公司应当自领取营业执照之日起15日内,向国务院证券监督管理机构申请经营证券业务许可证。未取得经营证券业务许可证,证券公司不得经营证券业务。

4. 证券公司董事、监事、高级管理人员及有关人员的任职资格、任职限制

证券公司的董事、监事、高级管理人员应当正直诚实,品行良好,熟悉证券法律、行政法规,具有履行职责所需的经营管理能力,证券公司任免董事、监事、高级管理人员,应当报国务院证券监督管理机构备案。有《公司法》规定的不得担任公司的董事、监事、高级管理人员的情形或者下列情形之一的,不得担任证券公司的董事、监事、高级管理人员:

(1)因违法行为或者违纪行为被解除职务的证券交易所、证券登记结算机构的负责人或者证券公司的董事、监事、高级管理人员,自被解除职务之日起未逾5年;

(2)因违法行为或者违纪行为被吊销执业证书或者被取消资格的律师、注册会计师或者其他证券服务机构的专业人员,自被吊销执业证书或者被取消资格之日起未逾5年。

此外,证券公司从事证券业务的人员应当品行良好,具备从事证券业务所需的专业能力。因违法行为或者违纪行为被开除的证券交易所、证券公司、证券登记结算机构、证券服务机构的从业人员和被开除的国家机关工作人员,不得招聘为证券公司的从业人员。国家机关工作人员和法律、行政法规规定的禁止在公司中兼职的其他人员,不得在证券公司中兼任职务。

5. 证券公司的经营管理制度

《证券法》对证券公司经营管理制度的规定主要包括以下内容。

(1)建立健全内部控制制度和内部管理制度。证券公司应当建立健全内部控制制度,采取有效隔离措施,防范公司与客户之间、不同客户之间的利益冲突。证券公司必须将其证券经纪业务、证券承销业务、证券自营业务、证券做市业务和证券资产管理业务分开办理,不得混合操作。

(2)自营业务管理。证券公司的自营业务必须以自己的名义进行,不得假借他人名义或者以个人名义进行。证券公司的自营业务必须使用自有资金和依法筹集的资金。证券公司不得将其自营账户借给他人使用。

(3)客户资产管理。证券公司客户的交易结算资金应当存放在商业银行,以每个客户的名义单独立户管理。证券公司不得将客户的交易结算资金和证券归入其自有财产。禁止任何单位或者个人以任何形式挪用客户的交易结算资金和证券。证券公司破产或者清算时,客户的交易结算资金和证券不属于其破产财产或者清算财产。非因客户本身的债务或者法律规定的其他情形,不得查封、冻结、扣划或者强制执行客户的交易结算资金和证券。

(4)证券买卖委托管理和证券买卖委托执行制度。证券公司办理经纪业务应当置备统一制定的证券买卖委托书,供委托人使用。采取其他委托方式的,必须作出委托记录。客户的证券买卖委托,不论是否成交,其委托记录应当按照规定的期限,保存于证券公司。证券公司接受证券买卖的委托,应当根据委托书载明的证券名称、买卖数量、出价方式、价格幅度等,按照交易规则代理买卖证券,如实进行交易记录;买卖成交后,应当按照规定制作买卖成交报告单交付客户。证券交易中确认交易行为及其交易结果的对账单必须真实,保证账面证券余额与实际持有的证券相一致。证券公司应当建立客户信息查询制度,确保客户能够查询其账户信息、委托记录、交易记录以及其他与接受服务或者购买产品有关的重要信息。证券公司应当妥善保存客户开户资料、委托记录、交易记录和与内部管理、业务经营有关的各项信息,任何人不得隐匿、伪造、篡改或者毁损。上述信息的保存期限不得少于20年。

(5)其他禁止性规定。证券公司办理经纪业务,不得接受客户的全权委托而决定证券买卖、选择证券种类、决定买卖数量或者买卖价格;证券公司不得允许他人以证券公司的名义直接参与证券的集中交易;证券公司不得对客户证券买卖的收益或者赔偿证券买卖的损失作出承诺;证券公司的从业人员在证券交易活动中,执行所属的证券公司的指令或者利用职务违反交易规则的,由所属的证券公司承担全部责任;证券公司的从业人员不得私下接受客户委托买卖证券。

6. 证券公司的监督管理制度

证券公司应当按照规定向国务院证券监督管理机构报送业务、财务等经营管理信息和资料。国务院证券监督管理机构有权要求证券公司及其股东、实际控制人在指定的期限内提供有关信息、资料。证券公司及其股东、实际控制人向国务院证券监督管理机构报送或者提供的信息、资料,其报送或者提供的信息、资料必须真实、准确、完整。

国务院证券监督管理机构认为有必要时,可以委托会计师事务所、资产评估机构对证券公司的财务状况、内部控制状况、资产价值进行审计或者评估。

证券公司的治理结构、合规管理、风险控制指标不符合规定的,国务院证券监督管理机构应当责令其限期改正;逾期未改正,或者其行为严重危及该证券公司的稳健运行、损害客户合法权益的,国务院证券监督管理机构可以区别情形,分别对其采取不同的措施进行处理。

证券公司的股东有虚假出资、抽逃出资行为的,国务院证券监督管理机构应当责令其限期改正,并可责令其转让所持证券公司的股权。在上述规定的股东按照要求改正违法行为、转让所持证券公司的股权前,国务院证券监督管理机构可以限制其股东权利。

证券公司的董事、监事、高级管理人员未能勤勉尽责,致使证券公司存在重大违法违规行为或者重大风险的,国务院证券监督管理机构可以责令证券公司予以更换。

证券公司违法经营或者出现重大风险,严重危害证券市场秩序、损害投资者利益的,国务院证券监督管理机构可以对该证券公司采取停业整顿、指定其他机构托管、接管或者撤销等监管措施。

(三)证券登记结算机构

1. 证券登记结算机构的设立条件及其职能

证券登记结算机构是为证券交易提供集中登记、存管与结算服务的中介机构,是不以营利为目的的法人。

设立证券登记结算机构必须经国务院证券监督管理机构批准。根据《证券法》规定,设立证券登记结算机构,应当具备下列条件:

(1)自有资金不少于人民币2亿元;
(2)具有证券登记、存管和结算服务所必需的场所和设施;
(3)国务院证券监督管理机构规定的其他条件。

证券登记结算机构的名称中应当标明证券登记结算字样。

根据《证券法》规定,证券登记结算机构履行下列职能:

(1)证券账户、结算账户的设立;
(2)证券的存管和过户;
(3)证券持有人名册登记;
(4)证券交易的清算和交收;
(5)受发行人的委托派发证券权益;
(6)办理与上述业务有关的查询、信息服务;
(7)国务院证券监督管理机构批准的其他业务。

2. 证券登记结算机构的业务和经营管理制度

根据《证券法》规定，证券登记结算采取全国集中统一的运营方式。证券登记结算机构章程、业务规则应当依法制定，并须经国务院证券监督管理机构批准。

证券登记结算机构的业务是多方面的，但其核心内容是为证券客户提供完善且周到的服务。关于证券登记结算机构的经营管理制度，《证券法》作出了明确规定。

（1）存管上市交易的证券。在证券交易所或者国务院批准的其他全国性证券交易场所交易的证券，应当全部存管在证券登记结算机构。证券登记结算机构不得挪用客户的证券。

（2）提供证券持有人名册及其有关资料。证券登记结算机构应当向证券发行人提供证券持有人名册及其有关资料。证券登记结算机构应当根据证券登记结算的结果，确认证券持有人持有证券的事实，提供证券持有人登记资料。证券登记结算机构应当保证证券持有人名册和登记过户记录真实、准确、完整，不得隐匿、伪造、篡改或者毁损。

（3）采取措施保证业务的正常进行。证券登记结算机构应当采取措施保证业务的正常进行，包括：具有必备的服务设备和完善的数据安全保护措施；建立完善的业务、财务和安全防范等管理制度；建立完善的风险管理系统。

（4）妥善保存有关原始凭证和资料。证券登记结算机构应当妥善保存登记、存管和结算的原始凭证及有关文件和资料，保存期限不得少于20年。

（5）设立结算风险基金。证券登记结算机构应当设立结算风险基金，用于垫付或者弥补因违约交收、技术故障、操作失误、不可抗力造成的证券登记结算机构的损失。证券结算风险基金从证券登记结算机构的业务收入和收益中提取，并可以由结算参与人按照证券交易业务量的一定比例缴纳。证券结算风险基金应当存入指定银行的专门账户，实行专项管理。证券登记结算机构以风险基金赔偿后，应当向有关责任人追偿。

（6）为投资者开立证券账户。投资者委托证券公司进行证券交易，应当通过证券公司申请在证券登记结算机构开立证券账户，证券登记结算机构应当按照规定为投资者开立证券账户。投资者申请开立账户，应当持有证明中华人民共和国公民、法人、合伙企业身份的合法证件，国家另有规定的除外。

（7）按照货银对付的原则进行结算。证券登记结算机构作为中央对手方提供证券结算服务的，是结算参与人共同的清算交收对手，进行净额结算，为证券交易提供集中履约保障。证券登记结算机构为证券交易提供净额结算服务时，应当要求结算参与人按照货银对付的原则，足额交付证券和资金，并提供交收担保。在交收完成之前，任何人不得动用用于交收的证券、资金和担保物。结算参与人未按时履行交收义务的，证券登记结算机构有权按照业务规则处理用于交收的证券、资金和担保物。

（8）按照规定存放结算资金和证券。证券登记结算机构按照业务规则收取的各类结算资金和证券，必须存放于专门的清算交收账户，只能按业务规则用于已成交的证券交易的清算交收，不得被强制执行。

(四)证券服务机构

证券服务机构是指专门从事证券资信评级、证券投资咨询、资产评估等业务,为证券发行和交易提供服务职能的机构。证券服务机构应当勤勉尽责、恪尽职守,按照相关业务规则为证券的交易及相关活动提供服务。证券交易服务机构主要包括投资咨询机构、财务顾问机构、资信评级机构、资产评估机构、会计师事务所和律师事务所等。证券投资咨询机构是指依法设立的,为证券发行人、投资人、交易人的融资活动和证券交易提供投资分析、预测或者建议等咨询服务业务的机构。证券资信评估机构是指依法设立的,对已经发行或者拟发行证券的质量、风险进行公正、客观的评估,并确定信用级别的机构。会计师事务所是注册会计师执行业务的工作机构,是指依法设立,对公开发行和交易证券的企业、证券经营机构和证券交易所提供财务审计、咨询及其他相关专业服务的机构。律师事务所是律师执行职务进行业务活动的工作机构,在规定的专业活动范围内,接受中外当事人的委托,提供各种法律服务。

根据《证券法》规定,投资咨询机构、财务顾问机构、资信评级机构、资产评估机构、会计师事务所和律师事务所从事证券投资咨询服务业务,必须经国务院证券监督管理机构核准,未经核准,不得为证券的交易及相关活动提供服务;从事其他证券服务业务,应当报国务院证券监督管理机构和国务院有关主管部门备案。

证券服务机构应当妥善保存客户委托文件、核查和验证资料、工作底稿以及与质量控制、内部管理、业务经营有关的信息和资料,任何人不得泄露、隐匿、伪造、篡改或者毁损。上述信息和资料的保存期限不得少于十年,自业务委托结束之日起算。

证券服务机构为证券的发行、上市、交易等证券业务活动制作、出具审计报告及其他鉴证报告、资产评估报告、财务顾问报告、资信评级报告或者法律意见书等文件,应当勤勉尽责,对所依据的文件资料内容的真实性、准确性、完整性进行核查和验证。其制作、出具的文件有虚假记载、误导性陈述或者重大遗漏,给他人造成损失的,应当与委托人承担连带赔偿责任,但是能够证明自己没有过错的除外。

(五)证券业协会

证券业协会是证券业的自律性组织,是社会团体法人。证券公司应当加入证券业协会。证券业协会的权力机构为由全体会员组成的会员大会。证券业协会的章程由会员大会制定,并报国务院证券监督管理机构备案。证券业协会设理事会,理事会成员依章程的规定选举产生。

根据《证券法》规定,证券业协会履行下列职责:

(1)教育和组织会员及其从业人员遵守证券法律、行政法规,组织开展证券行业诚信建设,督促证券行业履行社会责任;

(2)依法维护会员的合法权益,向证券监督管理机构反映会员的建议和要求;

(3)督促会员开展投资者教育和保护活动,维护投资者合法权益;

(4)制定和实施证券行业自律规则,监督、检查会员及其从业人员行为,对违反法律、行政法规、自律规则或者协会章程的,按照规定给予纪律处分或者实施其他自律管理措施;

(5)制定证券行业业务规范,组织从业人员的业务培训;

(6)组织会员就证券行业的发展、运作及有关内容进行研究,收集整理、发布证券相关信息,提供会员服务,组织行业交流,引导行业创新发展;

(7)对会员之间、会员与客户之间发生的证券业务纠纷进行调解;

(8)证券业协会章程规定的其他职责。

(六)证券监督管理机构

国务院证券监督管理机构依法对证券市场实行监督管理,维护证券市场公开、公平、公正,防范系统性风险,维护投资者合法权益,促进证券市场健康发展。根据《证券法》规定,国务院证券监督管理机构在对证券市场实施监督管理中履行下列职责:

(1)依法制定有关证券市场监督管理的规章、规则,并依法行使审批、核准、注册,办理备案;

(2)依法对证券的发行、上市、交易、登记、存管、结算等行为,进行监督管理;

(3)依法对证券发行人、证券公司、证券服务机构、证券交易场所、证券登记结算机构的证券业务活动,进行监督管理;

(4)依法制定从事证券业务人员的行为准则,并监督实施;

(5)依法监督检查证券发行、上市、交易的信息披露;

(6)依法对证券业协会的自律管理活动进行指导和监督;

(7)依法监测并防范、处置证券市场风险;

(8)依法开展投资者教育;

(9)依法对证券违法行为进行查处;

(10)法律、行政法规规定的其他职责。

国务院证券监督管理机构依法履行职责,有权采取下列措施:

(1)对证券发行人、证券公司、证券服务机构、证券交易所、证券登记结算机构进行现场检查;

(2)进入涉嫌违法行为发生场所调查取证;

(3)询问当事人和与被调查事件有关的单位和个人,要求其对与被调查事件有关的事项作出说明;或者要求其按照指定的方式报送与被调查事件有关的文件和资料;

(4)查阅、复制与被调查事件有关的财产权登记、通信记录等文件和资料;

(5)查阅、复制当事人和与被调查事件有关的单位和个人的证券交易记录、登记过户记录、财务会计资料及其他相关文件和资料;对可能被转移、隐匿或者毁损的文件和资

料,可以予以封存、扣押;

(6)查询当事人和与被调查事件有关的单位和个人的资金账户、证券账户、银行账户,以及其他具有支付、托管、结算等功能的账户信息,可以对有关文件和资料进行复制;对有证据证明已经或者可能转移或者隐匿违法资金、证券等涉案财产或者隐匿、伪造、毁损重要证据的,经国务院证券监督管理机构主要负责人或者其授权的其他负责人批准,可以冻结或者查封,期限为六个月;因特殊原因需要延长的,每次延长期限不得超过三个月,冻结、查封期限最长不得超过两年;

(7)在调查操纵证券市场、内幕交易等重大证券违法行为时,经国务院证券监督管理机构主要负责人批准或者其授权的其他负责人批准,可以限制被调查的当事人的证券买卖,但限制的期限不得超过3个月;案情复杂的,可以延长3个月;

(8)通知出境入境管理机关依法阻止涉嫌违法人员、涉嫌违法单位的主管人员和其他直接责任人员出境。

为防范证券市场风险,维护市场秩序,国务院证券监督管理机构可以采取责令改正、监管谈话、出具警示函等措施。

国务院证券监督管理机构对涉嫌证券违法的单位或者个人进行调查期间,被调查的当事人书面申请,承诺在国务院证券监督管理机构认可的期限内纠正涉嫌违法行为,赔偿有关投资者损失,消除损害或者不良影响的,国务院证券监督管理机构可以决定中止调查。被调查的当事人履行承诺的,国务院证券监督管理机构可以决定终止调查;被调查的当事人未履行承诺或者有国务院规定的其他情形的,应当恢复调查。具体调查办法由国务院规定。国务院证券监督管理机构决定中止或者终止调查的,应当按照规定公开相关信息。

国务院证券监督管理机构可以和其他国家或者地区的证券监督管理机构建立监督管理合作机制,实施跨境监督管理。境外证券监督管理机构不得在中华人民共和国境内直接进行调查取证等活动。未经国务院证券监督管理机构和国务院有关主管部门同意,任何单位和个人不得擅自向境外提供与证券业务活动有关的文件和资料。

八、违反证券法的法律责任

违反证券法的法律责任是指证券法律关系中的主体在证券发行、交易过程中违反有关证券法律、行政法规和规章而应当承担的法律责任。

证券市场具有高风险、高收益、投机性强、涉及人数多等特点,这些特点使得证券活动既有利于促进经济的发展,又容易被违法行为所侵害。为规范证券发行和交易行为,保护投资者的合法权益,维护社会经济秩序,《证券法》专章规定法律责任,对各类证券违法行为及其法律责任作出明确规定。

《证券法》中规定的应当承担法律责任的证券违法主体众多,包括:证券发行人,证券公司,信息披露义务人,内幕知情人员,法人,禁止人员,有证券从业资格的会计师事务所、资产评估机构、律师事务所、证券交易所、证券公司、证券登记结算机构、证券交易服务机构的从业人员,证券监督管理机构和证券业协会的工作人员;国家工作人员以及其他人员等。

《证券法》中规定的法律责任主要包括民事责任、行政责任,具体责任形式包括:责令停止,责令改正,责令依法处理,责令关闭,退还资金,依法赔偿,取缔,取消从业资格,停止其自营业务,吊销从业资格证,吊销公司营业执照,取消许可证,吊销原核定的证券经营资格,警告,罚款,没收违法所得,行政处分等。如违反《证券法》规定,构成犯罪的,依法追究刑事责任。现根据《证券法》规定,分述如下:

1. 未经法定的机关核准,擅自公开或者变相公开发行证券的,责令停止发行,退还所募资金并加算银行同期存款利息,处以非法所募资金金额5%以上5%以下的罚款;对擅自公开或者变相公开发行证券设立的公司,由依法履行监督管理职责的机构或者部门会同县级以上地方人民政府予以取缔。对直接负责的主管人员和其他直接责任人员给予警告,并处以50万元以上500万元以下的罚款。

2. 发行人在其公告的证券发行文件中隐瞒重要事实或者编造重大虚假内容,尚未发行证券的,处以200万元以上2000万元以下的罚款;已经发行证券的,处以非法所募资金金额10%以上1倍以下的罚款。对直接负责的主管人员和其他直接责任人员,处以100万元以上1000万元以下的罚款。发行人的控股股东、实际控制人组织、指使从事前款违法行为的,没收违法所得,并处以违法所得10%以上1倍以下的罚款;没有违法所得或者违法所得不足2000万元的,处以200万元以上2000万元以下的罚款。对直接负责的主管人员和其他直接责任人员,处以100万元以上1000万元以下的罚款。

3. 保荐人出具有虚假记载、误导性陈述或者重大遗漏的保荐书,或者不履行其他法定职责的,责令改正,给予警告,没收业务收入,并处以业务收入1倍以上10倍以下的罚款;没有业务收入或者业务收入不足100万元的,处以100万元以上1000万元以下的罚款;情节严重的,并处暂停或者撤销保荐业务许可。对直接负责的主管人员和其他直接责任人员给予警告,并处以50万元以上500万元以下的罚款。

4. 证券公司承销或者销售擅自公开发行或者变相公开发行的证券的,责令停止承销或者销售,没收违法所得,并处以违法所得1倍以上10倍以下的罚款;没有违法所得或者违法所得不足100万元的,处以100万元以上1000万元以下的罚款;情节严重的,并处暂停或者撤销相关业务许可。给投资者造成损失的,应当与发行人承担连带赔偿责任。对直接负责的主管人员和其他直接责任人员给予警告,并处以50万元以上500万元以下的罚款。

5. 证券公司承销证券,有下列行为之一的,责令改正,给予警告,没收违法所得,可以并处以50万元以上500万元以下的罚款;情节严重的,处以20万元以上200万元以下的罚款;情节严重的,并处以50万元以上500万元以下的罚款。

(1)进行虚假的或者误导投资者的广告或者其他宣传推介活动;

(2)以不正当竞争手段招揽承销业务；

(3)其他违反证券承销业务规定的行为。

6.发行人、上市公司擅自改变公开发行证券所募集资金的用途的，责令改正，处以50万元以上500万元以下的罚款；对直接负责的主管人员和其他直接责任人员给予警告，并处以10万元以上100万元以下的罚款。发行人、上市公司的控股股东、实际控制人指使从事上述违法行为的，给予警告，并处以50万元以上500万元以下的罚款。对直接负责的主管人员和其他直接责任人员，处以10万元以上100万元以下的罚款。

7.在限制转让期内转让证券，或者转让股票不符合法律、行政法规和国务院证券监督管理机构规定的，责令改正，给予警告，没收违法所得，并处以买卖证券等值以下的罚款。

8.法律、行政法规规定禁止参与股票交易的人员，违反规定直接或者以化名、借他人名义持有、买卖股票或者其他具有股权性质的证券的，责令依法处理非法持有的股票、其他具有股权性质的证券，没收违法所得，并处以买卖证券等值以下的罚款；属于国家工作人员的，还应当依法给予处分。

9.证券服务机构及其从业人员，违反《证券法》规定买卖证券的，责令依法处理非法持有的证券，没收违法所得，并处以买卖证券等值以下的罚款。

10.上市公司、股票在国务院批准的其他全国性证券交易场所交易的公司的董事、监事、高级管理人员、持有该公司5%以上股份的股东，违反规定买卖该公司股票或者其他具有股权性质的证券的，给予警告，并处以10万元以上100万元以下的罚款。

11.采取程序化交易影响证券交易所系统安全或者正常交易秩序的，责令改正，并处以50万元以上500万元以下的罚款。对直接负责的主管人员和其他直接责任人员给予警告，并处以10万元以上100万元以下的罚款。

12.证券交易内幕信息的知情人或者非法获取内幕信息的人违反《证券法》规定从事内幕交易的，责令依法处理非法持有的证券，没收违法所得，并处以违法所得1倍以上10倍以下的罚款；没有违法所得或者违法所得不足50万元的，处以50万元以上500万元以下的罚款。单位从事内幕交易的，还应当对直接负责的主管人员和其他直接责任人员给予警告，并处以20万元以上200万元以下的罚款。国务院证券监督管理机构工作人员从事内幕交易的，从重处罚。利用未公开信息进行交易的，依照前款的规定处罚。

13.违反《证券法》规定操纵证券市场的，责令依法处理其非法持有的证券，没收违法所得，并处以违法所得1倍以上10倍以下的罚款；没有违法所得或者违法所得不足100万元的，处以100万元以上1000万元以下的罚款。单位操纵证券市场的，还应当对直接负责的主管人员和其他直接责任人员给予警告，并处以50万元以上500万元以下的罚款。

14.编造、传播虚假信息或者误导性信息，扰乱证券市场的，没收违法所得，并处以违法所得1倍以上10倍以下的罚款；没有违法所得或者违法所得不足20万元的，处以20

万元以上200万元以下的罚款。在证券交易活动中作出虚假陈述或者信息误导的,责令改正,处以20万元以上200万元以下的罚款;属于国家工作人员的,还应当依法给予处分。传播媒介及其从事证券市场信息报道的工作人员违反《证券法》规定,从事与其工作职责发生利益冲突的证券买卖的,没收违法所得,并处以买卖证券等值以下的罚款。

15. 证券公司及其从业人员违反《证券法》规定,有损害客户利益的行为的,给予警告,没收违法所得,并处以违法所得1倍以上10倍以下的罚款;没有违法所得或者违法所得不足10万元的,处以10万元以上100万元以下的罚款;情节严重的,暂停或者撤销相关业务许可。

16. 违反《证券法》规定,出借自己的证券账户或者借用他人的证券账户从事证券交易的,责令改正,给予警告,可以处50万元以下的罚款。

17. 收购人未按照《证券法》规定履行上市公司收购的公告、发出收购要约义务的,责令改正,给予警告,并处以50万元以上500万元以下的罚款。对直接负责的主管人员和其他直接责任人员给予警告,并处以20万元以上200万元以下的罚款。收购人及其控股股东、实际控制人利用上市公司收购,给被收购公司及其股东造成损失的,应当依法承担赔偿责任。

18. 信息披露义务人未按照《证券法》规定报送有关报告或者履行信息披露义务的,责令改正,给予警告,并处以50万元以上500万元以下的罚款;对直接负责的主管人员和其他直接责任人员给予警告,并处以20万元以上200万元以下的罚款。发行人的控股股东、实际控制人组织、指使从事上述违法行为,或者隐瞒相关事项导致发生上述情形的,处以50万元以上500万元以下的罚款;对直接负责的主管人员和其他直接责任人员,处以20万元以上200万元以下的罚款。信息披露义务人报送的报告或者披露的信息有虚假记载、误导性陈述或者重大遗漏的,责令改正,给予警告,并处以100元以上1000万元以下的罚款;对直接负责的主管人员和其他直接责任人员给予警告,并处以50万元以上500万元以下的罚款。发行人的控股股东、实际控制人组织、指使从事上述违法行为,或者隐瞒相关事项导致发生上述情形的,处以100元以上1000万元以下的罚款;对直接负责的主管人员和其他直接责任人员,处以50万元以上500万元以下的罚款。

19. 证券公司违反《证券法》规定未履行或者未按照规定履行投资者适当性管理义务的,责令改正,给予警告,并处以10万元以上100万元以下的罚款。对直接负责的主管人员和其他直接责任人员给予警告,并处以20万元以下的罚款。

20. 违反《证券法》规定征集股东权利的,责令改正,给予警告,可以处50万元以下的罚款。

21. 非法开设证券交易场所的,由县级以上人民政府予以取缔,没收违法所得,并处以违法所得1倍以上10倍以下的罚款;没有违法所得或者违法所得不足100万元的,处以100万元以上1000万元以下的罚款。对直接负责的主管人员和其他直接责任人员给予警告,并处以20万元以上200万元以下的罚款。证券交易所违反规定,允许非会员直接参与股票的集中交易的,责令改正,可以并处50万元以下的罚款。

22. 证券公司违反《证券法》规定,未对投资者开立账户提供的身份信息进行核对的,责令改正,给予警告,并处以5万元以上50万元以下的罚款。对直接负责的主管人员和其他直接责任人员给予警告,并处以10万元以下的罚款。证券公司违反规定,将投资者的账户提供给他人使用的,责令改正,给予警告,并处以10万元以上100万元以下的罚款。对直接负责的主管人员和其他直接责任人员给予警告,并处以20万元以下的罚款。

23. 违反《证券法》规定,擅自设立证券公司、非法经营证券业务或者未经批准以证券公司名义开展证券业务活动的,责令改正,没收违法所得,并处以违法所得1倍以上10倍以下的罚款;没有违法所得或者违法所得不足100万元的,处以100万元以上1000万元以下的罚款。对直接负责的主管人员和其他直接责任人员给予警告,并处以20万元以上200万元以下的罚款。对擅自设立的证券公司,由国务院证券监督管理机构予以取缔。证券公司违反规定提供证券融资融券服务的,没收违法所得,并处以融资融券等值以下的罚款;情节严重的,禁止其在一定期限内从事证券融资融券业务。对直接负责的主管人员和其他直接责任人员给予警告,并处以20万元以上200万元以下的罚款。

24. 提交虚假证明文件或者采取其他欺诈手段骗取证券公司设立许可、业务许可或者重大事项变更核准的,撤销相关许可,并处以100万元以上1000万元以下的罚款。对直接负责的主管人员和其他直接责任人员给予警告,并处以20万元以上200万元以下的罚款。证券公司违反规定,未经核准变更证券业务范围、变更主要股东或者公司的实际控制人,合并、分立、停业、解散、破产的,责令改正,给予警告,没收违法所得,并处以违法所得1倍以上10倍以下的罚款;没有违法所得或者违法所得不足50万元的,处以50万元以上500万元以下的罚款;情节严重的,并处撤销相关业务许可。对直接负责的主管人员和其他直接责任人员给予警告,并处以20万元以上200万元以下的罚款。

25. 证券公司违反《证券法》规定,为其股东或者股东的关联人提供融资或者担保的,责令改正,给予警告,并处以50万元以上500万元以下的罚款。对直接负责的主管人员和其他直接责任人员给予警告,并处以10万元以上100万元以下的罚款。股东有过错的,在按照要求改正前,国务院证券监督管理机构可以限制其股东权利;拒不改正的,可以责令其转让所持证券公司股权。

26. 证券公司违反《证券法》规定,未采取有效隔离措施防范利益冲突,或者未分开办理相关业务、混合操作的,责令改正,给予警告,没收违法所得,并处以违法所得1倍以上10倍以下的罚款;没有违法所得或者违法所得不足50万元的,处以50万元以上500万元以下的罚款;情节严重的,并处撤销相关业务许可。对直接负责的主管人员和其他直接责任人员给予警告,并处以20万元以上200万元以下的罚款。

27. 证券公司违反《证券法》规定从事证券自营业务的,责令改正,给予警告,没收违法所得,并处以违法所得1倍以上10倍以下的罚款;没有违法所得或者违法所得不足

50万元的,处以50万元以上500万元以下的罚款;情节严重的,并处撤销相关业务许可或者责令关闭。对直接负责的主管人员和其他直接责任人员给予警告,并处以20万元以上200万元以下的罚款。

28.违反《证券法》规定,将客户的资金和证券归入自有财产,或者挪用客户的资金和证券的,责令改正,给予警告,没收违法所得,并处以违法所得1倍以上10倍以下的罚款;没有违法所得或者违法所得不足100万元的,处以100万元以上1000万元以下的罚款;情节严重的,并处撤销相关业务许可或者责令关闭。对直接负责的主管人员和其他直接责任人员给予警告,并处以50万元以上500万元以下的罚款。

29.证券公司违反《证券法》规定接受客户的全权委托买卖证券的,或者违反《证券法》规定对客户的收益或者赔偿客户的损失作出承诺的,责令改正,给予警告,没收违法所得,并处以违法所得1倍以上10倍以下的罚款;没有违法所得或者违法所得不足50万元的,处以50万元以上500万元以下的罚款;情节严重的,并处撤销相关业务许可。对直接负责的主管人员和其他直接责任人员给予警告,并处以20万元以上200万元以下的罚款。证券公司规定,允许他人以证券公司的名义直接参与证券的集中交易的,责令改正,可以并处50万元以下的罚款。

30.证券公司的从业人员违反《证券法》规定,私下接受客户委托买卖证券的,责令改正,给予警告,没收违法所得,并处以违法所得1倍以上10倍以下的罚款;没有违法所得的,处以50万元以下的罚款。

31.证券公司及其主要股东、实际控制人违反《证券法》规定,未报送、提供信息和资料,或者报送、提供的信息和资料有虚假记载、误导性陈述或者重大遗漏的,责令改正,给予警告,并处以100万元以下的罚款;情节严重的,并处撤销相关业务许可。对直接负责的主管人员和其他直接责任人员,给予警告,并处以50万元以下的罚款。

32.违反《证券法》规定,擅自设立证券登记结算机构的,由国务院证券监督管理机构予以取缔,没收违法所得,并处以违法所得1倍以上10倍以下的罚款;没有违法所得或者违法所得不足50万元的,处以50万元以上500万元以下的罚款。对直接负责的主管人员和其他直接责任人员给予警告,并处以20万元以上200万元以下的罚款。

33.证券投资咨询机构违反《证券法》规定擅自从事证券服务业务,或者从事证券服务业务有违规行为的,责令改正,没收违法所得,并处以违法所得1倍以上10倍以下的罚款;没有违法所得或者违法所得不足50万元的,处以50万元以上500万元以下的罚款。对直接负责的主管人员和其他直接责任人员,给予警告,并处以20万元以上200万元以下的罚款。会计师事务所、律师事务所以及从事资产评估、资信评级、财务顾问、信息技术系统服务的机构违反本规定,从事证券服务业务未报备案的,责令改正,可以处20万元以下的罚款。

34.证券服务机构违反规定,未勤勉尽责,所制作、出具的文件有虚假记载、误导性陈述或者重大遗漏的,责令改正,没收业务收入,并处以业务收入1倍以上10倍以下的罚款,没有业务收入或者业务收入不足50万元的,处以50万元以上500万元以下的罚款;情节严重的,并处暂停或者禁止从事证券服务业务。对直接负责的主管人员和其他直接责任人员给予警告,并处以20万元以上200万元以下的罚款。

35. 发行人、证券登记结算机构、证券公司、证券服务机构未按照规定保存有关文件和资料的,责令改正,给予警告,并处以10万元以上100万元以下的罚款;泄露、隐匿、伪造、篡改或者毁损有关文件和资料的,给予警告,并处以20万元以上200万元以下的罚款;情节严重的,处以50万元以上500万元以下的罚款,并处暂停、撤销相关业务许可或者禁止从事相关业务。对直接负责的主管人员和其他直接责任人员给予警告,并处以10元以上100万元以下的罚款。

36. 国务院证券监督管理机构或者国务院授权的部门有下列情形之一的,对直接负责的主管人员和其他直接责任人员,依法给予处分:
(1)对不符合规定的发行证券、设立证券公司等申请予以核准、注册、批准的;
(2)违反规定采取现场检查、调查取证、查询、冻结或者查封等措施的;
(3)违反规定对有关机构和人员采取监督管理措施的;
(4)违反规定对有关机构和人员实施行政处罚的;
(5)其他不依法履行职责的行为。

37. 国务院证券监督管理机构或者国务院授权的部门的工作人员,不履行《证券法》规定的职责,滥用职权、玩忽职守,利用职务便利牟取不正当利益,或者泄露所知悉的有关单位和个人的商业秘密的,依法追究法律责任。

38. 拒绝、阻碍证券监督管理机构及其工作人员依法行使监督检查、调查职权,由证券监督管理机构责令改正,处以10万元以上100万元以下的罚款,并由公安机关依法给予治安管理处罚。

39. 违反法律、行政法规或者国务院证券监督管理机构的有关规定,情节严重的,国务院证券监督管理机构可以对有关责任人员采取证券市场禁入的措施。证券市场禁入,是指在一定期限内直至终身不得从事证券业务、证券服务业务,不得担任证券发行人的董事、监事、高级管理人员,或者一定期限内不得在证券交易所、国务院批准的其他全国性证券交易场所交易证券的制度。

此外,违反《证券法》规定,应当承担民事赔偿责任和缴纳罚款、罚金、违法所得,违法行为人的财产不足以支付的,优先用于承担民事赔偿责任。构成犯罪的,依法追究刑事责任。

第二节 票据法

票据是商品经济发展到一定阶段的产物。在一个市场经济国家里,没有票据这样一种商业工具,就不可能有大规模的交易活动。票据所具有的支付功能、汇兑功能、结算功能、货币替代功能、信用功能、融资功能,使票据制度具有旺盛的生命力,发挥着其他商业工具不可替代的作用。票据法作为调整票据关系的法律规范,对规范票据行为,维护票据的动态交易安全,促进市场经济的健康发展,具有十分重要的意义。

一、票据和票据法概述

(一)票据的概念和特征

票据在性质上属于有价证券,其概念有广义和狭义之分。广义的票据泛指各种商业活动中与权利结合在一起的有价凭证,如提单、送货单、股票、国库券、企业债券、汇票、本票、支票等;狭义的票据仅指货币证券,即出票人依照票据法的规定签发的,以无条件支付或者委托他人无条件支付一定金额货币为目的的有价证券。我国票据法规定的票据是狭义的票据,包括汇票、本票和支票。

票据具有以下特征。

第一,票据是有价证券。票据载明一定金额,能够代替现金作为支付工具和流通工具。

第二,票据是设权证券。票据的权利发生于票据的作成,作成前票据权利并不存在。

第三,票据是要式证券。票据的记载事项、记载方式,必须符合法律的规定,否则会导致该票据的无效。

第四,票据是无因证券。票据的设立是由一定的原因引起的,票据有效作成后便与产生或者转让该票据的原因相分离。只要权利人持有票据,就可以行使票据上的权利。

第五,票据是文义证券。票据当事人的权利、义务都以票据上记载的文字为准,不受票据上记载文字之外的其他事项的影响。

第六,票据是流通证券。票据具有流通性,票据权利可以通过背书或者交付而转让,并可在市场上自由流通。

(二)票据法的概念

票据法是规定票据的种类、形式、内容以及有关当事人之间权利义务关系的法律规范的总称。

党的十一届三中全会以来,随着我国经济体制、金融体制改革的不断深入,随着社会主义市场经济体制的逐步确立,票据的使用越来越广泛。在20世纪80年代末,中国人民银行开始全面推行以汇票、本票、支票为主体的结算制度,允许票据在经济主体之间使用和流通。为适应票据发展的需要,中国人民银行也先后颁布了调整票据关系的规范性文件,如1988年12月颁布的《银行结算办法》(现已废止),1993年5月颁布的《商业汇票办法》(现已废止)等。但随着使用票据进行支付和资金清算的不断增多,客观上要求制定一部专门的票据法对票据关系进行调整。为了规范票据行为,保障票据活动中当事人的合法权益,维护社会经济秩序,促进市场经济的发展,1995年5月10日八届全国人大常委会第十三次会议通过了《中华人民共和国票据法》(以下简称《票据法》)。该法根据2004年8月28日十届全国人大常委会第十一次会议《关于修改〈中华人民共和国票据法〉的决定》进行修正,并于同日重新公布。此外,为了加强票据管理,维护金融秩序,中国人民银行根据《票据法》,于1997年8月21日发布了《票据管理实施办法》。为了规范支付结算行为,保障支付结算活动中当事人的合法权益,加速资金周转和商品流通,中国人民银行根据《票据法》和《票据管理实施办法》及有关法律、行政法规,于1997年9月19日发布了《支付结算办法》。为了正确适用《票据法》,公正、及时审理票据纠纷案件,保护票据当事人的合法权益,维护金融秩序和金融安全,根据《票据法》及其他有关法律的规定,最高人民法院审判委员会于2000年2月24日通过了《最高人民法院关于审理票据纠纷案件若干问题的规定》,根据2020年12月23日最高人民法院审判委员会第1823次会议通过的《最高人民法院关于修改〈最高人民法院关于破产企业国有划拨土地使用权应否列入破产财产等问题的批复〉等二十九件商事类司法解释的决定》修正。《票据法》的颁布实施及其配套立法工作的完成和司法解释的出台,标志着我国已初步建立起一套比较完备的票据法律制度体系。

二、票据行为

(一)票据行为的概念

票据行为是指票据关系的当事人之间以设立、变更或者终止票据关系为目的而进行的法律行为。在理解这一概念时,应把握以下要点。

第一,票据行为是在票据关系当事人之间进行的行为。该当事人包括出票人、收款人、付款人、持票人、承兑人、背书人、被背书人、保证人等。

第二,票据行为是以设立、变更或者终止票据关系为目的的行为。这表明票据行为是一种意思表示行为,票据关系的当事人进行票据行为时都是为了设立、变更或者终止某项票据权利或者义务,并将该种意思表现出来。

第三,票据行为是一种合法行为。票据行为是一种民事法律行为,民事法律行为是一种合法行为。凡是行为主体不合格、意思表示不真实、行为内容不合法的行为就不是票据行为,不受法律的保护。

(二)票据行为的种类

票据行为有广义与狭义之分。一般认为,狭义的票据行为主要包括出票、背书、承兑、参加承兑、保证、保付等行为,其中,出票、背书为汇票、本票和支票所共有,保证为汇票、本票所共有,承兑、参加承兑为汇票所特有,保付为支票所特有。广义的票据行为除了包括出票、背书、承兑、参加承兑、保证、保付等行为,还包括各种票据的付款、汇票和本票的参加付款、本票的见票、支票的划线等行为。我国《票据法》中规定的票据行为主要有出票、背书、承兑和保证四种行为。

票据行为还可以分为基本票据行为和附属票据行为。基本票据行为即主票据行为，是创设票据的原始行为，是指能够引起票据关系发生的行为。基本票据行为仅指出票行为，包括签发票据与交付票据两种具体行为。出票行为是附属票据行为有效成立的前提。只有基本票据行为依法成立，票据才能有效。

附属票据行为即从票据行为，是指能够引起票据关系变更、消灭的行为，如背书、提示、承兑、付款、退票、追索、保证等。附属票据行为是以票据已经出票为前提所进行的票据行为。有了基本票据行为，才可能有附属票据行为。

（三）票据行为成立的有效条件

票据行为是一种民事法律行为，必须符合民事法律行为成立的一般条件。根据《中华人民共和国民法典》和《票据法》的有关规定，票据行为的成立必须符合以下基本条件。

1. 行为人必须具有从事票据行为的能力

从事票据行为的能力即票据能力，包括权利能力和行为能力。权利能力是指行为人可以享有票据上的权利和承担票据上的义务的资格，行为能力则是指行为人可以通过自己的票据行为取得票据上的权利和承担票据上的义务的资格。

2. 行为人的意思表示必须真实、无缺陷

按照民法的一般原则，意思表示真实是指行为人的内心意思与外在表示应当一致，意思表示无缺陷是指行为人的意思表示不存在法律上的障碍或者欠缺。票据行为作为一种意思表示行为，要求行为人的意思表示也必须真实且无缺陷。鉴于票据行为的特殊性，应当更注重票据行为的外在表示形式，即形式上的合法性。根据《票据法》规定，以欺诈、偷盗或者胁迫等手段取得票据的，或者明知有这些情形，出于恶意取得票据的，不得享有票据权利。这一规定表明，尽管票据的形式符合法定条件，但从事票据行为的意思表示不真实或者存在缺陷，该行为无效，票据持有人也不得享有票据上的权利。

3. 票据行为的内容必须符合法律、行政法规的规定

票据行为是一种合法行为，其内容必须符合法律、行政法规的规定。根据《票据法》规定，票据活动应当遵守法律、行政法规，不得损害社会公共利益。凡违背法律、行政法规的规定而进行的行为，将不产生票据行为的法律效力。需要明确的是，这里所称的"票据行为的内容合法"，是指票据行为本身必须合法，即票据行为的进行程序、记载的内容等必须合法，至于票据的基础关系涉及的行为是否合法，则与此无关。

4. 票据行为必须符合法律、行政法规规定的形式

票据行为是一种要式行为，必须符合法律、行政法规规定的形式。如关于票据上的签章，据《票据法》规定，票据上的签章，为签名、盖章或者签名加盖章。法人和其他使用票据的单位在票据上的签章，为该法人或者该单位的盖章加其法定代表人或者其授权的代理人的签章。《最高人民法院关于审理票据纠纷案件若干问题的规定》第40条和《支付结算办法》第23条,对票据的签章作出了更详尽的规定。票据上的签章不符合法律、行政法规规定的,票据无效。又如关于票据上的记载事项,根据《票据法》规定,票据上的记载事项必须符合《票据法》的规定。票据上的记载事项一般分为绝对记载事项、相对记载事项、非法定记载事项。由于票据种类的不同,记载的事项也有所不同,但关于票据金额、出票日期、出票人签章等则为各类票据共同的绝对记载事项。

三、票据权利

(一)票据权利的概念

票据权利是指持票人向票据债务人请求支付票据金额的权利。票据权利包括付款请求权和追索权。

付款请求权是指持票人请求票据的债务人按票据金额支付款项的权利。付款请求权是票据的第一次请求权,其权利主体是持票人。票据债权人在向前述债务人提示票据,行使付款请求权而未得到实现时,就可以行使追索权。

追索权是指持票人行使付款请求权受到拒绝或者有其他法定事由请求付款未果时,向其前手(包括出票人、背书人以及票据的其他债务人)请求支付票据金额的权利。被追索人进行清偿后,可以向其他票据债务人行使再追索权。追索权是票据权利中的第二次请求权。

(二)票据权利的取得

票据权利是以持有票据为依据的。因此,行为人合法取得票据,即取得了票据权利。一般情况下,当事人取得票据,可以从出票人处取得,也可以从持票人处受让取得,还可以依税收、继承、赠与、企业合并等方式取得。

根据《票据法》规定,票据的取得,必须给付对价,即应当给付票据双方当事人认可的相对应的代价。因税收、继承、赠与可以依法无偿取得票据的,不受给付对价的限制。但是所享有的票据权利不得优于其前手的权利。

以欺诈、偷盗或者胁迫等手段取得票据的,或者明知有上述情形,出于恶意取得票据的,不得享有票据权利。持票人因重大过失取得不符合《票据法》规定的票据的,也不得享有票据权利。

(三)票据权利的行使和消灭

票据权利的行使是指票据权利人请求票据债务人履行票据债务的行为。票据权利行使的方式包括提示承兑、提示付款和行使追索权。

票据权利的消灭是指因发生一定的法律事实而使票据权利不复存在。票据权利消灭之后,票据上的债权、债务关系也随之消灭。一般情况下,票据权利可因履行、免除、抵销、混同、提存等事由的发生而消灭,也可因未在规定期限内行使而消灭。根据《票据法》规定,票据权利在下列期限内不行使而消灭:

(1)持票人对票据的出票人和承兑人的权利,自票据到期日起2年;见票即付的汇票、本票,自出票日起2年;

(2)持票人对支票出票人的权利,自出票日起6个月;

(3)持票人对前手的追索权,自被拒绝承兑或者被拒绝付款之日起6个月;

(4)持票人对前手的再追索权,自清偿日或者被提起诉讼之日起3个月。

票据的出票日、到期日由票据当事人依法确定。

票据权利人为防止票据权利丧失,可以采取保全措施,如为防止付款请求权和追索权因时效而丧失,采取中断时效的行为;为防止追索权丧失而请求作成拒绝证明的行为等。持票人对票据债务人行使票据权利,或者保全票据权利,应当在票据当事人的营业场所和营业时间内进行,票据当事人无营业场所的,应当在其住所进行。

四、票据抗辩

票据抗辩是指票据债务人根据《票据法》规定,对票据债权人拒绝履行义务的行为。票据债务人享有的对票据债权人拒绝履行义务的权利称为"抗辩权"。法律之所以规定票据债务人可以在一定情况下享有抗辩权,这主要是因为票据是一种可流通证券,让与比较频繁,在每一个转让环节都有可能使票据出现缺陷。因此,赋予票据债务人票据抗辩权,可以有效地保护其合法利益。

根据抗辩的事由及效力的不同,票据抗辩可以分为对物的抗辩和对人的抗辩。

对物的抗辩是指基于票据本身所存在的事由而发生的抗辩。这种抗辩基于票据本身,不受持票人变更的影响,因而可以对任何持票人提出,又称为"绝对抗辩"。对物的抗辩又包括下列情形:因票据行为不成立而进行的抗辩,如票据应记载的事项有欠缺、票据债务人无行为能力、票据上有禁止记载的事项、背书不连续、持票人的票据权利有瑕疵等;依据票据的记载不能提出请求而进行的抗辩,如票据未到期、付款地不符等;因票据载明的权利已消灭或者失效而进行的抗辩,如票据债权因付款、抵销、提存、免除、除权判决、时效届满而消灭等;因票据权利的保全手续有欠缺进行的抗辩,如应作成拒绝证明而未作等;因票据上有伪造、变造情形而进行的抗辩。

对人的抗辩是指票据债务人对特定债权人的抗辩。这种抗辩是基于票据当事人之间的特定关系而发生的,只能对特定的票据债权人进行抗辩,又称为"相对抗辩"。根据《票据法》规定,票据债务人可以对不履行约定义务的与自己有直接债权债务关系的持票人,进行抗辩。

为防止抗辩权的滥用,保证票据流通的安全、便利,法律对抗辩权的行使也作了一定的限制。根据《票据法》规定,票据债务人不得以自己与出票人或者与持票人的前手之间的抗辩事由对抗持票人。但是,持票人明知存在抗辩事由而取得票据的除外。

五、票据的丧失及补救

票据的丧失是指票据持有人并非出于自己的本意而丧失对票据的占有。一般认为,票据丧失的情况包括两种:一是票据因焚烧、毁损而在物质形态上毁灭,即票据的绝对丧失;二是票据因遗失、被盗等而失去占有,即票据的相对丧失。在第二种情况下,票据在物质形态上依然存在,只是脱离了真正的票据权利人的占有而已。

由于票据权利与票据的占有紧密相连,票据一旦丧失,票据权利的实现就会受到影响,持票人就无法按照法定程序行使票据权利。不过,票据丧失并非出于持票人的本意,因此,为保护票据持有人的合法利益,《票据法》规定了票据丧失后的补救措施。根据《票据法》规定,票据丧失,失票人可以及时通知票据的付款人挂失止付,但是,未记载付款人或者无法确定付款人及其代理付款人的票据除外。收到挂失止付通知的付款人,应当暂停支付。失票人应当在通知挂失止付后 3 日内,也可以在票据丧失后,依法向人民法院申请公示催告,或者向人民法院提起诉讼。

挂失止付是指失票人在丧失票据后,将丧失票据的情况通知付款人,并请求付款人暂停支付的一种补救措施。收到挂失止付通知的付款人,应当暂停支付。挂失止付并不是票据丧失后票据权利补救的一个必经程序,而是失票人在丧失票据后可以采取的一种暂时的预防措施,其目的主要在于防止票据被冒领或者骗取。失票人既可以在票据丧失后先采取挂失止付,再申请公示催告或者提起诉讼,也可以不采取挂失止付,直接向人民法院申请公示催告,由人民法院在受理后发出停止支付通知,或者直接向人民法院起诉。

公示催告既是一种法律制度,又是一种法律程序。作为一种制度,公示催告是指失票人在丧失票据后申请人民法院宣告票据无效,从而使票据权利与票据本身相分离。作为一种程序,公示催告是指人民法院根据失票人的申请,以公示的方法,催告票据利害关系人在一定期限内向人民法院申报权利,如在该期限内无人申报权利,或者虽然有人申报权利但经过诉讼确认失票人为票据权利人,人民法院可作出除权判决,宣告票据无效。关于公示催告的程序,我国《民事诉讼法》第 18 章作了具体规定。

提起诉讼是指失票人在丧失票据后,依法向人民法院提起民事诉讼,请求人民法院判定票据债务人向其支付票据金额的行为。票据丧失后,向人民法院提起诉讼,其诉讼被告一般是付款人,但在找不到付款人或者付款人不能付款时,也可将其他票据债务人作为被告。

根据《票据法》规定采取挂失止付、公示催告、提起诉讼等补救措施,必须符合以下条件:其一,必须有丧失票据的事实;其二,失票人必须是真正的票据权利人;其三,丧失的票据必须是未获付款的有效票据。

六、票据的伪造和变造

根据《票据法》规定,票据上的记载事项应当真实,不得伪造、变造。伪造、变造票据上的签章和其他记载事项的,应当承担法律责任。

(一)票据的伪造

票据的伪造是指假冒他人的名义而进行的票据行为。一般认为,票据上的伪造包括票据本身的伪造和票据上签章的伪造两种行为。前者是指假冒他人名义进行出票行为,如在空白票据上伪造出票人的签章或者盗盖出票人的印章而进行出票行为。后者则是指假冒他人名义而进行出票行为之外的其他票据行为,如伪造背书签章、承兑签章、保证签章等。

票据的伪造行为是一种扰乱社会经济秩序,损害他人利益的行为,在法律上不具有票据行为的效力。由于票据的伪造从一开始就是无效,所以持票人即使是善意取得票据,对被伪造人也不能行使票据权利。对于伪造人而言,虽然没有在票据上签章,可以不承担票据责任,但根据《票据法》规定,伪造人应当承担(其他)法律责任。

根据《票据法》规定,票据上有伪造的签章的,不影响票据上其他真实签章的效力。也就是说,在票据上有真实签章的人,仍应对被伪造的票据的债权人承担票据责任,其票据行为并不因票据存在伪造签章而无效,这是由票据行为的独立性和文义性所决定的。

(二)票据的变造

票据的变造是指无变更权的人,对票据上签章以外的有关记载事项进行变更的行为,如变更票据上的到期日、付款日、付款地、金额等。

票据的变造必须符合以下条件:第一,变造的票据是合法成立的有效票据;第二,变造的内容是票据上所记载的除签章以外的其他事项;第三,变造人是无权变更票据内容的人。

有些行为虽然与票据的变造相类似,但不属于票据的变造。如有变更权的人依法对票据进行的变更,在空白票据上经过授权进行补记等。

票据的变造依照签章是在变造之前或者之后来承担责任。根据《票据法》规定,票据上其他记载事项被变造的,在变造之前签章的人,对原记载事项负责;在变造之后签章的人,对变造之后的记载事项负责;不能辨别是在票据被变造之前或者之后签章的,视同在变造之前签章。

七、汇票

(一)汇票的概念及特征

汇票是出票人签发的,委托付款人在见票时或者在指定日期无条件支付确定的金额给收款人或者持票人的票据。汇票具有以下基本特征。

第一,汇票是一种最基本的票据,在票据中占有基础性地位。我国《票据法》对汇票的规定占用很大的篇幅,在《票据法》全部111条的规定中,有关汇票一章的规定就有54条。此外,《票据法》对本票、支票没有特别规定的,一般适用或者准用汇票的规定。因此可以说,汇票是一种最基本、最重要的票据。

第二,汇票有三个基本当事人,即出票人、付款人和收款人。由于这三个当事人在汇票签发时既已存在,缺一不可,故属基本当事人。但随着汇票的背书转让、汇票上设立保证等,被背书人、保证人等也成为汇票上的当事人。

第三,汇票是由出票人签发的委托他人支付的票据,是一种委付证券(同支票),而非自付证券(如本票)。

第四,汇票是在指定到期日付款的票据。汇票的到期日具有多样性,包括见票即付、定日付款、出票后定期付款、见票后定期付款等四种形式。

第五,汇票是付款人无条件支付票据金额给持票人的票据。这里所称的"持票人"包括收款人、被背书人或者受让人。

(二)汇票的分类

汇票从不同的角度可以进行不同的分类。

1. 根据汇票出票人的不同,可以将汇票分为银行汇票和商业汇票

银行汇票是指由银行签发的汇票,商业汇票是指由银行以外的其他主体签发的汇票。

2. 根据汇票指定的付款日期的不同,可以将汇票分为即期汇票和远期汇票

即期汇票是指见票即付的汇票;远期汇票是指载明在一定期间或者特定日期付款的汇票,包括定期付款汇票、出票后定期付款汇票和见票后定期付款汇票。

3. 根据汇票上对收款人的记载方式的不同,可以将汇票分为记名式汇票和无记名式汇票

记名式汇票是指出票人明确记载收款人名称或者商号的汇票;无记名式汇票是指汇票上没有记载收款人名称或者商号,或者仅记载将汇票金额付给"持票人"字样的汇票。

4. 根据签发和支付地点的不同,可以将汇票分为国内汇票和国际汇票

国内汇票是指在一国境内签发和付款的汇票;国际汇票是指汇票的签发和付款一

方在国外,或者都在国外的汇票。

5. 根据汇票的承兑、付款是否需附有关单据,可以将汇票分为光票和跟单汇票

光票是指不需附具任何单据,仅以汇票本身到期承兑、付款的汇票;跟单汇票是指必须附具与商务有关的单据才能获得承兑、付款的汇票。

我国《票据法》将汇票分为银行汇票和商业汇票。

（三）出票

出票是指出票人签发票据并将其交付给收款人的票据行为。出票是最基本的票据行为,没有出票也就没有背书、承兑、保证等附属的票据行为。

汇票是要式证券,出票是要式行为,汇票出票必须按照《票据法》的规定记载一定的事项。根据《票据法》规定,汇票必须记载下列事项：

(1)表明"汇票"的字样；

(2)无条件支付的委托；

(3)确定的金额；

(4)付款人名称；

(5)收款人名称；

(6)出票日期；

(7)出票人签章。

汇票上未记载上述规定事项之一的,汇票无效。另据《票据法》规定,汇票上记载付款日期、付款地、出票地等事项的,应当清楚、明确。汇票上未记载付款日期的,为见票即付；汇票上未记载付款地的,付款人的营业场所、住所或者经常居住地为付款地；汇票上未记载出票地的,出票人的营业场所、住所或者经常居住地为出票地。付款日期可以按照下列形式之一记载：见票即付；定日付款；出票后定期付款；见票后定期付款。付款日期为汇票到期日。

根据《票据法》规定,汇票上可以记载《票据法》规定事项以外的其他出票事项,但是该记载事项不具有汇票上的效力。

汇票的出票人必须与付款人具有真实的委托付款关系,并且具有支付汇票金额的可靠资金来源,不得签发无对价的汇票用以骗取银行或者其他票据当事人的资金。出票人签发汇票后,即承担保证该汇票承兑和付款的责任。出票人在汇票得不到承兑或者付款时,应当依法向持票人清偿法律规定的金额和费用。

（四）背书

背书是指在票据背面或者粘单上记载有关事项并签章的票据行为。背书通常以转让票据权利为目的,是一种附属的票据行为。背书由持票人作成。作成背书并将票据交付给他人的原持票人称为背书人,因背书而取得票据的新持票人称为被背书人。

根据《票据法》规定,持票人可以将汇票权利转让给他人或者将一定的汇票权利授予他人行使,但出票人在汇票上记载"不得转让"字样的,汇票不得转让。持票人转让汇票权利的,应当背书并交付汇票。背书由背书人签章并记载背书日期。背书未记载日期的,视为在汇票到期日前背书。汇票以背书转让或者以背书将一定的汇票权利授予他人行使时,必须记载被背书人名称。

以背书转让的汇票,其背书应当连续。背书连续是指在票据转让中,转让汇票的背书人与受让汇票的被背书人在汇票上的签章依次前后衔接。持票人以背书的连续,证明其汇票权利;非经背书转让,而以其他合法方式取得汇票的,依法举证,证明其汇票权利。

以背书转让的汇票,后手应当对其直接前手背书的真实性负责。后手是指在票据签章人之后签章的其他票据债务人。

背书不得记载的内容有两项,一是附有条件的背书,二是部分背书。根据《票据法》规定,背书不得附有条件。背书时附有条件的,所附条件不具有汇票上的效力。将汇票金额的一部分转让的背书或者将汇票金额分别转让给二人以上的背书无效。

如果背书人不愿意对其后手以后的当事人承担票据责任,则可以在背书时记载禁止背书。根据《票据法》规定,背书人在汇票上记载"不得转让"字样,其后手再背书转让的,原背书人对后手的被背书人不承担保证责任。

我国《票据法》还规定了委托收款背书和质押背书。委托收款背书又称为"委任背书、委任取款背书",是指背书人以行使汇票权利为目的,授予被背书人以代理权的背书。质押背书又称设质背书、质权背书,是指背书人以在汇票权利上设定质权为目的而在汇票上作成的背书。根据《票据法》规定,背书记载"委托收款"字样的,被背书人有权代背书人行使被委托的汇票权利。但是,被背书人不得再以背书转让汇票权利。汇票可以设定质押,质押时应当以背书记载"质押"字样。被背书人依法实现其质权时,可以行使汇票权利。

法律规定在有些情况下,汇票不得背书转让。根据《票据法》规定,汇票被拒绝承兑、被拒绝付款或者超过付款提示期限的,不得背书转让;背书转让的,背书人应当承担汇票责任。

(五)承兑

承兑是指汇票付款人承诺在汇票到期日支付汇票金额的票据行为。承兑是汇票特有的制度。汇票是一种出票人委托付款人付款的委付证券。出票人的出票行为是一种单方法律行为,对付款人并不当然产生约束力。只有在付款人表示愿意向收款人或者持票人支付汇票金额后,持票人才可以于汇票到期日向付款人行使付款请求权。

承兑的程序主要包括提示承兑和承兑成立。提示承兑是指持票人向付款人出示汇票,并要求付款人承诺付款的行为。根据《票据法》规定,定日付款或者出票后定期付款的汇票,持票人应当在汇票到期日前向付款人提示承兑;见面后定期付款的汇票,持票人应当自出票日起1个月内向付款人提示承兑;见票即付的汇票无须提示承兑。应当提示承兑的汇票,如果未按照规定期限提示承兑的,持票人丧失对其前手的追索权。

持票人向付款人提示承兑后,付款人应当在一定期限内作出是否承兑的决定。根据《票据法》规定,付款人对向其提示承兑的汇票,应当自收到提示承兑的汇票之日起3日内承兑或者拒绝承兑。付款人承兑汇票的,应当在汇票正面记载"承兑"字样和承兑日期并签章;见票后定期付款的汇票,应当在承兑时记载付款日期。汇票上未记载承兑日期的,以自收到提示承兑的汇票之日起的第3天为承兑日期。付款人承兑汇票,不得附有条件;承兑附有条件的,视为拒绝承兑。

付款人承兑汇票后,应当承担到期付款的责任。

(六)保证

保证是指票据债务人以外的第三人以担保特定债务人履行票据债务为目的,而在票据上所为的一种附属票据行为。确立汇票的保证制度旨在对特定汇票债务人履行债务提供担保,以确保持票人实现其汇票权利,增强汇票的信用,促进汇票的流通。

汇票保证的当事人是保证人和被保证人。保证人由汇票债务人以外的人担当,被保证人是票据关系中已有的债务人,包括出票人、背书人、承兑人等。

汇票的保证是要式票据行为。根据《票据法》规定,保证人必须在汇票或者粘单上记载下列事项:

(1)表明"保证"的字样;
(2)保证人名称和住所;
(3)被保证人的名称;
(4)保证日期;
(5)保证人签章。

保证人在汇票或者粘单上未记载被保证人的名称的,已承兑的汇票,承兑人被保证人;未承兑的汇票,出票人为被保证人。保证人在汇票或者粘单上未记载保证日期的,出票日期为保证日期。

保证不得附有条件;附有条件的,不影响对汇票的保证责任。

保证人对合法取得汇票的持票人所享有的汇票权利,承担保证责任。但是,被保证人的债务因汇票记载事项欠缺而无效的除外。被保证的汇票,保证人应当与被保证人对持票人承担连带责任。汇票到期后得不到付款的,持票人有权向保证人请求付款,保证人应当足额付款。保证人为2人以上的,保证人之间承担连带责任。保证人清偿汇票债务后,可以行使持票人对被保证人及其前手的追索权。

(七)付款

付款是指汇票的付款人依据票据文义支付票据金额,以消灭票据关系的行为。付款是付款人的行为,旨在消灭汇票关系,是票据的终点,也是完成汇票使命的最后一个阶段。

付款的程序主要包括付款提示和支付票款。付款提示是指持票人向付款人或者承兑人出示汇票,请求付款的行为。持票人只有在法定期限内提示付款的,才能产生法律效力。这种法律效力表现在两个方面:一是付款人一经持票人提示,即应付款;二是持票人得以保全对其前手的追索权,即在付款人拒绝付款的情况下,持票人可以请求付款人作成拒绝证明,向其前手行使追索权。

根据《票据法》规定,持票人应当按照下列期限提示付款:

(1)见票即付的汇票,自出票日起1个月内向付款人提示付款;

(2)定日付款、出票后定期付款或者见票后定期付款的汇票,自到期日起10日内向承兑人提示付款。

持票人未按照上述规定期限提示付款的,在作出说明后,承兑人或者付款人仍应当继续对持票人承担付款责任。

支付票款是指持票人向付款人或者承兑人进行付款提示后,付款人无条件地按汇票金额足额支付给持票人票款的行为。根据《票据法》规定,持票人依照规定提示付款的,付款人必须在当日足额付款。持票人获得付款的,应当在汇票上签收,并将汇票交给付款人。持票人委托银行收款的,受委托的银行将代收的汇票金额转账收入持票人账户,视同签收。

付款人及其代理付款人付款时,应当审查汇票背书的连续,并审查提示付款人的合法身份证明或者有效证件。付款人及其代理付款人以恶意或者重大过失付款的,应当自行承担责任。对定日付款、出票后定期付款或者见票后定期付款的汇票,付款人在到期日前付款的,由付款人自行承担所产生的责任。

付款人依法足额付款后,全体汇票债务人的责任解除。

(八)追索权

追索权是指持票人在票据到期不获付款或者到期前不获承兑,或者有其他法定原因时,在依法行使或者保全票据权利后,向其前手请求偿还票据金额、利息及其他法定款项的一种权利。汇票追索权是汇票上的第二次权利,是为补充汇票上的第一次权利即付款请求权而设立的。持票人只有在行使第一次权利而未获实现时才能行使第二次权利。如果持票人的付款请求权得以实现,则追索权随之消灭。

1. 行使追索权的要件

行使追索权必须具备一定的要件,包括实质要件和形式要件。

行使追索权的实质要件,即持票人行使追索权的法定原因。从根本上说,行使追索权的实质要件是持票人所持汇票不获承兑或者不获付款。以持票人在汇票到期日前还是在汇票到期日后行使追索权为标准,行使追索权的实质要件又有差异性。根据《票据法》规定,汇票到期被拒绝付款的,持票人可以对背书人、出票人以及汇票的其他债务人行使追索权。汇票到期日前,有下列情形之一的,持票人也可以行使追索权:

(1)汇票被拒绝承兑的;
(2)承兑人或者付款人死亡、逃匿的;
(3)承兑人或者付款人被依法宣告破产的或者因违法被责令终止业务活动的。

行使追索权的形式要件是指行使追索权必须遵循一定的程序,履行法定的保全追索权的手续。保全追索权的手续主要包括:在法定期限内提示承兑或者提示付款;在不获承兑或者不获付款时,在法定期限内作成拒绝证明。

关于汇票的提示承兑和提示付款的期限,本节前面有关部分已作过介绍,在此不再赘述。关于作成拒绝证明,根据《票据法》规定,持票人行使追索权时,应当提供被拒绝承兑或者被拒绝付款的有关证明。持票人提示承兑或者提示付款被拒绝的,承兑人或者付款人必须出具拒绝证明,或者出具退票理由书。未出具拒绝证明或者退票理由书的,应当承担由此产生的民事责任。法律允许在有些情况下,可以用其他证明文件来代替拒绝证明。根据《票据法》规定,持票人因承兑人或者付款人死亡、逃匿或者其他原因,不能取得拒绝证明的,可以依法取得其他有关证明。承兑人或者付款人被人民法院依法宣告破产的,人民法院的有关司法文书具有拒绝证明的效力。承兑人或者付款人因违法被责令终止业务活动的,有关行政主管部门的处罚决定具有拒绝证明的效力。承兑人自己作出并发布的表明其没有支付票款能力的公告,可以认定为拒绝证明。持票人不能出示拒绝证明、退票理由书或者未按照规定期限提供其他合法证明的,丧失对其前手的追索权。但是,承兑人或者付款人仍应当对持票人承担责任。

2. 行使追索权的程序

持票人按照法律规定保全了追索权之后,即可进入行使追索权的程序。行使追索权的程序一般包括:由持票人发出追索通知、确定追索对象、请求偿还、受领清偿金额等。根据《票据法》规定,持票人应当自收到被拒绝承兑或者被拒绝付款的有关证明之日起3日内,将被拒绝事由书面通知其前手;其前手应当自收到通知之日起3日内书面通知其再前手。持票人也可以同时向各汇票债务人发出书面通知。未按照规定期限通知的,持票人仍可以行使追索权。因延期通知给其前手或者出票人造成损失的,由没有按照规定期限通知的汇票当事人,承担对该损失的赔偿责任,但是所赔偿的金额以汇票金额为限。

根据《票据法》规定,汇票的出票人、背书人、承兑人和保证人对持票人承担连带责任。持票人可以不按照汇票债务人的先后顺序,对其中任何一人、数人或者全体行使追索权。持票人对汇票债务人中的一人或者数人已经进行追索的,对其他汇票债务人仍可以行使追索权。被追索人清偿债务后,与持票人享有同一权利。但根据规定,持票人为出票人的,对其前手无追索权;持票人为背书人的,对其后手无追索权。

3. 追索的金额

持票人行使追索权,可以请求被追索人支付下列金额和费用:

(1)被拒绝付款的汇票金额；

(2)汇票金额自到期日或者提示付款日起至清偿日止，按照中国人民银行规定的利率计算的利息；

(3)取得有关拒绝证明和发出通知书的费用。

被追索人清偿债务时，持票人应当交出汇票和有关拒绝证明，并出具所收到的利息和费用的收据。

被追索人依照前述规定清偿后，可以向其他汇票债务人行使再追索权，请求其他汇票债务人支付下列金额和费用：

(1)已清偿的全部金额；

(2)前项金额自清偿日起至再追索清偿日止，按照中国人民银行规定的利率计算的利息；

(3)发出通知书的费用。

行使再追索权的被追索人获得清偿时，应当交出汇票和有关拒绝证明，并出具所收到利息和费用的收据。

八、本票

(一)本票的概念及特征

本票是出票人签发的，承诺自己在见票时无条件支付确定的金额给收款人或者持票人的票据。本票具有以下基本特征。

第一，本票是票据的其中一种形式。本票是我国《票据法》中规定的三种票据形式之一，它与汇票、支票一样，具有票据所共有的性质，即本票也是一种有价证券、设权证券、要式证券、无因证券、文义证券、流通证券。

第二，本票有两个基本当事人，即出票人、收款人，在出票人之外不存在独立的付款人。这一点与汇票不同。

第三，本票是出票人签发的承诺自己向收款人或者持票人付款的票据。出票人自己为付款人，是一种自付证券。这一点与汇票、支票不同。

(二)本票的分类

本票从不同的角度可以进行不同的分类。

以本票的出票人为标准，可以将本票分为银行本票和商业本票。银行签发的本票为银行本票，其他企业事业单位和个人签发的本票为商业本票。我国《票据法》中规定的本票是指银行本票。

以本票上指定的到期日方式为标准，可以将本票分为即期本票和远期本票。我国《票据法》中规定的本票为即期本票。

以本票上记载权利人的方式为标准,可以将本票分为记名式本票、无记名式本票和指示式本票。我国《票据法》规定,本票必须记载收款人名称,因此我国《票据法》中规定的本票是记名式本票。

(三)关于本票适用汇票的基本法律规定问题

本票作为票据的一种,具有和其他票据相同的性质和一般特征。本票和汇票相比,除了不具有承兑、拒绝承兑证明等特征,其他许多制度均与汇票相同。因此,各国票据立法为了避免法律条款的重复,一般都以汇票的规定为中心内容,对本票除另有规定外,其他有关制度都适用或者准用汇票的规定。我国《票据法》对汇票的规定较为详细,而有关汇票的法律规定,如背书、保证、付款、追索权等具体制度,都可适用于本票。《票据法》在立法体例上对本票只就其个性方面,即与其他票据不同的方面进行规定,而对本票与汇票相同的方面,则采用准用的办法适用汇票的有关规定。根据《票据法》规定,本票的背书、保证、付款行为和追索权的行使,除《票据法》第三章有关本票的特别规定外,适用《票据法》第二章有关汇票的规定;本票的出票行为,除《票据法》第三章有关本票的特别规定外,适用《票据法》第二章第24条关于汇票的规定,即"汇票上可以记载本法规定事项以外的其他出票事项,但是该记载事项不具有汇票上的效力。"

(四)关于本票的特殊规则

1. 关于本票的出票行为

从形式上看,与汇票的出票一样,本票的出票是指出票人作成票据,并将票据交付给收款人的基本票据行为。但从内容上看,本票的出票与汇票的出票又有所不同。汇票的出票是出票人委托付款人向收款人支付一定金额的票据行为,而本票的出票则是指出票人表示自己承担支付本票金额债务的票据行为。因此《票据法》规定,本票的出票人必须具有支付本票金额的可靠资金来源,并保证支付。

关于本票的记载事项。根据《票据法》规定,本票必须记载下列事项:

(1)表明"本票"的字样;

(2)无条件支付的承诺;

(3)确定的金额;

(4)收款人名称;

(5)出票日期;

(6)出票人签章。

本票上未记载上述规定事项之一的,本票无效。另据《票据法》规定,本票上记载付款地、出票地等事项的,应当清楚、明确。本票上未记载付款地的,出票人的营业场所为付款地;本票上未记载出票地的,出票人的营业场所为出票地。

2. 关于本票出票的效力

本票出票的效力是指出票人签发本票后承担的责任以及收款人因此享有的权利。

根据《票据法》规定,本票的出票人在持票人提示见票时,必须承担付款的责任。出票人的这种付款责任是一种无条件的责任,本票一届到期日,出票人必须对持票人付款而不得附加任何条件。

3. 关于本票的付款提示期限

根据《票据法》规定,本票自出票日起,付款期限最长不得超过2个月。本票的持票人未按照规定期限提示见票的,丧失对出票人以外的前手的追索权。这说明出票人的付款责任是一种绝对的责任,出票人的付款义务不因持票人对其权利的行使或者保全手续的欠缺而免除。持票人未按照规定期限提示见票的,虽然丧失了对其前手的追索权,但仍然保留有对出票人的追索权。

九、支票

(一)支票的概念及特征

支票是出票人签发的,委托办理支票存款业务的银行或者其他金融机构在见票时无条件支付确定的金额给收款人或者持票人的票据。支票具有以下基本特征。

第一,支票是票据的其中一种形式。支票是我国《票据法》中规定的三种票据形式之一,它与汇票、本票一样,具有票据所共有的性质,即支票也是一种有价证券、设权证券、要式证券、无因证券、文义证券、流通证券。

第二,支票有三个基本当事人,即出票人、付款人和收款人。这一点与汇票相同,与本票不同。

第三,支票是出票人签发的委托付款人向收款人或者持票人付款的票据,是一种委付证券而非自付证券,这一点与汇票相同,与本票不同。只不过支票的付款人只能是银行或者其他金融机构,而汇票的付款人则无此限制。

第四,支票是见票即付的票据,不像汇票、本票那样有即期和远期之分。因此,汇票、本票是信用证券,而支票是支付证券,其主要功能在于代替现金进行支付。

(二)支票的分类

支票从不同的角度可以进行不同的分类。

以支票上记载权利人的方式为标准,可以将支票分为记名式支票、无记名式支票和指示式支票。我国《票据法》并未将收款人名称作为支票必须记载的事项进行规定,这说明我国《票据法》中规定的支票既可以是记名式支票,也可以是无记名式支票。

以支票的支付方式为标准,可以将支票分为现金支票和转账支票。我国《票据法》中规定的支票既有现金支票,也有转账支票,还有既可以支取现金,也可以转账的支票。根据《票据法》规定,支票可以支取现金,也可以转账,用于转账时,应当在支票正面注明;支票中专门用于支取现金的,可以另行制作现金支票,现金支票只能用于支取现金;支票

中专门用于转账的,可以另行制作转账支票,转账支票只能用于转账,不得支取现金。

(三)关于支票适用汇票的基本法律规定问题

我国《票据法》将汇票、本票、支票统一规定在一部票据法中,并以汇票的规定为其主要内容。和本票一样,《票据法》在立法体例上只是对支票的个性方面的问题作出规定,而对支票与汇票相同的内容,则采用了与本票相同的适用汇票规定的立法技术。根据《票据法》规定,支票的背书、付款行为和追索权的行使,除《票据法》第四章有关支票的特别规定外,适用《票据法》第二章有关汇票的规定;支票的出票行为,除《票据法》第四章有关支票的特别规定外,适用《票据法》第二章第 24 条、第 26 条关于汇票的规定,即"汇票上可以记载本法规定事项以外的其他出票事项,但是该记载事项不具有汇票上的效力","出票人签发汇票后,即承担保证该汇票承兑和付款的责任。出票人在汇票得不到承兑或者付款时,应当向持票人清偿本法第 70 条、第 71 条规定的金额和费用。"(《票据法》第 70 条、第 71 条规定的金额和费用,可参阅本节汇票追索权中的有关内容)

(四)关于支票的特殊规则

1. 关于支票的出票行为

从形式上看,与汇票、本票的出票一样,支票的出票是指出票人作成票据,并将票据交付给收款人的基本票据行为。但从内容上看,支票的出票与汇票、本票的出票又有所不同。汇票的出票是出票人委托付款人向收款人支付一定金额的票据行为,本票的出票是指出票人表示自己承担支付本票金额债务的票据行为,而支票的出票则是指出票人委托银行或者其他金融机构无条件地向持票人支付一定金额的票据行为。出票人签发支票,必须在经中国人民银行当地分支行批准办理支票业务的银行或者其他金融机构开立可以使用支票的存款账户。根据《票据法》规定,开立支票存款账户和领用支票,应当有可靠的资信,并存入一定的资金;开立支票存款账户,申请人应当预留其本名的签名式样和印鉴。

关于支票的记载事项。根据《票据法》规定,支票必须记载下列事项:

(1)表明"支票"的字样;

(2)无条件支付的委托;

(3)确定的金额;

(4)付款人名称;

(5)出票日期;

(6)出票人签章。

支票上未记载前述规定事项之一的,支票无效。另据《票据法》规定,支票上的金额可以由出票人授权补记,未补记前的支票,不得使用;支票上未记载收款人名称的,经出票人授权,可以补记;支票上未记载付款地的,付款人的营业场所为付款地;支票上未记载出票地的,出票人的营业场所、住所或者经常居住地为出票地;出票人可以在支票上记载自己为收款人。支付限于见票即付,不得另行记载付款日期。另行记载付款日期的,该记载无效。

支票的出票人所签发的支票金额不得超过其付款时在付款人处实有的存款金额。出票人签发的支票金额超过其付款时在付款人处实有的存款金额的,为空头支票。支票的出票人也不得签发与其预留本名的签名式样或者印鉴不符的支票。

2. 关于支票出票的效力

支票出票的效力是指出票人签发支票后,出票人、付款人和收款人所承担的责任或者享有的权利。对支票出票人来说,一经签发支票,就应当承担担保支票付款的责任。根据《票据法》规定,出票人必须按照签发的支票金额承担保证向该持票人付款的责任。出票人在付款人处的存款足以支付支票金额时,付款人应当在当日足额付款。

3. 关于支票的付款提示期限

支票属于见票即付的票据,因而没有到期日的规定。但为了防止持票人久不提示支票,给出票人在管理上造成不便,《票据法》规定了持票人的提示期限。根据《票据法》规定,支票的持票人应当自出票之日起10日内提示付款;异地使用的支票,其提示付款的期限由中国人民银行另行规定。超过提示付款期限的,付款人可以不予付款;付款人不予付款的,出票人仍应当对持票人承担票据责任。

付款人依法支付支票金额的,对出票人不再承担受委托付款的责任,对持票人不再承担付款的责任。但是,付款人以恶意或者重大过失付款的除外。

十、涉外票据的法律适用

涉外票据是指出票、背书、承兑、保证、付款等行为中,既有发生在中华人民共和国境内又有发生在中华人民共和国境外的票据。

(一)我国《票据法》与有关国际条约、国际惯例的关系

国际条约是指国家之间缔结的,确定其相互关系中权利和义务的一种国际书面协议。我国《票据法》属于国内法,根据国际法优于国内法的原则,《票据法》规定,我国缔结或者参加的国际条约同《票据法》有不同规定的,适用国际条约的规定。但是,我国声明保留的条款除外。

国际惯例是指在国际经济交往中所形成的被普遍认可并具有一定约束力的习惯和惯例。关于我国《票据法》与国际惯例的关系,《票据法》规定,《票据法》和我国缔结或者参加的国际条约没有规定的,可以适用国际惯例。

(二)涉外票据的法律适用

关于涉外票据的法律适用问题,我国《票据法》作出如下规定。

1. 票据债务人的民事行为能力,适用其本国法律。票据债务人的民事行为能力,依照其本国法律为无民事行为能力或者为限制民事行为能力,而依照行为地法律为完全民事行为能力的,适用行为地法律。

2. 汇票、本票出票时的记载事项,适用出票地法律。支票出票时的记载事项,适用出票地法律,经当事人协议,也可以适用付款地法律。

3. 票据的背书、承兑、付款和保证行为,适用行为地法律。

4. 票据追索权的行使期限,适用出票地法律。

5. 票据的提示期限、有关拒绝证明的方式、出具拒绝证明的期限,适用付款地法律。

6. 票据丧失时,失票人请求保全票据权利的程序,适用付款地法律。

十一、违反《票据法》的法律责任

我国《票据法》第六章专门规定了法律责任问题。该章中的法律责任是指票据责任之外的民事法律责任、行政法律责任和刑事法律责任。

(一)票据欺诈行为的法律责任

根据《票据法》规定,有下列票据欺诈行为之一的,依法追究刑事责任;情节轻微,不构成犯罪的,依照国家有关规定给予行政处罚:

(1)伪造、变造票据的;

(2)故意使用伪造、变造的票据的;

(3)签发空头支票或者故意签发与其预留的本名签名式样或者印鉴不符的支票,骗取财物的;

(4)签发无可靠资金来源的汇票、本票,骗取资金的;

(5)汇票、本票的出票人在出票时作虚假记载,骗取财物的;

(6)冒用他人的票据,或者故意使用过期或者作废的票据,骗取财物的;

(7)付款人同出票人、持票人恶意串通,实施前六项所列行为之一的。

行为人实施前述票据欺诈行为,给他人造成损失的,还应当依法承担民事赔偿责任。被伪造签章者不承担票据责任。

(二)金融机构工作人员的法律责任

根据《票据法》规定,金融机构工作人员在票据业务中玩忽职守,对违反《票据法》规定的票据予以承兑、付款或者保证的,给予处分;造成重大损失,构成犯罪的,依法追究刑事责任。由于金融机构工作人员在票据业务中玩忽职守,对违反《票据法》规定的票据予以承兑、付款、贴现或者保证,给当事人造成损失的,由该金融机构与直接责任人员依法承担连带责任。

(三)付款人故意压票,拖延支付的法律责任

根据《票据法》规定,票据的付款人对见票即付或者到期的票据,故意压票,拖延支付的,由金融行政管理部门处以罚款,对直接责任人员给予处分。票据的付款人故意压票,拖延支付,给持票人造成损失的,依法承担赔偿责任。

由于出票人制作票据,或者其他票据债务人未按照法定条件在票据上签章,给他人造成损失的,除应当按照所记载事项承担票据责任外,还应当承担相应的民事责任。持票人明知或者应当知道前款情形而接受的,可以适当减轻出票人或者票据债务人的责任。

思 考 题

1. 解释下列概念:

证券 股票 债券 证券投资基金 证券发行市场 证券交易市场 证券法 证券发行 证券的承销 证券上市 证券交易 内幕交易 信息披露制度 上市公司收购 证券交易所 证券公司 证券 票据 票据法 票据行为 票据权利 付款请求权 抗辩 票据的伪造 票据的变造 汇票 出票 背书 承兑 保证 付款 本票 支票

2. 简述证券法的基本原则。
3. 公司发行新股应符合哪些条件?
4. 上市公司增发新股应符合哪些条件?
5. 定向募集公司发行股票应符合哪些条件?
6. 发行公司债券应符合哪些条件?
7. 上市公司发行可转换公司债券应符合哪些条件?
8. 申请设立证券投资基金应具备哪些条件?
9. 试述公司债券和企业债券的发行程序。
10. 试述可转换公司债券的发行程序。
11. 试述证券投资基金的设立程序。
12. 股份有限公司申请股票上市交易应符合哪些条件?
13. 公司申请公司债券上市交易应符合哪些条件?
14. 证券投资基金申请上市交易应符合哪些条件?
15. 试述申请股票和公司债券上市交易的程序。
16. 试述申请证券投资基金上市交易的程序。
17. 股票分别在什么情况下暂停上市交易和终止上市交易?
18. 公司债券分别在什么情况下暂停上市交易和终止上市交易?
19. 证券投资基金分别在什么情况下暂停上市交易和终止上市交易?

20. 试述证券交易的程序。
21. 《证券法》中规定的禁止的证券交易行为包括哪些方面？
22. 在证券发行和证券交易过程中应依法披露哪些重要信息？
23. 《证券法》中规定的相关的证券机构有哪些？
24. 简述证券公司的业务范围。
25. 证券登记结算机构依法履行哪些职能？
26. 国务院证券监督管理机构依法履行哪些职责？
27. 票据有哪些基本特征？
28. 票据行为成立应当符合哪些基本条件？
29. 票据权利包括哪些内容？
30. 票据抗辩包括哪些情形？
31. 票据丧失后可以采取哪些补救措施？
32. 简述汇票的特征及种类。
33. 汇票必须记载哪些事项？
34. 简述本票的特征及种类。
35. 本票必须记载哪些事项？
36. 简述支票的特征及种类。
37. 支付必须记载哪些事项？

阅读文献

1. 《中华人民共和国证券法》，1998年12月29日九届全国人民代表大会常务委员会第六次会议通过，根据2004年8月28日十届全国人民代表大会常务委员会第十一次会议《关于修改〈中华人民共和国证券法〉的决定》进行第一次修正，2005年10月27日第十届全国人民代表大会常务委员会第十八次会议进行第一次修订，根据2013年6月29日十二届全国人民代表大会常务委员会第三次会议《关于修改〈中华人民共和国文物保护法〉等十二部法律的决定》进行第二次修正，根据2014年8月31日十二届全国人大常委会第十次会议《关于修改〈中华人民共和国保险法〉等五部法律的决定》第三次修正，2019年12月28日十三届全国人大常委会第十五次会议第二次修订。

2. 《中华人民共和国证券投资基金法》，2003年10月28日十届全国人民代表大会常务委员会第五次会议通过，2012年12月28日十一届全国人民代表大会常务委员会第三十次会议修订，根据2015年4月24日十二届全国人大常委会第十四次会议《关于修改〈中华人民共和国港口法〉等七部法律的决定》修正。

3. 《中华人民共和国公司法》，1993年12月29日八届全国人民代表大会常务委员会第五次会议通过，根据1999年12月25日九届全国人民代表大会常务委员会第十三次会议《关于修改〈中华人民共和国公司法〉的决定》第一次修正，根据2004年8月28日十届全国人民代表大会常务委员会第十一次会议《关于修改〈中华人民共和国公司法〉的决定》第二次修正,2005年10月27日十届全国人民代表大会常务委员会第十八次会议修订,根据2013年12月28日十二届全国人民代表大会常务委员会第六次会议《关于修改〈中华人民共和国海洋环境保护法〉等七部法律的决定》第三次修正,根据2018年10月26日十三届全国人大常委会第六次会议《关于修改〈中华人民共和国公司法〉的决定》第四次修正。

4.《股票发行与交易管理暂行条例》,1993年4月25日国务院发布。

5.《上市公司收购管理办法》,2006年5月17日中国证券监督管理委员会审议通过,根据2008年8月27日中国证券监督管理委员会《关于修改〈上市公司收购管理办法〉第六十三条的决定》、2012年2月14日中国证券监督管理委员会《关于修改〈上市公司收购管理办法〉第六十二条及第六十三条的决定》、2014年10月23日中国证券监督管理委员会《关于修改〈上市公司收购管理办法〉的决定》修订。

6.《关于股份有限公司境内上市外资股的规定》,1995年12月25日国务院发布。

7.《证券交易所管理办法》,1997年12月10日国务院证券委员会发布,2001年12月12日中国证券监督管理委员会根据《国务院关于修订〈证券交易所管理办法〉的批复》重新公布,根据2017年11月17日证监会令136号第一次修订,根据2020年3月20日证监会令第166号《关于修改部分证券期资规章决定》第二次修订,根据2021年10月30日证监会令第192号第三次修订。

8.《上市公司证券发行管理办法》,2006年5月6日中国证券监督管理委员会发布。

9.《首次公开发行股票注册管理办法》,2023年2月17日中国证券监督管理委员会2023年第2次常务会议审议通过。

10.《中华人民共和国票据法》,1995年5月10日八届全国人民代表大会常务委员会第六次会议通过,根据2004年8月28日十届全国人民代表大会常务委员会第十一次会议《关于修改〈中华人民共和国票据法〉的决定》修正。

11.《票据管理实施办法》,1997年8月21日中国人民银行发布,根据2011年1月8日《国务院关于废止和修改部分行政法规的决定》修订。

12.《支付结算办法》,1997年9月19日中国人民银行发布。

13.《最高人民法院关于审理票据纠纷案件若干问题的规定》,2000年2月24日最高人民法院审判委员会第1102次会议通过,根据2020年12月23日最高人民法院审判委员会第1823次会议通过的《最高人民法院关于修改〈最高人民法院关于破产企业国有划拨土地使用权应否列入破产财产等问题的批复〉等二十九件商事类司法解释的决定》修正。

第十二章

经济争议的解决方式

本章概要

平等主体之间经济争议的主要解决方式，行政复议制度，行政诉讼制度，经济争议的调解，经济争议的仲裁，经济争议的诉讼等。

第一节 经济争议的主要解决方式

在市场经济条件下,由于利益主体的多元性和经济关系的复杂性,在经济活动中发生经济争议是不可避免的。采取适当的方式,依法及时解决经济争议,对于保护当事人的合法权益,维护正常的社会经济秩序,促进社会主义市场经济的健康发展,具有十分重要的意义。

一、平等主体之间经济争议的主要解决方式

对于平等主体之间发生的经济争议,主要采用协商、调解、仲裁、诉讼等方式进行解决。但在具体运用上,我国法律法规根据不同情况又分别作了不同的规定。

(一)协商解决

协商解决是指对当事人之间发生的经济争议,由当事人根据平等互利的原则,主动进行磋商,在分清是非的基础上,互谅互让,达成协议,解决经济争议。这种方式简便易行,省时省力,便于当事人以后的合作。从原则上讲,平等主体之间发生的经济争议,都可以用协商解决的方式进行解决。但在一般情况下,因客观因素发生的经济争议,易于用协商方式进行解决;而因主观因素发生的经济争议,则较难用协商方式解决。值得注意的是,对于当事人之间发生的经济争议,可以用协商方式解决,而不是必须用协商方式解决。当协商解决不成时,也可以用其他方式解决。

(二)调解解决

调解解决是指对当事人之间发生的经济争议,由第三者根据法律法规和政策的规定,从中进行调停,促使当事人双方达成谅解协议,平息纷争。调解是在当事人双方自愿的基础上进行的,可以在仲裁、诉讼外进行,也可以在仲裁、诉讼过程中结合仲裁、诉讼进行;可以在当事人的请求下进行,也可以在仲裁机构或者人民法院认为必要时进行。作为解决经济争议的一种重要方式,我国现行法律法规对平等主体之间发生的经济争议,一般都规定有调解方式。但调解解决方式和协商解决方式一样,也不是解决经济争议的必经程序。

(三)仲裁解决

仲裁解决是指对当事人之间发生的经济争议,由依法成立的仲裁机构居中进行调解,作出裁决。经济争议的仲裁不同于解决国家争端的国际仲裁、解决劳动争议的劳动仲裁、解决行政争议的行政仲裁和解决一般民事争议的民事仲裁。经济仲裁是国际上

通行的解决经济争议的一种重要制度,也是我国解决经济争议的一种重要方式,但它也不是解决一切经济争议的必经程序。

(四)诉讼解决

诉讼解决是指当事人就其间发生的经济争议,通过诉讼程序向人民法院起诉,由人民法院依法进行审理并作出判决。诉讼也不是解决经济争议的必经阶段。一个具体的经济争议案件是否通过诉讼方式进行,首先取决于当事人是否有权提起诉讼和是否提出诉讼。只有当事人有权并提出诉讼,人民法院才能根据管辖权的规定予以受理。在这种情况下,诉讼才能成为解决经济争议的一种方式。

二、行政复议制度

为了防止和纠正违法的或者不当的行政行为,保护公民、法人和其他组织的合法权益,保障和监督行政机关依法行使职权,发挥行政复议化解行政争议的主渠道作用,推进法治政府建设,1999年4月29日九届全国人大常委会第九次会议通过了《中华人民共和国行政复议法》(以下简称《行政复议法》)。该法根据2009年8月27日十一届全国人大常委会第十次会议《关于修改部分法律的决定》进行第一次修正,根据2017年9月1日十二届全国人大常委会第二十九次会议《关于修改〈中华人民共和国法官法〉等八部法律的决定》进行第二次修正,2023年9月1日十四届全国人大常委会第五次会议修订。根据《行政复议法》规定,公民、法人或者其他组织认为行政机关的行政行为侵犯其合法权益,可以向行政复议机关提出行政复议申请。依法履行行政复议职责的行政机关是行政复议机关,行政复议机关办理行政复议事项的机构是行政复议机构。行政复议机关履行行政复议职责,应当遵循合法、公正、公开、高效、便民、为民的原则,坚持有错必纠,保障法律、法规的正确实施。

(一)行政复议范围

根据2023年修订后的《行政复议法》规定,有下列情形之一的,公民、法人或者其他组织可以申请行政复议:

(1)对行政机关作出的行政处罚决定不服;

(2)对行政机关作出的行政强制措施、行政强制执行决定不服;

(3)申请行政许可,行政机关拒绝或者在法定期限内不予答复,或者对行政机关作出的有关行政许可的其他决定不服;

(4)对行政机关作出的确认自然资源的所有权或者使用权的决定不服;

(5)对行政机关作出的征收征用决定及其补偿决定不服;

(6)对行政机关作出的赔偿决定或者不予赔偿决定不服;

(7)对行政机关作出的不予受理工伤认定申请的决定或者工伤认定结论不服;

(8)认为行政机关侵犯其经营自主权或者农村土地承包经营权、农村土地经营权;

(9)认为行政机关滥用行政权力排除或者限制竞争;

(10)认为行政机关违法集资、摊派费用或者违法要求履行其他义务;

(11)申请行政机关履行保护人身权利、财产权利、受教育权利等合法权益的法定职责,行政机关拒绝履行、未依法履行或者不予答复;

(12)申请行政机关依法给付抚恤金、社会保险待遇或者最低生活保障等社会保障,行政机关没有依法给付;

(13)认为行政机关不依法订立、不依法履行、未按照约定履行或者违法变更、解除政府特许经营协议、土地房屋征收补偿协议等行政协议;

(14)认为行政机关在政府信息公开工作中侵犯其合法权益;

(15)认为行政机关的其他行政行为侵犯其合法权益。

(二)行政复议申请

公民、法人或者其他组织认为具体行政行为侵犯其合法权益的,可以自知道或者应当知道该行政行为之日起60日内提出行政复议申请;但是法律规定的申请期限超过60日的除外。因不可抗力或者其他正当理由耽误法定申请期限的,申请期限自障碍消除之日起继续计算。行政机关作出行政行为时,未告知公民、法人或者其他组织申请行政复议的权利、行政复议机关和申请期限的,申请期限自公民、法人或者其他组织知道或者应当知道申请行政复议的权利、行政复议机关和申请期限之日起计算,但是自知道或者应当知道行政行为内容之日起最长不得超过一年。

有权申请行政复议的公民死亡的,其近亲属可以申请行政复议。有权申请行政复议的公民为无民事行为能力人或者限制民事行为能力人的,其法定代理人可以代为申请行政复议。有权申请行政复议的法人或者其他组织终止的,其权利义务承受人可以申请行政复议。申请人以外的同被申请行政复议的行政行为或者行政复议案件处理结果有利害关系的公民、法人或者其他组织,可以作为第三人申请参加行政复议,或者由行政复议机构通知其作为第三人参加行政复议。

依法申请行政复议的公民、法人或者其他组织是申请人;公民、法人或者其他组织对行政行为不服申请行政复议的,作出行政行为的行政机关或者法律、法规、规章授权的组织是被申请人。

申请人申请行政复议,可以书面申请;书面申请有困难的,也可以口头申请。口头申请的,行政复议机关应当当场记录申请人的基本情况、行政复议请求、申请复议的主要事实、理由和时间。

公民、法人或者其他组织申请行政复议,行政复议机关已经依法受理的,在法定行政复议期限内不得向人民法院提起行政诉讼。公民、法人或者其他组织向人民法院提起行政诉讼,人民法院已经依法受理的,不得申请行政复议。

(三)行政复议受理

行政复议机关收到行政复议申请后,应当在5日内进行审查。对符合规定的行政复议申请,行政复议机关应当受理;对不符合规定的行政复议申请,行政复议机关应当在审查期限内决定不予受理,并说明理由;不属于本机关管辖的,还应在不予受理决定中告知申请人有管辖权的行政复议机关。行政复议申请的审查期限届满前,行政复议机关未作出不予受理决定的,审查期限届满之日起视为受理。

法律、行政法规规定应当先向行政复议机关申请行政复议、对行政复议决定不服再向人民法院提起行政诉讼的,行政复议机关决定不予受理、驳回申请或者受理后超过行政复议期限不作答复的,公民、法人或者其他组织可以自收到决定书之日起或者行政复议期满之日起15日内,依法向人民法院提起行政诉讼。公民、法人或者其他组织依法提出行政复议申请,行政复议机关无正当理由不予受理的、驳回申请或者受理后超过行政复议期限不作答复的,申请人有权向上级行政机关反映,上级行政机关应当责令其纠正;必要时,上级行政机关可以直接受理。

在行政复议期间,行政行为不停止执行;但是,有下列情形之一的,可以停止执行:
(1)被申请人认为需要停止执行的;
(2)行政复议机关认为需要停止执行的;
(3)申请人、第三人申请停止执行,行政复议机关认为其要求合理,决定停止执行的;
(4)法律、法规、规章规定停止执行的其他情形。

(四)行政复议决定

行政复议机构应当自行政复议申请受理之日起7日内,将行政复议申请书副本或者行政复议申请笔录复印件发送被申请人。被申请人应当自收到行政复议申请书副本或者行政复议申请笔录复印件之日起10日内,提出书面答复,并提交作出具体行政行为的证据、依据和其他有关材料。

行政行为有下列情形之一的,行政复议机关决定撤销或者部分撤销该行政行为,并可以责令被申请人在一定期限内重新作出行政行为:
(1)主要事实不清、证据不足;
(2)违反法定程序;
(3)适用的依据不合法;
(4)超越职权或者滥用职权。

行政复议机关责令被申请人重新作出行政行为的,被申请人不得以同一事实和理由作出与被申请行政复议的行政行为相同或者基本相同的行政行为,但是行政复议机关以违反法定程序为由决定撤销或者部分撤销的除外。

行政行为有下列情形之一的,行政复议机关不撤销该行政行为,但是确认该行政行为违法：

（1）依法应予撤销，但是撤销会给国家利益、社会公共利益造成重大损害；

（2）程序轻微违法，但是对申请人权利不产生实际影响。

行政行为有下列情形之一，不需要撤销或者责令履行的，行政复议机关确认该行政行为违法：

（1）行政行为违法，但是不具有可撤销内容；

（2）被申请人改变原违法行政行为，申请人仍要求撤销或者确认该行政行为违法；

（3）被申请人不履行或者拖延履行法定职责，责令履行没有意义。

此外，行政行为有实施主体不具有行政主体资格或者没有依据等重大且明显违法情形，申请人申请确认行政行为无效的，行政复议机关确认该行政行为无效；行政行为认定事实清楚，证据确凿，适用依据正确，程序合法，内容适当的，行政复议机关决定维持该行政行为。

适用普通程序审理的行政复议案件，行政复议机关应当自受理申请之日起60日内作出行政复议决定；但是法律规定的行政复议期限少于60日的除外。情况复杂，不能在规定期限内作出行政复议决定的，经行政复议机关的负责人批准，可以适当延长，并书面告知当事人，但是延长期限最多不超过30日。适用简易程序审理的行政复议案件，行政复议机关应当自受理申请之日起30日内作出行政复议决定。

行政复议机关作出行政复议决定，应当制作行政复议决定书，并加盖行政复议机关印章。行政复议决定书一经送达，即发生法律效力。

被申请人应当履行行政复议决定书、调解书、意见书。被申请人不履行或者无正当理由拖延履行行政复议决定书、调解书、意见书的，行政复议机关或者有关上级行政机关应当责令其限期履行，并可以约谈被申请人的有关负责人或者予以通报批评。

三、行政诉讼制度

为保证人民法院公正、及时审理行政案件，解决行政争议，保护公民、法人和其他组织的合法权益，监督行政机关依法行使行政职权，1989年4月4日七届全国人大第二次会议通过了《中华人民共和国行政诉讼法》（以下简称《行政诉讼法》）。该法根据2014年11月1日十二届全国人大常委会第十一次会议通过的《关于修改〈中华人民共和国行政诉讼法〉的决定》进行第一次修正，根据2017年6月27日十二届全国人大常委会第二十八次会议《关于修改〈中华人民共和国民事诉讼法〉和〈中华人民共和国行政诉讼法〉的决定》第二次修正。最高人民法院于2018年2月6日发布《关于适用〈中华人民共和国行政诉讼法〉的解释》（以下简称《司法解释》），自2018年2月8日起施行。

根据《行政诉讼法》规定，公民、法人或者其他组织认为行政机关和行政机关工作人员的行政行为侵犯其合法权益，有权依照《行政诉讼法》的规定向人民法院提起诉讼。人民法院设行政审判庭，审理行政案件。人民法院应当保障公民、法人和其他组织的起诉权利,对应当受理的行政案件依法受理。人民法院审理行政案件,应以事实为根据,以法律为准绳,对行政行为是否合法进行审查。

(一)受案范围

1. 人民法院受理的行政案件

根据《行政诉讼法》规定,人民法院受理公民、法人或者其他组织提起的下列诉讼:

(1)对行政拘留、暂扣或者吊销许可证和执照、责令停产停业、没收违法所得、没收非法财物、罚款、警告等行政处罚不服的;

(2)对限制人身自由或者对财产的查封、扣押、冻结等行政强制措施和行政强制执行不服的;

(3)申请行政许可,行政机关拒绝或者在法定期限内不予答复,或者对行政机关作出的有关行政许可的其他决定不服的;

(4)对行政机关作出的关于确认土地、矿藏、水流、森林、山岭、草原、荒地、滩涂、海域等自然资源的所有权或者使用权的决定不服的;

(5)对征收、征用决定及其补偿决定不服的;

(6)申请行政机关履行保护人身权、财产权等合法权益的法定职责,行政机关拒绝履行或者不予答复的;

(7)认为行政机关侵犯其经营自主权或者农村土地承包经营权、农村土地经营权的;

(8)认为行政机关滥用行政权力排除或者限制竞争的;

(9)认为行政机关违法集资、摊派费用或者违法要求履行其他义务的;

(10)认为行政机关没有依法支付抚恤金、最低生活保障待遇或者社会保险待遇的;

(11)认为行政机关不依法履行、未按照约定履行或者违法变更、解除政府特许经营协议、土地房屋征收补偿协议等协议的;

(12)认为行政机关侵犯其他人身权、财产权等合法权益的。

除上述规定外,人民法院还可以受理法律、法规规定可以提起诉讼的其他行政案件。

2. 人民法院不受理的行政案件

人民法院不受理公民、法人或者其他组织对下列事项提起的诉讼:

(1)国防、外交等国家行为;

(2)行政法规、规章或者行政机关制定、发布的具有普遍约束力的决定、命令;

(3)行政机关对行政机关工作人员的奖惩、任免等决定;

(4)法律规定由行政机关最终裁决的行政行为。

上述第(1)项所述"国家行为",是指国务院、中央军事委员会、国防部、外交部等根据宪法和法律的授权,以国家的名义实施的有关国防和外交事务的行为,以及经宪法和法律授权的国家机关宣布紧急状态等行为。第(2)项所述"具有普遍约束力的决定、命令",是指行政机关针对不特定对象发布的能反复适用的规范性文件。第(3)项所述"对行政机关工作人员的奖惩、任免等决定",是指行政机关作出的涉及行政机关工作人员公务员权利义务的决定。

根据《司法解释》规定,下列行为不属于人民法院行政诉讼的受案范围:

(1)公安、国家安全等机关依照刑事诉讼法的明确授权实施的行为;

(2)调解行为以及法律规定的仲裁行为;

(3)行政指导行为;

(4)驳回当事人对行政行为提起申诉的重复处理行为;

(5)行政机关作出的不产生外部法律效力的行为;

(6)行政机关为作出行政行为而实施的准备、论证、研究、层报、咨询等过程性行为;

(7)行政机关根据人民法院的生效裁判、协助执行通知书作出的执行行为,但行政机关扩大执行范围或者采取违法方式实施的除外;

(8)上级行政机关基于内部层级监督关系对下级行政机关作出的听取报告、执法检查、督促履责等行为;

(9)行政机关针对信访事项作出的登记、受理、交办、转送、复查、复核意见等行为;

(10)对公民、法人或者其他组织权利义务不产生实际影响的行为。

(二)起诉和受理

关于原告资格的确定,根据《行政诉讼法》的规定,行政行为的相对人以及其他与行政行为有利害关系的公民、法人或者其他组织,有权提起诉讼。有权提起诉讼的公民死亡,其近亲属可以提起诉讼。有权提起诉讼的法人或者其他组织终止,承受其权利的法人或者其他组织可以提起诉讼。

关于被告资格的确定,根据《行政诉讼法》的规定,公民、法人或者其他组织直接向人民法院提起诉讼的,作出行政行为的行政机关是被告。经复议的案件,复议机关决定维持原行政行为的,作出原行政行为的行政机关和复议机关是共同被告;复议机关改变原行政行为的,复议机关是被告。复议机关在法定期限内未作出复议决定,公民、法人或者其他组织起诉原行政行为的,作出原行政行为的行政机关是被告;起诉复议机关不作为的,复议机关是被告。两个以上行政机关作出同一行政行为的,共同作出行政行为的行政机关是共同被告。行政机关委托的组织所作的行政行为,委托的行政机关是被告。行政机关被撤销或者职权变更的,继续行使其职权的行政机关是被告。

对属于人民法院受案范围的行政案件,公民、法人或者其他组织可以先向行政机关申请复议,对复议决定不服的,再向人民法院提起诉讼,也可以直接向人民法院提起诉讼。法律、法规规定应当先向行政机关申请复议,对复议决定不服再向人民法院提起诉讼的,依照法律、法规的规定。法律、法规未规定行政复议为提起行政诉讼必经程序,公民、法人或者其他组织既提起诉讼又申请行政复议的,由先立案的机关管辖;同时立案的,由公民、法人或者其他组织选择。公民、法人或者其他组织已经申请行政复议,在法定复议期间内又向人民法院提起诉讼的,人民法院裁定不予立案。

公民、法人或者其他组织不服复议决定的,可以在收到复议决定书之日起 15 日内向人民法院提起诉讼。复议机关逾期不作决定的,申请人可以在复议期满之日起 15 日内向人民法院提起诉讼。法律另有规定的除外。

公民、法人或者其他组织直接向人民法院提起诉讼的,应当自知道或者应当知道作出行政行为之日起 6 个月内提出,法律另有规定的除外。因不动产提起诉讼的案件自行政行为作出之日起超过 20 年,其他案件自行政行为作出之日起超过 5 年提起诉讼的,人民法院不予受理。

提起诉讼应当符合下列条件:
(1)原告是符合《行政诉讼法》规定的公民、法人或者其他组织;
(2)有明确的被告;
(3)有具体的诉讼请求和事实根据;
(4)属于人民法院受案范围和受诉人民法院管辖。

起诉应当向人民法院递交起诉状,并按照被告人数提出副本。

人民法院在接到起诉状时对符合《行政诉讼法》规定的起诉条件的,应当登记立案。对当场不能判定是否符合《行政诉讼法》规定的起诉条件的,应当接收起诉状,出具注明收到日期的书面凭证,并在 7 日内决定是否立案;7 日内仍不能作出判断的,应当先予立案。不符合起诉条件的,作出不予立案的裁定。裁定书应当载明不予立案的理由。原告对裁定不服的,可以提起上诉。

(三)审理和判决

根据《行政诉讼法》的规定,人民法院公开审理行政案件,但涉及国家秘密、个人隐私和法律另有规定的除外。涉及商业秘密的案件,当事人申请不公开审理的,可以不公开审理。

人民法院应当在立案之日起 5 日内,将起诉状副本发送被告。被告应当在收到起诉状副本之日起 15 日内向人民法院提交作出行政行为的证据和所依据的规范性文件,并提出答辩状。人民法院应当在收到答辩状之日起 5 日内,将答辩状副本发送原告。被告不提出答辩状的,不影响人民法院审理。

人民法院审理行政案件,由审判员组成合议庭,或者由审判员、陪审员组成合议庭。合议庭的成员,应当是三人以上的单数。

人民法院经过审理,根据不同情况,分别作出不同的判决。

1. 行政行为证据确凿,适用法律、法规正确,符合法定程序的,或者原告申请被告履行法定职责或者给付义务理由不成立的,人民法院判决驳回原告的诉讼请求。申请人对驳回回避申请决定不服的,可以向作出决定的人民法院申请复议一次。复议期间,被申请回避的人员不停止参与本案的工作。对申请人的复议申请,人民法院应当在 3 日内作出复议决定,并通知复议申请人。

2. 行政行为有下列情形之一的,人民法院判决撤销或者部分撤销,并可以判决被告重新作出行政行为:

(1)主要证据不足的;

(2)适用法律、法规错误的;

(3)违反法定程序的;

(4)超越职权的;

(5)滥用职权的;

(6)明显不当的。

3. 人民法院经过审理,查明被告不履行法定职责的,判决被告在一定期限内履行。

4. 人民法院经过审理,查明被告依法负有给付义务的,判决被告履行给付义务。

5. 行政行为有下列情形之一的,人民法院判决确认违法,但不撤销行政行为:

(1)行政行为依法应当撤销,但撤销会给国家利益、社会公共利益造成重大损害的;

(2)行政行为程序轻微违法,但对原告权利不产生实际影响的。

6. 行政行为有下列情形之一,不需要撤销或者判决履行的,人民法院判决确认违法:

(1)行政行为违法,但不具有可撤销内容的;

(2)被告改变原违法行政行为,原告仍要求确认原行政行为违法的;

(3)被告不履行或者拖延履行法定职责,判决履行没有意义的。

7. 行政行为有实施主体不具有行政主体资格或者没有依据等重大且明显违法情形,原告申请确认行政行为无效的,人民法院判决确认无效。

8. 行政处罚明显不当,或者其他行政行为涉及对款额的确定、认定确有错误的,人民法院可以判决变更。人民法院判决变更,不得加重原告的义务或者减损原告的权益。但利害关系人同为原告,且诉讼请求相反的除外。

人民法院审理下列第一审行政案件,认为事实清楚、权利义务关系明确、争议不大的,可以适用简易程序:

(1)被诉行政行为是依法当场作出的;

(2)案件涉及款额 2000 元以下的;

(3)属于政府信息公开案件的。

适用简易程序审理的行政案件,由审判员一人独任审理,并应当在立案之日起 45 日内审结。人民法院在审理过程中,发现案件不宜适用简易程序的,裁定转为普通程序。

当事人不服人民法院第一审判决的,有权在判决书送达之日起 15 日内向上一级人民法院提起上诉。当事人不服人民法院第一审裁定的,有权在裁定书送达之日起 10 日内向上一级人民法院提起上诉。逾期不提起上诉的,人民法院的第一审判决或者裁定发生法律效力。人民法院审理上诉案件,应当在收到上诉状之日起 3 个月内作出终审判决。

人民法院审理上诉案件,按照下列情形,分别处理:

(1)原判决、裁定认定事实清楚,适用法律、法规正确的,判决或者裁定驳回上诉,维持原判决、裁定;

(2)原判决、裁定认定事实错误或者适用法律、法规错误的,依法改判、撤销或者变更;

(3)原判决认定基本事实不清、证据不足的,发回原审人民法院重审,或者查清事实后改判;

(4)原判决遗漏当事人或者违法缺席判决等严重违反法定程序的,裁定撤销原判决,发回原审人民法院重审。

第二节　经济争议的调解

经济争议的调解是解决经济争议的重要方式之一。但关于经济争议的调解制度,我国目前还没有专门的、统一的法律法规予以规定,而是散见于其他一些有关法律法规的规定之中。至于2010年8月28日十一届全国人大常委会第十六次会议于通过《中华人民共和国人民调解法》,则是为了完善人民调解制度,规范人民调解活动,解决民间纠纷,维护社会和谐稳定而制定的一部法律,不适用于经济争议的调解。

一、经济争议的调解程序

经济争议的调解机关,可以是上级行政机关和主管部门,也可以是仲裁机关和人民法院。仲裁机构调解是指当事人双方在仲裁机构主持下,对争议的问题达成一致意见,并由仲裁机构对调解协议予以确认,从而解决经济争议。人民法院调解是指当事人双方在人民法院主持下,对争议的问题达成一致意见,并由人民法院对调解协议予以确认,从而解决经济争议。此外,还有民间调解,即在实践中双方当事人通过第三人或者某一可以信任的机构进行调解,从而解决经济争议。

为了保证合法、公正、及时解决经济争议,维护当事人的合法权益,调解应当按照程序进行。由上级行政机关和主管部门主持的调解,可按下列程序进行。

(一)提出调解申请书

调解是根据当事人的自愿进行的,只有一方或者双方当事人提出申请,调解机关才能受理。因此,当事人愿意通过调解方式解决经济争议,应当向调解机关提出书面申请。申请书应当写明当事人的姓名、性别、年龄、职业、工作单位和住所,法人或者其他组织的名称、住所和法定代表人或者主要负责人的姓名、职务;调解请求和所根据的事实、理由;证据和证据来源等。

（二）接受调解申请

调解机关收到调解申请书后经审查认为符合法律法规规定的，应当受理，并在一定期限内将申请书副本送达被申请人。被申请人收到申请书副本后在规定期限内书面答复是否同意调解。对不符合规定的调解申请或者被申请人书面答复不同意调解及逾期未答复的，调解机关均不予调解，并通知申请人和被申请人。

（三）进行调解

在调解机关受理申请后，当事人同意调解的，由调解机关主持调解。调解机关在弄清事实、分清是非的基础上，应依据法律法规规定，对当事人耐心细致地做说服教育工作，使当事人在自愿合法的基础上达成和解协议。在调解过程中，当事人双方可以自行和解，申请人可以放弃或者变更调解请求，被申请人也可以另行提出调解请求。

（四）制作调解书

当事人双方经调解达成协议的，由调解机关制作调解书。当事人双方在调解过程中自行和解，达成和解协议的，可以请求调解机关根据和解协议制作调解书，也可以撤回调解申请。

此外，经依法设立的调解组织调解达成调解协议，由双方当事人自调解协议生效之日起 30 日内，可共同向人民法院申请司法确认。人民法院邀请调解组织开展先行调解的，向作出邀请的人民法院提出；调解组织自行开展调解的，向当事人住所地、标的物所在地、调解组织所在地的基层人民法院提出；调解协议所涉纠纷应当由中级人民法院管辖的，向相应的中级人民法院提出。

二、经济争议的调解效力

调解书经双方当事人签字后，即发生法律效力。但一方当事人不在调解书上签字，视为调解不成，当事人可以通过其他方式解决经济争议。

对发生法律效力的调解书，当事人一方或者双方不履行将导致什么样的法律后果，法律法规并无明文规定。但作为自愿调解的双方当事人，应当主动履行调解书，这不仅可以避免经济争议的进一步扩大，也是维护调解书法律效力的重要体现。为此，有关法律法规应作出相应规定，对不履行调解书的当事人一方，当事人另一方可以向原调解机关申请监督履行。调解机关收到监督履行申请后，应通知当事人一方在规定的期限内履行。逾期仍不履行的，调解机关可以根据有关规定给予或者建议给予当事人一方必要的行政处罚和经济处罚，以维护法律的尊严。

对于社会团体和律师事务所主持调解达成的调解协议，则完全靠当事人主动履行。

第三节 经济争议的仲裁

经济仲裁制度作为解决经济争议的一种有效方式,在我国经济法治建设中起着日益重要的作用。随着我国社会主义市场经济体制的建立和完善,随着我国对外经济技术交流和合作的进一步发展,提交仲裁的经济争议的范围愈来愈广泛。作为解决经济争议的一种重要方式,经济仲裁对于及时有效地解决经济争议,保护当事人的合法权益,促进生产经营活动的健康发展;对于维护社会主义市场经济秩序,维护国家利益和社会公共利益;对于推动我国对外经济贸易和技术交流合作,保证对外开放政策的贯彻执行,都发挥着越来越重要的作用。

一、经济仲裁的概念和经济仲裁制度的历史发展

经济仲裁是指当事人之间的经济争议由依法成立的仲裁机构居中进行调解,作出判断或者裁决的活动。

仲裁在国际上有着悠久的历史,早在古罗马时期就出现了用仲裁方式解决合同争议的做法。但现代意义上的仲裁,一般认为起始于根据美国和英国 1794 年签订的《杰伊条约》中所规定的处理问题的做法。该条约规定,双方间各种法律问题由混合委员会裁判解决。在仲裁和法院判例积累的基础上,英国于 1889 年形成了《仲裁法》。随着资本主义国际贸易的发展,特别是进入 20 世纪以来,仲裁作为解决国际经济争议的一种方式,已在国际上得到普遍承认和广泛采用。1932 年由国际联盟主持,在日内瓦签订了《仲裁条款议定书》,1927 年又签订了一项《关于执行外国仲裁裁决的公约》,承认在缔约国境内作出的仲裁裁决在其他缔约国都应当得到承认,并且可以执行。1958 年 6 月,联合国通过了《承认与执行外国仲裁裁决公约》,1976 年 4 月,联合国国际贸易法委员会通过了《联合国国际贸易法委员会仲裁规则》,推荐各国经济贸易界采用,使经济仲裁在国际经济贸易中发挥着越来越重要的作用。

新中国成立后,我国逐步建立起独立自主的仲裁组织,完善了经济仲裁制度。在涉外经济争议仲裁制度方面,早在 1954 年 5 月,中央人民政府政务院就作出了《关于在中国国际贸易促进委员会内设立对外贸易仲裁委员会的决定》。根据这一决定,中国国际贸易促进委员会于 1956 年成立对外贸易仲裁委员会,并制定了《中国国际贸易促进委员会仲裁委员会仲裁程序暂行规则》,受理对外贸易争议案件。1958 年 11 月,国务院作出了《关于在中国国际贸易促进委员会内设立海事仲裁委员会的决定》。根据这一决定,中国国际贸易促进委员会成立海事仲裁委员会,并制定了《中国国际贸易促进委员会海事仲裁程序暂行规定》,受理海事争议案件。上述仲裁机构的设立和仲裁规则的制定,标志着我国涉外经济争议仲裁制度的基本确立。为了进一步适应对外开放形势发展的需

要,1988年6月,经国务院批准,将对外贸易仲裁委员会改名为中国国际经济贸易仲裁委员会,将海事仲裁委员会改名为中国海事仲裁委员会。中国国际贸易促进委员会根据我国法律和我国缔结或者参加的国际条约,并参照国际惯例,对原仲裁规则进行修订,于1988年9月12日由中国国际贸易促进委员会(中国国际商会)第一届第三次会议通过了《中国国际经济贸易仲裁委员会仲裁规则》和《中国海事仲裁委员会仲裁规则》,并自1989年1月1日起开始施行。1995年9月4日,中国国际商会对上述两个仲裁规则进行修订,通过了新的《中国国际贸易仲裁委员会仲裁规则》和《中国海事仲裁委员会仲裁规则》,均自1995年10月1日起施行。之后,上述两个规则又先后进行多次修订,重新发布实施。我国涉外经济仲裁机构坚持以事实为根据,以法律为准绳,尊重当事人的约定,并参照国际惯例,公正合理地解决了许多国际经济贸易争议案件和海事争议案件,维护了当事人的合法权益,在国际上赢得了良好声誉。

在国内经济争议仲裁制度方面,从1961年开始,在各级政府部门设立的经济委员会就设立专门机构负责仲裁企业之间、部门之间的经济合同争议案件。1979年8月,国家经委、国家工商行政管理总局、中国人民银行联合发出《关于管理经济合同若干问题的联合通知》,规定除各级经济委员会外,各级工商行政管理局也分工负责一部分经济合同纠纷的仲裁。1981年12月颁布的《中华人民共和国经济合同法》对经济合同纠纷的调解和仲裁作了专章规定。1983年8月,国务院颁布了《中华人民共和国经济合同仲裁条例》,建立了经济合同仲裁制度。1993年9月,八届全国人大常委会第三次会议通过了《关于修改〈中华人民共和国经济合同法〉的决定》,进一步完善了经济合同仲裁制度。1987年6月制定的《中华人民共和国技术合同法》,规定技术合同争议也可以用仲裁方式解决。1991年2月和1991年6月,国家科委分别发布了《技术合同仲裁机构管理暂行规定》和《技术合同仲裁规则(试行)》,由此确立了我国的技术合同仲裁制度。1994年8月31日,八届全国人大常委会第九次会议通过了《中华人民共和国仲裁法》(以下简称《仲裁法》),自1995年9月1日起施行。这是我国建国后颁布的第一部有关仲裁方面的基本法律。这部法律根据2009年8月27日十一届全国人大常委会第十次会议《关于修改部分法律的决定》第一次修正,根据2017年9月1日十二届全国人大常委会第二十九次会议《关于修改〈中华人民共和国法官法〉等八部法律的决定》第二次修正。

二、我国经济仲裁的基本原则和制度

根据《仲裁法》规定,我国经济仲裁的原则和制度主要包括如下八个方面。

(一)当事人协议仲裁原则

《仲裁法》第4条规定:"当事人采用仲裁方式解决纠纷,应当双方自愿,达成仲裁协议。没有仲裁协议,一方申请仲裁的,仲裁委员会不予受理。"当事人达成仲裁协议,一方向人民法院起诉的,人民法院不予受理,但仲裁协议无效的除外。

(二)以事实为根据,以法律为准绳的原则

《仲裁法》第7条规定:"仲裁应当根据事实,符合法律规定,公平合理地解决纠纷。"以事实为根据是指仲裁机构应当以客观案情为依据进行调解和裁决。在经济争议中双方当事人应负的法律责任的事实必须查证确认。为了认定事实,要求双方当事人对其申诉或者答辩的事实提供证据,以证明其陈述的要求的真实性和正确性;仲裁机构应当主动地收集证据,客观地核实证据,运用证据认定事实,作为处理案件的依据。以法律为准绳是指仲裁机构在审理案件时必须以法律和国家政策作为区分是非、明确责任的标准和衡量尺度。

(三)仲裁合议原则

仲裁机构审理案件,应由仲裁庭进行。《仲裁法》第30条和第53条分别规定:"仲裁庭可以由3名仲裁员或者1名仲裁员组成","裁决应当按照多数仲裁员的意见作出,少数仲裁员的不同意见可以记入笔录。"

(四)独立原则

《仲裁法》第8条和第14条分别规定:"仲裁依法独立进行,不受行政机关、社会团体和个人的干涉。""仲裁委员会独立于行政机关,与行政机关没有隶属关系。仲裁委员会之间也没有隶属关系。"

(五)当事人协议选择仲裁机构原则

《仲裁法》第6条规定:"仲裁委员会应当由当事人协议选定。仲裁不实行级别管辖和地域管辖。"

(六)一裁终局制度

《仲裁法》第9条规定:"仲裁实行一裁终局的制度。裁决作出后,当事人就同一纠纷再申请仲裁或者向人民法院起诉的,仲裁委员会或者人民法院不予受理。"

(七)回避制度

根据《仲裁法》第34条规定,如果仲裁员是案件的当事人或者当事人、代理人的近亲属,或者与案件有利害关系,或者与案件当事人、代理人有其他关系可能影响公正仲裁的,以及私自会见当事人、代理人,或者接受当事人、代理人的请客送礼的,仲裁员必须进行回避,当事人也有权提出回避申请。

(八)时效制度

《仲裁法》第74条规定:"法律对仲裁时效有规定的,适用该规定。法律对仲裁时效

没有规定的,适用诉讼时效的规定。"当事人向仲裁机构申请仲裁,必须在法律规定的仲裁或者诉讼时效内向仲裁机构申请仲裁。

三、仲裁委员会和仲裁协会

(一)仲裁委员会

仲裁委员会可以在直辖市和省、自治区人民政府所在地的市设立,也可以根据需要在其他设区的市设立,不按行政区划层层设立。仲裁委员会由所在地的市的人民政府组织有关部门和商会统一组建。

设立仲裁委员会应当具备下列条件,并经省、自治区、直辖市的司法行政部门登记:
(1)有自己的名称、住所和章程;
(2)有必要的财产;
(3)有该委员会的组成人员;
(4)有聘任的仲裁员。

仲裁委员会由主任1人、副主任2至4人和委员7至11人组成。仲裁委员会的主任、副主任和委员由法律、经济贸易专家和有实际工作经验的人员担任。仲裁委员会的组成人员中,法律、经济贸易专家不得少于2/3。

仲裁委员会应当从公道正派的人员中聘任仲裁员。仲裁员应当符合下列条件之一:
(1)通过国家统一法律职业资格考试取得法律职业资格,从事仲裁工作满8年的;
(2)从事律师工作满8年的;
(3)曾任法官满8年的;
(4)从事法律研究、教学工作并具有高级职称的;
(5)具有法律知识、从事经济贸易等专业工作并具有高级职称或者是具有同等专业水平的。

仲裁委员会按照不同专业设仲裁员名册。

(二)仲裁协会

中国仲裁协会是社会团体法人。仲裁委员会是中国仲裁协会的会员。中国仲裁协会的章程由全国会员大会制定。

中国仲裁协会是仲裁委员会的自律性组织,根据章程对仲裁委员会及其组成人员、仲裁员的违纪行为进行监督。

中国仲裁协会应依照《仲裁法》和《民事诉讼法》的有关规定制定仲裁规则。

四、经济仲裁程序

（一）申请和受理

平等主体的公民、法人和其他组织之间发生的合同纠纷和其他财产权益纠纷，都可以申请仲裁。

当事人申请仲裁应当符合下列条件：
(1) 有仲裁协议；
(2) 有具体的仲裁请求和事实、理由；
(3) 属于仲裁委员会的受理范围。

当事人申请仲裁，应当向仲裁委员会递交仲裁协议、仲裁申请书及副本。

仲裁协议包括合同中订立的仲裁条款和以其他书面方式在纠纷发生前或者纠纷发生后达成的请求仲裁的协议。仲裁协议应当具有下列内容：
(1) 请求仲裁的意思表示；
(2) 仲裁事项；
(3) 选定的仲裁委员会。

仲裁申请书应当载明下列事项：
(1) 当事人的姓名、性别、年龄、职业、工作单位和住所，法人或者其他组织的名称、住所和法定代表人或者主要负责人的姓名、职务；
(2) 仲裁请求和所根据的事实、理由；
(3) 证据和证据来源、证人姓名和住所。

仲裁委员会收到仲裁申请书之日起5日内，认为符合受理条件的，应当受理，并通知当事人；认为不符合受理条件的，应当书面通知当事人不予受理，并说明理由。

（二）组成仲裁庭

仲裁委员会受理仲裁申请后，应当在仲裁规则规定的期限内将仲裁规则和仲裁员名册送达申请人，并将仲裁申请书副本和仲裁规则、仲裁员名册送达被申请人。

被申请人收到仲裁申请书副本后，应当在仲裁规则规定的期限内向仲裁委员会提交答辩书。仲裁委员会收到答辩书后，应当在仲裁规则规定的期限内将答辩书副本送达申请人。被申请人未提交答辩书的，不影响仲裁程序的进行。

仲裁委员会根据当事人的约定组成仲裁庭。当事人可以约定由3名仲裁员或者1名仲裁员组成的仲裁庭进行仲裁。由3名仲裁员组成的，设首席仲裁员。当事人约定由3名仲裁员组成仲裁庭的，应当各自选定或者各自委托仲裁委员会主任指定1名仲裁员，第三名仲裁员由当事人共同选定或者共同委托仲裁委员会主任指定。第三名仲裁员是首席仲裁员。当事人约定由1名仲裁员成立仲裁庭的，应当由当事人共同选定或者共同委托仲裁委员会主任指定仲裁员。当事人没有在仲裁规则规定的期限内约定仲裁庭的组成方式或者选定仲裁员的，由仲裁委员会主任指定。仲裁庭组成后，仲裁委员会应当将仲裁庭的组成情况书面通知当事人。

仲裁员有下列情形之一的,必须回避,当事人也有权提出回避申请:

(1)是本案当事人或者当事人、代理人的近亲属;

(2)与本案有利害关系;

(3)与本案当事人、代理人有其他关系,可能影响公正仲裁的;

(4)私自会见当事人、代理人,或者接受当事人、代理人的请客送礼的。

当事人提出回避申请,应当说明理由,在首次开庭前提出。如果回避事由在首次开庭后知道的,可以在最后一次开庭终结前提出。

仲裁庭成员应当认真对申请书和答辩书进行分析研究,对有争议的事实进行调查取证。

一方当事人因另一方当事人的行为或者其他原因,可能使裁决不能执行或者难以执行的,可以申请财产保全。当事人申请财产保全的,仲裁委员会应当将当事人的申请依照《民事诉讼法》的有关规定提交人民法院。申请有错误的,申请人应当赔偿被申请人因财产保全所遭受的损失。

(三)开庭和裁决

开庭审理和裁决程序是全部仲裁活动的关键环节。

仲裁委员会应当在仲裁规则规定的期限内将开庭日期通知双方当事人。当事人有正当理由的,可以在仲裁规则规定的期限内请求延期开庭。是否延期,由仲裁庭决定。

仲裁应当开庭进行。当事人协议不开庭的,仲裁庭可以根据仲裁申请书、答辩书以及其他材料作出裁决。

仲裁不公开进行。当事人协议公开的,可以公开进行,但涉及国家秘密的除外。

申请人经书面通知,无正当理由不到庭或者未经仲裁庭许可中途退庭的,可以视为撤回仲裁申请。被申请人经书面通知,无正当理由不到庭或者未经仲裁庭许可中途退庭的,可以缺席裁决。

当事人应当对自己的主张提供证据。仲裁庭认为有必要收集的证据,可以自行收集。证据应当在开庭时出示,当事人可以质证。在证据可能灭失或者以后难以取得的情况下,当事人可以申请证据保全,当事人申请证据保全的,仲裁委员会应当将当事人的申请提交证据所在地的基层人民法院。

仲裁庭对专门性问题认为需要鉴定的,可以交由当事人约定的鉴定部门鉴定,也可以由仲裁庭指定的鉴定部门鉴定。根据当事人的请求或者仲裁庭的要求,鉴定部门应当派鉴定人参加开庭,当事人经仲裁庭许可,可以向鉴定人提问。

当事人在仲裁过程中有权进行辩论。辩论终结时,首席仲裁员或者独任仲裁员应当征询当事人的最后意见。

当事人申请仲裁后,可以自行和解。达成和解协议的,可以请求仲裁庭根据和解协议作出裁决书,也可以撤回仲裁申请。当事人达成和解协议,撤回仲裁申请后反悔的,可以根据仲裁协议申请仲裁。

仲裁庭在作出裁决前,可以先行调解。当事人自愿调解的,仲裁庭应当调解,调解不成的,应当及时作出裁决。调解达成协议的,仲裁庭应当制作调解书或者根据协议的结果制作裁决书,调解书与裁决书具有同等法律效力。调解书经双方当事人签收后,即发生法律效力。在调解书签收前当事人反悔的,仲裁庭应当及时作出裁决。

裁决应当按照多数仲裁员的意见作出,少数仲裁员的不同意见可以记入笔录。仲裁庭不能形成多数意见时,裁决应当按照首席仲裁员的意见作出。

裁决书自作出之日起发生法律效力。

五、法院对经济仲裁的监督

由于我国现阶段对经济争议的裁审实行裁审分离、或裁或审制度,仲裁委员会依法独立进行仲裁,仲裁实行一裁终局制度,人民法院对仲裁活动不予干涉,对在裁决作出后当事人就同一争议再向人民法院起诉的案件,人民法院不予受理。但为了保证仲裁依法进行,人民法院对仲裁进行监督是十分必要的。

根据《仲裁法》第58条规定,当事人提出证据证明裁决有下列情形之一的,可以向仲裁委员会所在地的中级人民法院申请撤销裁决:

(1)没有仲裁协议的;
(2)裁决的事项不属于仲裁协议的范围或者仲裁委员会无权仲裁的;
(3)仲裁庭的组成或者仲裁的程序违反法定程序的;
(4)裁决所根据的证据是伪造的;
(5)对方当事人隐瞒了足以影响公正裁决的证据的;
(6)仲裁员在仲裁该案时有索贿受贿,徇私舞弊,枉法裁决行为的。

人民法院经组成合议庭审查核实裁决有上述情形之一的,应当裁定撤销。人民法院认定裁决违背社会公共利益的,应当裁定撤销。

当事人申请撤销裁决的,应当自收到裁决书之日起6个月内提出。人民法院应当在受理撤销裁决申请之日起2个月内作出撤销裁决或者驳回申请的裁定。

六、经济仲裁裁决的执行

对于发生法律效力的裁决,当事人应当履行。一方当事人不履行的,另一方当事人可以依照《民事诉讼法》的有关规定向人民法院申请执行。受申请的人民法院应当执行。

如果被申请人提出证据证明裁决有《民事诉讼法》规定的下列情形之一的,经人民法院组成合议庭审查核实,裁定不予执行:

(1)当事人在合同中没有订立仲裁条款或者事后没有达成书面仲裁协议的;
(2)裁决的事项不属于仲裁协议的范围或者仲裁机构无权仲裁的;

（3）仲裁庭的组成或者仲裁的程序违反法定程序的；
（4）裁决所根据的证据是伪造的；
（5）对方当事人向仲裁机构隐瞒了足以影响公正裁决的证据的；
（6）仲裁员在仲裁该案时有贪污受贿,徇私舞弊,枉法裁决行为的。

此外,人民法院认定执行该裁决违背社会公共利益的,裁定不予执行。仲裁裁决被人民法院裁定不予执行的,当事人可以根据双方达成的书面仲裁协议重新申请仲裁,也可以向人民法院起诉。

一方当事人申请执行裁决,另一方当事人申请撤销裁决的,人民法院应当裁定中止执行。

人民法院裁定撤销裁决的,应当裁定终结执行。撤销裁决的申请被裁定驳回的,人民法院应当裁定恢复执行。

七、涉外经济仲裁的主要规定

涉外经济仲裁是指当事人根据他们之间签订的仲裁协议,自愿将国际经济贸易中发生的争议或者海事争议提交选定的仲裁机构,由该仲裁机构按照法定程序居中调解,作出判断或者裁决的活动。

我国《仲裁法》专设"涉外仲裁的特别规定"一章,并规定涉外经济贸易、运输和海事中发生的纠纷的仲裁,适用该章规定；该章没有规定的,适用《仲裁法》其他有关规定。

我国的涉外仲裁委员会可以由中国国际商会组织设立,涉外仲裁委员会由主任一人、副主任若干人和委员若干人组成。涉外仲裁委员会的主任、副主任和委员可以由中国国际商会聘任。涉外仲裁委员会可以从具有法律、经济贸易、科学技术等专门知识的外籍人士中聘任仲裁员。

涉外仲裁的当事人申请证据保全的,涉外仲裁委员会应当将当事人的申请提交证据所在地的中级人民法院。

涉外仲裁的仲裁庭可以将开庭情况记入笔录,或者作出笔录要点,笔录要点可以由当事人和其他仲裁参与人签字或者盖章。

仲裁庭应当根据事实,依照法律和合同规定,参考国际惯例,并遵循公平合理原则,独立公正地作出裁决。

对涉外仲裁机构作出的裁决,被申请人提出证据证明仲裁裁决有《民事诉讼法》规定的下列情形之一的,经人民法院组成合议庭审查核实,裁定不予执行：
（1）当事人在合同中没有订立仲裁条款或者事后没有达成书面仲裁协议的；
（2）被申请人没有得到指定仲裁员或者进行仲裁程序的通知,或者由于其他不属于被申请人负责的原因未能陈述意见的；
（3）仲裁庭的组成或者仲裁的程序与仲裁规则不符的；
（4）裁决的事项不属于仲裁协议的范围或者仲裁机构无权仲裁的。

涉外仲裁委员会作出的发生法律效力的仲裁裁决,当事人请求执行的,如果被执行人或者其财产不在中华人民共和国领域内,应当由当事人直接向有管辖权的外国法院申请承认和执行。

第四节 经济争议的诉讼

经济争议诉讼也是解决经济争议的一种重要方式。为了规范人民法院的设置、组织和职权,保障人民法院依法履行职责。1979年7月1日五届全国人大第二次会议通过了《中华人民共和国人民法院组织法》(以下简称《人民法院组织法》),根据1983年9月2日六届全国人大常委会第二次会议《关于修改〈中华人民共和国人民法院组织法〉的决定》第一次修正,根据1986年12月2日六届全国人大常委会第十八次会议《关于修改〈中华人民共和国地方各级人民代表大会和地方各级人民政府组织法〉的决定》第二次修正,根据2006年10月31日十届全国人大常委会第二十四次会议《关于修改〈中华人民共和国人民法院组织法〉的决定》第三次修正,2018年10月26日十三届全国人大常委会第六次会议进行了修订。根据《人民法院组织法》的规定,人民法院分为最高人民法院、地方各级人民法院和专门人民法院,其中地方各级人民法院分为高级人民法院、中级人民法院和基层人民法院;专门人民法院包括军事法院和海事法院、知识产权法院、金融法院等。人民法院根据审判工作需要,可以设必要的专业审判庭。法官员额较少的中级人民法院和基层人民法院,可以设综合审判庭或者不设审判庭。人民法院根据审判工作需要,可以设综合业务机构。法官员额较少的中级人民法院和基层人民法院,可以不设综合业务机构。

人民法院审理经济争议案件,在程序上适用1991年4月9日七届全国人大第四次会议通过的,先后于2007年10月28日十届全国人大常委会第三十次会议、2012年8月31日十一届全国人大常委会第二十八次会议、2017年6月27日第十二届全国人大常委会第二十八次会议、2021年12月24日十三届全国人大常委会第三十二次会议、2023年9月1日十四届全国人大常委会第五次会议修正的《中华人民共和国民事诉讼法》(以下简称《民事诉讼法》)的规定。

一、收案范围

(一)人民法院经济审判庭的收案范围

根据《民事诉讼法》规定,人民法院受理公民之间、法人之间、其他组织之间以及他们相互之间因财产关系和人身关系提起的民事诉讼。在第一次经济审判工作会议上,将人民法院经济审判庭的收案范围确定为六类案件,即经济合同争议案件、涉外经济争议案件、农村承包合同争议案件、经济损害赔偿争议案件、经济行政争议案件和其他经济争议案件。随着我国经济体制改革的深化和我国对外开放事业的发展,经济争议案件的类型越来越多,经济审判庭的收案范围也随之扩大。2000年8月,最高人民法院决定撤销各级法院的经济审判庭,将其业务并入民事审判庭。现在各法院的民二庭就主要审理经济纠纷案件。

(二)专门人民法院的收案范围

在专门人民法院中,铁路运输法院和海事法院等也受理某些方面的经济争议案件。

铁路运输法院在每个铁路分局所在地设立铁路运输基层法院,在每个铁路局所在地设立铁路运输中级法院。各普通高级人民法院管辖中级铁路运输法院上诉的案件。

根据2012年7月2日最高人民法院审判委员会第1551次会议通过的《最高人民法院关于铁路运输法院案件管辖范围的若干规定》,下列涉及铁路运输、铁路安全、铁路财产的民事诉讼,由铁路运输法院管辖:

(1)铁路旅客和行李、包裹运输合同纠纷;
(2)铁路货物运输合同和铁路货物运输保险合同纠纷;
(3)国际铁路联运合同和铁路运输企业作为经营人的多式联运合同纠纷;
(4)代办托运、包装整理、仓储保管、接取送达等铁路运输延伸服务合同纠纷;
(5)铁路运输企业在装卸作业、线路维修等方面发生的委外劳务、承包等合同纠纷;
(6)与铁路及其附属设施的建设施工有关的合同纠纷;
(7)铁路设备、设施的采购、安装、加工承揽、维护、服务等合同纠纷;
(8)铁路行车事故及其他铁路运营事故造成的人身、财产损害赔偿纠纷;
(9)违反铁路安全保护法律、法规,造成铁路线路、机车车辆、安全保障设施及其他财产损害的侵权纠纷;
(10)因铁路建设及铁路运输引起的环境污染侵权纠纷;
(11)对铁路运输企业财产权属发生争议的纠纷。

自1984年11月14日六届全国人大常委会第八次会议通过的《关于在沿海港口城市设立海事法院的决定》施行以来,我国现已设立了上海海事法院、天津海事法院、广州海事法院、青岛海事法院、大连海事法院、武汉海事法院、厦门海事法院、海口海事法院、宁波海事法院、北海海事法院和南京海事法院。各海事法院与所在地的中级人民法院同级,内设海事审判庭和海商审判庭。海事、海商案件的第二审法院为各海事法院所在地的高级人民法院。海事审判具有专业技术性强、涉外案件多、诉讼标的金额大、适用法律复杂等特点。多年来,我国海事审判工作不断开拓前进,取得了长足发展,有效地维护了我国的司法管辖权,保护了中外当事人的合法权益,扩大了我国海事法院的国际影响。

二、案件管辖

案件管辖是一个复杂而又重要的问题。正确确定案件管辖权,有利于明确各个法院在受理案件上的分工,便于法院正确、及时地行使审判权,也有利于当事人行使诉讼权,及时起诉,以维护自己的合法权益。

经济争议案件的管辖,对法院来说,是确定人民法院系统内上下级法院或者同级人民法院之间受理第一审经济争议案件的分工和权限;对当事人来说,是在发生经济争议或者权益受到侵害后到哪一级的哪一个法院去起诉或者应诉的问题。

经济争议案件的管辖适用《民事诉讼法》关于地域管辖、级别管辖、移送管辖、指定管辖和转移管辖的一般规定,以及涉外民事诉讼程序中管辖的特别规定。

(一)地域管辖

地域管辖是划分同级人民法院之间在各自区域内受理第一审案件的分工和权限。它是以人民法院的辖区和案件的隶属关系来确定。地域管辖分为一般地域管辖、特殊地域管辖和专属管辖。

1. 一般地域管辖

一般地域管辖是依据当事人的住所地确定的地域管辖。一般地域管辖的原则是由被告住所地人民法院管辖,即所谓"原告就被告"。按照这个原则,对公民提起的民事诉讼,由被告住所地人民法院管辖;被告住所地与经常居住地不一致的,由经常居住地人民法院管辖。对法人和其他组织提起的诉讼,由被告住所地人民法院管辖。同一诉讼的几个被告住所地、经常居住地在两个以上人民法院辖区的,各该人民法院都有管辖权。

此外,下列民事诉讼,由原告住所地人民法院管辖;原告住所地与经常居住地不一致的,由原告经常居住地人民法院管辖:

(1)对不在中华人民共和国领域内居住的人提起的有关身份关系的诉讼;

(2)对下落不明或者宣告失踪的人提起的有关身份关系的诉讼;

(3)对被采取强制性教育措施的人提起的诉讼;

(4)对被监禁的人提起的诉讼。

2. 特殊地域管辖

特殊地域管辖是以诉讼标的物所在地或者与引起当事人之间经济法律关系发生、变更、消灭的法律事实相联系地为标准确定的地域管辖。根据《民事诉讼法》规定,下列案件实行特殊地域管辖:

(1)因合同纠纷提起的诉讼,由被告住所地或者合同履行地人民法院管辖;

(2)因保险合同纠纷提起的诉讼,由被告住所地或者保险标的物所在地人民法院管辖;

(3)因票据纠纷提起的诉讼,由票据支付地或者被告住所地人民法院管辖;

(4)因公司设立、确认股东资格、分配利润、解散等纠纷提起的诉讼,由公司住所地人民法院管辖;

(5)因铁路、公路、水上、航空运输和联合运输合同纠纷提起的诉讼,由运输始发地、目的地或者被告住所地人民法院管辖；

(6)因侵权行为提起的诉讼,由侵权行为地或者被告住所地人民法院管辖；

(7)因铁路、公路、水上和航空事故请求损害赔偿提起的诉讼,由事故发生地或者车辆、船舶最先到达地、航空器最先降落地或者被告住所地人民法院管辖；

(8)因船舶碰撞或者其他海事损害事故请求损害赔偿提起的诉讼,由碰撞发生地、碰撞船舶最先到达地、加害船舶被扣留地或者被告住所地人民法院管辖；

(9)因海难救助费用提起的诉讼,由救助地或者被救助船舶最先到达地人民法院管辖；

(10)因共同海损提起的诉讼,由船舶最先到达地、共同海损理算地或者航程终止地的人民法院管辖。

3. 专属管辖

专属管辖是根据案件的特定性质,法律规定必须由特定地的人民法院管辖。它是特殊地域管辖的一种,具有强制性和排他性。根据《民事诉讼法》的规定,下列争议案件实行专属管辖：

(1)因不动产纠纷提起的诉讼,由不动产所在地人民法院管辖；

(2)因港口作业中发生纠纷提起的诉讼,由港口所在地人民法院管辖；

(3)因继承遗产纠纷提起的诉讼,由被继承人死亡时住所地或者主要遗产所在地人民法院管辖。

《民事诉讼法》还规定了对合同纠纷案件可以实行协议管辖、共同管辖。协议管辖是协议选择地域管辖,是双方当事人以书面协议约定解决其经济纠纷的管辖法院。根据《民事诉讼法》的规定,合同或者其他财产权益纠纷的当事人可以书面协议选择被告住所地、合同履行地、合同签订地、原告住所地、标的物所在地等与争议有实际联系的地点的人民法院管辖,但不得违反《民事诉讼法》对级别管辖和专属管辖的规定。共同管辖是两个以上人民法院都有管辖权的诉讼,原告可以向其中一个人民法院起诉；原告向两个以上有管辖权的人民法院起诉的,由最先立案的人民法院管辖。

(二)级别管辖

级别管辖是指各级人民法院之间受理第一审案件的分工和权限。《民事诉讼法》根据案件的性质,是否属于重大复杂案件以及案件对社会影响的大小,确定了基层人民法院、中级人民法院、高级人民法院和最高人民法院对一审民事案件的分工。经济争议案件的级别管辖应据此执行。

1. 基层人民法院管辖除按《民事诉讼法》规定由上级人民法院管辖以外的所有第一审案件。

2. 中级人民法院管辖下列第一审案件：

(1)重大涉外案件；

(2)在本辖区有重大影响的案件;

(3)最高人民法院确定由中级人民法院管辖的案件。

3.高级人民法院管辖在本辖区有重大影响的第一审案件。

4.最高人民法院管辖在全国有重大影响的第一审案件和认为应当由最高人民法院审理的第一审案件。

(三)移送管辖

移送管辖是指某一人民法院受理案件后,发现对该案无管辖权,依法将案件移送给有管辖权的人民法院。根据《民事诉讼法》规定,人民法院发现受理的案件不属于本院管辖的,应当移送有管辖权的人民法院,受移送的人民法院应当受理。受移送的人民法院认为受移送的案件依照规定不属于本院管辖的,应当报请上级人民法院指定管辖,不得再自行移送。

(四)指定管辖

指定管辖是上级人民法院指定辖区内的某一下级人民法院对某一具体案件行使管辖权。指定管辖主要有两种情况:一是有管辖权的人民法院由于特殊原因,不能行使管辖权的,由上级人民法院指定管辖;二是人民法院之间因管辖权发生争议,由争议双方协商解决;协商解决不了的,报请它们的共同上级人民法院指定管辖。

(五)转移管辖

转移管辖是指经上级人民法院决定或者同意,将案件的管辖权由上级人民法院移交给下级人民法院,或者由下级人民法院移送给上级人民法院的一种管辖制度。转移管辖是对人民法院级别管辖的一种变通和补充。根据《民事诉讼法》规定,上级人民法院有权审理下级人民法院管辖的第一审民事案件;确有必要将本院管辖的第一审民事案件交下级人民法院审理的,应当报请其上级人民法院批准。下级人民法院对它所管辖的第一审民事案件,认为需要由上级人民法院审理的,可以报请上级人民法院审理。

此外,2023年修正的《民事诉讼法》修改和完善了涉外民事诉讼程序的特别规定,进一步扩大了我国法院对涉外民事案件的管辖权,主要条款包括第二十四章第二百七十六条到第二百八十二条。

三、诉讼程序

在人民法院审理经济争议案件的程序上,除基层人民法院和它派出的法庭审理事实清楚、权利义务关系明确、争议不大的简单案件,以及审理当事人双方约定适用简单程序的民事案件外,均适用普通程序。适用简易程序审理的民事案件,由审判员一人独任审理。基层人民法院审理的基本事实清楚、权利义务关系明确的第一审民事案件,可以由审判员一人适用普通程序独任审理。

经当事人同意,民事诉讼活动可以通过信息网络平台在线进行。民事诉讼活动通过信息网络平台在线进行的,与线下诉讼活动具有同等法律效力。

（一）第一审普通程序

第一审普通程序是人民法院审理第一审经济争议案件通常适用的程序,是经济诉讼程序的基础和前提。第一审普通程序又是最完整的诉讼程序,它具有经济诉讼审判程序的全部内容,充分体现了经济诉讼的基本原则及经济审判活动的各个环节。

第一审普通程序由三部分组成,即起诉和受理程序、审理前的准备程序和开庭审理程序。

起诉是经济诉讼程序开始的前提。起诉应当向人民法院递交起诉状,并按照被告人数提出副本。受理是人民法院认为起诉符合法定条件,决定立案审理的诉讼行为,是经济诉讼程序的起点。人民法院对符合起诉条件的起诉,必须受理,应当在7日内立案,并通知当事人。

审理前的准备是人民法院受理案件后开庭审理前,为保证案件顺利开庭审判,依法所做的各项准备工作。它是普通诉讼程序的一个必经程序。审理前的准备工作主要有:将起诉书副本发送被告,要求被告向人民法院提交答辩状,并将答辩状副本发送原告;在受理案件通知书和应诉通知书中向当事人告知有关的诉讼权利义务;确定审判人员并告知当事人;审判人员认真审核诉讼材料,调查搜集必要的证据;通知必须共同进行诉讼的当事人参加诉讼等。

开庭审理是人民法院在当事人和其他诉讼参与人的参加下,依照法定程序,在法庭上对经济争议案件进行审判的全部诉讼活动。开庭审理是第一审普通程序中最重要的阶段和中心环节。开庭审理程序具体可分解为下列法定程序:审理开始、法庭调查、法庭辩论、作出判决等。

（二）第二审程序

第二审程序是经济诉讼当事人不服第一审人民法院作出的未生效的判决和裁定,向上一级人民法院提起上诉,上一级人民法院依法对案件进行审理所适用的程序。通过第二审程序可以维护第一审程序的正确裁判,纠正其错误,有效地保护当事人的合法权益,实现上级法院对下级法院审判工作的指导和监督。

当事人对地方人民法院第一审未生效的判决或者裁定不服进行上诉,必须在法定期限内提出。超过上诉期限,当事人就丧失了上诉权,一审判决或者裁定即发生法律效力。

第二审人民法院对上诉案件,应当开庭审理。但经过阅卷、调查和询问当事人,对没有提出新的事实、证据或者理由,人民法院认为不需要开庭审理的,可以不开庭审理。

第二审人民法院对上诉案件,经过审理,按照下列情形,分别处理:

(1)原判决、裁定认定事实清楚,适用法律正确的,以判决、裁定方式驳回上诉,维持原判决、裁定;

(2)原判决、裁定认定事实错误或者适用法律错误的,以判决、裁定方式依法改判、撤销或者变更;

(3)原判决认定基本事实不清的,裁定撤销原判决,发回原审人民法院重审,或者查清事实后改判;

(4)原判决遗漏当事人或者违法缺席判决等严重违反法定程序的,裁定撤销原判决,发回原审人民法院重审。

原审人民法院对发回重审的案件作出判决后,当事人提起上诉的,第二审人民法院不得再次发回重审。第二审人民法院的判决、裁定,是终审的判决、裁定。

(三)审判监督程序

审判监督程序又称再审程序,是指人民法院对已经发生法律效力的判决、裁定、调解书,发现在认定事实或者适用法律上确有错误的,依法再次进行审理的一种审判程序。《民事诉讼法》中规定的审判监督程序主要包括以下内容。

1.各级人民法院院长对本院已经发生法律效力的判决、裁定、调解书,发现确有错误,认为需要再审的,应当提交审判委员会讨论决定是否再审。

2.最高人民法院对地方各级人民法院已经发生法律效力的判决、裁定、调解书,上级人民法院对下级人民法院已经发生法律效力的判决、裁定、调解书,发现确有错误的,有权提审或者指令下级人民法院再审。

3.当事人对已经发生法律效力的判决、裁定,认为有错误的,可以向上一级人民法院申请再审;当事人一方人数众多或者当事人双方为公民的案件,也可以向原审人民法院申请再审。当事人申请再审的,不停止判决、裁定的执行。

4.根据《民事诉讼法》第211条规定,当事人的申请符合下列情形之一的,人民法院应当再审:

(1)有新的证据,足以推翻原判决、裁定的;

(2)原判决、裁定认定的基本事实缺乏证据证明的;

(3)原判决、裁定认定事实的主要证据是伪造的;

(4)原判决、裁定认定事实的主要证据未经质证的;

(5)对审理案件需要的主要证据,当事人因客观原因不能自行收集,书面申请人民法院调查收集,人民法院未调查收集的;

(6)原判决、裁定适用法律确有错误的;

(7)审判组织的组成不合法或者依法应当回避的审判人员没有回避的;

(8)无诉讼行为能力人未经法定代理人代为诉讼或者应当参加诉讼的当事人,因不

能归责于本人或者其诉讼代理人的事由,未参加诉讼的;

(9)违反法律规定,剥夺当事人辩论权利的;

(10)未经传票传唤,缺席判决的;

(11)原判决、裁定遗漏或者超出诉讼请求的;

(12)据以作出原判决、裁定的法律文书被撤销或者变更的;

(13)审判人员审理该案件时有贪污受贿,徇私舞弊,枉法裁判行为的。

5.当事人对已经发生法律效力的调解书,提出证据证明调解违反自愿原则或者调解协议的内容违反法律的,可以申请再审。经人民法院审查属实的,应当再审。

6.当事人申请再审的,应当提交再审申请书等材料。人民法院应当自收到再审申请书之日起5日内将再审申请书副本发送对方当事人。对方当事人应当自收到再审申请书副本之日起15日内提交书面意见。人民法院应当自收到再审申请书之日起3个月内审查,符合规定的,裁定再审;不符合规定的,裁定驳回申请。

7.当事人申请再审,应当在判决、裁定发生法律效力后6个月内提出。有《民事诉讼法》第211条第(1)项、第(3)项、第(12)项和第(13)项规定情形的,自知道或者应当知道之日起6个月内提出。

8.最高人民检察院对各级人民法院已经发生法律效力的判决、裁定,上级人民检察院对下级人民法院已经发生法律效力的判决、裁定,发现有《民事诉讼法》第211条规定情形之一的,或者发现调解书损害国家利益、社会公共利益的,应当提出抗诉。地方各级人民检察院对同级人民法院已经发生法律效力的判决、裁定,发现有《民事诉讼法》第211条规定情形之一的,或者发现调解书损害国家利益、社会公共利益的,可以向同级人民法院提出检察建议,并报上级人民检察院备案;也可以提请上级人民检察院向同级人民法院提出抗诉。

(四)执行程序

根据《民事诉讼法》的规定,对于发生法律效力的民事判决、裁定,当事人必须履行,一方拒绝履行的,对方当事人可以向人民法院申请执行,也可以由审判员移送执行员执行。对于调解书和其他应当由人民法院执行的法律文书,当事人必须履行。一方拒绝履行的,对方当事人可以向人民法院申请执行。对依法设立的仲裁机构的裁决,一方当事人不履行的,对方当事人可以向有管辖权的人民法院申请执行,受申请的人民法院应当执行。申请执行的期间为2年。

《民事诉讼法》规定的执行措施主要包括以下内容。

1.被执行人未按执行通知履行法律文书确定的义务,人民法院有权向有关单位查询被执行人的存款、债券、股票、基金份额等财产情况。人民法院有权根据不同情形扣押、冻结、划拨、变价被执行人的财产。

2.被执行人未按执行通知履行法律文书确定的义务,人民法院有权扣留、提取被执行人应当履行义务部分的收入。

3.被执行人未按执行通知履行法律文书确定的义务,人民法院有权查封、扣押、冻结、拍卖、变卖被执行人应当履行义务部分的财产。

4.被执行人不履行法律文书确定的义务,并隐匿财产的,人民法院有权发出搜查令,对被执行人及其住所或者财产隐匿地进行搜查。

5.被执行人未按判决、裁定和其他法律文书指定的期间履行给付金钱义务的,应当加倍支付迟延履行期间的债务利息。被执行人未按判决、裁定和其他法律文书指定的期间履行其他义务的,应当支付迟延履行金。

6.被执行人不履行法律文书确定的义务的,人民法院可以对其采取或者通知有关单位协助采取限制出境,在征信系统记录、通过媒体公布不履行义务信息以及法律规定的其他措施。

7.被执行人未按执行通知履行法律文书确定的义务,应当报告当前以及收到执行通知之日前一年的财产情况。被执行人拒绝报告或者虚假报告的,人民法院可以根据情节轻重对被执行人或者其法定代理人、有关单位的主要负责人或者直接责任人员予以罚款、拘留。

思考题

1.解释下列概念:
经济仲裁　涉外经济仲裁　地域管辖　级别管辖
2.平等主体之间经济争议的解决方式有哪些?
3.简述经济争议的调解程序。
4.我国经济仲裁的基本原则和制度有哪些?
5.试述经济争议的仲裁程序。
6.人民法院经济审判庭的收案范围有哪些?
7.试述经济争议案件地域管辖的主要规定。
8.经济争议案件的诉讼主要包括哪些程序?

阅读文献

1.《中华人民共和国行政复议法》,1999年4月29日第九届全国人民代表大会常务委员会第九次会议通过,根据2009年8月27日第十一届全国人民代表大会常务委员会第十次会议《关于修改部分法律的决定》第一次修正,根据2017年9月1日第十二届全国人大常委会第二十九次会议《关于修改〈中华人民共和国法官法〉等八部法律的决定》第二次修正,2023年9月1日第十届全国人民代表大会常务委员会第五次会议修订。

2.《中华人民共和国行政诉讼法》,1989年4月4日第七届全国人民代表大会第二次会议通过,根据2014年11月1日第十二届全国人民代表大会常务委员会第十一次会议通过的《关于修改〈中华人民共和国行政诉讼法〉的决定》第一次修正,根据2017年6月27日第十二届全国人大常委会第二十八次会议《关于修改〈中华人民共和国民事诉讼法〉和〈中华人民共和国行政诉讼法〉的决定》第二次修正,2023年9月1日十四届全国人大常委会第五次会议修订。

3.《中华人民共和国仲裁法》,1994年8月31日第八届全国人民代表大会常务委员会第九次会议通过,根据2009年8月27日第十一届全国人大常委会第十次会议《关于修改部分法律的决定》第一次修正,根据2017年9月1日第十二届全国人大常委会第二十九次会议《关于修改〈中华人民共和国法官法〉等八部法律的决定》第二次修正。

4.《最高人民法院关于适用〈中华人民共和国仲裁法〉若干问题的解释》,2005年12月26日最高人民法院审判委员会第1375次会议通过,2006年8月23日公布。

5.《最高人民法院关于适用〈中华人民共和国行政诉讼法〉的解释》,2017年11月13日由最高人民法院审判委员会第1726次会议通过,2018年2月6日发布。

6.《中国国际经济贸易仲裁委员会仲裁规则》,2014年11月4日中国国际贸易促进委员会/中国国际商会修订并通过。

7.《中国海事仲裁委员会仲裁规则》,2021年9月13日中国国际贸易促进委员会/中国国际商会修订并通过。

8.《中华人民共和国人民法院组织法》,1979年7月1日五届全国人大第二次会议通过,根据1983年9月2日六届全国人大常委会第二次会议《关于修改〈中华人民共和国人民法院组织法〉的决定》第一次修正,根据1986年12月2日六届全国人大常委会第十八次会议《关于修改〈中华人民共和国地方各级人民代表大会和地方各级人民政府组织法〉的决定》第二次修正,根据2006年10月31日十届全国人大常委会第二十四次会议《关于修改〈中华人民共和国人民法院组织法〉的决定》第三次修正,2018年10月26日十三届全国人大会常委会第六次会议修订。

9.《中华人民共和国民事诉讼法》,1991年4月9日第七届全国人民代表大会第四次会议通过,根据2007年10月28日第十届全国人大常委会第三十次会议《关于修改〈中华人民共和国民事诉讼法〉的决定》第一次修正,根据2012年8月31日第十一届全国人大常委员会第二十八次会议《关于修改〈中华人民共和国民事诉讼法〉的决定》第二次修正,根据2017年6月27日第十二届全国人大常委会第二十八次会议《关于修改〈中华人民共和国民事诉讼法〉和〈中华人民共和国行政诉讼法〉的决定》第三次修正,根据2021年12月24日第十三届全国人大常委会第三十二次会议《关于修改〈中华人民共和国民事诉讼法〉的决定》第四次修正,根据2023年9月1日十四届全国人大常委会第五次会议《关于修改〈中华人民共和国民事诉讼法〉的决定》第五次修正。